보로부두르

찬란한 불교미술의 세계

보로부두르

찬란한 불교미술의 세계

2013년 5월 25일 초판 인쇄
2013년 5월 30일 초판 발행

지은이 • 가종수
펴낸이 • 이찬규
펴낸곳 • 북코리아
등록번호 • 제03-01240호
주소 • 462-807 경기도 성남시 중원구 상대원동 146-8
우림2차 A동 1007호
전화 • 02) 704-7840
팩스 • 02) 704-7848
이메일 • sunhaksa@korea.com
홈페이지 • www.bookorea.co.kr
ISBN • 978-89-6324-319-1 (93620)

값 28,000원

보로부두르

찬란한 불교미술의 세계

가종수 지음

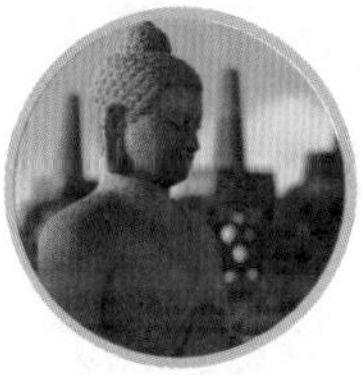
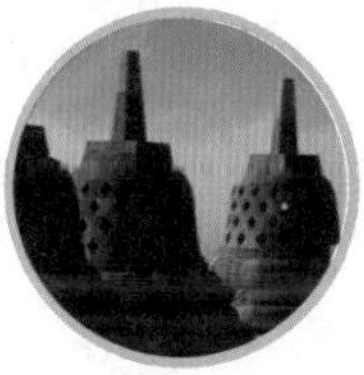
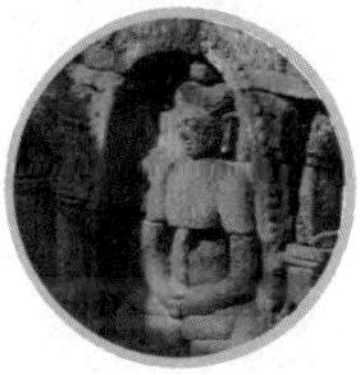

북코리아

••• 머리말

보로부두르 유적은 세계 최대의 불교유적이다. 인도네시아 발리 섬은 우리나라 젊은이들의 신혼 여행지로 인기가 높다. 하지만 발리에서 가장 인기가 있는 여행코스는 보로부두르 견학이다. 발리에서 인도네시아 국내선 비행기를 타고 약 1시간쯤 가면 중부 자바 주州의 족자카르타에 도착한다. 족자카르타는 인도네시아의 고도로 주변에 많은 사원과 유적이 남아 있다. 지금도 족자카르타 주변의 사원은 "절들이 별처럼 펼쳐져 있고, 탑들이 기러기 떼 날듯이 줄지어 서 있다."(『삼국유사』 권3)라는 신라의 경주를 방불케 한다. 우리가 경주의 석굴암이나 불국사에서 맛볼 수 있는 인류 문화유산의 위대함을 보로부두르에서도 잘 느낄 수 있다.

족자카르타에서 북서 약 15킬로 떨어진 보로 마을에 보로부두르가 있다. 일반적으로 보로부두르는 족자카르타 주州에 있는 것으로 알려졌지만, 실제로는 중부 자바 주 마글랑 군郡에 속해 있다. 세계에서 가장 크고 아름답다는 불교유적 보로부두르는 발리 섬에서 당일 코스의 패키지여행도 많지만, 보로부두르를 천천히 보려면 족자카르타에서 1박 하는 것이 좋다. 아침 일찍 메라피 산에서 뜨는 태양이 보로부두르의 불·보살을 비출 때가 가장 아름답고, 족자카르타 동쪽에 있는 세계에서 가장 아름다운 힌두교 사원 프람바난은 저녁노을이 늘씬한 첨탑에 걸려 있을 때가 가장 아름답다. 불교도가 아니라도, 아니면 세계적인 휴양지인 발리 섬을 전혀 고려하지 않아도 자바의 고도 족자카르타는 평생 동안 한 번은 가볼 만한 곳이다.

8세기 중반에서 9세기 중반 사일렌드라 왕조가 세운 보로부두르 유적은 6층의 계단식 피라미드, 3층의 원단, 정상의 첨탑으로 구성되어 있다. 기단에서 제4층 회랑의 주벽과 난순난간에 1,460면의 아름다운 부조가 새겨져 있다. 보로부두르가 세계 최대의 불교유적으로 꼽히는 것은 그 규모의 장대함은 물론이지만, 아름다운 불상과 부조의 높은 예술성에 있다.

보로부두르 부조는 석가의 일대기 불전도佛傳圖와 선재동자 순례기, 자카타석가의 전생이야기, 아바다나불자의 전생이야기 등 인도의 불교 설화가 새겨진 대 보고이다. 이렇게 방대한 설화 부조는 인도나 중국에서도 볼 수 없는 불교미술의 정화이다. 보로부두르의 조상彫像미를 한마디로 표현한다면 '부드럽고 따뜻한 아름다움'에 있다. 인도의 조각처럼 육감적이지 않고, 앙코르 유적의 조각에서 보이는 것 같은 소녀의 풋내가 없는 아름다움을 내재하고 있다. 우리나라 통일신라시대의 석불에서 느낄 수 있는 따스하면서도 숭고한 아름다움이 있다. 우리는 보로부두르를 돌아보는 것만으로도 불교의 가르침을 알 수 있고, 대승불교의 우주관인 욕계, 색계, 무색계로 승화해가는 해탈의 경지를 맛볼 수 있다.

지금까지 보로부두르에 대해서 세계 각국의 많은 연구자가 조사 · 연구했다. 본서 말미의 참고문헌에 그 대표적인 저서를 소개했다. 하지만 보로부두르 부조의 1,460면 안에는 아직도 경전의 출처를 알 수 없는 장면이 많다. 더욱이 경전과의 비정比定이 끝난 부조에도 연구자에 따라 해석이 달라 부조 해석에는 많은 문제점이 남아 있다.

보로부두르 연구는 유럽과 일본 학자들에 의해서 불교사, 미술사 방면에서 주로 연구됐다. 하지만 보로부두르의 성격이 '무엇'이고 '왜' 케두 분지에 세워졌는지 정확히 알려주는 연구는 없다. 이처럼 중부 자바의 초록빛 전원지대에 우뚝 솟아 있는 '세계 최대 · 최고의 불교유적 보로부두르'는 지금도 많은 수수께끼가 남아 있다. 이제까지 구미와 일본 학자들이 보로부두르를 조사 · 연구했지만, 보로부두르는 '언제', '누가', '무엇을', '왜' 세운 것인지 명확하게 밝혀지지 않았다. 본서는 종래의 여러 가설을 검토하여 보로부두르를 둘러싼 수수께끼를 필자 나름대로 풀어가는 과정에서 얻어진 결정체이다.

우리나라와 동남아시아의 경제교류는 21세기에 접어들어서 비약적으로 발전했다. 하지만 우리나라의 동남아시아 연구는 경제교류에 어울리지 않게 빈약한 실정이다. 문화적인 상호 교류가 없는 경제교류는 그다지 오래가지 않는다. 우리는 동남아시아 세계를 좀 더 알려고 노력해야 한다. 현재 동남아시아 역사와 문화는 세계사 안에서 가장 활발하게 연구되는 지역이다. 우리는 서둘러서 구미와 일본 연구자들의 연구를 기반으로 하여 '동남아시아학'을 체계적으로 정비할 필요가 있다. 동남아시아 연구는 우리나라와 동남아시아의 교류에 도움이 될 뿐만 아니라, 우리가 우리를 위하여 우리를 알기 위한 노력이기도 하다.

본서는 보로부두르는 '무엇'이고, '왜' 만들어졌는지를 분석했다. 그리고 석가의 생애 이야기의 불전도, 석가의 전생 이야기 자카타, 불교신자 이야기 아바다나의 부조 해설과 감실에 배치한 불상의 의미를 소개한다. 본서를 집필하는 데 필자가 중시해온 것은 외래 형식인도문화의 유입과 민족적 양식자바의 토착문화이 서로 얽혀 있다는 점이었다. 이 두 가지 요소가 마치 횡사씨실와 경사날실와 같이 서로 얽혀서, 자바 민족 형식의 흐름시대 형식의 변천을 움직여왔다는 점을 밝혔다. 필자가 본서에서 독자에게 전하고자 한 것은 자바 미술의 독자성과 자율적 발전이다.

특히 본서는 불교미술사에 관심이 있는 독자를 염두에 두고 집필했다. 그 때문에 필자 나름대로 본서를 위해서 많은 노력을 했다. 그 첫째가 최상의 사진을 게재하고자 노력했다. 필자의 연구실에 보로부두르 사진만 10만 장 가까이 있다. 이들 사진 한 장 한 장을 보고 그중에서 가장 좋은 사진을 골라서 본서에게재했다. 둘째로 부조 비정에 최대한 신중을 기했다. 생략하기가 애석할 정도로 조각이 훌륭한 부조도 경전 출처를 알 수 없는 것은 게재하지 않았다. 반대로 학문적으로 중요한 부조라고 해도 부조 상태가 나쁘면 소개하지 않았다. 가능한 부조와 경전이 명확하게 일치하는 명장면의 부조만을 소개했다. 단 제1회랑 주벽 상단에 석가의 생애를 담은 불전도만은 부조의 좋고 나쁨을 떠나 전 장면을 소개했다.

필자와 보로부두르와의 인연은 은사인 고故 오가와 고요小川光晴, 전동지사대학 교수, 일본환태평양학회 설립자에 의해서 1986년부터 시작했다. 1992년부터 매년 제자들을 인솔해서 보로부두르에 다녀왔다. 2010년 8월에 필자는 경비행기를 띄워서 보로부두르의 항공촬영을 했다. 1년 넘게 인도네시아 정부와 교섭하여 항공 촬영해준 국립가자마다대학의 연구팀에게도 사의를 표한다. 본서는 슈지츠대학就實大學 연구비에 의한 인도네시아 현지조사 성과의 일부이고, 보로부두르 유적은 인도네시아 국립고고학연구소의 허락 아래 조사했음을 명기한다. 가능한 불교 경전의 원전산스크리트어와 한역을 그대로 표기했고, 국립국어원의 한글 맞춤법을 따랐다. 한국에서 보로부두르만을 단독으로 다룬 책은 본서가 처음이다. 수익을 무시하고 졸저를 출판해주신 북코리아 이찬규 사장님께 깊은 사의를 드린다.

2013년 4월

가종수

차례

제II부 제1회랑 주벽 상단

제III부 제1회랑 주벽 하단 부조

제V부 제2회랑 주벽 부조와 제2회랑 난순 부조

제VI부 제3회랑 주벽 부조와 제3회랑 난순 부조

제 I 부

세계 최대의 불교 유적 보로부두르

01

보로부두르를 둘러싼 수수께끼

고대 자바의 사원은 그것이 불교사원이든 힌두교 사원이든 간에 '차이티야'예배 공양의 대상물, '차이티야 그리하'신상을 안치하는 사당, '비하라'승원 등으로 분류할 수 있다. 그렇다면 보로부두르는 넓은 의미로 차이티야에 가까운 건축이다. 하지만 보로부두르와 같은 형태의 차이티야 혹은 스투파불탑는 인도나 그 밖의 인도문화권에서 볼 수 없는 자바 섬의 독자적인 조형이다. 따라서 보로부두르를 '불교 사원'찬디 보로부두르 혹은 '불탑'이라고 부르는 것은 오해를 불러일으킬 여지가 많다.

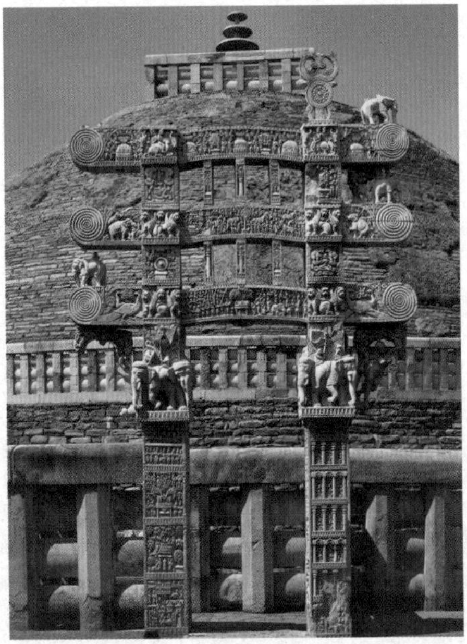
인도의 불탑(산치 동문)

만약 보로부두르Borobudur를 불탑이라고 한다면 인도에도 없는 불탑이 어떠한 경로를 통해서 중부 자바에 전래한 것일까? 자바 섬은 물론 수마트라 섬에 보로부두르와 같은 유형의 '불탑'은 존재하지 않는다. 보로부두르의 불상과 부조를 제외하면 인도 종교 건축과는 전혀 다른 형태를 하고 있다. 보로부두르를 불탑이라고 한다면, 왜 인도에 보로부두르와 같은 형태의 스투파가 존재하지 않

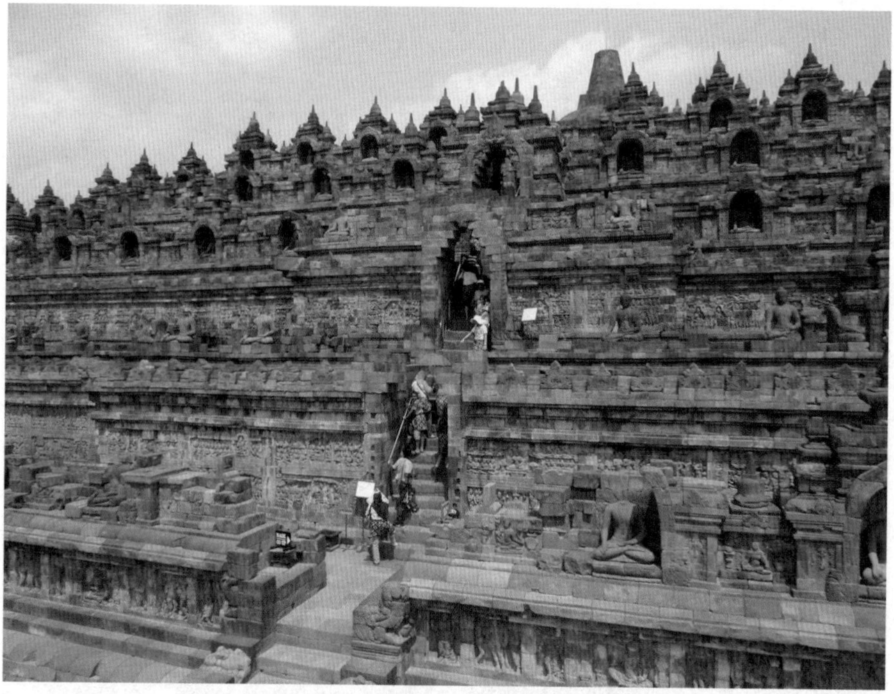

보로부두르(동면)

는 것일까?

지금도 인도와 스리랑카에는 많은 반구형의 불탑이 남아 있다. 그러나 인도와 스리랑카의 불탑은 시기적으로 불상을 제작하기 이전의 기원 전후에 세워진 것이다. 이 시대는 아직 불상이 만들어지지 않았던 시대로 일반적으로 '무 불상無佛像 시대'라고 한다. 당시 불교에서 예배 대상으로 가장 중요시했던 것은 불상이 아니라 스투파였다. 인도 아잔타 석굴의 제1기 스투파는 반구형 복발 위에 천개가 있는 원초적인 형태를 하고 있다. 그런데 제2기 스투파는 기단에 불상을 수반하고 있다. 따라서 시대의 추이와 함께 예배 대상이 스투파에서 불상으로 이행해가는 것을 알 수 있다. 불교문화권에서는 시대가 지나면서 불탑보다는 불상을 숭배하게 된다.

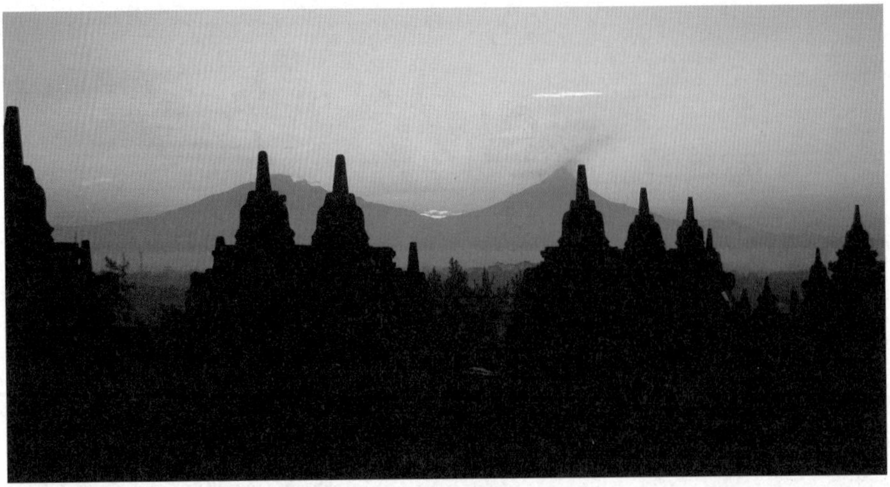

보로부두르와 활화산 메라피
2010년 11월 5일 메라피 화산 폭발 때문에 보로부두르 유적도 많은 피해를 입었다.

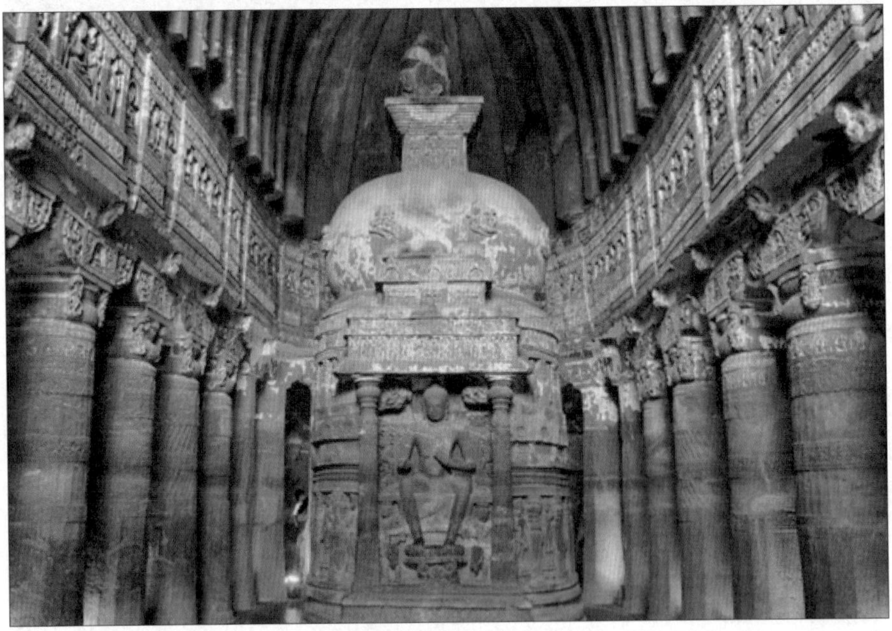

아잔타 제26굴(6세기 전반)

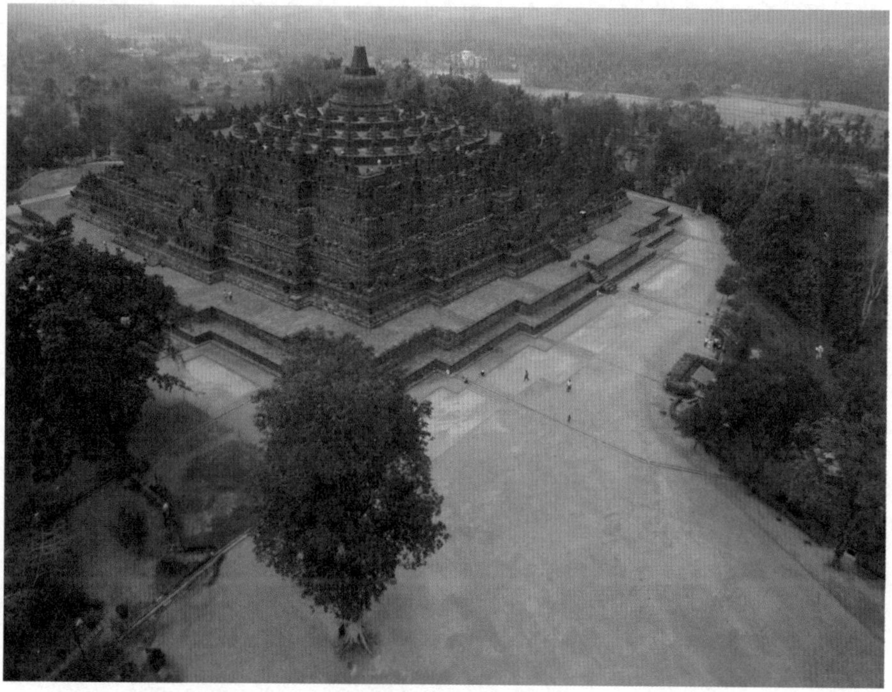

보로부두르와 북서의 승원 터

보로부두르가 만들어진 8~9세기에는 불상 숭배가 활발했던 시기였다. 인도의 불탑과 전혀 다른 보로부두르와 같은 '불탑'을 중부 자바에 만들 필연성은 어디에 있었던 것일까? 물론 보로부두르에는 1,460면의 불교 설화 부조와 504구의 불상이 안치되어 있다. 하지만 보로부두르의 구조는 실내에 불상을 안치하는 사원이 아니라 계단식 피라미드라는 점이 중요하다. 즉 보로부두르가 표현하는 건축 공간은 다른 동시대의 사원과 전혀 다른 구조와 형태를 하고 있다. 일반적으로 보로부두르를 '보로부두르 사원'Candi Borobudur이라고 부르지만, 어느 면을 보아도 자바의 사당형 찬디와는 형태가 다르다.

보로부두르의 성격에 대한 연구는 유사한 불교 건축이 인도에 없다는 점이 문제가 된다. 보로부두르가 건립된 8~9세기에 불교의 예배 대상은 불상이었다. 그렇다면 불탑보다 불상을 예배하고 있었던 시기에 왜 내부 구조가 없는 특이한 계단식 피라미드형의 건조물을 축조한 것은 무엇 때문이었을까? 이러한 단순한 의문에 이론적으로 이해가 가는 해답을 주는 연구가 없다.

사일렌드라 왕국은 8세기 중반부터 9세기 중반에 걸쳐서 중부 자바를 중심으로 번성했다. 그 전후의 중부 자바에는 또 다른 힌두교 왕조인 마타람 왕국이 있었다. 비문 연구로 8세기 중부 자바에 마타람과 사일렌드라 두 왕국이 존재하고 있었던 것은 사실로 여겨지고 있다. 그러나 이들 왕국이 어떻게 성립하여 어떠한 관계였는지는 아직도 명확히 밝혀지지 않았다.

1814년 발견 당시 보로부두르는 왜 흙으로 뒤덮여 있었던 것일까? 오랜 세월 화산 폭발 때문에 화산재에 묻혔다는 가설과 흙을 쌓아올려 가면서 조금씩 축조하다가 완성 단계에서 작업을 포기했다는 가설이 있다. 여하튼 보로부두르는 막대한 자금과 노력에도 불구하고 그다지 기능을 발휘하지 못하고 폐기된 것 같다.

장기간의 발굴 작업에 의해 모습을 나타낸 이 거대한 석재 구축물은 도대체 무엇인가? 일종의 '불탑?', '사원?', '바라밀십지행의 구상화?', '입체 만다라?', '영묘?'라는 여

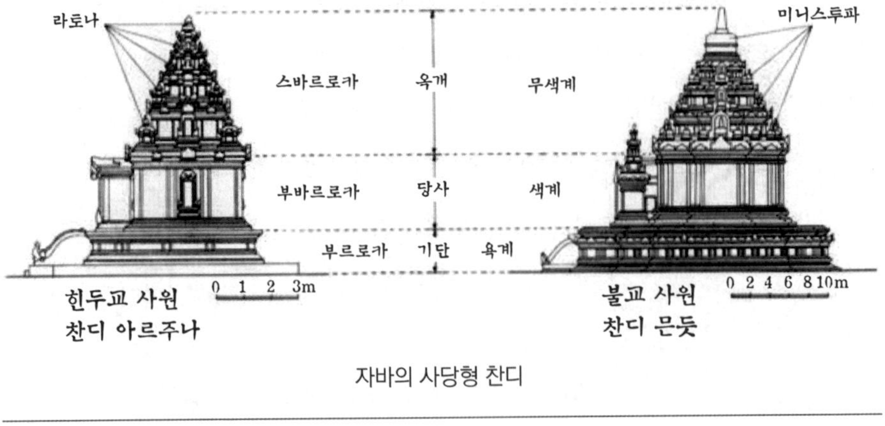

자바의 사당형 찬디

러 가설이 제기되었다. 일본인 학자 치하라 타이고로千原大五郎는 '다즉일, 일즉다多卽一, 一卽多'라고 하여 불탑, 사원, 만다라, 영묘 설도 각각 일리가 있다고 한다.

보로부두르의 명칭도 '많은 불상'이라는 의미라든가 '언덕 위의 승원'을 의미한다는 설이 있어 명확하지 않다. 인도네시아어의 정식 명칭은 'Candi Barabudhur'이다. 자바에서는 불교와 힌두교 사원을 막론하고 이슬람 전래 이전의 종교 건축물을 찬디라고 부른다. 일반적으로 보로부두르라는 말은 '보로'와 '부두르'라고 하는 2개의 단어로부터 이루어졌다고 한다. 보로부두르를 재발견한 래플즈는 'boro'를 "big", 'budur'를 "Javanese term for Buddha"라고 소개하고 있다.

'보로'는 인도 산스크리트어의 '비하라승원'에서 유래하고 '부두르'는 발리어 '베도루'위쪽를 의미한다는 설도 있다. 따라서 2개의 단어를 합치면 '높은 곳에 있는 승원'이라는 의미가 된다. 그러나 보로부두르의 형태를 보면 예전에 사람이 살았던 승원이라고는 생각할 수 없다. 승원이라는 것은 승려가 살며 수행하는 사원 시설의 하나인데 보로부두르에는 사람이 살 수 있는 공간이 없다. 그리고 보로부두르 북서의 대지 위에서 승원 터가 발견되었다. 자바의 유적을 마구잡이로 인도의 산스크리트어와 발리어를 빌려서 해석하는 가설은 인정할 수 없다. 따라서 '높은 곳에 있는 승원'은 보로부두르 유적 자체를 의미하지 않는다. 1350년 명의 '네가라케르타가마'Negarakertagama 비문에 'Budur'와 'Vajradhara'불교사원가 보로부두르를 가리킨다고 해석되고 있다. 현재 'Barabudhur'의 어원과 의미는 정확히 밝혀지지 않았다.

02

사일렌드라 왕국과 보로부두르

중부 자바에 많은 불교사원을 건립한 것은 사일렌드라 왕조이다. 사일렌드라Sailendra의 Saila는 '산', Indra는 '왕'이라는 의미이다. 사일렌드라는 '산의 왕'이라는 뜻이다. 사일렌드라 왕국과 관련하는 최초의 비문은 찬디 카라산Candi Kalasan에서 출토한 778년의 산스크리트어 비문이다. 또한, 찬디 카라산 가까운 크루락에서 782년에 산스크리트어 비문이 출토됐다. 이 두 비문은 8세기 후반에 사일렌드라 왕조가 중부 자바를 지배했던 것을 기록하고 있다.

또 다른 비문에는 사일렌드라 왕국이 탄생한 것은 742년이라는 기록이 있다. 그러나 7세기에 '산자하' 및 '산자야' 부자에 의해서 힌두교를 신앙하는 마타람 왕조가 중부 자바의 케두Kedu분지를 중심으로 나라를 건국했다732년의 창갈 비문는 비문이 발견되었다.

이러한 비문을 통해서 중부 자바에 힌두교의 마타람 왕국이 성립한 이후에 프람바난을 중심으로 사일렌드라 왕국이 성립한 것을 알 수 있다. 8세기 중반에 사일렌드라 왕국은 불교를 국교로 해서 단숨에 세력을 확장하여 힌두교 왕국 마타람을 지배한다. 더욱이 참파베트남, 크메르캄보디아를 지배하여 동남아시아의 해양 무역을 장악한다.

사일렌드라 왕국의 역대 왕 가운데 특히 영토 확장에 열심이었던 인드라 왕782

~812년은 말레이 반도를 지배 아래에 둔다. 그는 아들인 사마라퉁가Samaratungga 왕자를 스리위자야 왕국의 공주와 정략 결혼시켜서 왕권을 강화한다. 사마라퉁가 왕은 인드라 왕의 후계자로 보로부두르의 완성을 보지 못한 채 숨을 거둔다. 그의 후계자로 아들인 발라푸트라 데와 왕이 즉위하는데, 그 후 발라푸트라 데와 왕은 친누나인 푸라모다바루다니 여왕과 권력 싸움에 패하여 외가인 스리위자야 왕국으로 망명한다. 누나와 남동생 간의 내분은 사일렌드라 왕조를 멸망시키는 계기가 된다.

그러나 비문이 전하는 사일렌드라 왕조의 기록은 극히 단편적이다. 일부 백과사전에는 보로부두르가 825년에 사마라퉁가 왕이 건립한 것으로 소개하고 있지만, 보로부두르를 '언제, 누가, 무엇을, 왜, 어떻게 만들었는가?'에 대해서 구체적으로 전하는 사료는 없다. 따라서 비문의 고증이나 문헌 연구로는 보로부두르 성립과 존재 이유를 설명할 수 없다. 결국, 이러한 질문에 답하려면 자바의 고대사 안에서 보로부두르 조형 성격을 종합적으로 규명할 수밖에 없다.

지금도 사일렌드라 왕국은 '어디에서 온 세력이 어떻게 나라를 세운 것'인지 밝혀지지 않았다. 7세기 당시 중부 자바에는 수장국라카이 연합하여 세운 마타람 왕국이 성립해 있었다. 그러나 같은 중부 자바에서 사일렌드라 왕국은 8세기 중반에 돌연히 출현하여 대승불교를 신앙했다. 그런데 마타람 왕국은 가까운 곳에 이교도 세력이 결집하여 세운 사일렌드라 왕국의 탄생을 그대로 보고만 있었던 것일까?

오랫동안 사일렌드라 왕조는 수마트라 팔렘방 스리위자야 왕국대승불교의 왕족이 건국했다는 가설이 유력했다. 즉 사일렌드라 왕국은 스리위자야 왕국이 건국한 나라로 생각해왔다. 또 다른 가설은 동남아시아 대륙부의 '부남국'扶南國 유래설로 부남은 사일렌드라와 같이 '산의 왕'을 의미한다. 또한, 부남국은 동남아시아의 다른 힌두교 왕국과는 달리 대승불교를 믿었다. 부남국은 힌두교도 크메르 왕조의 침략으로 7세기 전반에 멸망하는데, 그 부남국의 후예가 바다를 건너 중부 자바에 정착하여 해상 무역을 통하여 새로운 '산의 왕'이라는 사일렌드라 왕국을 건설했다는 것이다.

그런데 1963년 중부 자바 북쪽 해안의 쁘카르롱안Pekalongan 근교의 소죠메르토Sodjomerto에서 발견된 고대 말레이어 비문은 사일렌드라 왕국의 역사를 밝히는 중요한 사료로 주목된다. 이 비문에는 시바교힌두교를 신앙하는 '세렌드라'Selendra라는 지방 호족의 이름이 새겨져 있다. 인도네시아의 고고학자 부바리는 'Selendra'가 인도네시아어화한 말로 후에 'Sailendra'라는 왕국 명이 되었다고 한다.

비문은 7세기 설과 5~6세기 설이 있다. 이 비문은 고대 말레이어로 쓰여 있는데 이 '고 말레이어'는 스리위자야 왕국의 공식 언어였다. 사일렌드라 시대의 고 말레이어 비문은 간다수리Gandasuli, 디엥Dieng, 부카테자Bukateja, 찬디 세우Candi Sewu 등의 중부 자바 각지에서 발견되었다. 사일렌드라 왕조의 선조로 보이는 인물이 고 말레이어 비문을 남긴 것은 사일렌드라 왕국과 스리위자야 왕국과의 관련을 시사한다. 또한, 스리위자야 왕국은 6세기 중반까지 해상 무역으로 융성했던 부남국이 북방에서 융성한 진납국眞臘國의 세력에 패하여 수마트라에 세운 불교 왕국이다. 따라서 사일렌드라 왕국의 선조는 부남국의 후예로 '스리위자야 왕국 후예'라는 가설은 무시할 수 없다.

보로부두르를 건립한 사일렌드라 왕조는 8세기 중반에 중부 자바의 남쪽 평야 지대 바구랑과 족자카르타를 본거지로 했던 것이 밝혀졌다. 프람바난의 '라투 보코'가 사일렌드라 왕조의 왕성이었던 것도 밝혀졌다. 하지만 보로부두르의 축조시기를 직접 알려주는 비문은 없다. 사일렌드라 왕조와 관련되는 비문은 현재 5기가 발견되었다.

●● 카라산 비문778년

이 비문에 따르면 '사일렌드라 왕조의 왕이 라카이 파낭카랑마타람 왕조의 후예에게 명하여 프람바난에 다라多羅 여신을 제사 지내는 사원과 승원을 만들게 했다.'고 한다. 그리고 '라카이 파낭타랑은 카라산 마을을 불교 교단에 기증했다.'고 한다. 비문은 당시 사일렌드라 왕이 마타람 왕조의 왕족에게 프람바난의 일부 마을의 통치권을 하사한 것을 전하고 그 마을을 다시 사원에 헌납한 것을 비문이 전하고 있다.

●● 크루락 비문782년

이 비문은 프람바난Kelurak, 사카력 704년에서 출토했는데, '힌두교의 브라마, 비슈누, 시바와 동등한 붓다, 다르마법, 상가교단를 구현한 만주스리문수사리상을 건립'한 내용의 기록이 있다. 사일렌드라의 인드라 왕상라마난자야 왕, 782~812년에 대한 기록도 있다.

●● 마글랑 비문842년

비문에 '부미삼바라 부다라'Bhumisambhara bhudhara라는 문자가 새겨져 있다. 드 카스파리스는 '부미삼바라 부다라'를 보로부두르의 원래 이름이라고 주장한다. 하지만 'Bhumisambhara bhudhara'라는 합성어가 어떠한 과정을 걸쳐서 'Borobudur'로 변화했는지 언어학적으로 증명되지 않았다. 또한, 카스파리스의 '부미삼바라 부다라'를 '보살의 십계위十階位=十地行에 있는 덕행의 산'10층의 보로부두르, '대지의 왕'산의 왕이라는 해석도 객관성이 없다.

드 카스파리스는 대승불교의 '십계위'십지행와 결부시켜서 보로부두르를 10층이라고 주장한다. 현재 보로부두르는 정확하게 9층으로 설계 당시에는 8층이었다. 지금까지 여러 학자가 보로부두르는 많은 설계 변경이 있었다고 한다. 그러나 보로부두르는 55,000m³의 석재에 2,500m²의 부조와 504구의 불상을 배치한 희대의 대형 건조물이다. 이러한 대형 건조물은 용의주도한 설계와 계획 없이는 만들 수 없다. 따라서 현재의 보로부두르는 최초의 설계와 그다지 다르지 않다고 생각한다. 단지 기단을 2중으로 변경한 것은 축조 과정에서 발생한 기술적인 문제를 해결하기 위한 부분적 · 응급적인 수정과 변경에 불과하다. 마글랑 비문은 앞으로 재검토해야 할 문제이다. '부미삼바라 부다라'는 산스크리트어의 '마을의 근원'을 의미하여 사일렌드라 왕국의 선조를 가리킨다는 해석이 설득력이 있다.

●● 라투 보코 비문856년

발라푸트라 데와 왕835~856년이 누나인 푸라모다바루다니 여왕과의 싸움에 패하여 외가인 스리위자야 왕국으로 망명했다.

●● 나랑다 비문860년

발라푸투라 데와 왕은 사마라퉁가 왕의 아들이고 인드라 왕의 손자인 것이 밝혀졌다. 8세기 말 마타람 왕족은 사일렌드라 왕국의 지배 아래에 있었다. 카라산 비문은 마타람 왕조힌두교 왕국가 사일렌드라 왕국의 비슈누 왕의 명을 받아 카라산 사원불교사원을 건립하고 불교 교단에 마을까지 기증했다고 전한다. 비문 연구에서 사일렌드라 왕국을 통치하고 있었던 왕의 이름은 다음과 같이 밝혀졌다.

① 바누 왕 752년~775년
② 비슈누 왕다루마퉁가 왕 775년~782년
③ 인드라 왕상라마난자야 왕 782년~812년
④ 사마라퉁가 왕 812년~832년
⑤ 발라푸트라 데와 왕 835년~856년
⑥ 푸라모다바루다니 여왕 856년

지금까지 보로부두르의 건립 연대를 알고자 많은 학자가 노력을 기울여왔다. 그 단서의 하나가 최하층 구기단에 새겨진 비문이다. 이들 비문은 고대 자바어의 카위 문자로 새겨진 단문으로 당시의 조각가가 새겨 놓아야 할 부조 내용을 평방 위에 메모한 것이다. 조각가가 각 평방에 새겨야 할 부조를 문자로 적은 메모였다. 이 비문의 카위 문자 서체는 자바에서 760~847년에 사용한 것이다.

보로부두르를 완성하기까지는 상당히 긴 공사 기간이 필요했다. 프랑스의 자크 뒤마세J. Dumarcay는 약 75년간 제5기제1기, ±780년, 제2기, ±792년, 제3기, ±792년, 제4기, ±824년, 제5기, ±833년로 나누어서 완성한 것으로 추정하고 있다. 한편, 치하라 타이고로千原大五郎는 보로부두르 건축 개시를 790년 전후, 준공을 840년 전후, 완성을 860년 전후로 추정하고 있다. 치하라의 연구는 프람바난의 찬디 카라산과 찬디 세우의 창건 연대780년 전후를 근거로 하고 있다. 하지만 양자가 왜 10년간의 시간차가 있는지 자세한 설명이 없다.

중부 자바에서 처음으로 세워진 힌두교 사원은 '찬디 구눙 우키르'732년 전후이다. 중부 자바에서 처음으로 세워진 불교사원은 '찬디 카라산'780년 전후이다. 힌두교 사원과 불교사원은 반세기 가까운 시간차가 있음에도 이 시기의 비문은 동부 자바의 바둣Badut 이외에 그다지 발견되지 않았다.

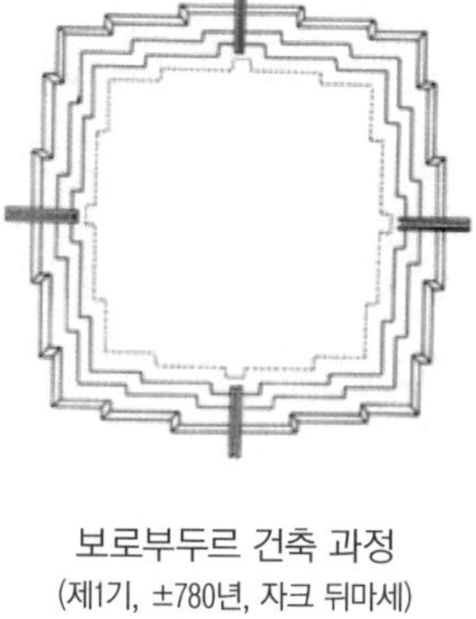
보로부두르 건축 과정
(제1기, ±780년, 자크 뒤마세)

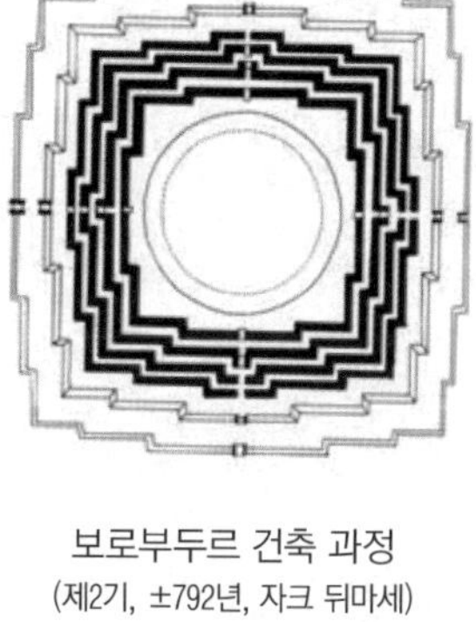
보로부두르 건축 과정
(제2기, ±792년, 자크 뒤마세)

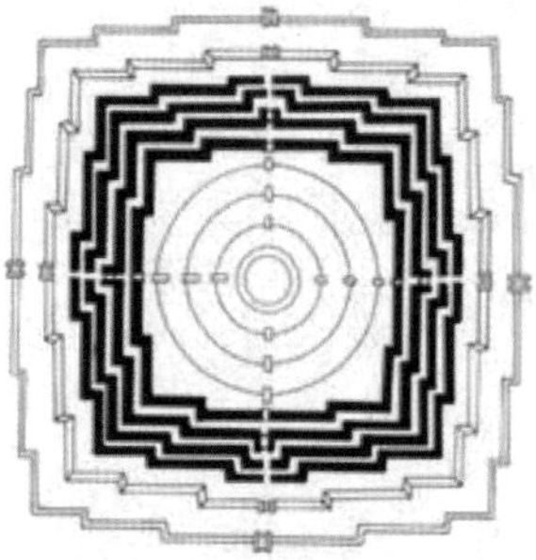

보로부두르 건축 과정
(제3기, ±792년, 자크 뒤마세)

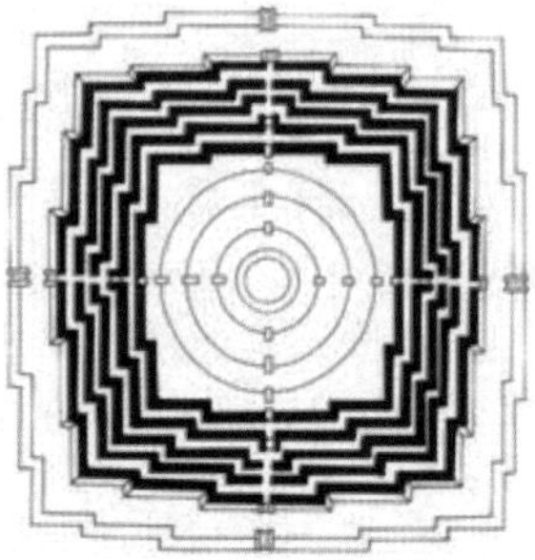

보로부두르 건축 과정
(제4기, ±824년, 제5기, ±833년, 자크 뒤마세)

믹식John Miksic은 보로부두르 창건을 760~830년으로 추정하고 있다. 대체로 보로부두르의 착공 연대는 760년 이후로 보는 것이 일반적이다. 사카이 다케시坂井 隆는 중부 자바 불교사원의 옥개 형태를 '종형'보로부두르, 찬디 카라산, 찬디 믄듯, 찬디 세우, 계란형찬디 파온, 북 푸라오산, 찬디 사리, 찬디 로로 종그랑, '다층형'찬디 누가웬, 남 푸라오산으로 분류하고 있다. 사카이는 이러한 분류를 근거로 믹식의 연대 설을 지지하고 있다.

인도네시아의 고고학자들도 보로부두르 조영에 착수한 것은 사일렌드라 왕조의 바누 왕752~775년 시대로 보고 있다. 그 후 발라푸트라 데와 왕835~856년과 푸라모다바르다니 여왕 남매 간의 권력 싸움 때문에 보로부두르는 미완성인채 공사가 끝났다고 한다. 일부 이견이 있지만, 대체적으로 고고학자들은 보로부두르 축조연대를 780~830년으로 추정하고 있다.

03

보로부두르의 구조와 형태

사일렌드라 왕국750?~832년의 역대 왕들은 많은 자금과 인력을 동원하여 보로부두르를 건설했다. 하지만 어떠한 위대한 종교적 조형물이라도 왕조와 종교가 바뀌면 그 기능을 상실하고 만다. 사일렌드라 왕국의 멸망과 함께 보로부두르는 그 기능을 잃어간다. 그 후 중부 자바에는 힌두교의 마타람 왕국이 세력을 잡는다. 마타람 왕국은 중부 자바에 많은 힌두교 사원을 건립한다.

정치의 중심이 10세기 이후 중부 자바에서 동부 자바로 세력을 옮긴 후 보로부두르는 점차 역사의 무대에서 사라진다. 정상의 불탑은 무너져 내렸고, 화산재가 쌓인 유적은 시간이 지나면서 많은 나무와 풀들이 자라서 정글로 변해간다. 보로부두르라는 세계 최대 불교유적은 화산재에 묻혀 자바 사람들의 기억에서조차 잊혀 간다.

자바 역사에서 잊힌 보로부두르 유적은 1814년 영국인 토머스 스탠퍼드 래플즈T.S. Raffles가 재발견한다. 19세기가 되면서 프랑스혁명 후 나폴레옹이 이끄는 프랑스의 동남아시아 진출을 두려워한 영국은 1811년에 네덜란드령의 자바 섬을 점령한다. 영국은 1814년에 '네덜란드령 동인도'현재의 인도네시아에 래플즈를 부총독으로 파견하는데, 그는 보로부두르를 발견하는 등 큰 업적을 남겼다.

보로부두르를 처음으로 조사한 것은 래플즈가 파견한 코넬리우스H.C. Cornelius 조사단이다. 코넬리우스는 1814년에 약 2,000명의 근로자와 함께 한 달 반 동안 보

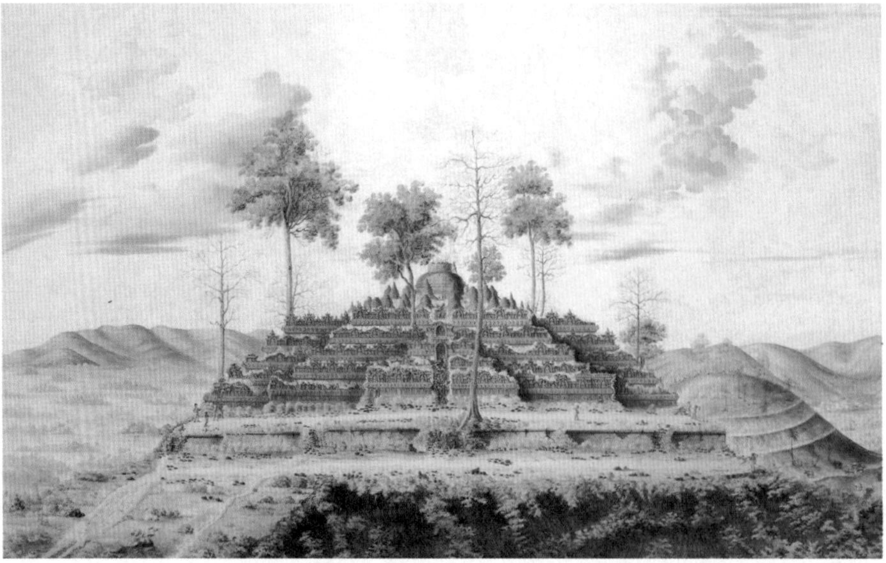

1814년 발견 당시의 보로부두르(J.G. Newman)

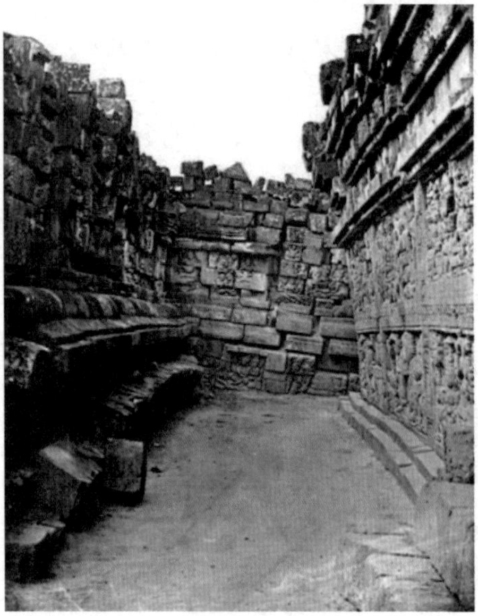

1850년대 제1회랑

로부두르를 덮은 나무와 흙더미를 제거했다. 그 후 자바 섬의 지배권을 영국으로부터 되찾은 네덜란드는 보로부두르를 오랫동안 방치했다. 1873년에 바타비아 협회의 리만스C. Leemans가 보로부두르에 대하여 최초의 학술 보고서를 간행한다. 1885년에 이제르만J.W. IJzerman이 현재의 기단 안에 묻혀 있던 구기단을 발견한다.

지금까지 보로부두르 연구는 불교 경전 주제의 비정에 주안을 둔 것이었다. 1895년 올덴버그d'Oldenburg가 보로부두르의 부조 연구를 시작한다. 이때부터 보로부두르는 네덜란드 학자들을 중심으로 학술적 관심이 높아진다. 그러나 자바의 잦은 지진 때문에 유적은 붕괴 위기에 처하여 1907~1911년의 5년간 네덜란드의 공병장교 반 에리프T. van Erp가 복원작업을 시작한다. 1908년 정상의 원형 단 위에 서 있는 반 에리프의 사진을 보면 정상의 종형 탑이 마치 폭격을 받은 것처럼 무너져 있다. 당시의 복원공사는 주로 정상부 불탑과 3층 원형에 있는 종형 불탑의 해체와 복원이었다. 1927년 반 에르프는 초대 네덜란드령 인도네시아 고고국 국장 크롬N. J. Krom과 함께 암스테르담에서 보고서를 출판한다Krom & Erp 1927~31.

1930년대에 고고국장인 스톳트헤임W.F. Stutterheim이 비문 연구를 통하여 사일렌드라 왕조의 보로부두르 건립 설을 제기하고, 이러한 연구는 드 카스파리스J.G. de Casparis가 계승한다.

1945년 인도네시아 독립 후, 1952~1956년의 가자마다 대학의 베르넷트 켐페르스A.J. Bertnet Kempers가 보로부두르 부조와 불교 경전과의 비정 연구를 했다. 1953년부터 인도네시아고고국의 수쿠모노R. Soekmono가 보로부두르 조사를 시작한다. 조사 결과 수쿠모노는 4층 회랑의 붕괴 위험을 역설한다. 1970년대 초반의 사진을 보면 보로부두르 회랑의 벽면은 무너져 내릴 것 같이 기울어져 있었다. 1971년 인도네시아 국립고고학연구소에서 응급조치로 복원작업을 시작한다. 1974~1983년까지 약 10년간 유네스코는 대규모의 복원 작업을 시행하여 보로부두르 유적은 원래의 모습을 되찾게 된다.

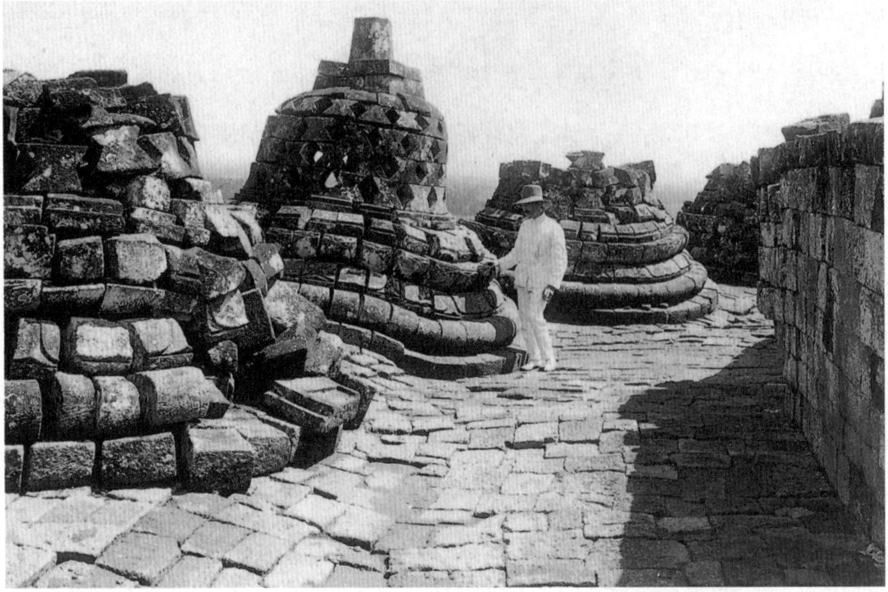

원형 단 위에 서 있는 반 에리프(1908년, 인도네시아 국립고고학연구소 제공)

유네스코의 보로부두르 복원 작업은 유적을 세계적으로 유명하게 만들었다. 이것을 계기로 새로운 시점의 연구가 시작된다. 1977년 프랑스 극동문화원의 뒤마세J. Dumarcay는 비문 연구가인 세데스J. Cedes의 연구를 계승하여 보로부두르를 건축학적인 측면에서 규명했다. 1976년에 인도네시아 고고학자 수쿠모노가 보로부두르의 성격에 대하여 주목되는 견해를 발표한다. 수쿠모노는 보로부두르를 선사시대의 거석문화에 유래하는 산악신앙 유적 설을 처음으로 주장한다. 1990년에는 믹식J. Miksic이 지금까지의 연구사를 총괄한 저서를 출판한다. 믹식은 보로부두르의 성립과 성산 숭배와의 관련을 새롭게 부각시켰다.

보로부두르 연구는 유럽 학자들이 시작했지만 연구사의 한 축을 형성하는 것은 일본인 학자들이다. 1942~1945년 자바 섬을 식민지 지배했던 인연으로 일본인의 연구가 시작한다. 1942년에 케두 주州의 문교 담당 사정관인 후루사와 야수지로古澤

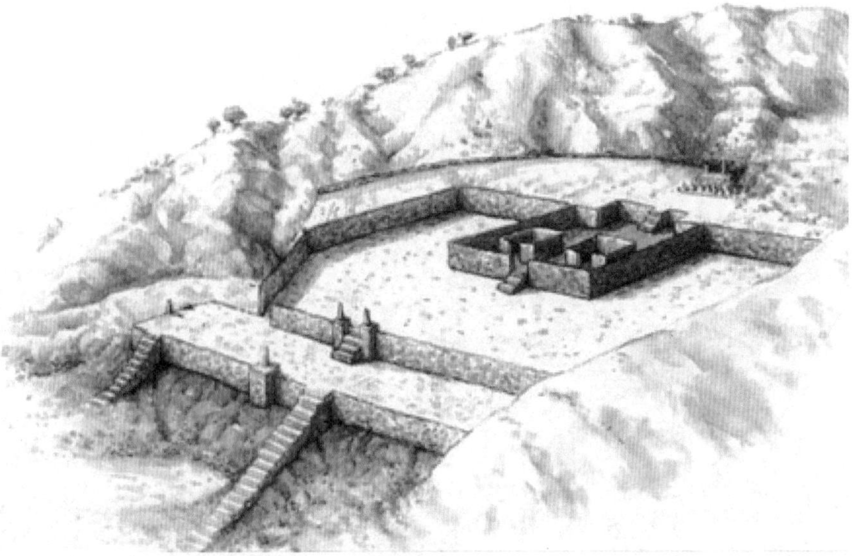

선사시대의 신전(자바 섬)

安二郎가 구기단을 발굴했고, 1942~1943년에 사진가 오가와 세이요小川晴暘가 보로부두르의 많은 사진을 남기고 있다.

인도네시아 독립 후에도 많은 일본인 연구자가 보로부두르를 연구한다. 그 대표적인 연구를 소개하면 건축사가 치하라 타이고로千原 大五郞, 불교사가 히카타 류쇼干潟 龍祥와 나미카와 료並河 亮, 미술사가 이토 쇼지伊藤 照司와 고에즈카 다케시肥塚 隆 등의 연구가 있다. 특히 문화사학의 오가와 고요小川光暘와 고고학의 사카타 다케시坂井 隆는 인도네시아 고고학자 수쿠모노의 연구를 계승하여 보로부두르와 선사시대 피라미드 신전 유구와의 관련설을 체계적으로 주장한다. 필자도 1992년 인도네시아 선사시대의 피라미드 신전과 보로부두르의 관련설가종수, 「발리 섬 주변의 피라미드 유구에 대하여」, 『환태평양문화』제4호, 일본 환태평양학회, 1992년을 제기한 바 있다.

필자가 알기로는 우리나라 연구자가 보로부두르를 조사 연구한 것은 1990년대

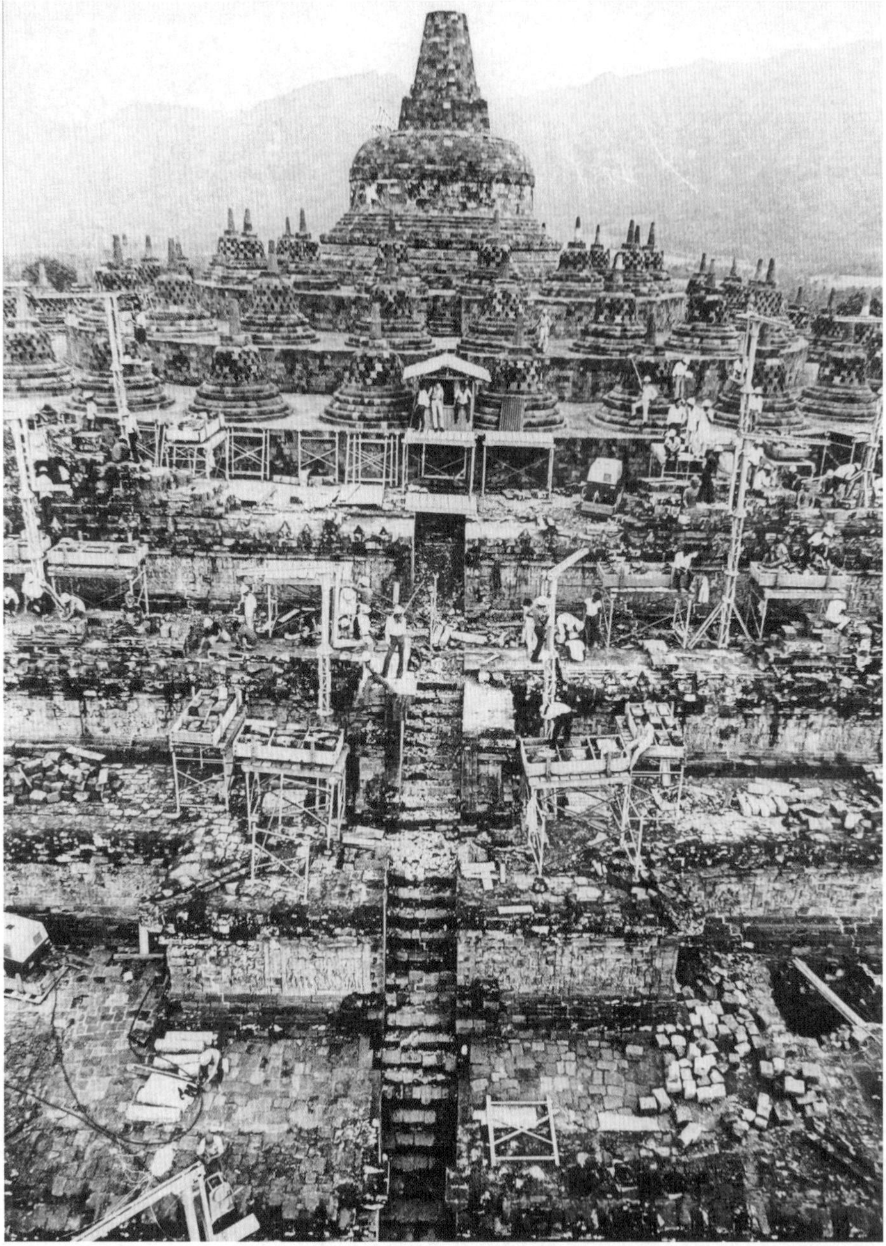

복원 공사(1974년, 인도네시아 국립고고학연구소 제공)

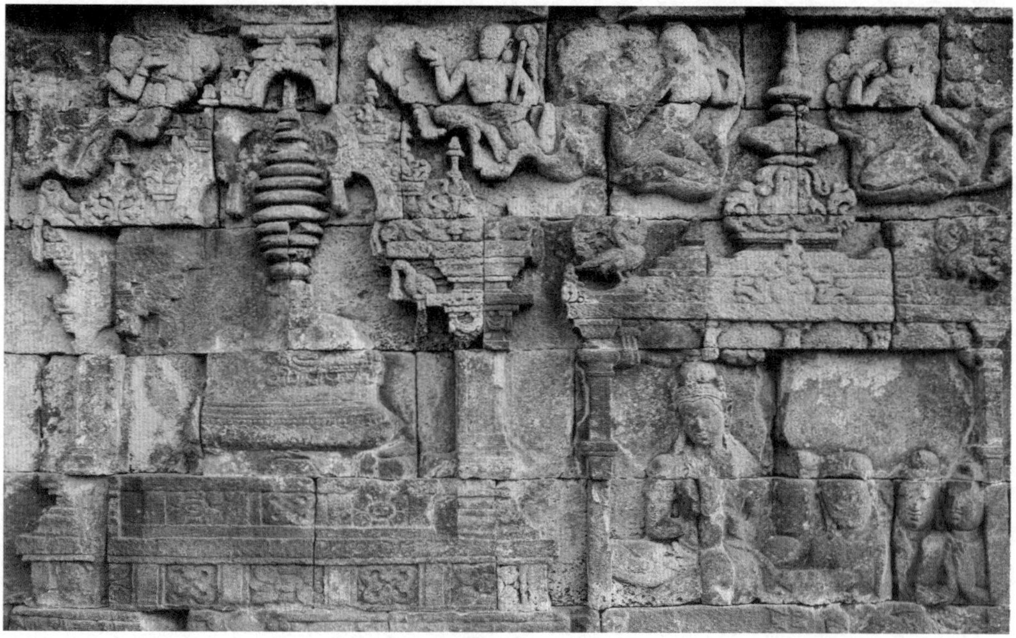

선재동자의 불탑 공양(II. A. 98, 간다보하)

의 필자와 무사시노 미술대학의 박형국 교수가 처음으로 알고 있다. 우리말로 보로부두르를 소개한 것은 방지환(이하 존칭 생략, 2000년), 박형국(2007년), 서규석(2008년), 가종수(2012년)의 저서와 이성민(2003년), 유근자(2010년)의 논문이 있다. 보로부두르를 공중에서 보면 정방형의 계단식 피라미드 형태를 하고 있다. 보로부두르를 멀리서 바라보면 인도의 '산치 대탑'기원전 2세기을 연상시킨다. 보로부두르의 부조는 산치 대탑의 부조 영향을 받았고 보로부두르가 일종의 불탑일 가능성도 있다. 그러나 인도의 불탑은 기본적으로 석가 유골이나 유품을 안치한 반구형이다.

보로부두르는 인도의 불탑 혹은 사원과는 전혀 다른 구축물이다. 자연의 언덕 위에 흙을 성토하여 산을 만들고, 그 표면에 석재로 치장한 피라미드형의 구축물이다. 보로부두르를 단지 인도의 불교 영향이라고 하기에는 너무나 복잡하고 다양한 양상을 나타내고 있다. 다시 말해서 보로부두르는 불교미술의 원류인 인도에서 찾아볼 수 없는 독창적인 구조를 하고 있다.

〈보로부두르의 각단의 크기와 높이〉

	크기 (m)	높이 (m)
제1기단	123×123	1.50
제2기단	113×113	2.14
기단 높이		3.64
제1방형 단	92×92	2.18
제2방형 단	83×83	3.86
제3방형 단	75×75	2.82
제4방형 단	67×67	2.47
제5방형 단	59×59	2.38
방형 단 높이		13.71
제1원형 단	직경 54	1.84
제2원형 단	직경 41	1.84
제3원형 단	직경 28	1.84
원형 단 높이		5.52
중앙 탑	직경 13	18.39
총 높이		41.26

보로부두르는 아래에서부터 순서대로 1층의 방형 기단붕괴 방지를 위해 설계를 변경하여 현재 2층 기단으로 되어 있다, 4층의 계단식 피라미드형의 회랑, 3층의 원형 단, 정상의 첨탑 등 4개 부분으로 이루어졌다. 이 중에서 가장 중요시되는 곳은 1층 기단구기단과 4층의 계단식 피라미드의 회랑이다. 왜냐하면, 이 회랑 벽면에는 불교 경전을 바탕으로 한 부조가 새겨져 있기 때문이다. 또한, 3층 원단에 전부 72기의 소형 불탑이 세워

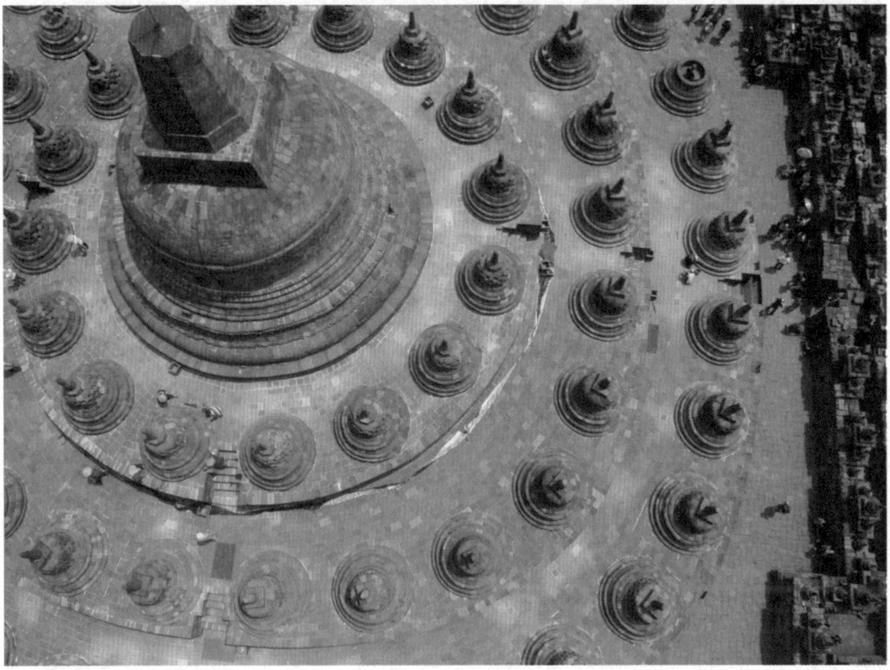

중앙 첨탑과 3층의 원단
(화산재를 제거하고 있는 장면, 2010년 8월)

져 있다. 원단의 제1층 소형 불탑 안에 32구, 제2층 소형 불탑 안에 24구, 제3층 소형 불탑 안에 16구의 석가여래 좌상을 안치하고 있다.

대승불교의 우주론에는 '3계 사상'이 있다. 우주에는 인간의 '욕계'Kamadhatu, 현세를 초월한 유형의 영역 '색계'Rupadhatu, 신자와 석가가 융합하는 무형의 영역 '무색계'Arupadhatu가 있다. 인도네시아의 사원찬디은 불교 혹은 힌두교의 우주관을 구상화하여 표현하고 있다. 건축적으로는 기단욕계, 당사색계, 옥개무색계로 만들어져 있다. 가람의 평면 구조도 제1의 전원Jaba, 욕계, 제2의 중원Jaba Tengah, 색계, 제3의 내원Jeroan, 무색계으로 구성되어 있다. 보로부두르의 1층의 기단욕계, 4층의 계단식 피라미드색계, 3층의 원단무색계은 불교의 3계 사상을 상징적으로 표현한 것이다.

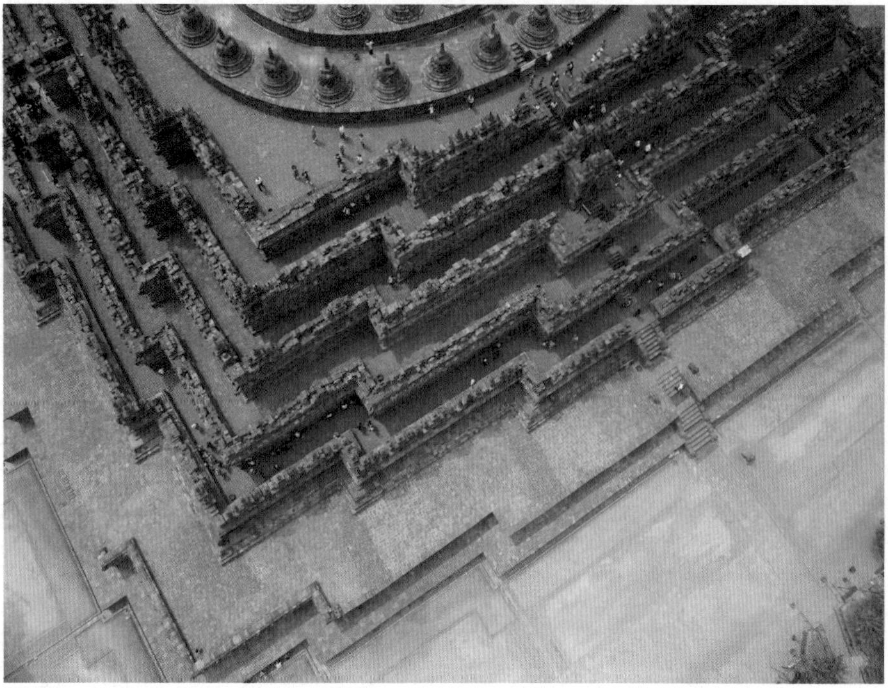

현재의 2층 기단과 4층 회랑(동북, 2010년 8월)

원래 보로부두르 설계 당시의 건축 구조는 높은 언덕 위에 세운 9층의 계단식 피라미드였다(정상의 첨탑을 포함). 그러나 건립 과정에서 여러 가지 이유로 설계를 변경하게 된다. 특히 현재 기단은 붕괴를 방지하기 위하여 2층으로 변경한 것이다. 따라서 보로부두르는 현재 10층이지만, 2층 기단은 응급조치로 생긴 것이다. 일부 저서에서 보로부두르를 '10층'으로 보고 그 숫자에 특별한 의미를 부여하여 그것을 근거로 보로부두르 성격을 논하고 있다. 이러한 견해는 보로부두르 연구에 그다지 도움이 되지 않는다.

건축학적으로 보로부두르의 최대 특징은 내부 공간이 없다는 점이다. 자연 언덕 위에 흙을 쌓아올려 인공 산을 만들고, 그 표면에 약 55,000㎥에 달하는 안산암

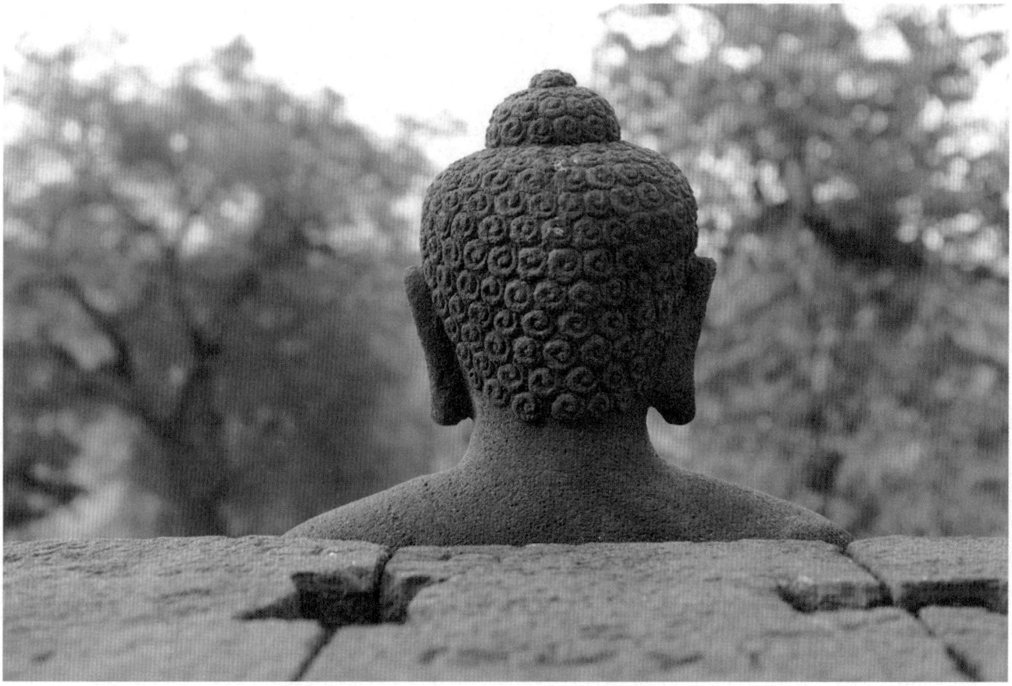

보로부두르의 석재 쌓기(석재 접합부에 쐐기를 박아서 고정하고 있다)

블록을 사용하여 피라미드로 장식한 구조이다. 즉 표면 전체를 조각으로 장식하여 보로부두르 그 자체가 하나의 거대한 석조 조각 작품이다.

보로부두르의 석재(약 30×50×50cm) 쌓기는 아무렇게나 돌을 쌓아올린 것이 아니다. 시기적으로 보로부두르와 비슷한 우리나라의 석굴암이나 월정교에서 볼 수 있듯이 석재의 접합부에 특별한 조처를 하고 있다. 우리나라의 석조건축은 좌우의 석재가 내외부의 압력을 받아서 붕괴하지 않도록 석재 연결부에 홈을 파서 납으로 된 주조물을 끼워놓은 '은장기법'을 사용하였다. 석굴암과 월정교는 통일신라 경덕왕 때 만들어진 것으로 석재 쌓기에 같은 은장기법을 사용하고 있다. 보로부두르의 석재 연결부에도 우리나라와 유사한 홈이 파여 있다. 단 보로부두르 석재 쌓기는 우리나라의 은장기법과는 다르게 석재 접합부에 홈을 파서 그 안에 쐐기를 박아서 고정하고 있다. 상하의 석재도 구멍과 돌출부를 만들어 무너지지 않도록 고정하고 있다.

밀림 안에서 1814년 래플즈가 발견한 보로부두르는 그 후 지진과 열대다우림의 자연조건 때문에 붕괴 위기에 직면한다. 이러한 붕괴 위기는 국제 협력으로 유네스코가 복원한다. 유네스코의 복원 공사가 시작되면서 지금까지 알려지지 않았던 새로운 발견이 있었다. 복원 이전까지 보로부두르는 막연히 자연의 언덕 위에 세워졌다고 생각했었다. 복원 과정에서 내부의 토질 조사 결과 자연의 언덕 위에 흙을 쌓아 인공으로 큰 산을 성토한 것이 밝혀졌다. 동남부에 나란히 서 있는 3개의 자연언덕과 서북 2개의 언덕을 하나의 큰 산 모양으로 쌓아올린 것이 밝혀졌다.

고대 자바 사람은 보로부두르를 건설하는 데 앞서 우선 큰 산을 쌓아 올리는 거대한 토목 공사를 했다. 거대한 인공의 산 표면에 많은 석재를 계단식 피라미드를 쌓아서 그 표면에 불교 설화를 조각한 것이 보로부두르이다. 즉 보로부두르는 인도의 '원구圓球형 불탑'스투파과는 기본적으로 형태가 다른 구조이다.

조루쥬 · 세데스가 '선 아리아 문화'인도화 이전의 문화라고 하는 동남아시아 고유의 기층문화가 존재했다. 이러한 기층문화가 성립한 시대를 인도네시아의 금속기시대청동기·철기시대라고 한다. 기원전 1500년경혹은 기원전 5~6세기에 금속기 사용과 수전 농업을 기반으로 하여 자바의 기층문화가 형성한다.

이러한 기층문화 안에서 가장 현저한 특징은 조상숭배와 산악숭배가 융합하여 고지에 피라미드 신전영묘을 축조한 것이다. 자바 섬의 선사시대 피라미드 유적은 수마트라, 자바, 발리 등에서도 발견되었다. 수장의 분묘를 계단식 피라미드형으로 만들어서 조상신이 강림하는 장소로 숭배했던 유적이다. 결론적으로 말하면 보로부두르도 이러한 원시종교를 배경으로 전개한 피라미드 신전에 인도불교가 더하여진 구축물이라고 할 수 있다.

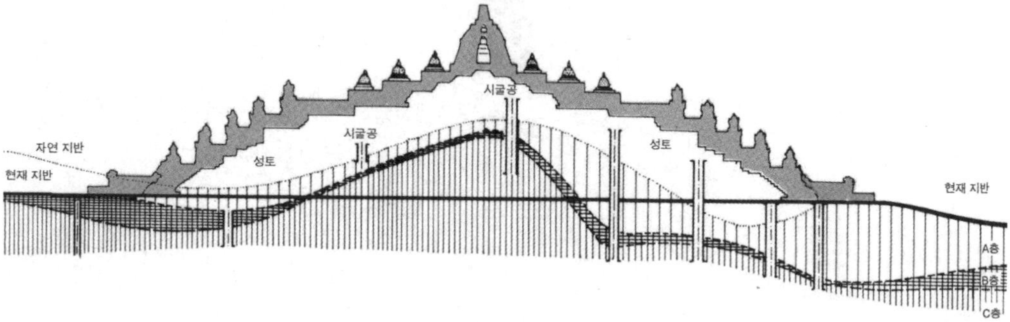

보로부두르의 단면도

04

보로부두르의 불상

보로부두르는 동서남북에 수인을 달리하는 불상을 회랑 위의 감실에 안치하고 있다. 동서남북에 사방 불을 안치한 탑은 네팔과 티베트에 남아 있다. 이러한 불탑은 밀교의 금강계 만다라를 상징적으로 표현한 것이다. 동서남북에 배치된 네 종류의 불상을 '사방 불'이라고 부르지만, 보로부두르는 원단의 석가모니불을 포함해서 '오방 불'이라고 한다.

네팔과 티베트의 오방 불을 배치한 불탑은 그 내부에 '본초불'아디 붓다이 모셔진다. 본초불은 우주의 '근원 불'로 밀교의 교전에서 찾아볼 수 있다. 이 본초불의 신앙에 의해서 오방 불이 탄생했다. 이러한 불탑을 근거로 보로부두르를 '네팔과 티베트에 현존하는 본초불의 불탑과 같은 건조물이 아니었을까?'라는 견해가 있다. 즉 보로부두르는 본초불을 중심으로 하는 오방 불을 입체적으로

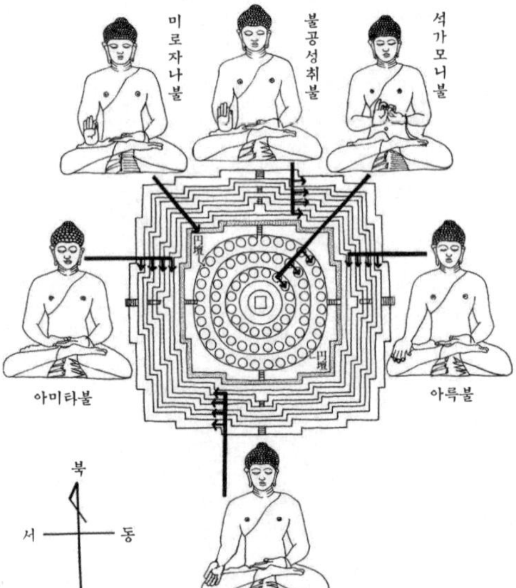

보로부두르의 불상 배치도

표현한 '입체 만다라 설'이 일본에서 큰 지지를 얻는다.

하지만 보로부두르에 사방 불을 안치한 것은 인정할 수 있지만, 제4회랑 주벽 위의 비로자나불은 방위와 상관없다. 또한, 보로부두르는 네팔과 티베트의 불탑과 형태가 완전히 다르다. 네팔과 티베트가 역사적 · 문화적으로 중부 자바와 어떠한 관계였는지 이제까지 아무것도 증명되지 않았다. 인도문화는 자바에 바다를 통해서 전해졌다. 불교가 발생한 인도에서 보로부두르와 같은 형태의 유적이 발견되지 않은 것이 연구의 쟁점이다. 따라서 일부 일본인 학자들에 의해서 제기된 보로부두르의 '입체 만다라 설'은 1960년대에 제기된 하나의 가설에 지나지 않는다.

본초불의 불탑은 법신사리불탑法身舍利佛塔을 가리키고 석가의 진골 불사리를 불탑 안에 안치하지 않고, 그 대신에 연기법신우緣起法身偈라고 부르는 석가의 가르침을 새긴 비석을 안치한다. 이 연기법신우 비석을 본초불로 대신하여 보로부두르 최정상의 불탑 안에 봉안하였다는 가설 위에 입체 만다라 설이 제기되었다. 하지만 현재로서는 보로부두르 내부 사정을 알 수 없어 이러한 가설은 인정할 수 없다.

보로부두르에는 504구에 달하는 등신대等身大의 석불좌상이 있다. 안산암을 조각한 이들 불상은 모두 온화한 얼굴을 하고 있다. 보로부두르의 불상은 민족과 종교를 초월해서 보는 사람을 매료한다. 보로부두르를 참배하는 많은 사람은 아름다운 이 불상의 매력에 흠뻑 빠지게 된다. 부조와 더불어 불상 또한 조각 예술의 백미라 할 수 있다. 계단을 올라 각 회랑을 돌아보면 이들 불상 하나하나와 만날 수 있도록 설계되어 있다. 이 석불을 보며 회랑을 참배함으로써 점차 마음을 맑게 할 수 있도록 설계자가 불상을 배치했다.

불상은 높이 약 130cm로 결가부좌하고 있다. 전체 조형은 인도 굽타미술의 사르나트파 계통이다. 예를 들어 신체를 휘감은 엷은 의복에는 옷 주름이 거의 나타나지 않는다. 이것은 명확히 인도 굽타 후기 미술 사르나트파의 전류를 나타내고 있다.

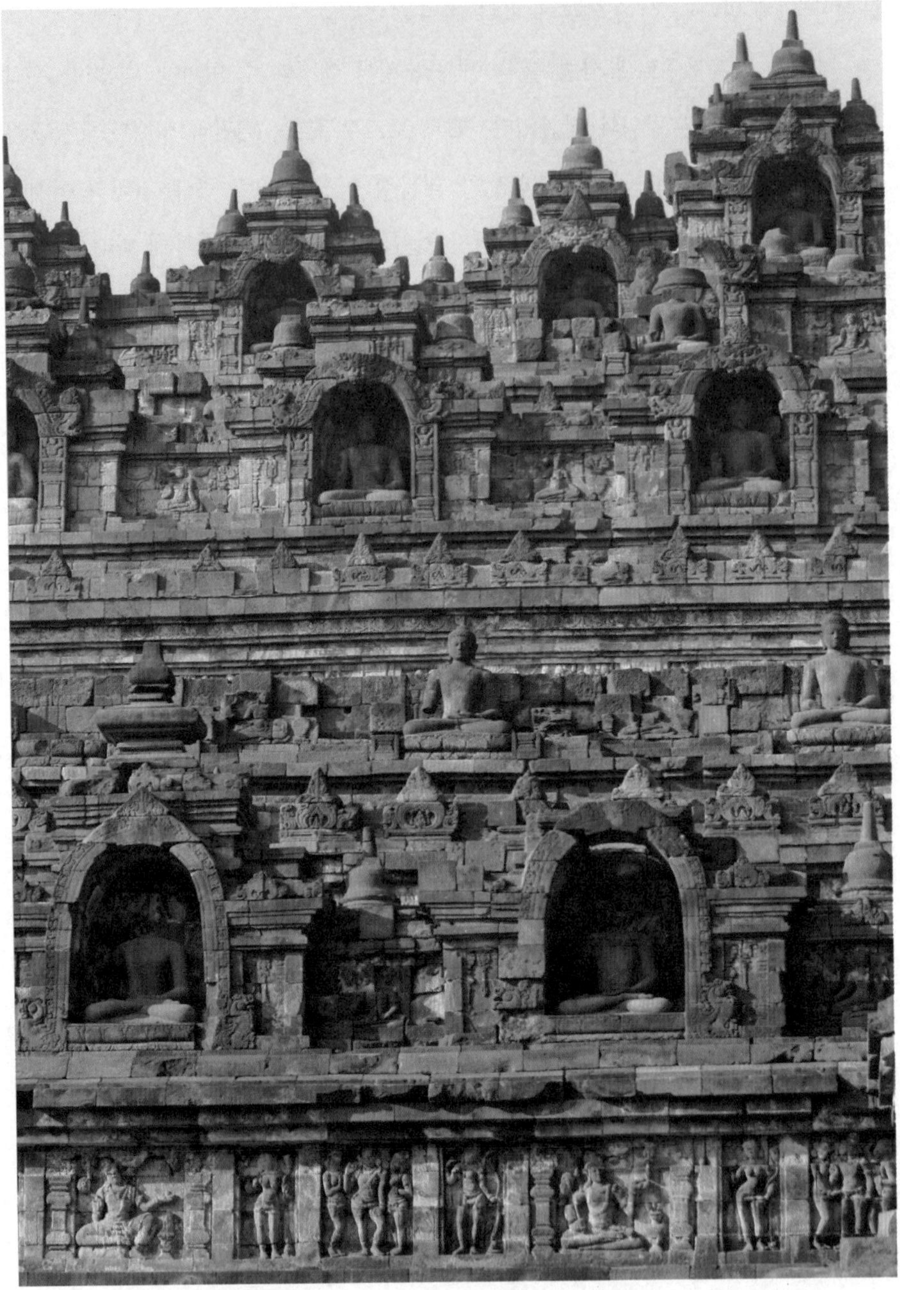

감실과 불상

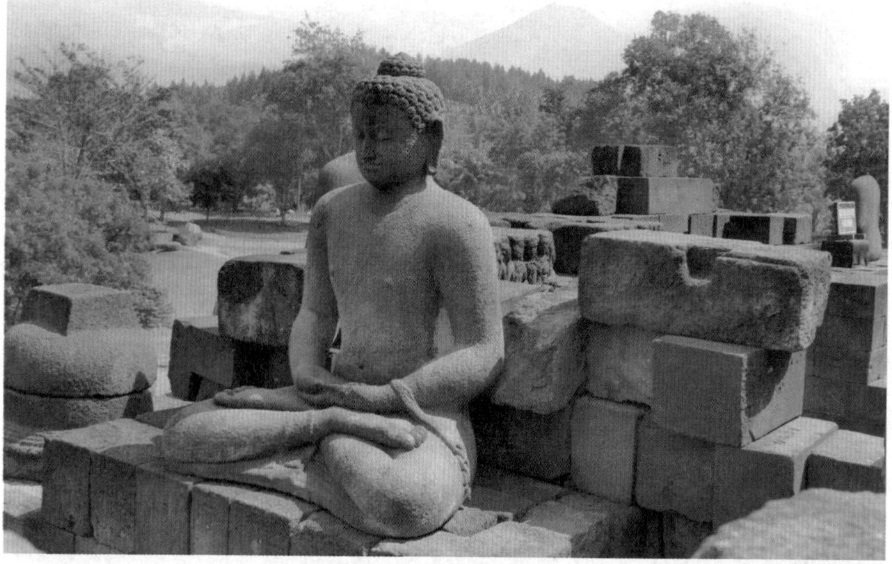

아미타불(동면)

보로부두르에 안치한 불상은 설계자의 의도에 의해서 수인手印=印相이 다른 불상을 방향에 따라서 배치하고 있다. 제1회랑 난순 외벽 상단의 감실, 4층의 계단식 피라미드형 회랑의 주벽 상단의 감실, 3층 원단의 종형 불탑 안에 각각 다른 불상을 안치하고 있다.

제1회랑의 난순 외벽에서 제3층 주벽의 상단 감실까지 안치한 불상은 동서남북의 인상印相이 다르다. 동면의 감실에 안치한 92구의 불상은 모두 '촉지인'을 하고 있고, 남면의 감실에 안치한 92구의 불상은 '여원인'을 하고 있다. 서면의 감실에 안치한 92구의 불상은 '선정인'을 하고, 북면의 감실에 안치한 92구의 불상은 '세무외인'을 하고 있다. 제4회랑 주벽 상단의 감실에 안치한 92구는 '설법인'을 하고 있다. 3층 원단의 종형 불탑 안에 안치한 72구의 불상은 모두 '초전법륜'을 하고 있다.

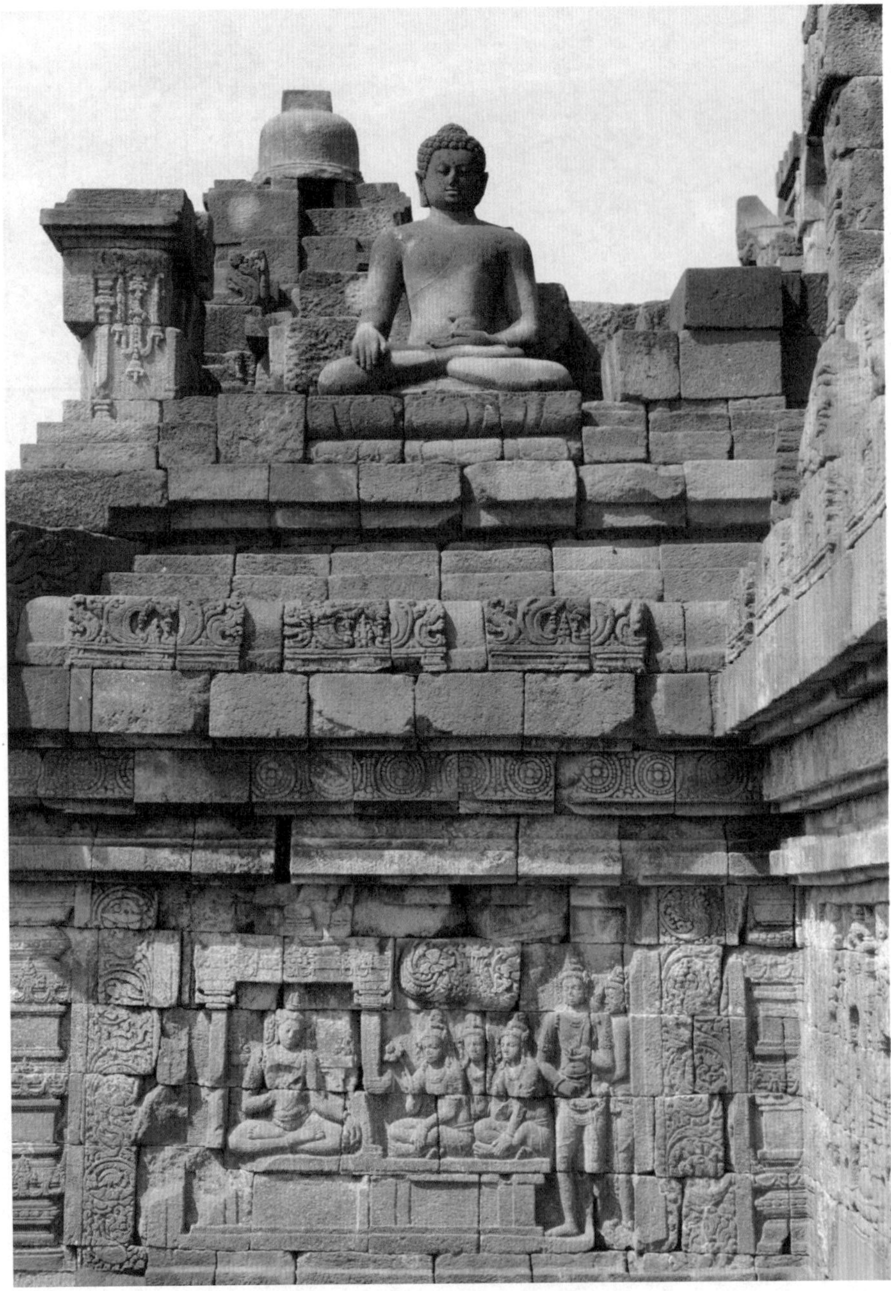

아촉불과 선재동자 순례기(서면, 제2회랑 주벽)

이렇게 방형의 난순 외벽 상부, 제1회랑~제4회랑 각 주벽 위의 감실에 안치한 불상은 동서남북의 각 방향에 따라서 수인이 다르다. 이러한 불상 배치는 명백하게 설계상의 일정한 규칙을 인정하지 않을 수 없다. 이렇게 방향에 따라서 불상의 종류가 다른 것은 보로부두르가 밀교의 만다라를 입체적으로 구현한 것이라는 가설의 근거가 된다. 하지만 우리는 나무만을 보고 숲을 논해서는 안 된다. 사방 불을 안치하기 위해서 보로부두르를 계단식 피라미드로 만들지 않았다는 점은 고고학적으로도 증명되었다. 보로부두르와 같은 형태의 '입체 만다라' 불탑이 다른 불교 문화권에서 찾아볼 수 없다는 문제가 있다.

보로부두르의 불상은 대략 다음과 같이 배치되어 있다. 제1회랑의 난순, 제1층, 제2층, 제3층 주벽 위의 각 감실에 안치한 동면의 불상은 아촉불, 남면의 불상은 보생불, 서면의 불상은 아미타불, 그리고 북면의 불상은 불공성취불이다. 제4회랑 주벽 위의 불상은 비로자나불이다. 3층의 원형 기단에는 제일 아래의 제1층에 32기의 소형 불탑, 제2층에 24기의 소형 불탑, 제3층에 16기의 소형 불탑 안에는 석가모니불을 안치하고 있다.

이렇듯 보로부두르의 불상 배치는 매우 규칙적이다. 불상의 수직 위치는 석가모니불을 최상위로 해서, 비로자나불, 사방 불을 배치하고 있다. 따라서 보로부두르의 불상 배치를 보면 밀교의 입체 만다라 불탑 설을 전면적으로 부정할 수 없다. 하지만 사방 불을 안치하기 위해서 현재와 같은 계단식 피라미드를 만들었다고는 생각할 수 없다.

보로부두르는 불상만을 안치하기 위하여 만들어진 것이 아니다. 어디까지나 방형의 계단식 피라미드가 주가 되고, 불상은 그 감실에 부수적으로 배치한 것이다. 사방 불은 동면에 약사불, 서면에 아미타불, 남면에 석가모니불, 북면에 미륵불을 안치하는 것이 일반적이다. 인접한 찬디 믄듯과 같은 삼존불 형식의 보살상은 찾아볼 수 없다.

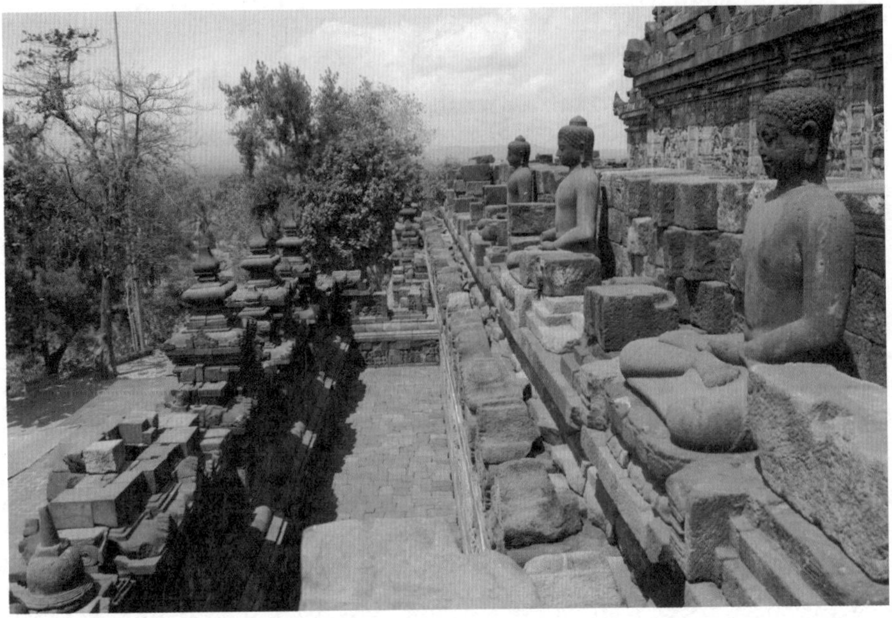

불공성취불(북면, 제2회랑)

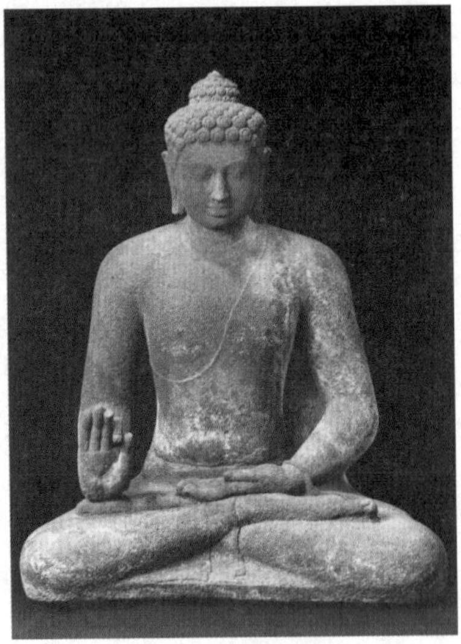

비로자나불(제4회랑)

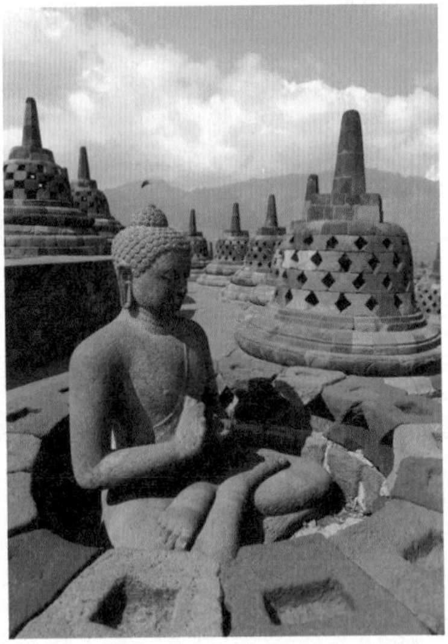

석가모니불(원단)

석불의 위치	불상 수	존명(인상)
제1회랑 난순 및 제1~3회랑	동면 92구	아촉불촉지인
제1회랑 난순 및 제1~3회랑	남면 92구	보생불여원인
제1회랑 난순 및 제1~3회랑	서면 92구	아미타불선정인
제1회랑 난순 및 제1~3회랑	북면 92구	불공성취불세무외인
제4회랑 주벽	64구	비로자나불설법인
3층 원단 불탑	72구	석가모니불초전법륜인
	계 504구	

불상의 인상에 대해서는 이견이 있고 보로부두르가 '무엇'인지 오해를 불러일으킬 소지가 있지만, 불상만을 보면 기본적으로 밀교의 금강계 만다라를 의식해서 배치한 것은 부정할 수 없다. 이러한 불상 배치는 피라미드의 방형부와 원형부를 분별하여 설계한 사상과도 일치한다. 그러나 수인手印으로 6종의 불상을 식별했음에도 불구하고 제1회랑 난순 상단의 감실~제3회랑의 주벽 상단 감실, 제4회랑 주벽 상단의 감실, 원단 불탑 안의 불상 배치가 다른 점이 문제가 된다. 즉, 제4회랑 주벽 위에 방위와 관계가 없는 '비로자나불을 배치한 것은 무엇 때문이었을까?'라는 의문이 남는다.

석가모니불3층 원단의 소형 불탑, 비로자나불제4회랑의 주벽 상단의 감실, 사방 불제1회랑의 난순 상단의 감실~제3회랑 주벽 상단의 감실을 상하로 배치하고 있다. 정상의 불탑 상륜에 해당하는 첨탑은 1842년에 케두Kedu 주의 이사관 하르트만이 발굴했었는데 내부의 발견 유물에 대해서 아무런 보고가 없다. 인도네시아 고고학자들은 첨탑 내부에 사일렌드라 왕국 왕의 화장한 유골이 안치되었을 것으로 추정하고 있다.

구전에 의하면 그 내부에서 미완성의 불상 한 구를 발견했다고 한다. 1943년 오가와 세이요小川晴暘, 1894~1960년가 내부에서 발견한 석가여래상의 사진을 남기고 있다. 이 불상은 현재 보로부두르 자료관에 소장되어 있다. 석불의 형태와 크기는 다른

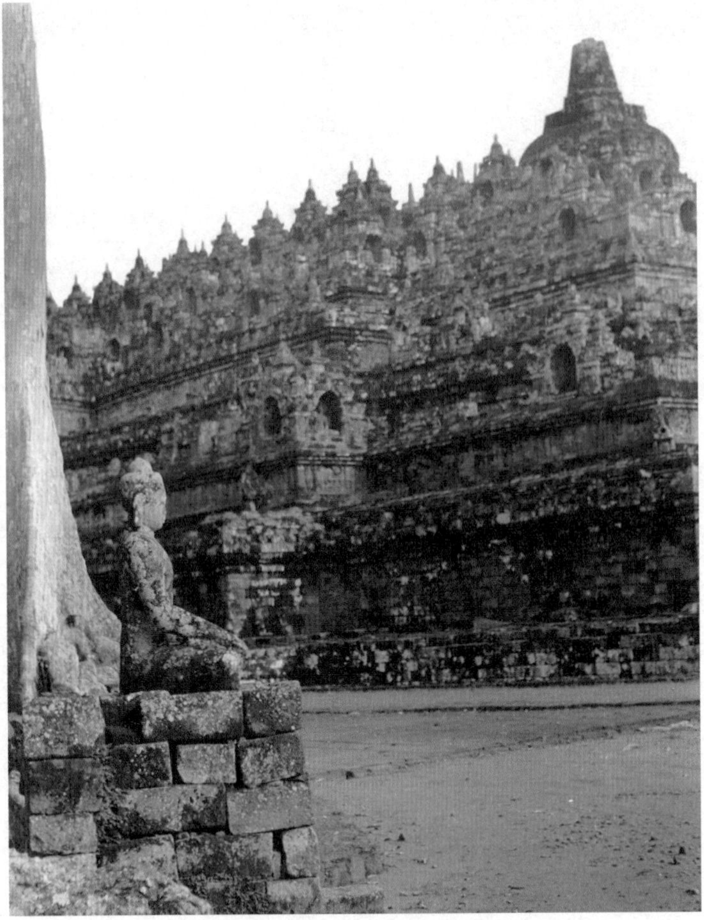

미완성 석상(오가와 세이요 촬영, 1943년)

보로부두르의 불상과 아주 유사하다. 수인은 촉지인을 하고 있는데, 미완성인 상태여서 정확한 불상의 종류를 판단하기 어렵다. 보로부두르의 가장 중요한 장소로 여겨지는 중심 탑 내부에 미완성인 불상을 안치했다는 것은 상식적으로 부자연스럽다. 이 불상은 제작 도중에 실패한 불상을 내부 석재로 사용한 것으로 생각한다.

05

보로부두르의 부조

보로부두르가 세계적으로 뛰어난 불교미술의 걸작이라 여겨지는 것은 웅대한 규모에 의한 것이지만, 불상과 부조의 높은 예술성 또한 뒤떨어지지 않는다. 보로부두르의 부조는 불교문화권 안에서 가장 찬란하게 핀 불교미술의 정수이다. 보로부두르의 구기단, 제1층, 제2층, 제3층, 제4층 회랑에 1,460면에 달하는 부조가 새겨져 있다. 모두 불교 설화를 바탕으로 이야기가 새겨져 있다. 사일렌드라 왕조가 부조를 통해서 참배자에게 불교를 가르치기 위해서라고 한다. 보로부두르의 설계와 시공에는 불교 경전에 통달한 승려가 상당히 있었을 것으로 생각한다.

보로부두르 부조는 단순한 장식과 불교 경전 내용을 조각한 것으로 나눌 수 있다. 조각적으로 안산암의 꺼칠한 표면에 깊이 새긴 '고高 부조'가 특징이다. 폭이 긴 평방 안에 입체에 가깝게 부조가 연속으로 새겨져 있다. 조각 작업은 창건 당시 하층에서부터 돌쌓기 공사를 진행함에 따라 완성한 석벽의 평방 안에 조각가가 하나씩 부조를 새겨 넣었다. 따라서 완성한 벽면에 새기는 부조 작업은 실패가 용서될 수 없었기 때문에 최고의 조각가를 동원했을 것이다. 이러한 부조의 작업 과정은 현재 매몰한 구기단의 미완성 부조를 통해서 알 수 있다.

보로부두르의 1,460면 부조는 제1회랑 난순 외벽과 각 회랑 주벽 상단의 장식 부조를 포함하지 않는다. 제1회랑 난순 외벽에도 부조가 새겨져 있다. 이들 부조는

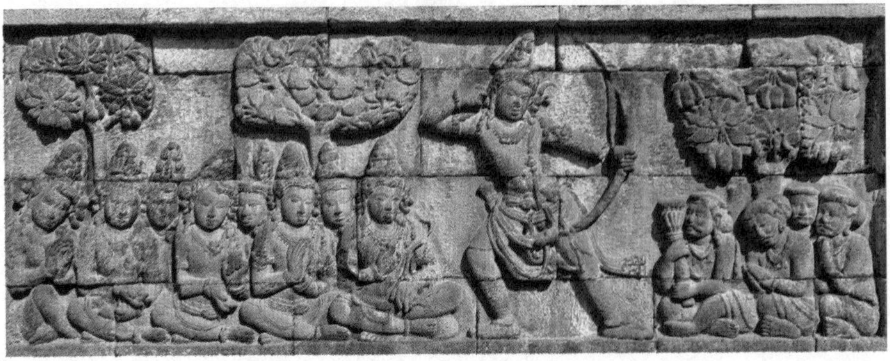

귀인의 활 솜씨를 칭송하는 장면(I. A. b. 119)

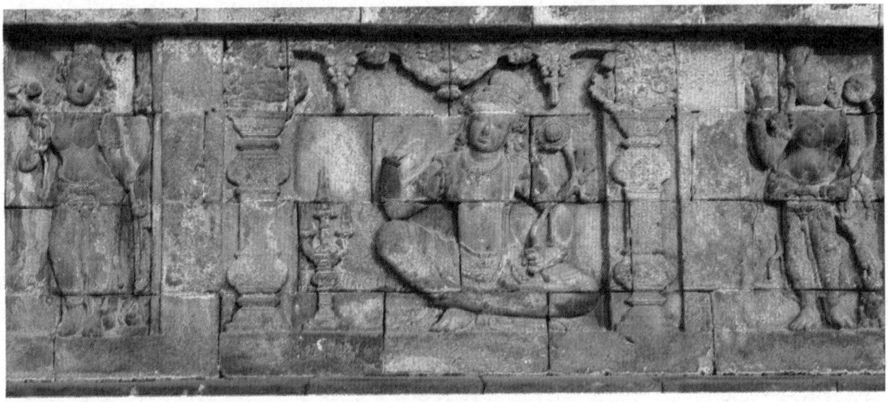

다라보살과 제석천(제1회랑 난순 외벽)

특별한 경전 내용을 새겨 놓은 것이 아니라, 제석천 좌상을 중심으로 그 좌우에 다라보살 입상, 제석천과 합사리천녀의 부조를 연속으로 새겨놓고 있다. 또한, 주벽 상단 위에도 보살상, 꽃병, 커튼, 기둥장식 등이 연속으로 새겨져 있다. 일정한 간격으로 마카라 장식배수관이 있고, 사방의 각 공문에는 카라・마카라 장식이 있다.

장식 부조는 매우 다종다양하다. 이러한 장식 부조는 제1회랑~제4회랑의 난순과 주벽에 새겨져 있다. 구기단~제4회랑의 주벽과 난순의 벽면평방, panel에 불교 설화가 조

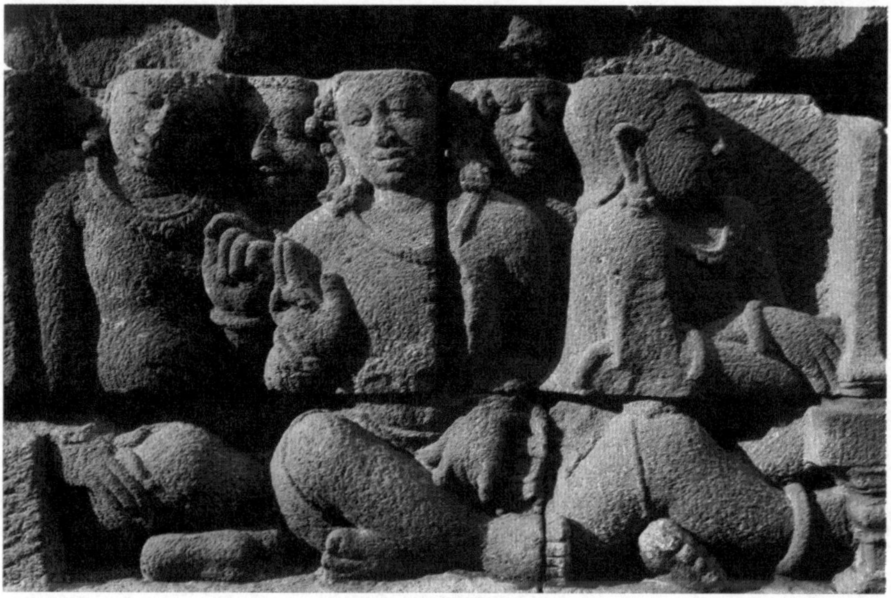

비구상(장식 부조, Ⅰ. B. a. 94)

각되어 있다. 각 회랑의 난순과 주벽, 감실, 계단 등에도 장식 부조가 새겨져 있다. 이들 장식 부조는 꽃병, 향로, 연꽃, 보살, 남녀의 천인, 나찰, 왜인 등이 있다. 그 밖에도 꽃, 나무, 당초문, 소용돌이 문양, 나선 등의 연속 문양을 많이 채용하고 있다.

구기단, 제1회랑~제4회랑의 주벽과 난순의 불교 설화 부조 안에도 장식 부조가 있다. 이러한 장식 부조는 주제와 상관이 있든 혹은 상관이 없든 벽면의 빈 공간을 메우기 위해서 새겨졌다. 각 회랑 공문의 카라 · 마카라, 평방의 킨나리 · 킨나라, 가루다, 나가, 사자 등 자바 미술 특유의 종교적 동물 도안도 있다. 원숭이, 소, 산토끼, 사슴, 돼지, 거북이, 물고기, 호랑이, 코끼리, 기러기, 붕새, 뱀, 조개 등 각종 동물 장식 문양도 있다.

보로부두르에는 '칼파타루'Kalpataru라고 하여 천계를 상징하거나 '소원성취를 해주는 나무' 천계수 부조가 있다. 보리수나무를 성스러운 나무로 숭배하는 사상은 인

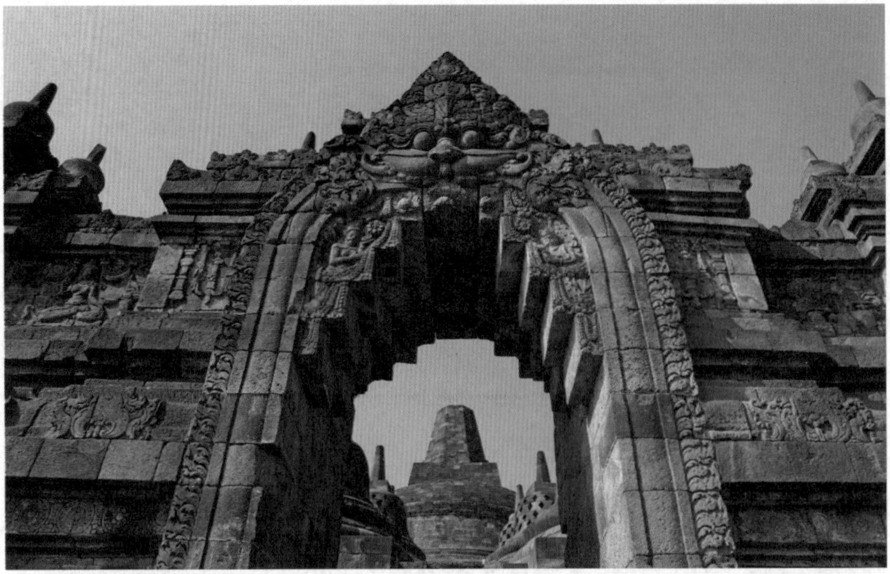

카라 장식(제4회랑 공문)

도에도 있지만, 칼파타루는 보로부두르, 찬디 믄듯, 찬디 로로 종그랑 등 자바 사원의 중요한 장식이다. 칼파타루는 자바 고유의 '낙원의 나무' 신앙에서 유래한다. '낙원의 나무'는 그림자 인형극 '와양'Wayang에서 산을 의미하는 '구눙간'Gungan을 나타낸다. 산은 자바인의 조상숭배와 관련하는 토착신앙의 중요한 요소로 나무와 함께 중요시했다. '낙원의 나무'는 항상 시원한 휴식 터와 과실을 제공해주는 나무에 둘러싸여 생활해왔던 자바인의 자연환경과 밀접한 관계가 있다. 또 이러한 산은 모두 활화산으로 때로는 위험하기도 하지만 화산재는 토지를 살찌게 하여 풍작을 가져온다.

중부 자바에서 칼파타루의 나무가 장식적으로 중요한 것은 이 나무 아래에 보석이나 재보를 넣는 항아리가 있기 때문이다. 구베라 상에도 같은 항아리가 표현된다. 재보가 든 항아리를 안고 있는 배부른 모습의 구베라 상은 불교에서 말하는 대복천이다. 이러한 칼파타루의 장식과 구베라 신앙에서 볼 수 있듯이 사일렌드라 왕

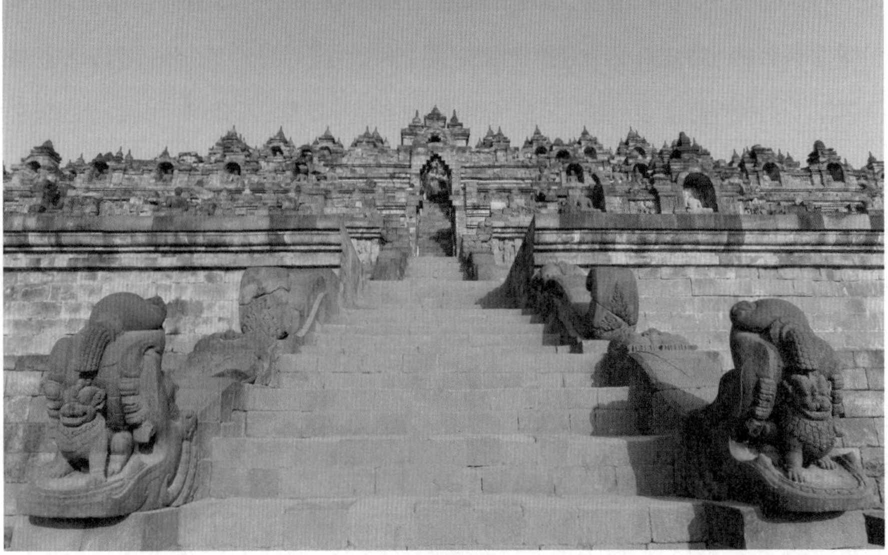

동면 계단과 마카라 장식

조는 불교의 힘을 빌려 세속적인 부의 축적에 관심이 있었다고 생각한다.

회랑 안에 들어서면 좌우에 벽면이 있다. 전방을 향해서 오른쪽이 주벽, 왼쪽이 난순난간이다. 불교 경전을 새긴 각 회랑의 부조는 기본적으로 동쪽 중앙 계단에서 → 동남 → 남 → 서 → 북 → 북동의 시곗바늘 방향으로 이야기가 전개된다. 즉, 보로부두르의 부조는 동면 중앙의 계단 남쪽에서 시작해서 오른쪽으로 일주하여 보게 배치하고 있다. 또한, 부조의 인물, 배경 등도 오른쪽에서 왼쪽으로 전개한다. 예를 들어 제2회랑~제3회랑의 선재동자가 선지식을 향해서 오른쪽에 있으면 도착한 장면이고, 왼쪽에 있으면 떠나는 장면이다. 한편 난순에서는 그 반대로 왼쪽에서 오른쪽으로 이야기가 전개된다. 구기단에서 제4회랑까지의 부조 출전은 대략 다음과 같다. 단 본서에서 소개하는 대부분의 불교 경전은 동국대학교의 동국역경원에서 한국어로 번역되었기 때문에 필자는 부조 이해를 위해서 경전 내용의 간략한 개요만을 소개한다. 서규석 박사가 보로부드르 부조와 한국어 번역 경전 내용을 비교적 상세하게 소개하고 있다(참고문헌 참조).

구기단	『마하가루마비항가』Maha Karmavibanga, 『분별선악응보경』, 『입세아비담론』『立世阿毘曇論』 천상계와 지옥	160면
제1회랑		
주벽 상단	『랄리타비스타라』Lalitavistara,『방광대장엄경』	120면
주벽 하단	『자타카』Jataka, 『本生譚』 『디브야바다나』Divyavadana, 약어 Div. 『아바다나 사타카』Avadana sataka, 역어 Avds.) 『아바다나 칼파라타』Avadana Kalpalata, 약어 Avak.	120면
난순 상단	『자타카』Jataka 『자타카마라』Jatakamala, 약어 Jm. 『아바다나 사타카』Avadana sataka 『아바다나 칼파라타』Avadana Kalpalata 『잡보장경』雜寶藏經, 『법구비유경』Avadanas, 法句譬喩經	372면
난순 하단	『자타카』Jataka 『아바다나 사타카』Avadana sataka 『자타카마라』Jatakamala	128면
제2회랑		
주벽	『간다보하』『화엄경 입법계품』, Gandavyuha, 약어 Gv.	128면
난순	『간다보하』『화엄경 입법계품』 자타카Jataka와 아바다나 설화	100면
제3회랑		
주벽	『간다보하』『화엄경 입법계품』	88면
난순	『간다보하』『화엄경 입법계품』	88면
제4회랑		
주벽	『바드라차리』Bhadracari paranidhana, 『보현행원찬』	84면
난순	『간다보하』『화엄경 입법계품』 자타카와 아바다나 설화전체의 보충설?	72면
		총계 1,460면

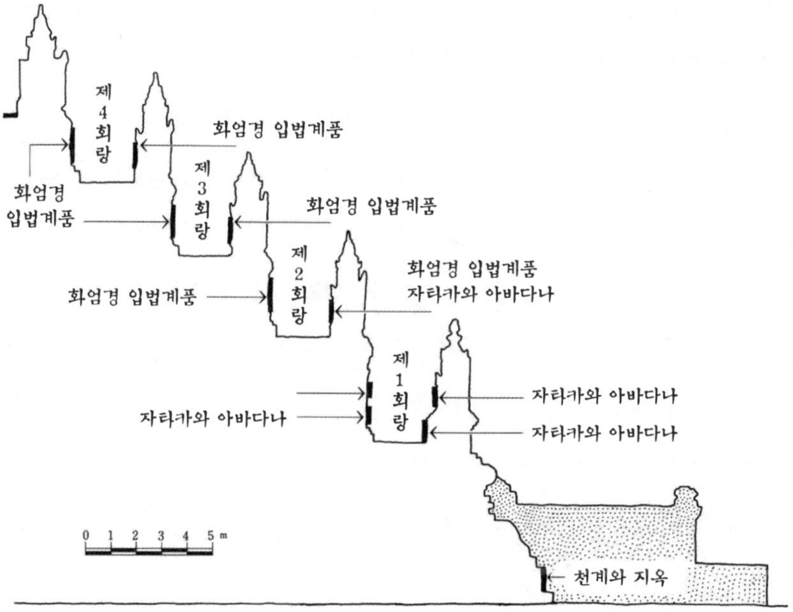

보로부두르의 부조와 불교 경전

보로부두르의 부조는 인도의 불교 설화를 주제로 한 것은 명확하다. 그렇지만, 그 부조를 새긴 사람은 자바 사람으로 부조 자체가 자바 섬의 토착문화를 문화적 배경으로 하는 점을 잊어선 안 된다. 불상과 등장인물의 표현, 주제 등이 인도적인 것은 부정할 수 없다. 하지만 본생담에 새겨진 아웃 리가 카누가로대가 달린 배는 오스트로네시아어족 고유의 것이다. 또한, 많은 사원과 고상 가옥 건축도 자바적인 표현이다.

중부 자바의 조각은 인도 굽타 미술의 사르나트파 영향을 받았지만, 보로부두르의 불상과 부조에는 인도에서 볼 수 없는 자바 고유의 양식을 쉽게 감지할 수 있다. 불상, 인물상은 인도 조각에서 볼 수 없는 부드러움과 따뜻함을 내재하고 있다. 폭이 긴 평방을 사용하여 화면 가득히 인물상, 수목, 누각, 민가, 동물을 새긴 회화적 구성법은 인도 산치 대탑의 부조를 훨씬 뛰어넘은 걸작이다. 앙코르 유적의 부조가 힌두교 미술의 독특한 격정적 · 환상적이지만, 보로부두르의 부조는 따뜻한 맛과 더불어 품위 있는 정숙한 맛이 있다.

또한 부조에는 자바의 풍습을 새긴 장면이 많다. 이러한 풍습은 지금도 보로부두르 주변에서 볼 수 있다. 예를 들면 제1회랑 주벽 상단 부조 Ⅰ. A. a. 84의 조리 장면, 제1회랑 주벽 하단 부조 Ⅰ. A. b. 41의 벼를 수확해가는 장면, 제1회랑 난순 상단 부조 Ⅰ. B. a. 336의 2마리의 소가 끄는 쟁기로 논을 경작하는 농부, 제4회랑 주벽 부조 Ⅳ. A. 46의 시냇물에 걸쳐 놓는 대나무 다리 등은 지금도 자바에서 흔히 볼 수 있는 풍경이다. 제1회랑 난순 하단에는 자바인의 토기 제작 과정이 상세하게 묘사되어 있다I.B. b. 107a-b. 왼쪽 화면에 남자들이 흙을 가져오면 여자들이 흙을 빚어 토기를 만들고 마지막으로 대나무 칼로 마무리 작업을 하고 있다. 오른쪽 화면은 실내에 토기를 쌓아놓고 건조하고 있는 장면이다.

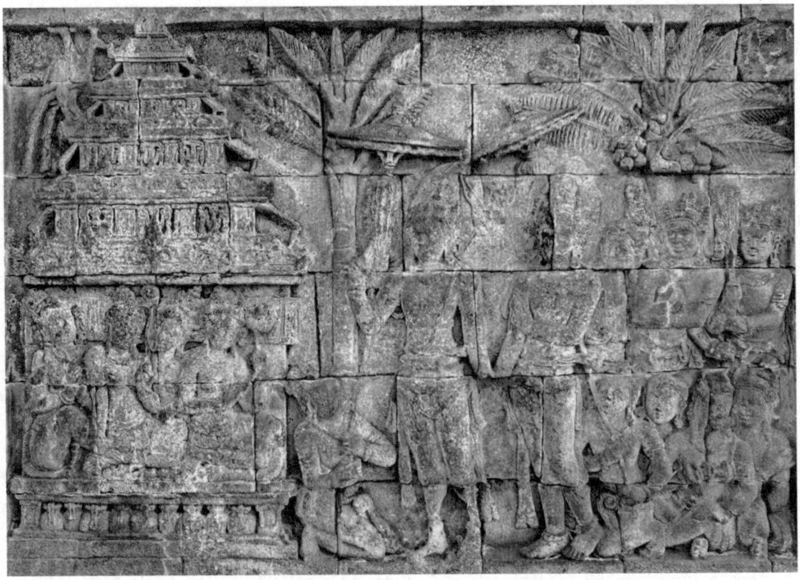

선재동자가 호화스러운 법보주라 장자의 집에 당도한 장면(II. A. 31)

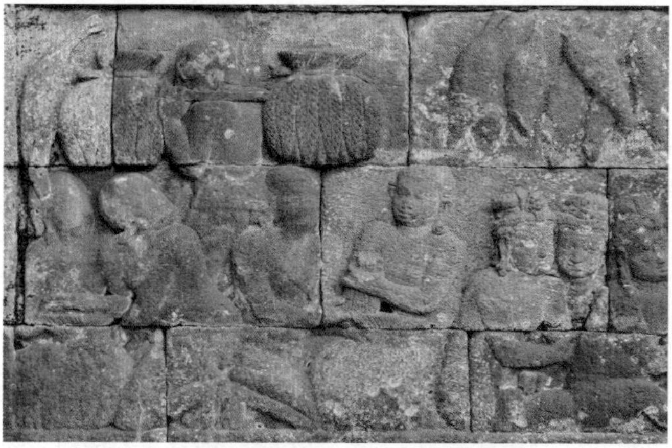

벼를 수확해가는 장면(Ⅰ. A. b. 41)

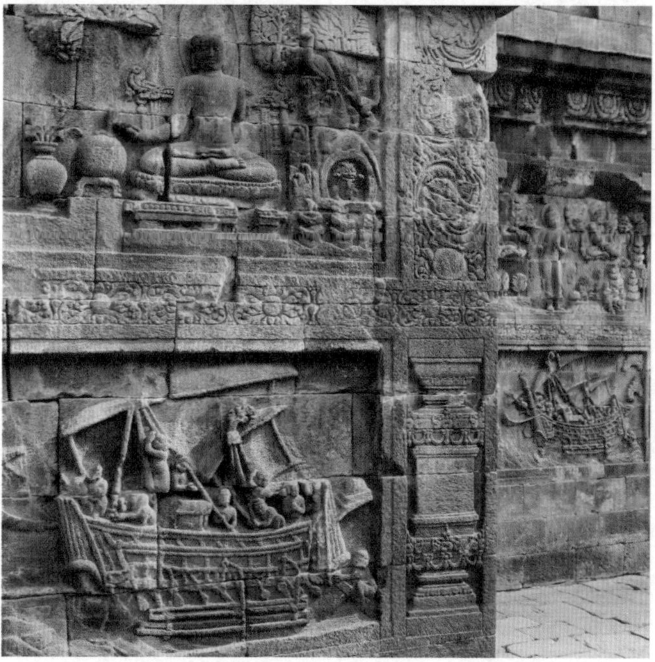

아웃 리가 카누(가로대가 달린 배, Ⅰ. A. b. 88. 86)

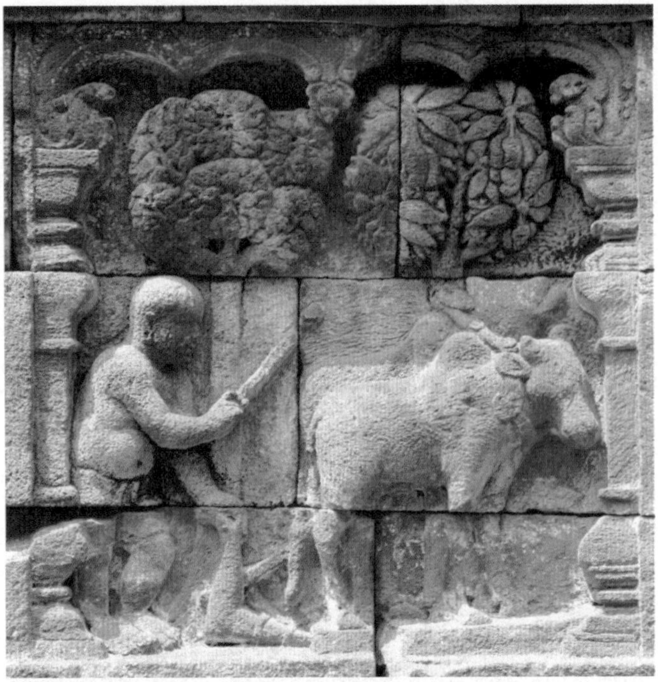

논갈이 광경(I. B. a. 336)

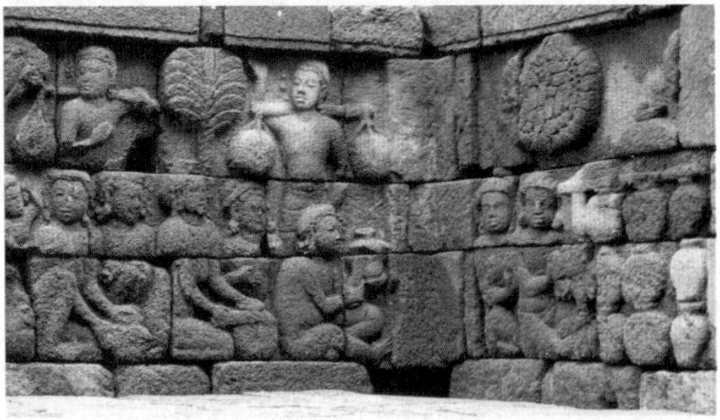

토기 제작 장면 (I.B. b. 107a-b)

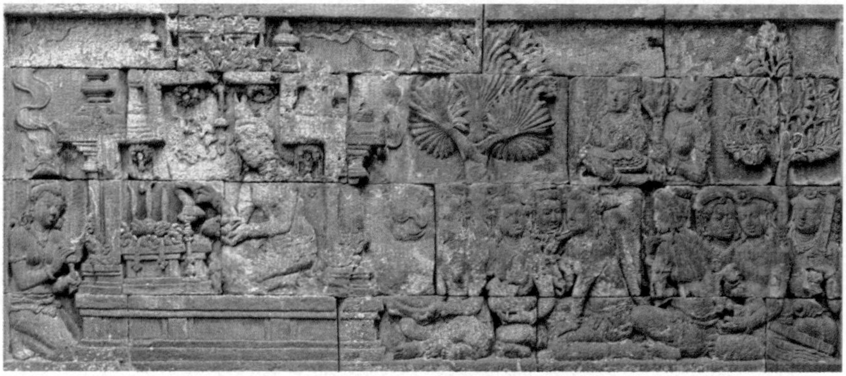

왕관을 쓴 절세미녀가 사원 안에서 청동제 화로에 향을 피우는 장면
(I. A. b. 27, 주제 불명의 아바다나 설화)

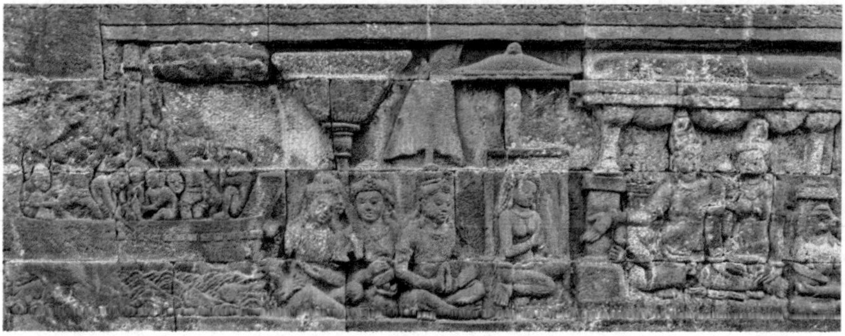

왕이 공주의 액자그림을 보는 장면(I. A. b. 23)

보로부두르 부조를 통하여 당시의 왕족이나 민중이 어떤 생활을 하고 있었는지 알 수 있다. 부조에는 가믈란 악단과 악기, 자바의 궁중무용, 자바의 무기, 부엌과 취사도구, 민족의상을 입은 인물상 등이 새겨져 있다. 이렇게 보로부두르의 부조 안에 있는 자바 토착문화의 요소는 보로부두르가 단지 인도 영향인도화의 산물에 지나지 않는 것이 아니라, 자바인이 만든 민족 예술인 것을 단적으로 증명하고 있다.

동남아시아의 오래된 회화 유품은 그다지 남아 있지 않다. 그런데 보로부두르의 부조에는 당시 자바에 그림과 경전이 많이 있었던 것을 부조를 통해서 알 수 있다. 그림 자료는 제1회랑 주벽 하단의 부조로 석가의 전생담을 주제로 하고 있다[I. A. b. 23]. 어떤 왕이 이웃나라에 아름다운 공주가 있다는 소문을 듣고 사자를 배로 보내 아리따운 공주의 그림을 그려오게 하여 왕이 보는 장면이 새겨져 있다. 이렇듯 보로부두르의 부조는 고대 자바사 연구의 보고라고 할 수 있다.

그러나 보로부두르 부조의 가장 중요한 조각은 불상이다. 석가상의 부조는 다른 부조보다 조각적으로 뛰어나, 특히 솜씨가 좋은 석공에 의해서 조각한 것을 알 수 있다. 그다음으로 중요한 부조는 사원과 스투파불탑이다. 다양한 형태의 사원, 궁전, 가옥은 고대 자바 건축의 종합 전시장이라고 할 수 있다. 이 또한 불교 경전 내용을 충실히 묘사한 것도 있지만, 자바의 건축을 사실 그대로 표현한 것이다.

보로부두르에는 많은 불탑이 새겨져 있다. 예를 들면 제1회랑[I. A. b. 80. 83.]~제4회랑의 부조에는 원구형에 가까운 불탑으로, 이와 유사한 불탑은 중부 자바의 찬디 푸라오산 키두르, 찬디 사지완, 찬디 반니유보에 남아 있다. 중부 자바의 불탑은 고승의 유골을 안치한 우리나라 부도의 기능과 유사하다. 보로부두르 불탑 부조는 중부 자바의 불탑과 같은 형태로 반구형원구형의 인도 불탑의 원형을 충실히 따르고 있다.

보로부두르 3층 원단의 소형 불탑도 인도 불탑의 영향을 부정할 수 없다. 그렇다고 보로부두르 전체가 불탑이라고 하는 가설은 산에서 나무만 보고 산을 논하는 것과 같다. 보로부두르의 가장 중요한 부분은 기단과 4층의 피라미드 회랑이다. 따라서 보로부두르 제작자는 인도의 불탑에 대해서도 잘 알고 있었고, 보로부두르가 인도의 불탑과는 명백히 다르다는 점을 충분히 인식하고 있었다고 생각한다. 이 점이 필자가 보로부두르를 불탑으로 보는 견해를 부정하는 근거이다. 보로부두르의 아주 작은 부분에 인도 불탑의 요소가 있다고 해도 보로부두르 그 자체를 불탑이라고 하는 가설은 명백한 잘못이다.

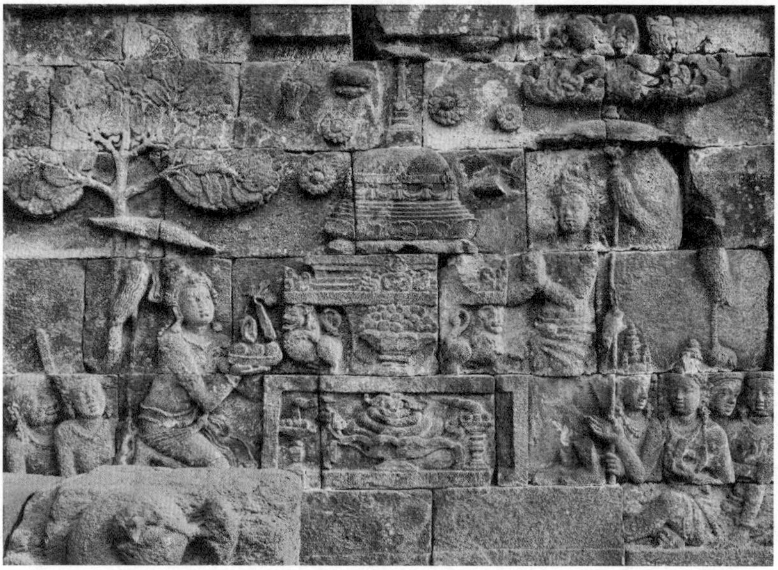

선재동자의 불탑 공양(II. A. 96)

06

인과응보의 이야기 구기단의 부조 O. 1~160면

현재 기단 내부에 원래의 기단구기단 혹은 숨겨진 기단이라고 한다이 있다. 그 구기단 동서남북의 벽면에 160면의 부조가 새겨져 있다. 보로부두르 축조가 하부에서 점차 상부로 진행함에 따라서 내부의 압력에 의해서 기단이 붕괴할 위험이 생겼다. 그 때문에 구기단 160면의 부조를 제작 도중에 그만두고 그 외곽에 현재의 2중 기단을 쌓아올렸다. 이 때문에 구기단의 벽면 부조는 완전히 잊히게 된다.

현재 구기단 부조는 남동 구석의 5면O. 19~23을 공개하고 있다. 기포가 많은 경질의 화산암 석재는 오랜 세월 현재의 기단 안에 뒤덮여 있었기 때문에 풍화를 면하여 조각의 보존상태가 아주 좋다. 부조 양식은 인도 사르나트파의 계통을 이어받은 조각도 있지만, 상당히 토속화자바화 한 독자적인 표현이다. 이러한 작풍은 아마 조각가가 아직 불상 제작에 그다지 익숙하지 않았기 때문이다.

구기단의 부조 경험과 인도의 새로운 양식의 영향은 제1회랑에서 훨씬 발전한 양식으로 나타난다. 구기단의 부조를 통일 이전의 소박한 신라 석불이라고 하면, 제1회랑~제3회랑 주벽 부조는 석굴암의 부조라고 할 수 있다. 그러나 제4회랑의 부조는 통일신라 말기의 불상과 같이 퇴화한다. 물론 신라와 자바의 역사는 다르지만, 보로부두르 부조가 사일렌드라 왕조 미술사의 큰 흐름을 그대로 보여준다. 초기의 구기단 부조로 시작하여 제1~제3회랑의 완성기를 걸쳐서 제4회랑에서 퇴화기를 맞이한다. 제4회랑의 부조에는 명장면이 그다지 많지 않다. 아마 사일렌드라 왕국의 쇠퇴와 관련하여 보로부두르의 조영에 대한 열기가 식었던 것 같다.

구기단은 1885년에 고고학자 이제르만J. W. IJzerman이 발견하였다. 그 후 반 에리프Van. Erp, 1907~1911년와 세파스K. Cephas가 조사 보고했다. 1920년대의 크르크지안Kurkdjian, 베르네우일M. P. Verneuil 등의 사진가가 구기단 부조를 촬영했다. 반 에리프와 크롬의 보고서에 선명한 구기단 160면의 부조 사진을 게재하고 있다. 화가로는 반 에리프의 조수 마스 카르토디사스트로Mas Kartodisastro가 구기단 부조를 상세히 묘사했다. 1932년에 레비S. Levi가 구기단 부조를 조사하여 『분별선악보응경』Karamvibhanga의 경전 내용을 새겨놓은 것을 밝혀낸다.

현재 동남쪽의 일부 부조는 유네스코의 수리 복원 사업에 의해서 공개된다. 일본 식민지시대의 1942년 케두 주州의 문교 담당 사정관 후루사와 야수지로古澤 安二郎

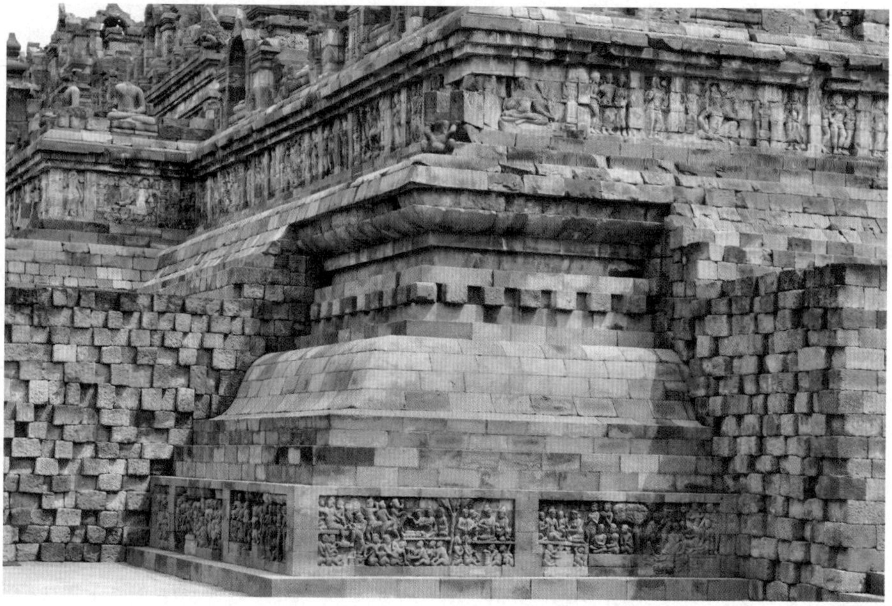

구기단(동남)

가 구기단의 일부를 발굴했다. 후루사와가 구단을 발굴했던 1942~1943년 사진가 오가와 세이요가 보로부두르 부조의 많은 사진을 남겼다. 태평양전쟁 때에 자바를 지배했던 일본군도 보로부두르 유적에 많은 관심이 있었던 것을 알 수 있다.

전 160면의 부조는 당시 민중이 가장 알기 쉬운 인과응보『분별선악보응경』의 내용을 묘사한 것이다. 그러나 160면 부조를 전부 완성한 것이 아니다. 119면은 완성했지만, 나머지 41면은 미완성인 채 작업이 중단되었다. 이 구기단의 발굴조사에서 중요한 각문문자 사료이 발견되었다. 미완성의 부조 상단 평방액자 장식에 그 면에 묘사해야 할 장면의 제목이 '카위Kawi 문자'로 새겨져 있었던 것이다.

1,460면에 달하는 보로부두르의 부조는 새겨야 할 내용을 평방폭 200cm, 높이 67cm 위에 제목을 산스크리트어로 간단하게 기록하고, 부조가 완성되면 그 후에 문자메모를 지웠던 것 같다. 따라서 구기단의 완성한 119면에도 원래 부조 주제를 메모한 문자가 적혀 있었다. 그렇지만 120면째에서 부조 작업이 갑자기 중단되었기 때문에 평방 위에 적혀 있던 문자가 남아 있게 된다.

이 고대 자바의 카위 문자가 보로부두르 건립 연대를 알려주는 유력한 단서이다. 구기단에 새겨진 문자는 남인도 팔라바Pallava 왕국에서 7~8세기에 수마트라와 자바로 전해져서 9세기경이 되면서 자바 각지에서 사용했다. 그러나 각문은 보로부두르에는 구기단 이외에 남아 있지 않다. 구기단 부조가 완성 직전에 묻혔기 때문에 평방 위의 메모가 지워지지 않은 채 문자가 기적적으로 남게 된다.

이 구기단 벽면의 부조는『분별선악보응경』을 출처로 새겨졌다고 하지만 산스크리트어의 원전 내용은 매우 추상적이다. 따라서 추상적인 불교 경전을 구체적인 부조로 표현하는 것은 결코 쉬운 일이 아니다. 예를 들면 경전에는 지옥Naraka의 8대 감옥과 그 안에 각각 16개의 지옥이 있다. 그러나 각 지옥의 세부 모습은『분별선악보응경』에 구체적인 기록이 없다.

따라서 구기단의 160면 부조에는 경전 출처를 알 수 없는 부분도 있다. 개개의 부조 해석에도 여러 이견이 있다. 하지만 인간 사후의 '천상계와 지옥'을 묘사한 알기 쉬운 장면도 있다. 특히 지옥에 떨어지는 업보karma 안에 무문지옥Avicinaraka에 떨어지는 '5업'살모, 살부, 살승, 파계, 악의 출불 신혈은 『분별선악보응경』에 구체적으로 기록되어 있는 내용을 부조로 새겨놓고 있다.

현세에서 인간의 악업은 '10악업'살생, 도둑질, 사음, 양설, 거짓말, 욕, 감언, 부욕, 명실, 사견이 있는데, 이러한 악업에 의해서 인간은 사후 지옥에 간다고 가르치고 있다. 한편, 160면의 부조 안에는 인간이 행하는 선업善業도 강조하고 있다. 다시 말해 '보시', '견법', '공경'의 광경을 많이 묘사하고 있다. 이 부조 내용은 당시 사람들의 이상적 선업 행위였다. 사람은 이러한 선업인에 의해서 사후 천상계에서 다시 태어날 수 있다과는 내용이다. 마지막 부분의 35면은 천상계의 광경을 구체적으로 묘사하고 있다.

현재 공개되고 있는 4면 반의 패널O. 19~23은 160면 이야기의 처음 시작하는 인과응보 이야기이다. 부조 O. 21에는 남을 헐뜯은 사람의 '추한 얼굴'을 묘사하였고, 그 상부에 카위 문자로 '추한 얼굴'VIRUPA이라는 각문이 새겨져 있다. 또한, 술에 취해서 난동부리는 사람과 술병에 든 사람을 간호하는 사람을 새겨 '음주'를 주의한 장면도 있다. 구기단의 160면 중에 필자가 직접 촬영한 5면, 인도네시아 국립고고학연구소 제공의 6면과 1942~1943년 오가와 세이요가 촬영한 2면의 부조를 소개한다.

O. 19. 『분별선악보응경』 제4 소병小病에 나오는 장면이다. 오른쪽에 남자가 병에 걸려 안마를 받고 있다因. 왼쪽에 어두운 표정을 한 여자가 간호를 받고 있다果. 남편이 아프면 집안이 편하지 않다는 가르침이다. 이 부조를 '음주를 경계하는 장면'으로 해석하는 견해도 있다. 왼쪽 화면 밑에 있는 항아리를 술독으로 보고 오른쪽 인물이 술병에 걸린 사람으로 해석하는데, 이러한 부조 해석으로는 왼쪽의 여인상을 설명할 수 없다.

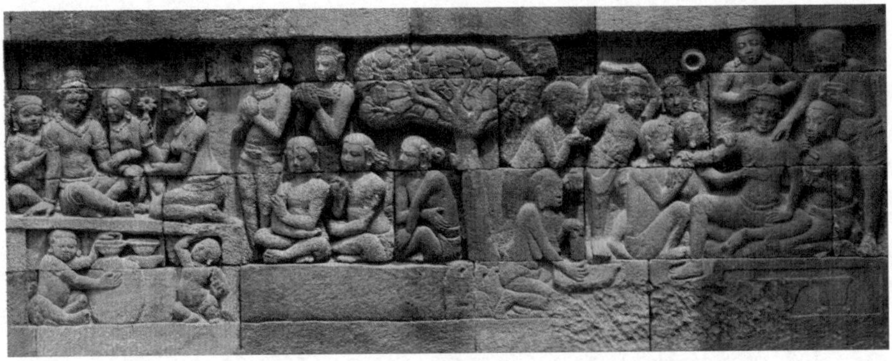

소병(O. 19)

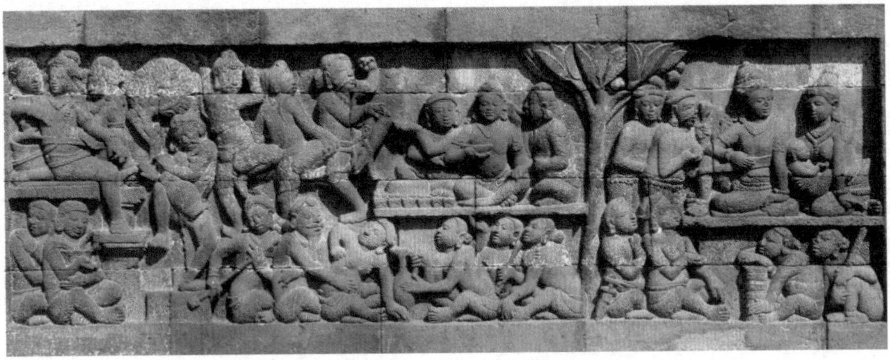

방탕한 생활과 행복한 가정(O. 20)

O. 20. 오른쪽에 행복한 가정의 풍경이 새겨져 있다. 왼쪽에는 술 마시고, 싸우고, 매춘하고, 도둑질하는 장면이 새겨져 있다. 무엇이 옳고, 무엇이 그르다는 것을 한눈에 알 수 있다.

O. 21. 오른쪽 화면 상단 위에 '추한 얼굴'VIRUPA이라는 각문이 새겨져 있다. 왼쪽에서 남의 험담을 하는 사람이 있다.

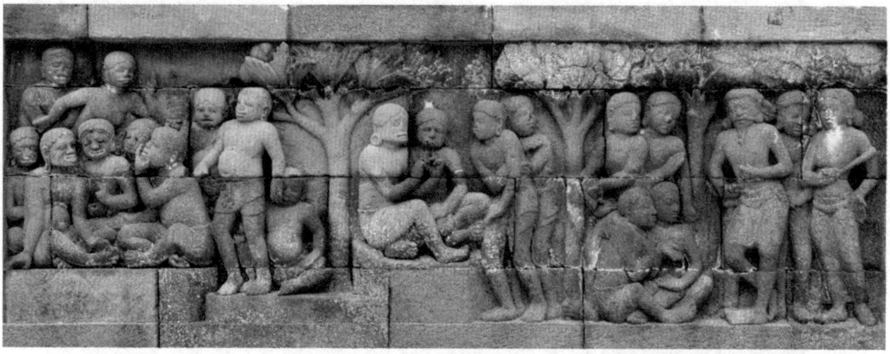

추한 얼굴(O. 21)

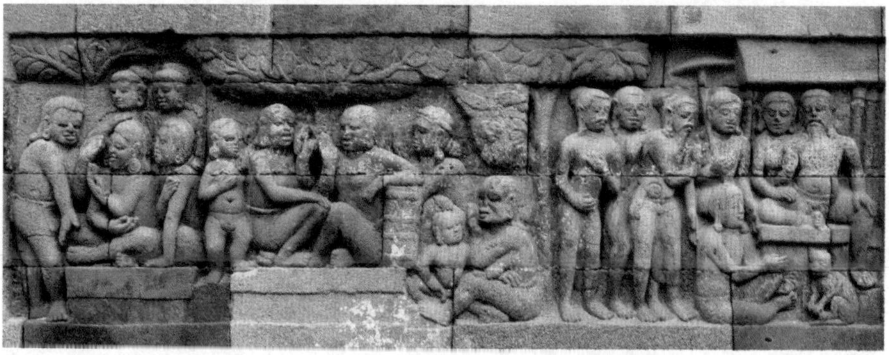

추누(O. 22)

O. 22. 『분별선악보응경』 제5추누醜陋, durvarna에 나오는 장면이다. 오른쪽이 브라만을 공양하는 장면이다. 왼쪽에는 마주앉아 말다툼하는 사람과 다른 사람에게 충고하는 귀인이 새겨져 있다.

O. 23. 현재 왼쪽 부조만이 노출되어 있다. 음주를 경계하는 『분별선악보응경』 제5추누醜陋, durvarna에 나오는 장면이다. 부조가 미완성한 상태로 중단한 것을 잘 알 수 있다.

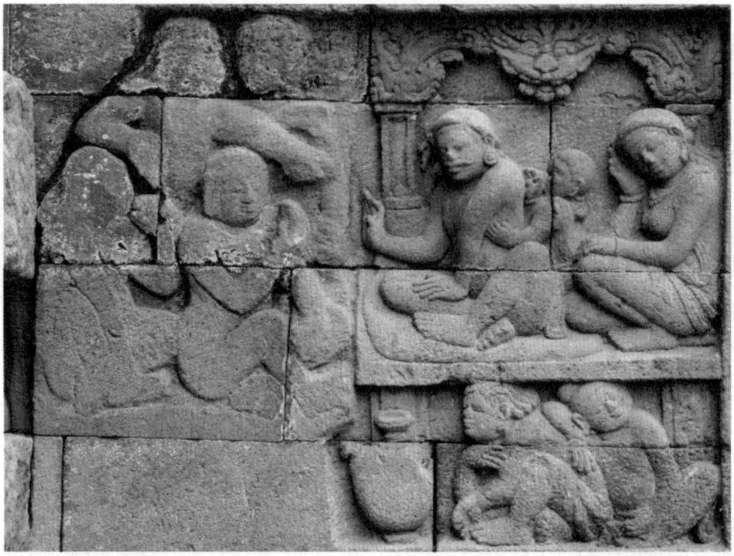

추누(O. 23)

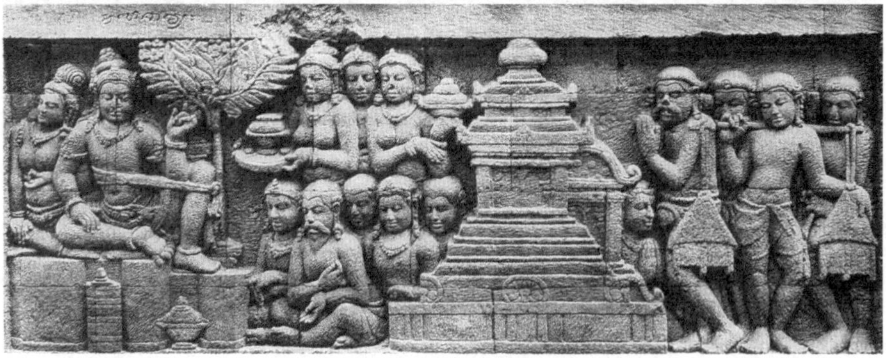

대위세(O. 43 부분, 오가와 세이요)

O. 43. 사원 참배를 열심히 하는 등 신심이 깊은 자는 내세에 부귀영화를 얻는다는 이야기이다. 화면 오른쪽이 공물을 가지고 사원을 참배하는 장면이고, 화면 왼쪽이 내세에 행복하게 사는 장면이 새겨져 있다. 분별업품 제6대위세大威勢,·mahe-

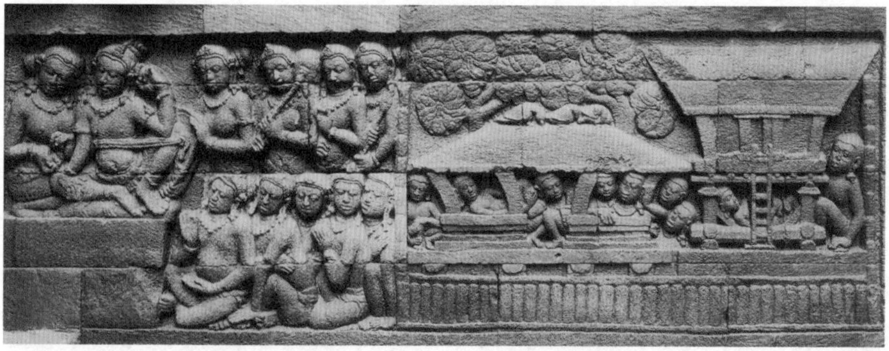

대위세(O. 47, 인도네시아 국립고고학연구소)

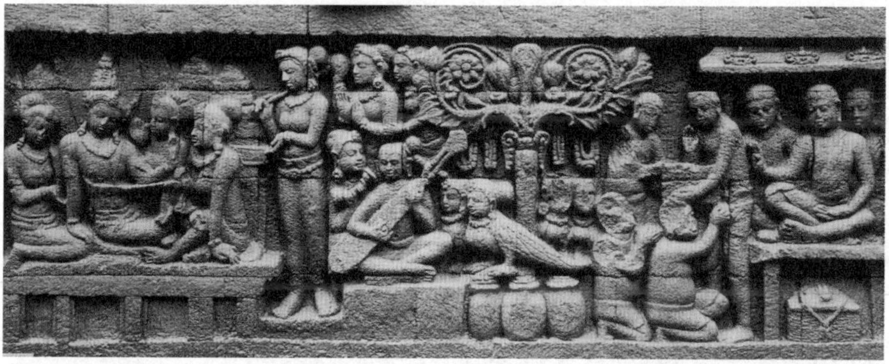

욕계천(O. 102, 인도네시아 국립고고학연구소)

sakhya에 나오는 장면이다.

O. 47. 고상식 가옥주거와 곳간이 주목되는 부조이다. 『분별선악보응경』 제6대위세에 나오는 장면이다. 곳간을 열어 많은 사람을 보시오른쪽, 因하면, 내세에 귀인으로 태어나 행복하게 산다왼쪽, 果는 이야기이다.

O. 102. 중앙의 천계수를 두고 두 장면이 새겨져 있다. 신심이 깊고 보시를 많이 하는 사람오른쪽, 因은 내세에 행복하게 산다왼쪽, 果는 이야기이다. 중앙의 킨나리와 기타를 연주하는 인물 부조가 주목된다. 천계수로 보아 중간 부분은 천국의 광경을

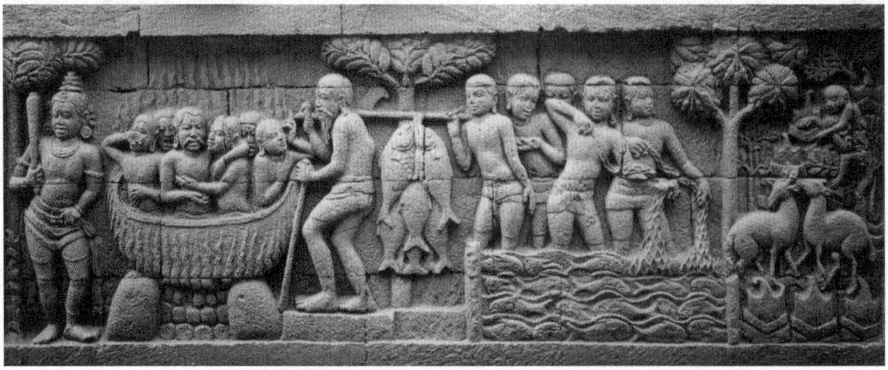

살생을 금하는 장면(O. 109, 인도네시아 국립고고학연구소)

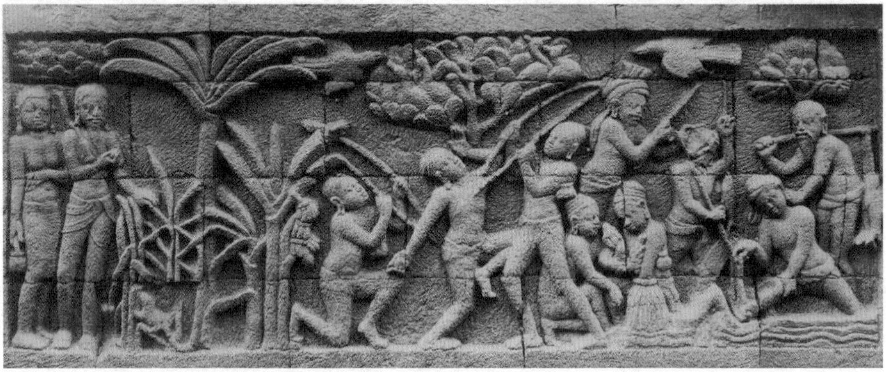

어부, 사냥꾼, 가난한 사람(O. 118, 인도네시아 국립고고학연구소)

새긴 것 같다. 『분별선악보응경』 욕계천欲界天, Kamavacara devaloka에 나오는 장면이다.

O. 109. 살생을 금하는 장면이다. 어부와 사냥꾼 같이 살생을 하는 사람오른쪽, 因은 사후 열탕 지옥에 떨어진다왼쪽, 果는 이야기이다경전 불명.

O. 118. 어부, 사냥꾼오른쪽, 因, 가난한 사람왼쪽, 果, 경전 불명.

O. 119. 미완성 부조경전 불명. 오른쪽에 술에 취하여 여자를 끼고 있는 난봉꾼이 묘사되어 있다오른쪽, 因. 왼쪽에 슬퍼하는 여자가 있다왼쪽, 果. 중앙 오른쪽에 작은 고상식

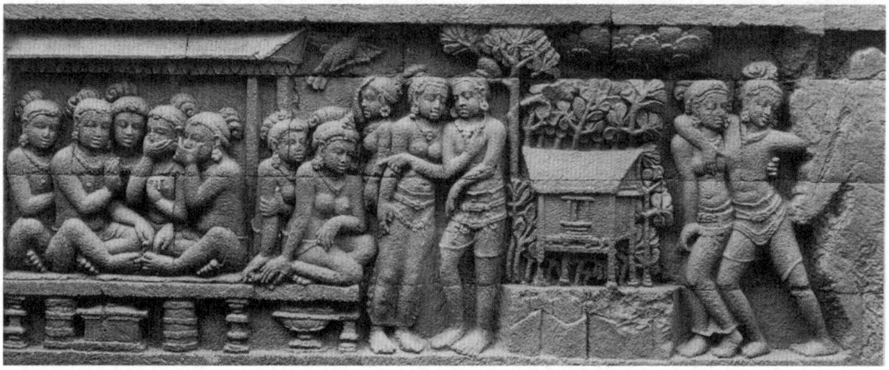

추태(O. 119, 인도네시아 국립고고학연구소)

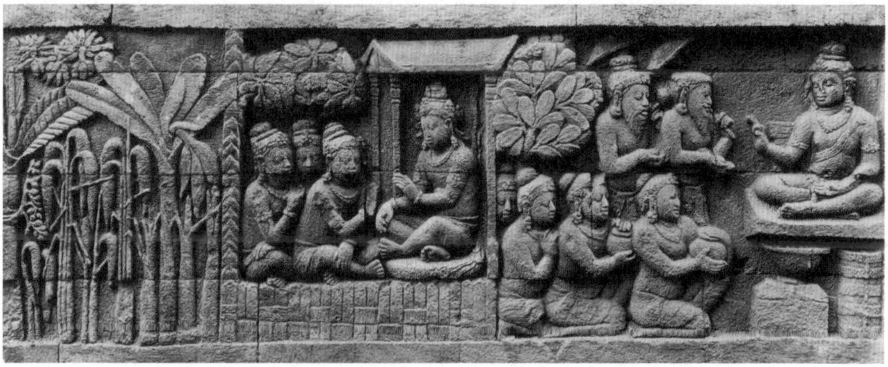

인(보시)과(장자)(O. 123, 인도네시아 국립고고학연구소)

건물은 '사자의 집'시체를 임시로 안치하는 집으로 수마트라의 '바탁 족', 술라웨시의 '토라자 족' 상여은 지금도 사용하고 있다. 주색에 빠져 죽은 남자를 상징적으로 표현하고 있다. 당시의 지배층은 시신을 사자의 집에 안치하고, 피지배층은 토장을 한 후, 장례준비가 끝나면 화장을 했다고 추정된다.

O. 123. 오른쪽 위에 '선'善, · kusaal이라는 글자가 새겨져 있다. 화면 오른쪽에 보시를 하는 귀인이 있고, 화면 왼쪽에 벼, 바나나 나무, 망고 나무가 새겨져 있다. 보

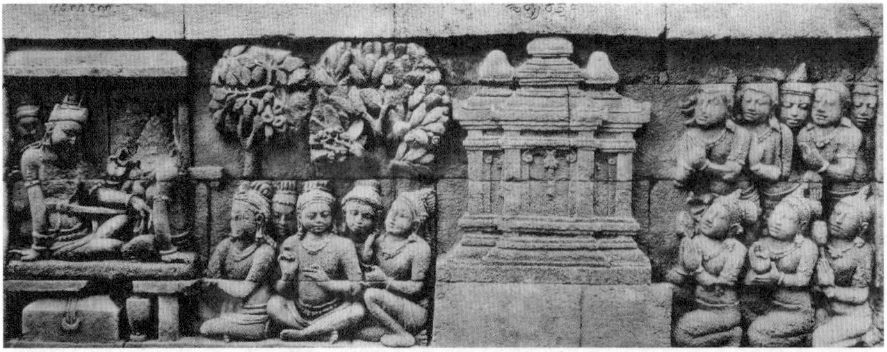

사원 참배와 황금빛(O. 124, 1943년, 오가와 세이요)

시를 많이 하는 사람은 내세에 부자로 태어난다는 가르침을 새기고 있다.

O. 124. 오른쪽은 사원caitya에 참배하는 장면이다. 평방 위에 '사원 참배'Caitya vandana라는 각문이 새겨 있다. 왼쪽 끝에 많은 사람에게 존경받는 고귀한시종과 보석함 남자가 있다. 그 위의 벽면에 '황금빛'Suvarna varna, 용모가 수려한 사람이라는 각문이 새겨 있다. 신심이 깊은 사람은 내세에 부귀를 얻는다는 가르침이다.

제 Ⅱ 부

제1회랑 주벽 상단

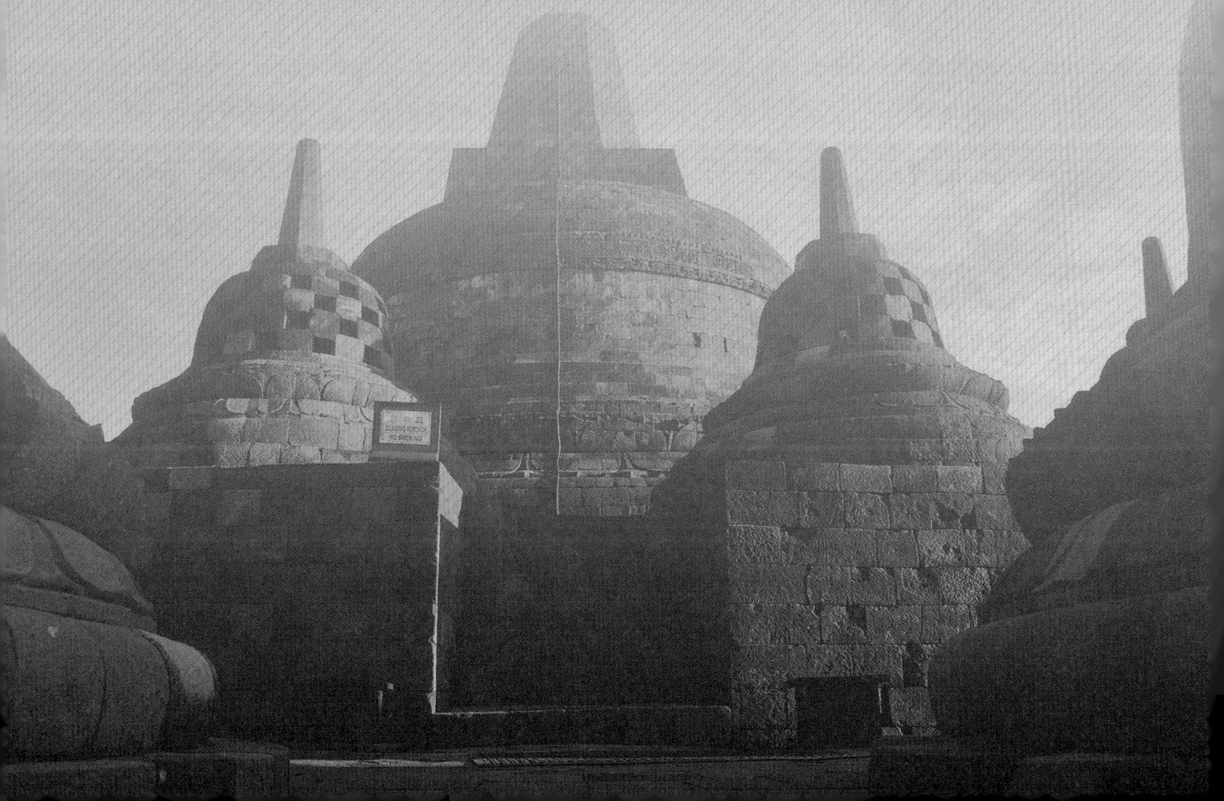

01

석가의 일대기 불전도 I. A. a. 1~120

보로부두르의 건립자는 8세기 중반~9세기 중반에 번성했던 사일렌드라 왕국의 역대 왕들이었다. 건립에 필요한 많은 경비는 주로 이들 역대의 왕이 시주하였고, 자바 비문에서 보이는 많은 건축가 '스타파티'나, 조각가 '스타파카'가 조영에 참가했다. 그리고 이 위대한 성전 건립에는 엄청난 경비와 함께 많은 불교 신자의 종교적인 봉사 활동이 있었던 것으로 생각한다. 봉사사신공양는 희생이지만, 자신을 버리고 공양하는 희생정신은 보로부두르의 자타카Jataka, 본생담 부조가 설법하는 가장 중요한 덕목이기도 하다. 따라서 보로부두르 조영에는 사일렌드라 왕조의 재정적인 지원뿐만 아니라 많은 불교 신자의 봉사 활동이 큰 역할을 했다고 생각한다.

보로부두르 제1회랑 주벽 상단에 석가의 생애 이야기를 묘사한 120면의 부조가 새겨져 있다. 동쪽 정면 입구 계단을 올라 제1회랑에 이르면 오른쪽의 주벽 상단과 하단에 같은 크기로 새겨진 아름다운 부조가 눈에 들어온다. 이 주벽 상단에서 계속하는 부조가 석가의 일대기인 불전도佛傳圖이다. 동쪽 계단을 올라와 제1회랑 주벽과 난순을 보며 시곗바늘 방향과 같이 왼쪽에서 오른쪽으로 순례하게 된다.

석가의 일대기 안에서 탄생, 성도, 설법, 열반은 중요한 대목이다. 그래서 탄생불, 성도상, 설법상, 열반상이 불상의 기본을 이루고 있다. 제1회랑 상단의 불전도는 천계도솔천에 있는 석가 이야기를 시작으로 탄생, 성도, 초전법륜初傳法輪까지를 상세하게 새겨놓고 있다. 따라서 제1회랑 상단 부조가 석가의 생애를 그린 불전도라고 해도 열반까지의 석가일대기 전부를 새겨놓은 것은 아니다.

120면으로 이루어지는 이 대 파노라마의 불전도는 불교의 발상지인 인도나 불교문화가 꽃핀 중국에서조차 볼 수 없는 자바 예술의 정수이다. 이 불전도 부조는 세계 최대의 불교유적 보로부두르라는 표현에 손색이 없을 만큼 규모와 더불어 예술적 가치 또한 걸작이다.

보로부두르의 불전도는 고대 인도의 산스크리트어 불교 경전『랄리타비스트라』Laliavestra를 충실히 따라서 묘사하고 있다. 이 경전은 중국에 전해져『방광대장엄경』方廣大莊嚴經이라는 이름으로 번역된다.

『방광대장엄경』각 품은 제1서품序品, 제2도솔천궁품兜率天宮品, 제3승족품勝族品, 제4법문품法門品, 제5강생품降生品, 제6처태품處胎品, 제7탄생품誕生品, 제8입천사품入天祠品, 제9보장엄구품寶莊嚴具品, 제10시서품示書品, 제11관농무품觀農務品, 제12현예품現藝品, 제13음악발오품音樂發悟品, 제14감몽품感夢品, 제15출가품出家品, 제16빈바사라왕권수속리품頻婆娑羅王勸受俗利品, 제17고행품苦行品, 제18왕니연하품往尼連河品, 제19예보리장품詣菩提場品, 제20엄보리장품嚴菩提場品, 제21항마품降魔品, 제22성정각품成正覺品, 제23찬탄품讚歎品, 제24상인몽기품商人蒙記品, 제25대범천왕권청품大梵天王勸請品, 제26전법륜품轉法輪品, 제27촉루품囑累品 등의 전 12권 27품27장으로 이루어져 석가의 생애를 전하는 경전이다. 번역자는 인도 승 '디바카라'로 중국 당唐대의 영순永淳 2년683에 번역했다. 보로부두르 제1회랑의 불전도는 인도의『랄리타비스트라』를 근거로 했지만, 한역의『방광대장엄경』내용과도 거의 정확하게 일치한다.

석가는 붓다깨달은 사람의 존칭으로 기원전 463년경 중부 인도현재 네팔의 타라이 지방의 '카필라 밧투'에서 태어났다. 아버지는 정반왕숫도다나 왕, 어머니는 마야부인이다. 석가는 16세에 결혼하지만, 인간의 고통에 깊이 번뇌하여 아내와 아이를 버리고 29세에 출가한다. 35세 때 갠지스 강 중류 부다가야의 보리수 아래에서 깨달음을 얻는다정각. 그 후 자신의 가르침을 사르나트의 성지 무루가다바녹야원에서 5명의 비구에게 처음으로 설법초전법륜한다.

보로부두르의 제1회랑 상단 불전도 120면은 석가의 일생을 사람들에게 알기 쉽게 부조한 그림책에 해당한다. 석가의 가르침을 알기 위해서는 금생의 석가 일생을 아는 것이 불교 신자의 가장 중요한 덕목이었다. 당시 보로부두르의 설계자가 제1회랑 상단에 불전도를 새겨놓아 석가의 생애를 제일 먼저 참배자에게 알리려 했던 것은 명료하다.

『방광대장엄경』의 마지막 장에 중생들이 '이 경전을 듣고, 경의를 가지고 가르침을 믿는다면 8가지 공덕이 쌓인다.'라고 적혀 있다. 그 8가지의 공덕은 '마음이 단정

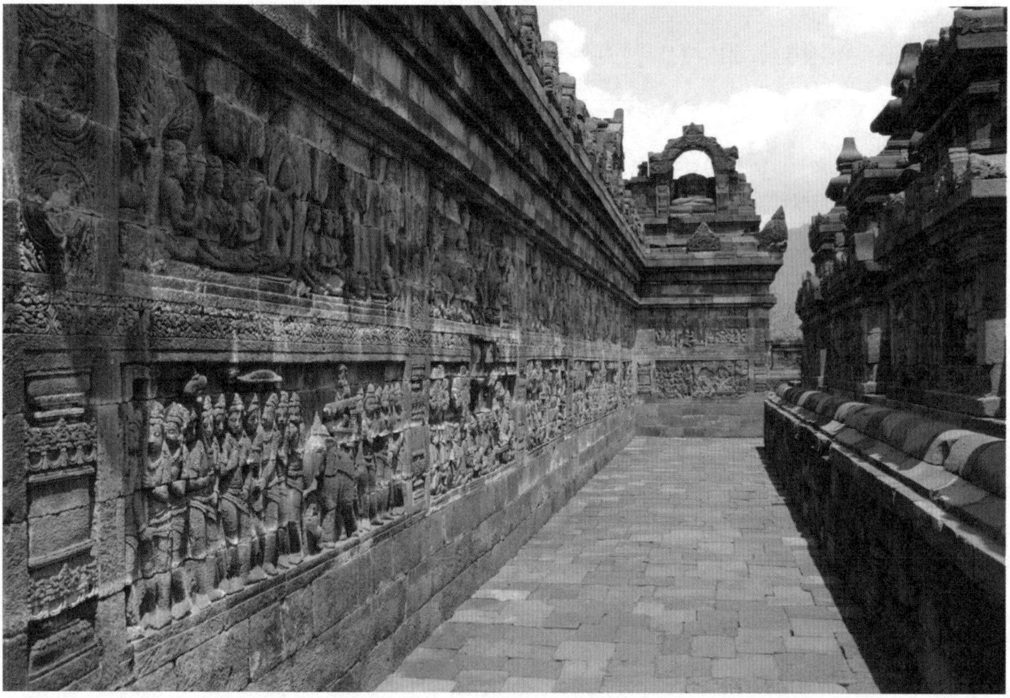

제1회랑의 주벽과 난순

해지고, 생기발랄하게 되고, 마음이 깨달음에 향하고, 변재에 뛰어난 사람이 되고, 다양한 선정의 세계를 얻고, 지혜가 밝아지고, 출가하려는 심지가 굳어져, 그 친족이 번영한다.'라고 한다. 경전에 '만약 중생이 이 경전을 보고 쓰고 널리 유포하면 그 사람은 많은 은혜를 받는다.'라고 적혀 있다.

제1회랑 주벽 상단 · 하단 부조 각 면의 높이는 83cm로 일정하다. 하지만 각 평방의 폭은 185cm와 235cm의 두 종류가 있다. 이렇게 가로로 긴 화면인데도 불구하고 대부분의 부조는 한 화면에 한 장면1도 1경이 새겨져 있다. 따라서 각 화면에는 이야기의 줄거리와는 관계가 없는 조역이 많이 등장한다. 120면의 불전도를 석가 탄생, 태자의 성장과 결혼, 태자의 출가와 고행, 석가의 성도와 경행經行, 초전법륜으로 나누어서 각 부조를 소개한다.

02

동면 남쪽 부조 I. A. a. 1~15

제1회랑 상단 120면의 석가 생애 이야기는 전체 부조의 4분의 1이 석가가 이 세상에 태어나기 이전의 천계 이야기이다. 따라서 전체 부조에서 가장 큰 비중을 차지하는 부분은 경전에 쓰여 있는 천계의 석가 설법에 있다.

I. A. a. 1. 석가가 천계도솔천에 있을 때의 모습으로 궁전 안에 앉아 있는 석가를 4명의 선녀가 시중하는 장면이다. 천인이 악기(북, 장고, 기타, 피리)를 연주하며, "석존이여, 지상에 강림하셔서 중생을 구도해 주소서."라고 노래 부른다. 제2도솔천 궁품에 나오는 장면이다.

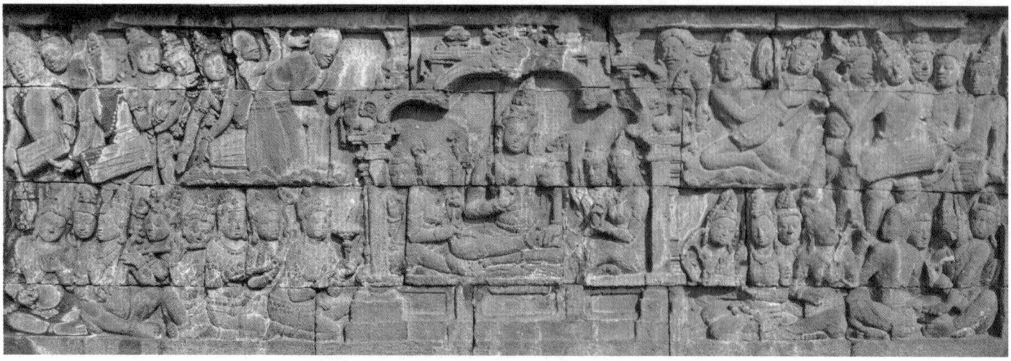

천계의 석가(I. A. a. 1)

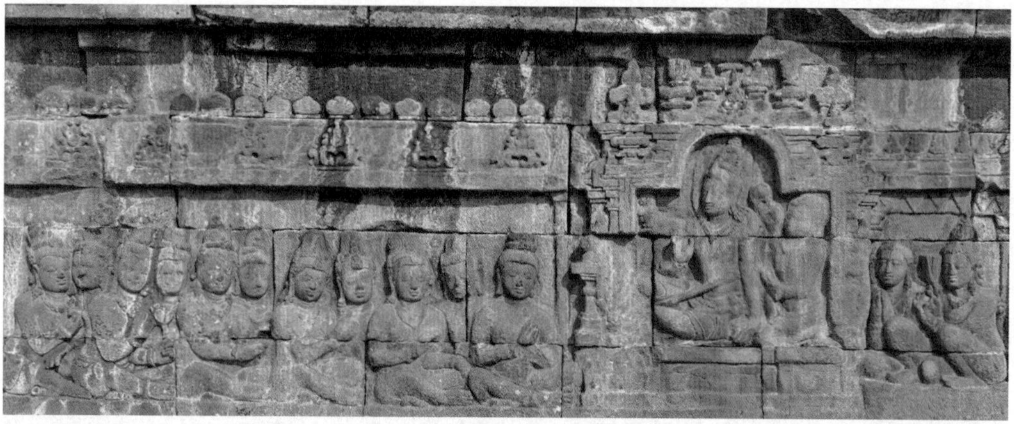

석가의 지상 강림 계시(Ⅰ. A. a. 2)

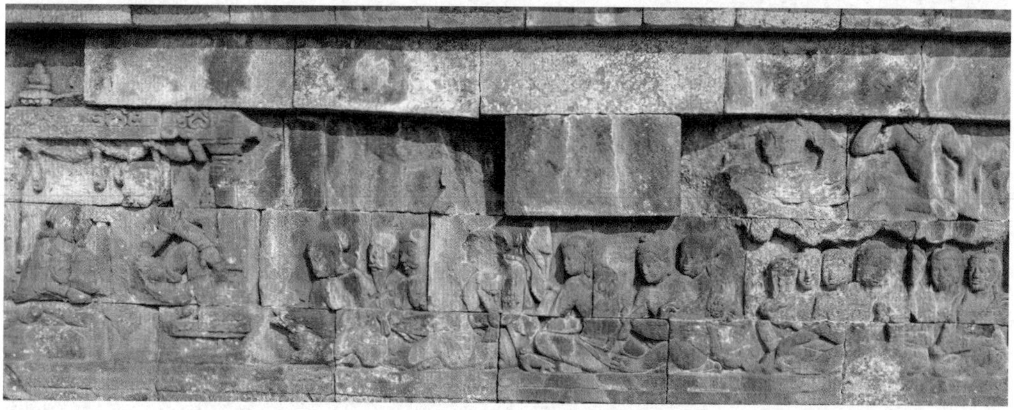

석가 출현의 예언 장면(Ⅰ. A. a. 3)

Ⅰ. A. a. 2. 석가가 도솔천의 법집당에서 천인에게 설법하는 장면이다. 설법 중에 석가는 천계에서 하계(지상)로 내려가 중생을 구제하러 가는 것을 암시한다. 오른쪽 궁전 안에 석가가 앉아 있고, 그 앞에 11명의 천인이 앉아 있다.

Ⅰ. A. a. 3. 석가 출현의 예언 장면이다. 천계에서 지상으로 장면이 옮겨진다.

인도에서 브라만 정거천이 제자들에게 12년 후에 번뇌하는 중생을 구제하러 석가가 지상에 강림한다고 예언하는 장면이다. 화면 왼쪽 사당 안의 브라만이 많은 제자에게 석가 출현을 예언하고 있다. 승족품 제3에 나오는 장면이다.

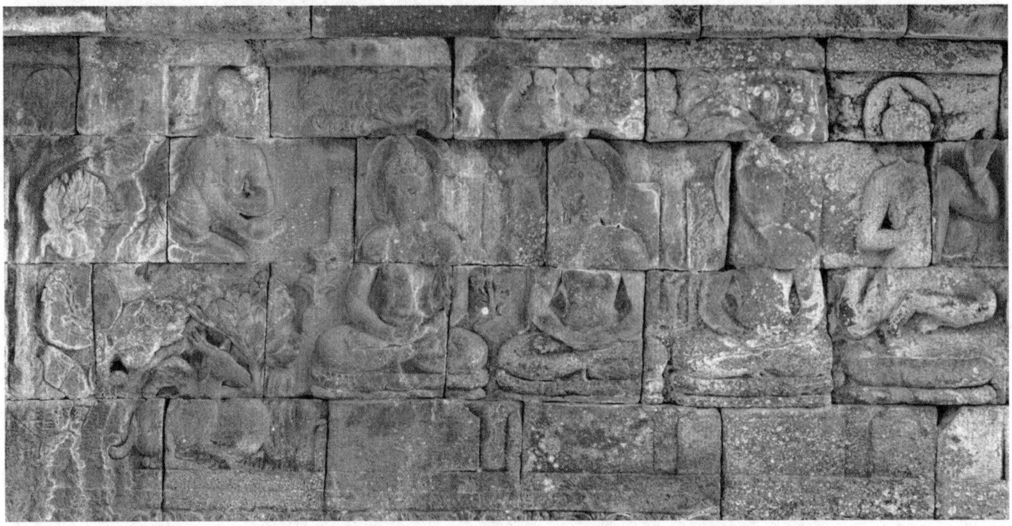

천인이 벽지불에게 석가의 강림을 알리는 장면(I. A. a. 4)

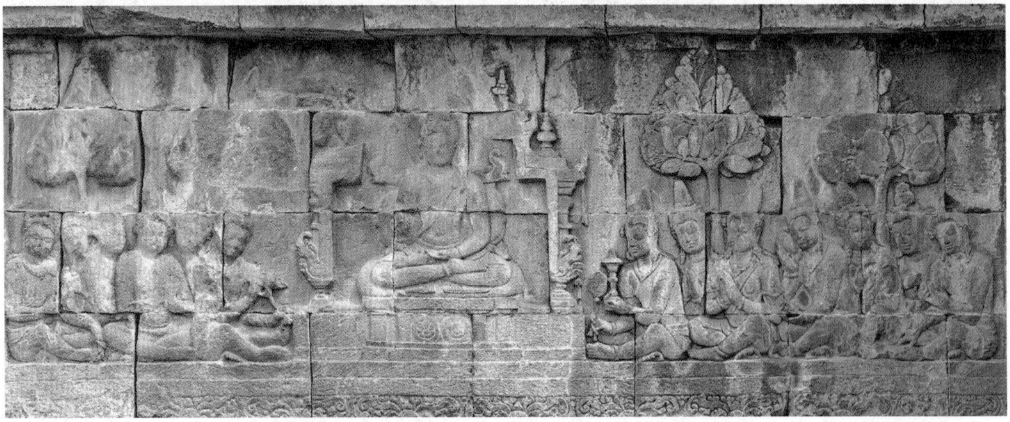

석가가 천계에서 설법하는 장면(I. A. a. 5)

Ⅰ. A. a. 4. 천인이 벽지불에게 석가의 강림을 알리는 장면이다. 천계에서 천인이 인도로 내려와서 벽지불에게 석가 출현을 전하는 광경이다. 화면 왼쪽에 구름을 타고 내려온 천인이 4명의 벽지불독각에게 석가의 지상 강림을 알리자, 그 오른쪽 끝의 벽지불이 석가의 출현 소식을 듣고 공중으로 날아서 석가를 맞이하러 떠나는 장면이다. 제3승족품에 나오는 장면이다.

Ⅰ. A. a. 5. 천계의 도솔천 궁전에서 석가가 천인들과 하강 시기에 대하여 논의하는 장면이다. 천계에서 석가가 지상에 내려올 즈음에 천계의 천인에게 마지막으로 설법한다. 중앙의 궁전 안에 결가부좌한 석가가 설법인을 하고 있다. 그 좌우로 앉아 있는 천인이 합장하고 있다. 제4법문품에 나오는 장면이다.

Ⅰ. A. a. 6. 도솔천에서 석가가 미륵보살에게 보관을 건네주는 장면이다. 화면 중앙에 미륵보살의 궁전이 있고 그 앞에 앉아 있는 인물이 미륵보살이다. 미륵보살 앞에서 보관을 건네주는 것이 석가이다. 그 좌우로는 많은 천인이 예배 공경하고 있다. 미륵보살은 석가 사후의 미래에 출현한다. 석가가 미륵보살이 있는 곳에 찾아가 작별 인사를 하는 장면이다. 그때 석가는 자신의 보관을 벗어서 미륵보살에게 건네주고 경의를 표한다. 그러나 『방광대장엄경』 안에 이러한 내용의 기록은 없다.

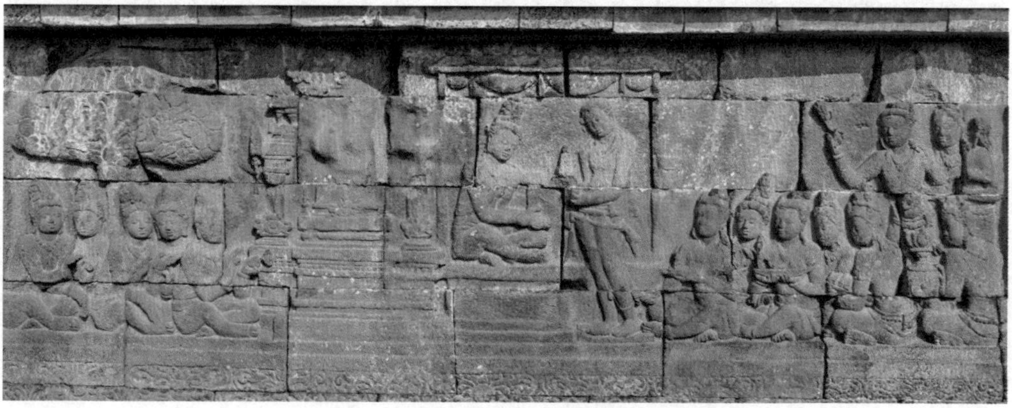

석가가 미륵보살에게 보관을 건네주는 장면(Ⅰ. A. a. 6)

I. A. a. 7. 천계에서 석가가 천인과 지상에 강림하는 모습을 상의하는 장면이다. 석가가 도솔천의 궁전에 천인을 불러 모아 상의하고 있다. 석가는 흰 코끼리六牙白象모습으로 강림하기로 결심한다. 제5강생품의 첫 부분에 나오는 장면이다. 중앙 궁전의 대좌 위에 석가머리 부분이 결손가 앉아 있고, 그 좌우 나무 아래에 보관을 쓴 천인이 앉아 있다.

I. A. a. 8. 카필라 성의 정반淨飯, Suddhodana왕과 마야부인. 천계에서 석가의 강림이 이야기될 때 지상에서는 각양각색의 경사스러운 기적이 일어난다. 화면의 궁전 밖 좌우에 많은 신하와 브라만이 모여 있다.

I. A. a. 9. 카필라 성의 마야부인入胎. 중앙의 궁전 안에 2명의 시녀와 함께 마야부인이 앉아 있다. 경사스러운 기적에 의해서 성안에 향기 짙은 꽃이 만발한다. 마야부인 아래에는 궁녀가 물주전자 등을 가져와서 시중들고 있다. 화면 좌측 위에는 2명의 천녀가 부인을 향하여 구름을 타고 날아오고 있다. 천녀들은 마야부인을 보고 그 아름다움에 놀란다.

I. A. a. 10. 종자의 결정. 천인이 석가의 강림에 즈음하여 항상 석가의 시중을

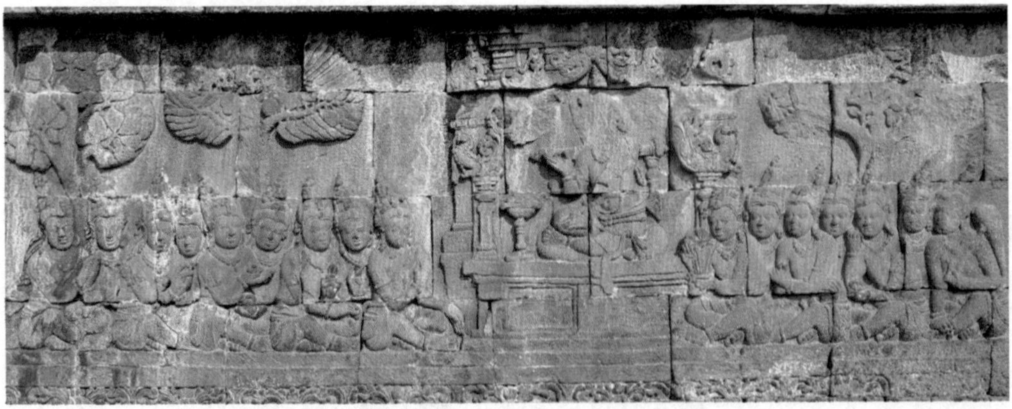

석가가 지상 강림에 대하여 천인과 상의하는 장면(I. A. a. 7)

들고 석가를 지키고자 마음을 정한다. 화면에는 전부 14명의 천인이 상의하고 있다. 화면 오른쪽에 카라·마카라 장식이 있는 천계의 아름다운 사원이 보인다. 전형적인 중부 자바의 사당형 찬디이다.

I. A. a. 11. 도솔천의 석가. 8명의 천인이 석가를 방문해 지상에 강림하는 것에 대해서 경의를 표하는 장면이다. 제5강생품에 나오는 장면이다.

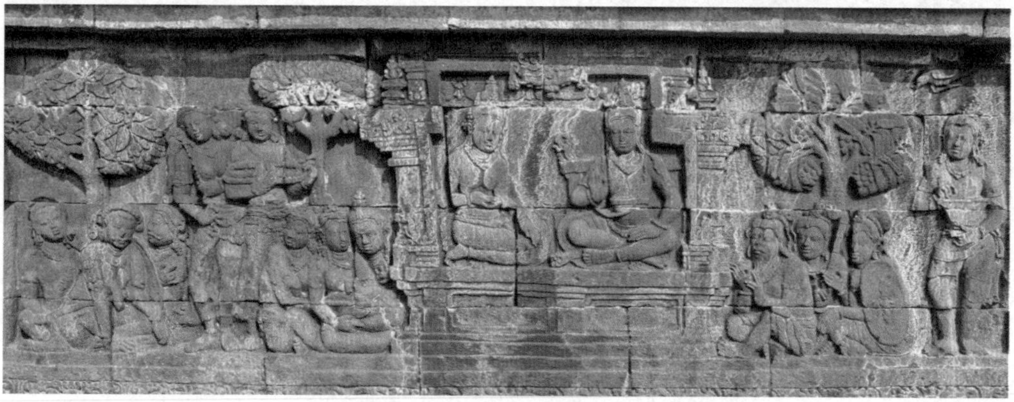

카필라 성의 마야부인과 정반왕(I. A. a. 8)

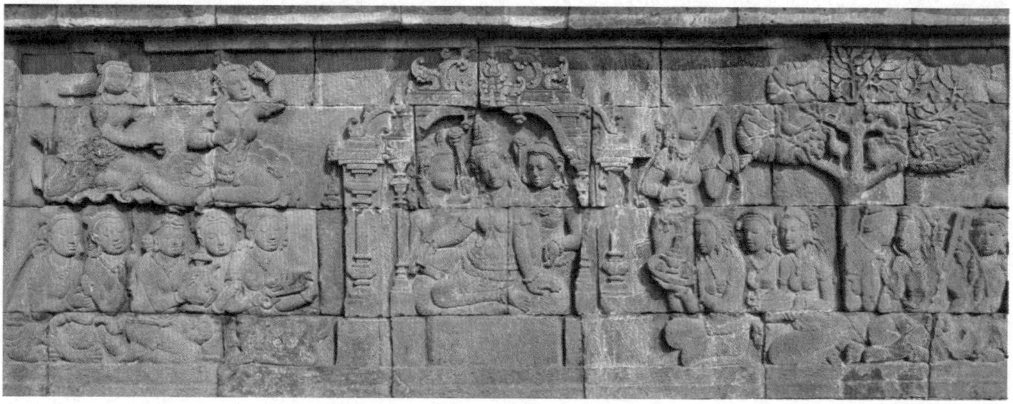

마야부인의 궁전 모습(I. A. a. 9)

I. A. a. 12. 도솔천의 석가가 천인과 헤어져 지상으로 강림하는 장면이다. 화면 중앙 궁전 안의 금강 대좌 위에 석가가 좌선하여 명상하고 있다. 그 궁전을 들고 있는 것이 천인들로 석가가 앉아 있는 궁전을 날라서 강하해가는 광경이다. 증명사진을 찍듯이 판에 박힌 구도이지만 양쪽의 천인은 율동감이 있어 조각적으로 뛰어난 명작이다.

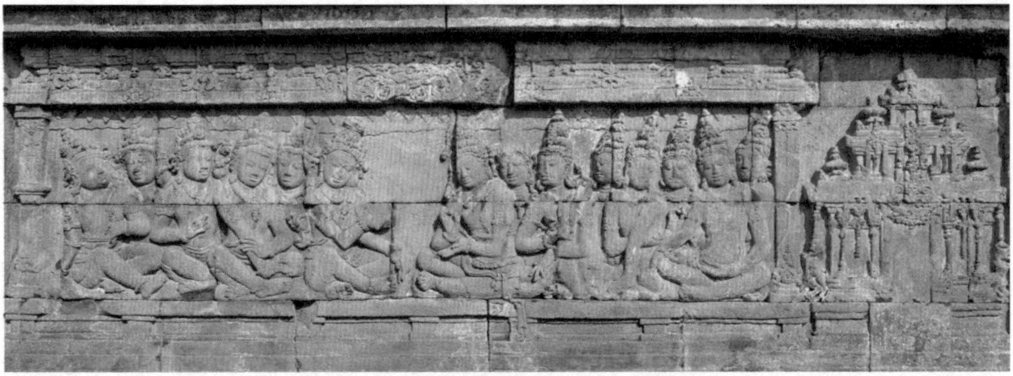

천인들이 석가 강림에 대해서 상의하는 장면(I. A. a. 10)

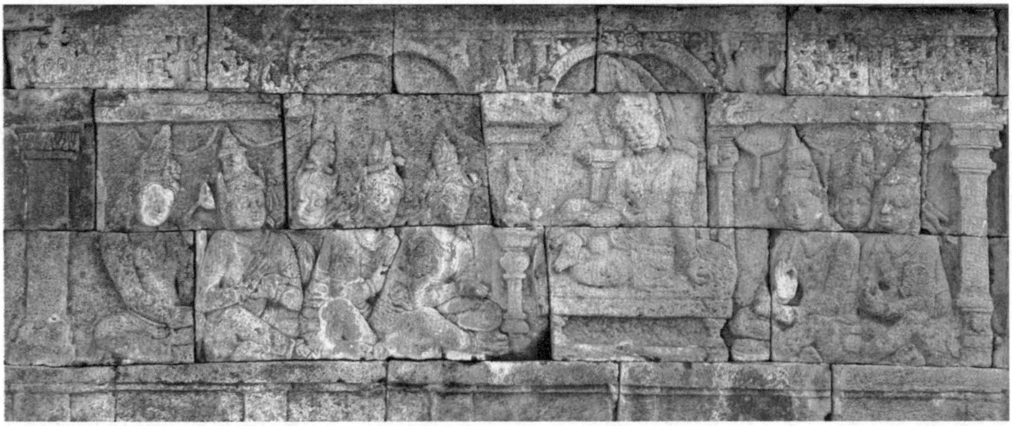

도솔천의 석가(I. A. a. 11)

I. A. a. 13. 마야부인이 밤에 태몽을 꾸는 광경이다. 꿈속에서 흰 코끼리가 천공에서 내려와 오른쪽 옆구리로부터 태내에 들어간다. 화면 왼쪽 위에 코끼리가 새겨져 있다. 코끼리에게는 양산陽傘과 연화좌가 새겨져 그 존귀함을 나타내고 있다. 마야부인은 중앙의 궁전 안에 누워 있다. 이 장면은 제6처태품에 전해지는 내용이다. 경전에는 '보살이 코끼리 형상으로 모태에 들어간다.'라고 하여 그 바로 뒤에 '마야부인은 꿈에 흰 코끼리가 체내에 들어온 꿈을 보고 임신한다.'라고 쓰여 있다.

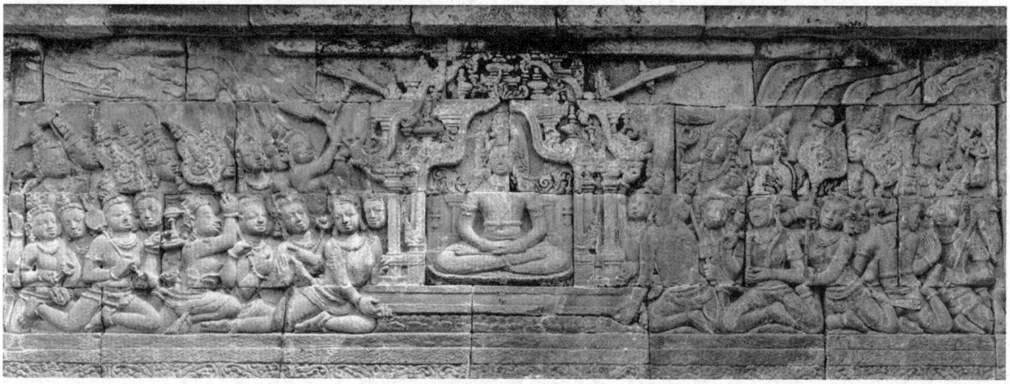

석가의 강림(I. A. a. 12)

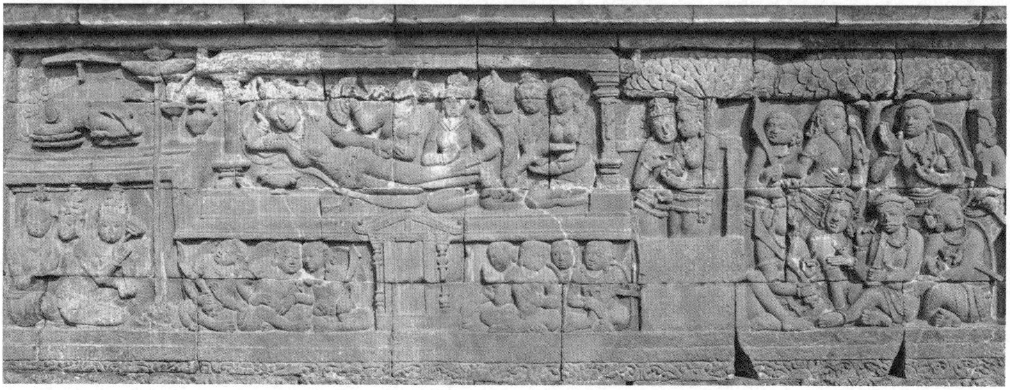

마야부인의 태몽(I. A. a. 13)

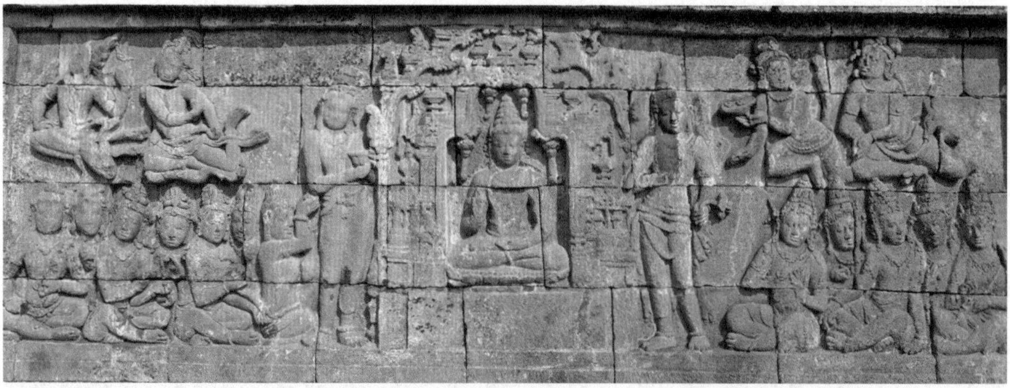

천인이 마야부인의 수호를 상의하는 장면(I. A. a. 14)

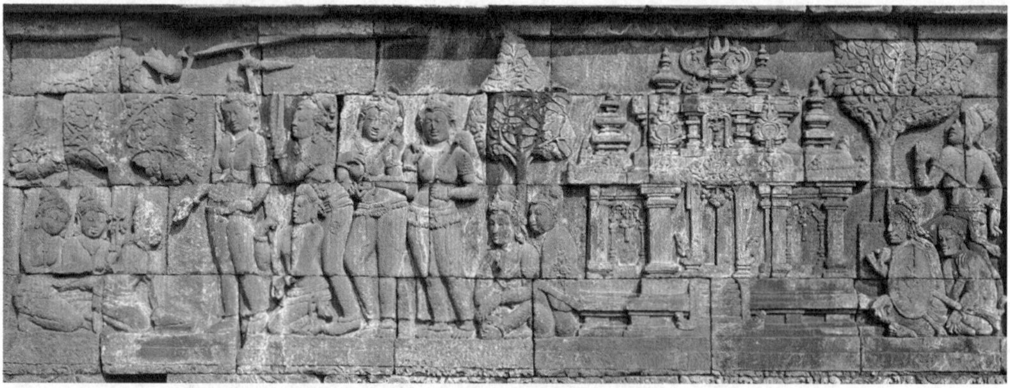

아소카 원에 가는 마야부인(I. A. a. 15)

I. A. a. 14. 천인이 마야부인의 수호를 상의하는 장면이다. 중앙의 궁전에 정면을 향해서 앉아 있는 것이 제석천이고, 오른쪽에 8명, 왼쪽에 10명의 천인이 모여 상의하고 있다. 화면 좌우에 구름을 타고 하늘을 나는 천인이 새겨져 있다. 이 부조를 석가가 천계에서 지상에 강림한 광경으로 마야부인의 태내에 들어간 순간을 상징적으로 표현한 것이라고 보는 견해도 있다. 석가가 마야부인의 태내에 들어가 천

신들이 마련한 보전에서 앉아 있다고 한다.

Ⅰ. A. a. 15. 경사스러운 태몽을 꾼 마야부인이 궁녀를 데리고 아소카 원무우원을 산책하는 장면이다. 화면 왼쪽의 양산 밑에 마야부인이 서 있고, 오른쪽에 궁전이 새겨져 있다. 마야부인이 1명의 궁녀를 정반왕에게 보내 아소카 원에서 뵙기를 청한다. 아름다운 궁전과 단정하고 우아한 마야부인의 모습은 조각적으로 뛰어나다.

03

남면 동쪽 부조 I. A. a. 16~30

I. A. a. 16. 코끼리를 타고 정반왕이 마야부인이 있는 아소카 원을 찾아온 장면이다. 화면 중앙의 오른쪽에 마야부인이 무릎 꿇고 앉아 있고, 그 왼쪽의 양산 아래에 정반왕이 서 있다. 왕이 타고 온 코끼리가 왼쪽에 보인다. 브라만이 받쳐준 양산 밑에 서 있는 왕은 실로 위풍당당한 모습이다.

I. A. a. 17. 마야부인이 정반왕에게 꿈 이야기를 하는 장면이다. 아소카 원 별궁 안에서 마야부인과 정반왕이 서로 마주 보고 있다. 오른쪽에 궁녀, 왼쪽에 신하들이 있다.

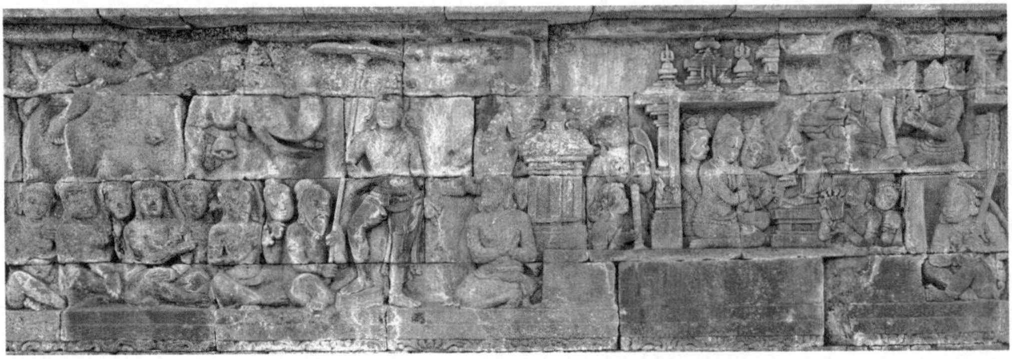

정반왕이 아소카 원에 있는 마야부인을 찾아온 장면(I. A. a. 16)

I. A. a. 18. 정반왕이 마야부인에게서 들은 꿈을 점술사에게 점치는 장면이다. 화면 중앙의 궁전 안에 마야부인과 정반왕이 앉아 있다. 왼쪽에 수염을 기른 브라만이 마야부인의 태몽을 점치고 있다. 브라만이 위대한 석가의 탄생을 예언한다.

I. A. a. 19. 아들이 태어난다는 이야기를 듣고 기뻐하는 정반왕이 브라만에게 보시하는 장면이다. 화면 중앙에 정반왕, 왼쪽에 브라만이 앉아 있다. 석가 탄생의

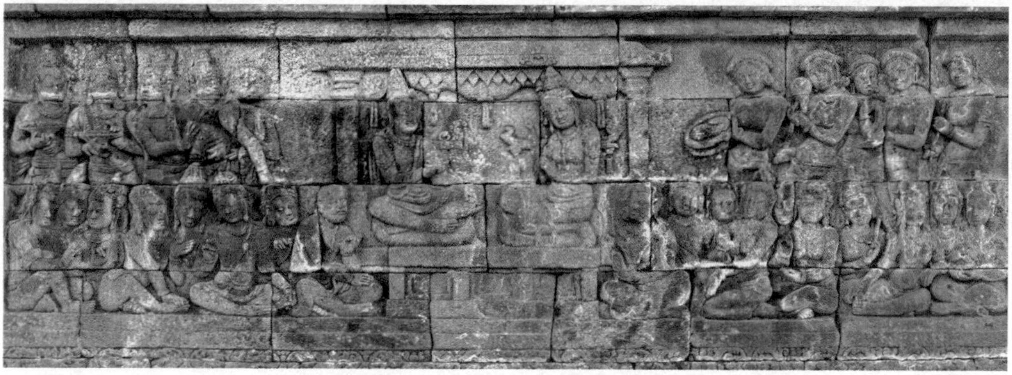

마야부인이 정반왕에게 꿈 이야기를 하는 장면(I. A. a. 17)

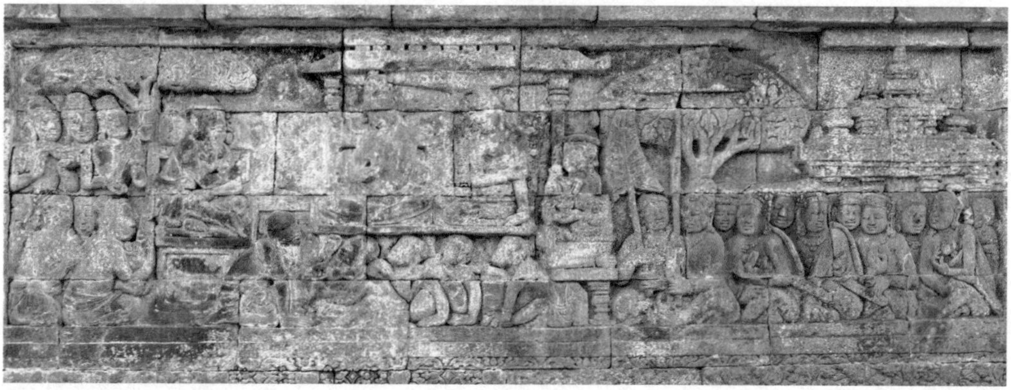

브라만이 위대한 석가의 탄생을 예언하는 장면(I. A. a. 18)

예언을 들은 왕과 왕비가 크게 기뻐하여 점술사에게 많은 상을 내린다. 점술사인 브라만에게 양산을 받쳐서 경의를 나타내고 있다.

Ⅰ. A. a. 20. 석가를 임신한 마야부인을 위해서 특별한 궁전을 세우고자 상의하는 장면이다. 정반왕은 어떤 궁전이 좋을까를 생각한다. 그때 천인이 천계의 궁전

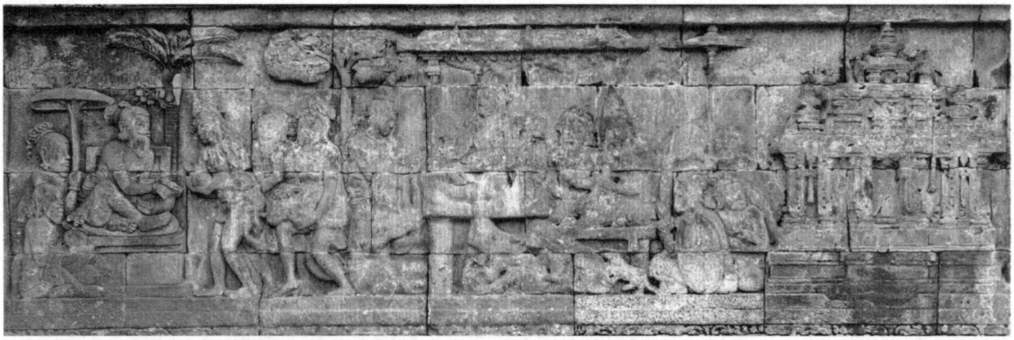

왕자가 태어난다는 말을 듣고 보시하는 정반왕(Ⅰ. A. a. 19)

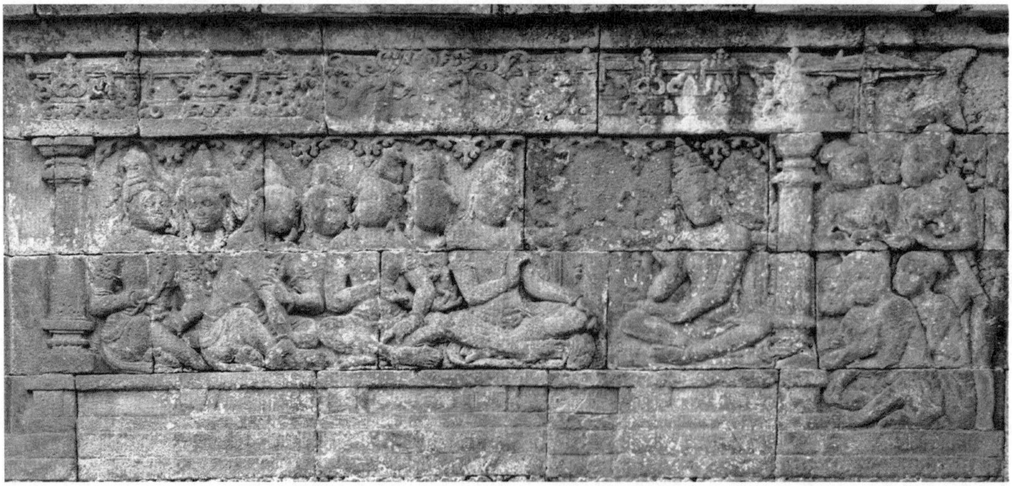

마야부인을 위해서 특별한 궁전을 세우고자 상의하는 장면(Ⅰ. A. a. 20)

을 짊어지고 와서 마야부인에게 드리고 싶다고 청원한다. 화면 오른쪽에 정반왕이 앉아 있고, 그 왼쪽에 7명의 천인이 앉아 있다.

Ⅰ. A. a. 21. 천인이 천계에서 옮겨온 궁전 모습이다. 3개의 호화스러운 궁전 안에 마야부인이 앉아 있다. 천인이 가져온 궁전을 기쁜 마음으로 받아들이는 마야부인의 모습을 묘사하고 있다. 제6처태품에 나오는 장면이다.

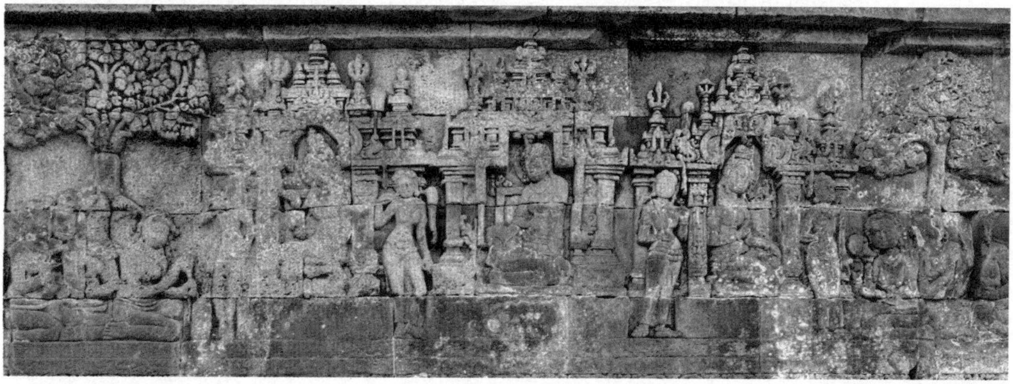

천인이 천계에서 옮겨온 궁전(Ⅰ. A. a. 21)

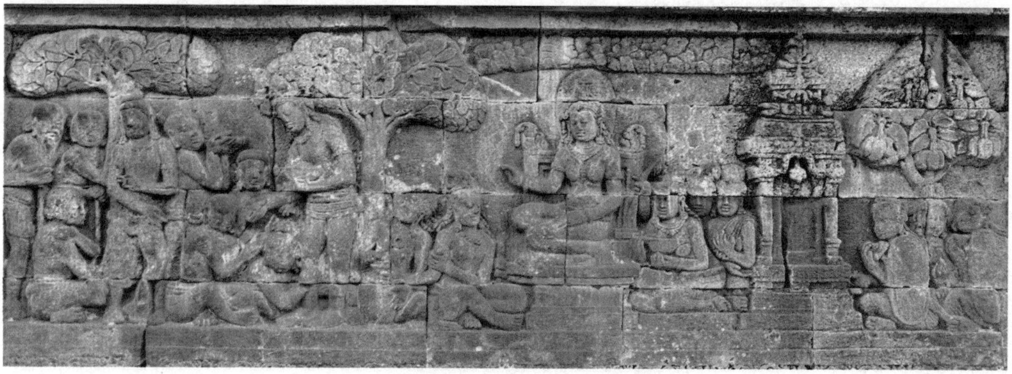

마야부인의 보시(Ⅰ. A. a. 22)

Ⅰ. A. a. 22. 임신한 마야부인이 병든 사람에게 약을 보시하는 장면이다. 병든 사람은 마야부인의 모습을 보는 것만으로도 병이 나았다고 한다. 마야부인은 화면 중앙에 앉아 있고, 오른손을 들어 병자의 머리를 쓰다듬으려 하고 있다. 화면 왼쪽에 병든 사람이 모여 있고 한 명의 신하가 약을 나누어주고 있다. 화면 오른쪽 끝에 방패를 든 2명의 호위병이 보인다.

Ⅰ. A. a. 23. 태자의 탄생이 다가오자 정반왕이 대 보시하는 장면이다. 왕은 태자의 탄생을 대단히 기뻐하여 많은 사람에게 보시한다. 화면 오른쪽에 2층 건물의 곳간이 보인다. 곳간을 열어 많은 물건을 사람들에게 나누어주고 있다. 정반왕이 곳간 앞에 서서 손으로 보시를 지시하고 있다.

Ⅰ. A. a. 24. 석가의 탄생을 맞이하여 정반왕이 계율을 지키며 수행하는 장면이다. 왕은 법도에 따라서 이 세상의 쾌락을 멀리하고 나라의 정무도 버려둔 채 고행 승과 같이 계율을 지키며 생활한다. 화면 오른쪽 끝에 정반왕이 앉아 있고, 그 앞에 7명의 궁녀가 앉아 있다. 왕이 궁녀를 멀리하는 모습을 묘사하고 있다.

Ⅰ. A. a. 25. 석가 탄생 전의 기적. 석가가 태어나기 직전 정반왕의 궁중에서 38종

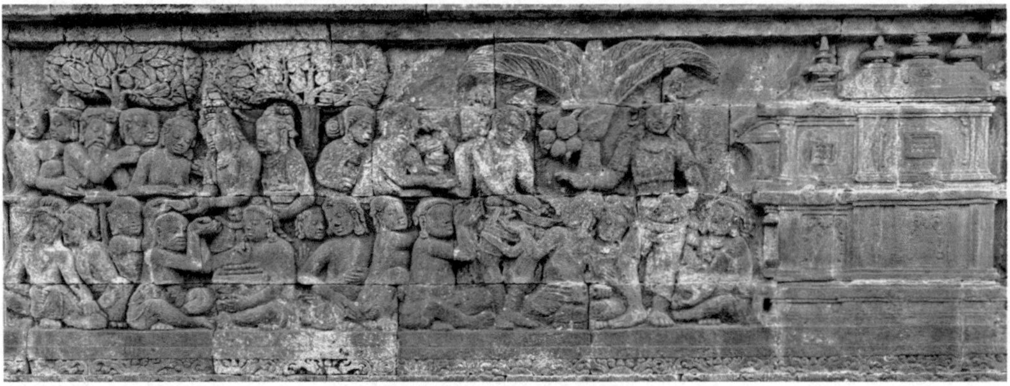

정반왕의 보시(Ⅰ. A. a. 23)

류의 경사스러운 기적이 일어난다. 이 기적은 석가가 마야부인의 태내에 들어간 지 10개월째에 생긴 일이었다. 보로부두르의 조각가는 다양한 기적 가운데 3개의 기적을 화면에 새겨놓고 있다. 500마리의 흰 코끼리가 왕궁으로 찾아온 기적, 많은 아기 사자가 히말라야 산에서 왕궁으로 찾아온 기적, 천계의 아이들이 왕궁에 찾아온 기적이었다. 화면에 사자, 코끼리, 어린이를 묘사하고 있다. 제7탄생품의 첫 부분에 나오는 장면이다.

I. A. a. 26. 궁전에서 쉬고 있는 마야부인. 출산을 위해서 룸비니 원에 가기 전

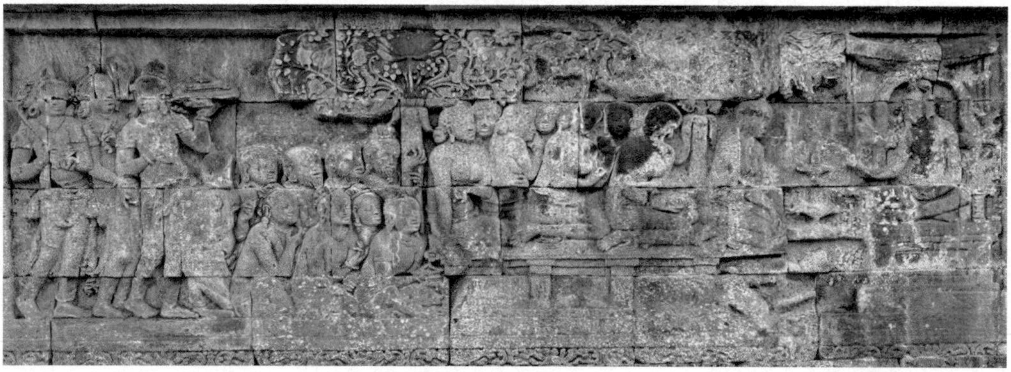

정반왕의 수행(I. A. a. 24)

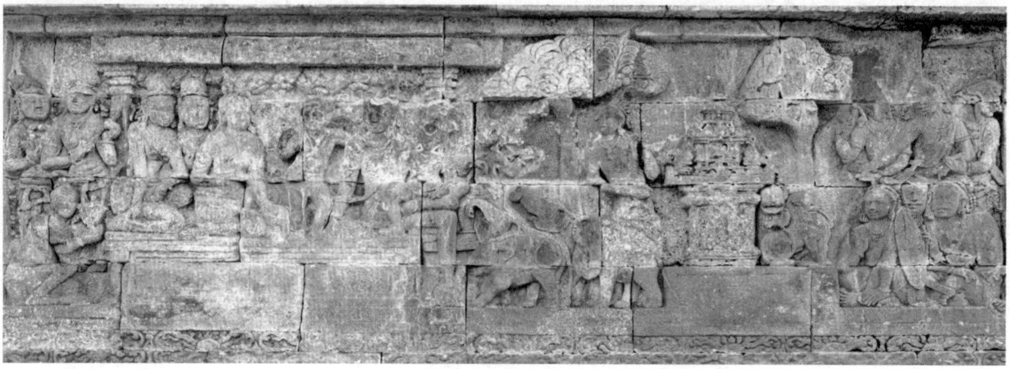

석가 탄생 전의 기적(I. A. a. 25)

에 궁전에서 쉬고 있다. 화면 오른쪽 끝에 마야부인이 궁녀 2명에게 룸비니 원에 갈 것을 명하고 있다. 화면 중앙의 궁전 안에 정반왕이 앉아 있다. 왕은 마야부인이 룸비니 원에 행차하는 소식을 듣고 신하에게 룸비니 원을 깨끗하게 청소하도록 명한다.

I. A. a. 27. 출산을 앞둔 마야부인이 2마리의 말이 끄는 마차를 타고 룸비니 원에 행차하는 장면이다. 화면 왼쪽에서 마차를 인도하는 것이 사천왕이고, 말 위에 타고 있는 인물은 등을 돌려 마야부인을 염려하듯 바라보고 있다. 마차의 뒤에는 많은 궁녀가 따라오고 있다. 구도와 조각이 뛰어난 걸작이다.

I. A. a. 28. 태자의 탄생. 마야부인이 룸비니 원의 무우수無憂樹 밑에서 오른손을 들어 올려 나뭇가지를 잡고 있다. 그때 부인의 오른쪽 옆구리에서 태자가 태어난다. 석가가 탄생하는 광경은 화면 오른쪽에 묘사하고 있다. 마야부인의 머리 위에 양산이 받쳐 있다. 하늘에서는 꽃비가 내리고 태자석가는 태어나자마자 동쪽을 향하여 일곱 걸음 걸어간다. 그러자 그 발아래로부터 연꽃이 나타나서 태자의 발바닥을 떠받쳤다. 태자는 연꽃 위를 걸어가며 오른손은 하늘을, 왼손은 땅을 가리키며 탄생게인 '천상천하 유아독존 삼계개고 아당인지'라 외쳤다고 한다. 이 기적을 무우수나무 왼쪽에 묘사하고 있다. 예쁘장한 아기 태자가 공중 위의 연꽃 위에 서 있다.

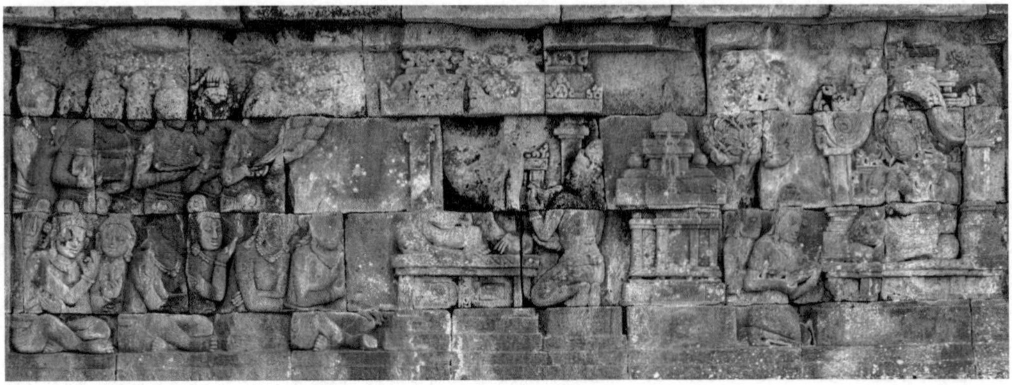

궁전에서 쉬고 있는 마야부인(I. A. a. 26)

경전에는 태자가 마야부인의 옆구리에서 태어나 제석천이 받아냈다고 한다.

I. A. a. 29. 브라만 미나바카가 정반왕에게 태자의 탄생을 축복하는 장면이다. 화면 오른쪽 궁전 안에 정반왕과 미나바카가 앉아 있다. 미나바카는 천계의 제석천이 브라만으로 변신한 모습이다. 정반왕은 많은 사람과 브라만에게 보시한다.

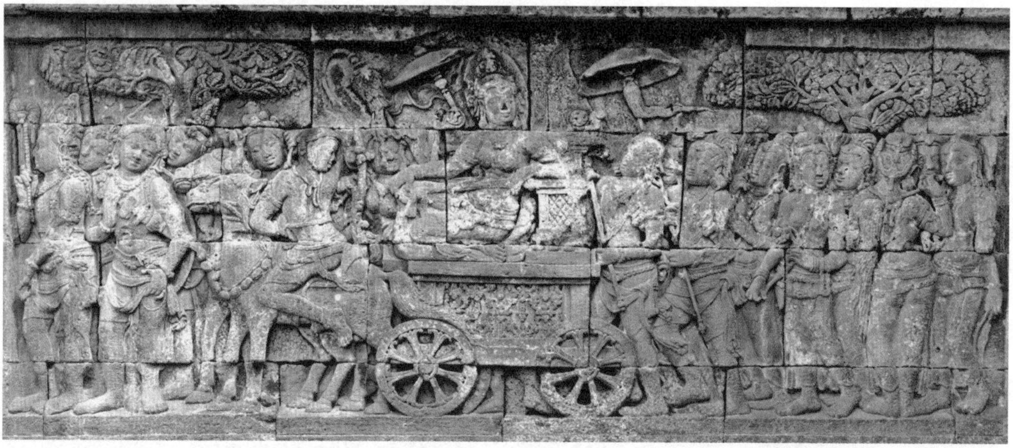

룸비니 원에 가는 마야부인(I. A. a. 27)

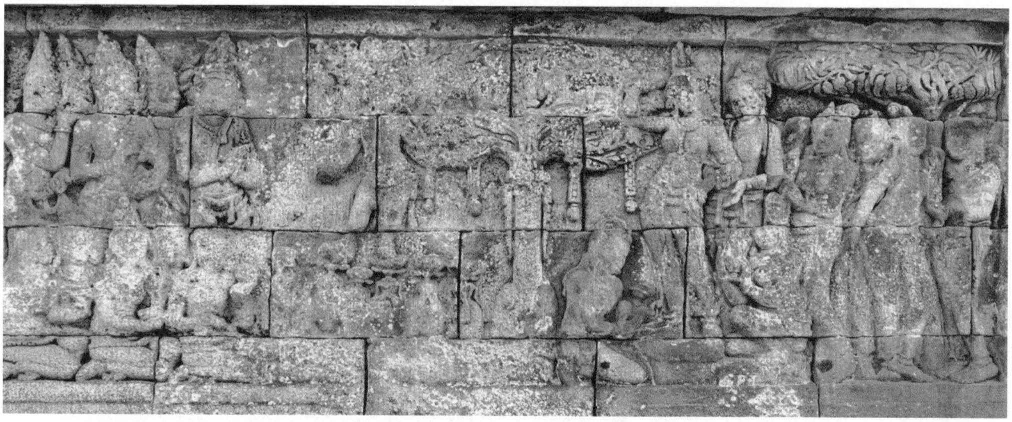

석가의 탄생(I. A. a. 28)

I. A. a. 30. 왕이 태자석가를 이모 마하프라자파티마하파자파티라고도 한다에게 건네주는 장면이다. 태자의 탄생 후 어머니 마야부인은 7일째에 이 세상을 떠난다. 마야부인의 여동생 마하프라자파티가 태자를 양육하게 된다. 궁전 안에서 갓난아기를 무릎 위에 안고 있는 정반왕 앞에 앉아 있는 것이 양모 마하프라자파티이다.

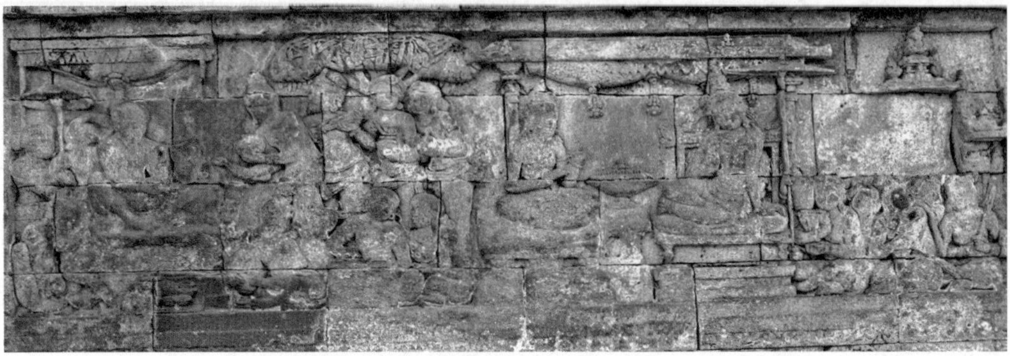

미나바카가 태자의 탄생을 축복하는 장면(I. A. a. 29)

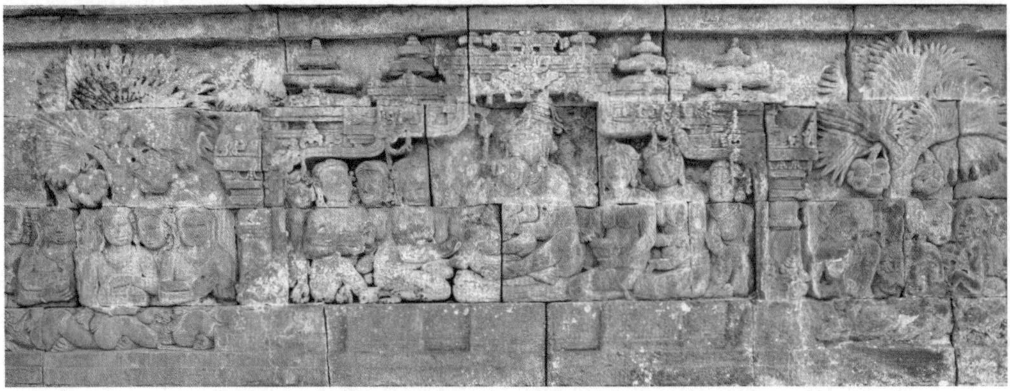

왕이 태자를 마하프라자파티에게 건네주는 장면(I. A. a. 30)

04

남면 서쪽 부조 I. A. a. 31~45

I. A. a. 31. 위대한 아시타 선인이 태자를 보기 위하여 정반왕을 방문한 장면이다. 왕은 선인을 궁전에 초대하여 태자와 만나게 한다. 아시타 선인은 태자를 보고 32상 82종호의 길상을 가져 장래에 커서 위대한 존사가 될 것을 예언한다. 화면 왼쪽 궁전 안에서 정반왕이 예쁘장하게 살찐 갓난아기를 무릎 위에 안고 있다. 그 앞에 아시타 선인이 앉아 있다. 선인仙人 혹은 브라만은 덥수룩한 턱수염을 기르고 있기 때문에 식별하기 쉽다. 제7탄생품의 마지막 부분에 상세하게 나오는 장면이다.

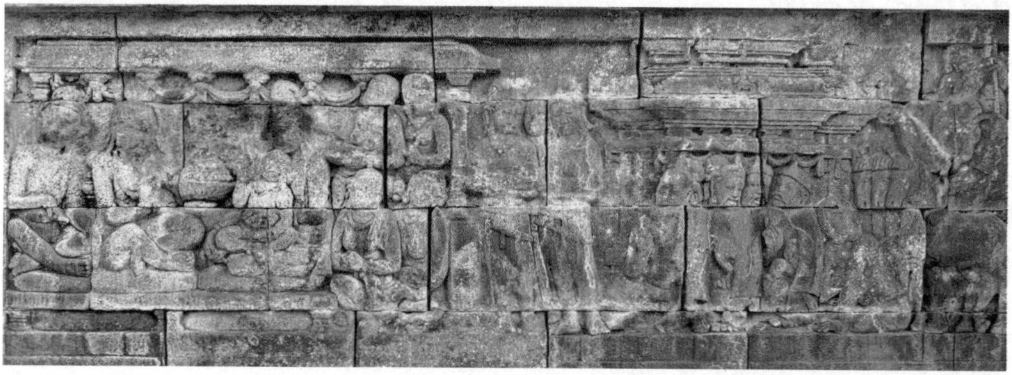

아시타 선인이 태자를 방문한 장면(I. A. a. 31)

Ⅰ. A. a. 32. 천계에서 내려온 시바신범천이 태자에게 경의를 표하는 장면이다. 궁전 안에 정반왕이 태자를 안고 있고, 그 왼쪽에 대자재천시바신이 앉아 있다. 대자재천이 양손으로 합장하여 태자에게 경의를 표하고 있다. 제7탄생품에는 시바신을 '마혜수라 천자'摩醯首羅天子라고 쓰여 있다.

Ⅰ. A. a. 33. 브라만의 장로가 정반왕을 찾아와 선조의 영묘 참배를 청하는 장면

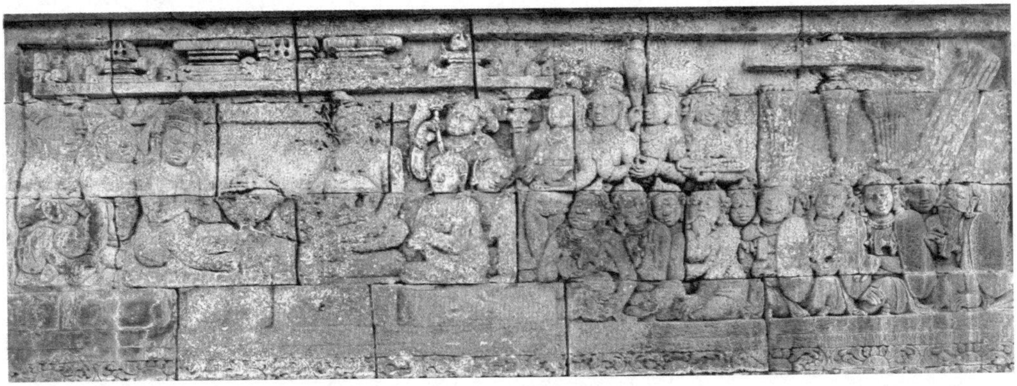

천인이 태자에게 경의를 표하는 장면(Ⅰ. A. a. 32)

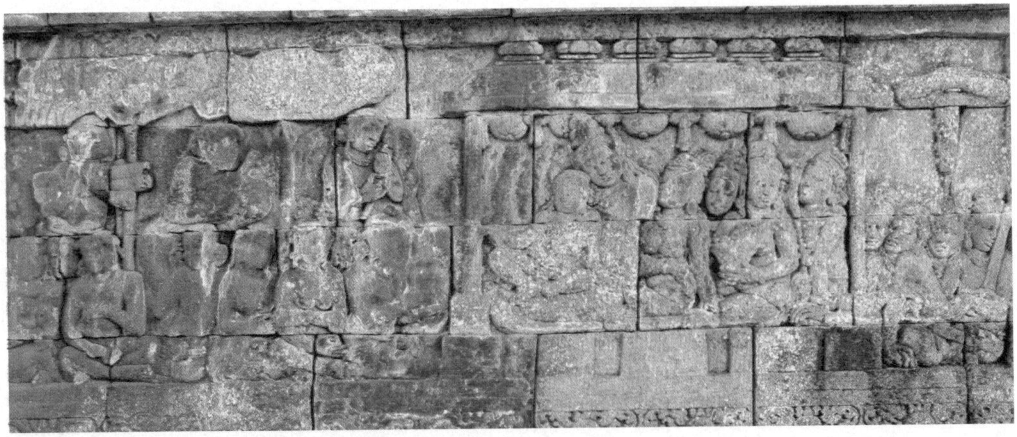

장로가 정반왕을 찾아와 영묘 참배를 청하는 장면(Ⅰ. A. a. 33)

이다. 장로가 말하길 "왕이시오, 지금이야말로 반드시 태자를 데리고 선조의 영령을 제사 지내는 사당에 참배하셔야 합니다."라고 아뢴다. 이 말을 들은 정반왕은 태자를 데리고 사당에 참배하기로 한다. 화면 중앙에 정반왕이 태자를 안고 있다. 제8입천사품에 나오는 이야기이지만, 고대 자바인의 강한 조상숭배 사상의 일면을 전해주는 부조이다.

I. A. a. 34. 선조의 영령을 제사 지내는 사당으로 향하는 정반왕 일행을 묘사

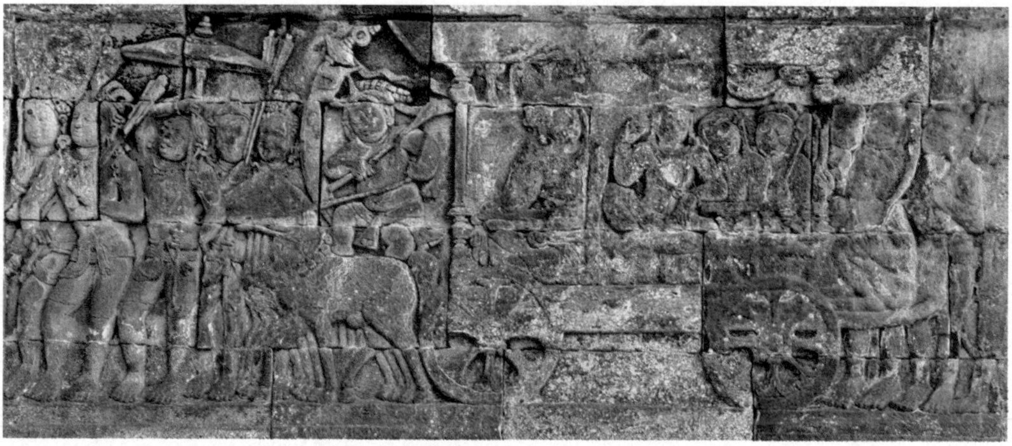

영묘로 참배 가는 왕의 일행(I. A. a. 34)

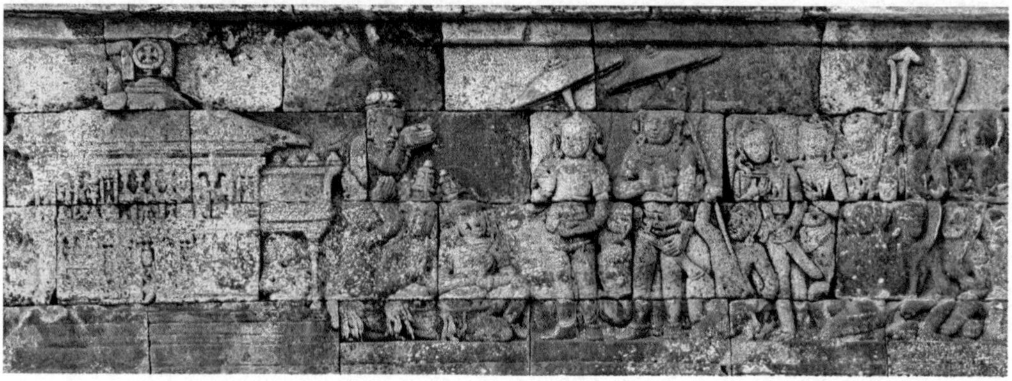

태자가 영묘에 도착한 장면(I. A. a. 35)

한 장면이다. 4마리의 말이 끄는 마차 위에 정반왕을 선두로 갓난아기석가, 양모 마하프라자파티가 앉아 있다. 제8입천사품에 나오는 장면이다.

I. A. a. 35. 태자 일행이 사당사원에 도착한 장면이다. 갓난아기였던 태자가 이 화면에서는 어느새 훌륭한 소년의 모습으로 묘사하고 있다. 화면 중앙에 태자, 그 뒤에 정반왕이 양산을 받쳐 들고 서 있다. 왕과 태자의 모습은 조각적으로 매우 훌륭하다. 왼쪽의 사원 앞에서 고승과 천인이 태자 일행을 맞이하고 있다. 화면 왼쪽에 사당영묘은 발코니를 가진 2층 건물로 당시의 훌륭한 건축 기술을 보여준다.

I. A. a. 36. 대신들이 장성한 태자에게 보관과 장신구를 헌상하는 장면이다. 그러자 많은 대신이 장신구를 태자에게 헌상한다. 화면 오른쪽 궁전 안에 태자가 앉아 있고 그 앞에 우다야나 대신이 서 있다. 화면 왼쪽 궁전의 오른쪽 끝에 정반왕이 앉아 있다. 1도 2경을 새겨 놓았다. 제9보장엄구품에 나오는 장면이다.

I. A. a. 37. 태자가 학교에 입학하는 장면이다. 턱수염을 기른 비사바미트라 교장 선생님이 합장하여 태자의 입학을 경하하고 있다. 화면 중앙의 양산 밑에 태자가 서 있다. 태자가 7살 때의 일이었다.

I. A. a. 38. 태자가 학교에서 공부하는 장면이다. 석가도 어린 시절에 공부했

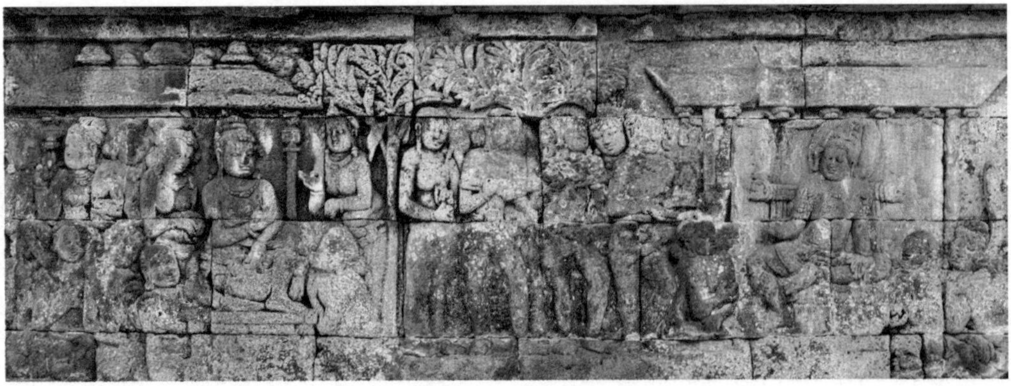

대신이 태자에게 보관과 장신구를 헌상하는 장면(I. A. a. 36)

다. 오른쪽 큰 교실 안에 태자가 앉아 있다. 태자만이 머리 위에 높은 보관을 쓰고 당당한 모습을 하고 있다. 왼쪽 교실 안에 5명의 학생이 손에 종려나무의 잎에 적힌 경전패엽경을 가지고 공부하고 있다. 제10시서품에 나오는 장면이다.

Ⅰ. A. a. 39. 태자가 경작의례耕作儀禮에 참가하기 위하여 마차를 타고 가는 장면이다. 일종의 풍작 기원제인 경작의례는 정반왕이 주최한다. 2마리의 말이 끄는 화려한 마차를 타고 있는 태자가 크게 새겨져 있다. 제11관농무품에 나오는 장면이다.

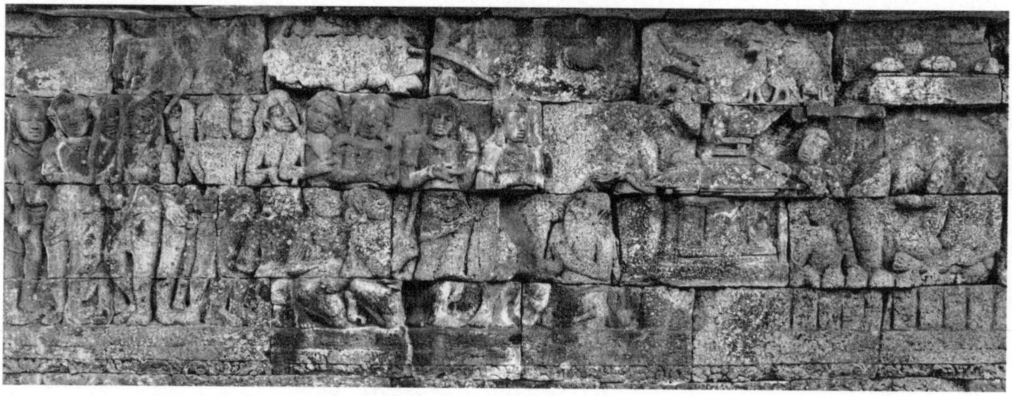

태자가 학교에 입학하는 장면(Ⅰ. A. a. 37)

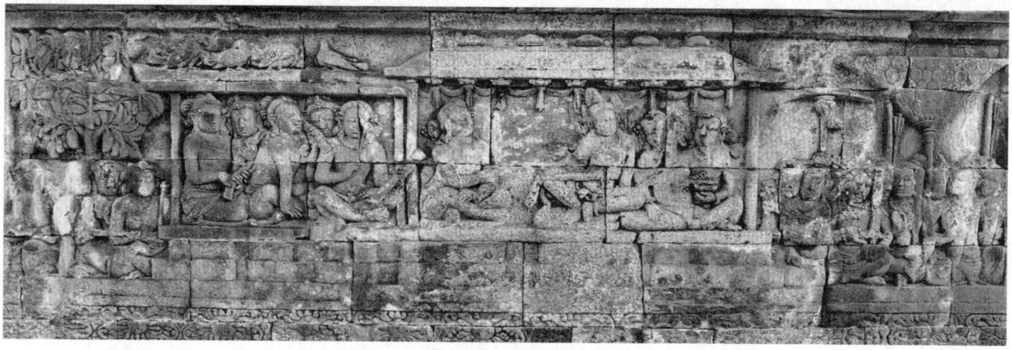

태자가 학교에서 공부하는 장면(Ⅰ. A. a. 38)

I. A. a. 40. 태자가 염부나무 아래에서 명상하는 장면이다. 태자는 농부가 쟁기로 논을 일굴 때 흙에서 벌레가 나오자 벌레는 새에 먹히고 그 새는 다시 독수리에게 잡아먹히는 광경을 본다. 염부나무 아래에서 약육강식 삶의 무상함을 사유하고 있다. 화면 중앙에 선정인을 하고 명상 중인 태자가 있고 그 왼쪽에서 신하가 태자를 주시하고 있다. 명상 중인 태자 위에 2명의 천인이 구름을 타고 내려오고 그 아래에서 5명의 브라만이 태자에게 경의를 표하고 있다.

I. A. a. 41. 정반왕에게 신하가 태자의 결혼을 간청하는 장면이다. 화면 중앙

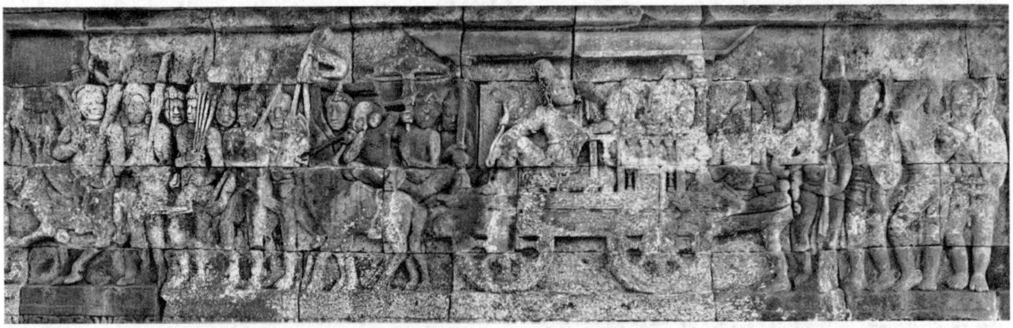

태자가 경작의례에 가는 장면(I. A. a. 39)

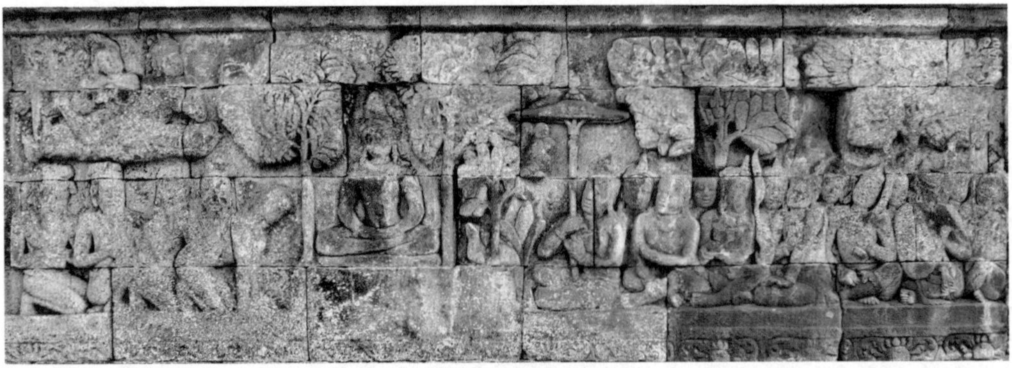

태자가 명상하는 장면(I. A. a. 40)

오른쪽 옥좌 위에 정반왕이 앉아 있고 그 왼쪽에 8명의 대신이 앉아 있다. 왕의 맞은 편 앞에 수염을 기른 브라만이 합장하고 있다. 제12현예품에 나오는 장면이다.

I. A. a. 42. 싯다르타 태자가 장래의 신부가 될 야쇼다라耶輸陀羅에게 반지를 주는 장면이다. 태자는 마지막으로 찾아온 야쇼다라에게 마음이 끌려 자신의 반지를 빼어준다. 화면 중앙에 태자와 야쇼다라가 마주 보고 앉아 있다. 화면 왼쪽 궁전 안에 태자의 신부가 되고자 하는 많은 후보자가 있다.

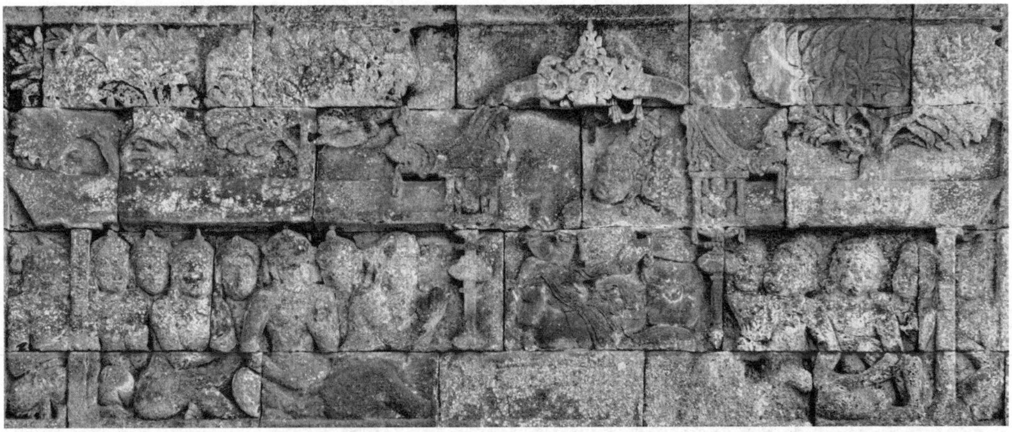

신하가 정반왕에게 태자의 결혼을 간청하는 장면(I. A. a. 41)

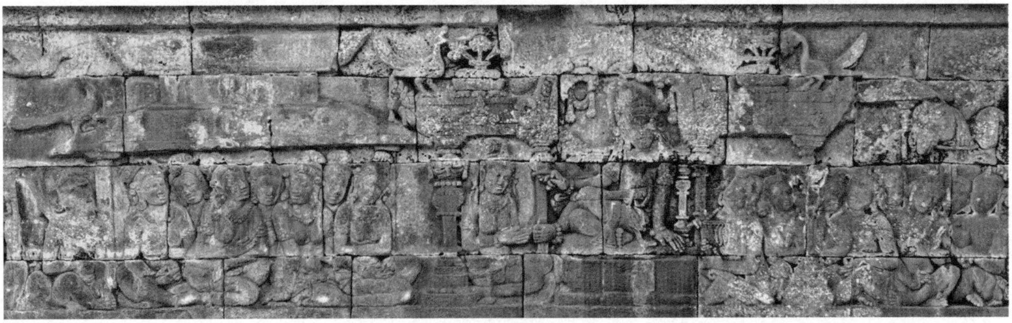

태자가 야쇼다라에게 반지를 주는 장면(I. A. a. 42)

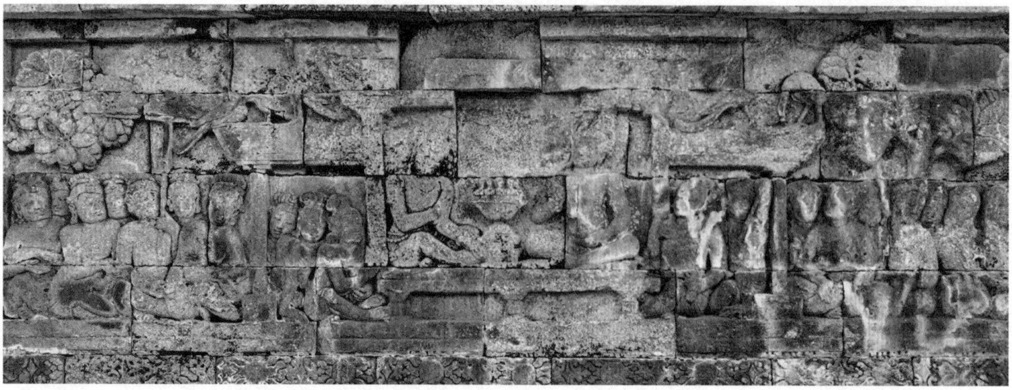

정반왕과 태자가 결혼에 대해서 상의하는 장면(I. A. a. 43)

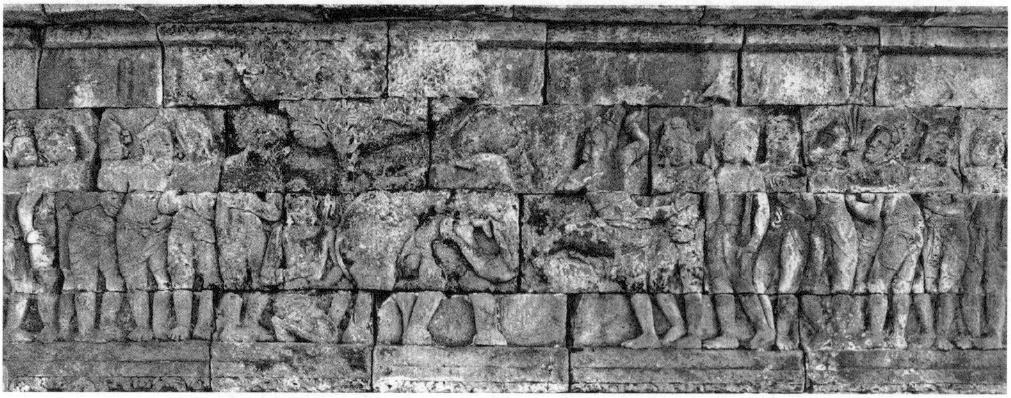

태자의 사촌 동생 데바닷타가 흰 코끼리를 때려죽이는 장면(I. A. a. 44)

I. A. a. 43. 정반왕과 태자가 결혼에 대해서 상의하는 장면이다. 왕은 시종을 보내서 야쇼다라의 아버지 단다파니 대신에게 청혼한다. 시종으로부터 청혼을 받은 단다파니는 "우선 태자의 학문과 무예 솜씨를 보고 싶습니다."라고 청을 고한다. 시종의 보고를 들은 정반왕이 태자를 불러 신부 아버지의 청을 전한다.

I. A. a. 44. 무술 경기가 시작하는 날 태자의 사촌 동생 데바닷타가 흰 코끼리

를 때려죽이는 장면이다. 정반왕은 야쇼다라의 아버지 단다파니에게 태자의 실력을 보여주기 위해서 무술 경기를 개최한다. 그날 전국에 약 500명의 청년이 경기장에 모였다. 왕이 태자를 영접하기 위해서 흰 코끼리를 보내자 고약한 데바닷타가 태자의 코끼리를 죽이는 장면이다. 석가의 생애에서 데바닷타는 여러 번 석가를 박해했다. 이 장면은 데바닷타가 태자에게 박해를 가하는 최초의 사건이었다. 화면 중앙에 데바닷타가 발로 코끼리를 차고 오른손을 들어 흰 코끼리를 때려죽이는 모습이 새겨져 있다.

Ⅰ. A. a. 45. 화면의 반이 완전히 손상됐기 때문에 어떤 장면인지 불분명하다. 화면 오른쪽 면에 마차 바퀴와 병사들의 대열이 보인다. 데바닷타가 태자의 흰 코끼리를 때려죽인 사건 이후에 벌어지는 이야기가 새겨져 있었던 것으로 생각된다. 크롬은 현재 소실된 부분에 죽은 코끼리가 묘사되어 있었다고 한다. 싯다르타 태자와 죽은 흰 코끼리와 관련된 이야기이다.

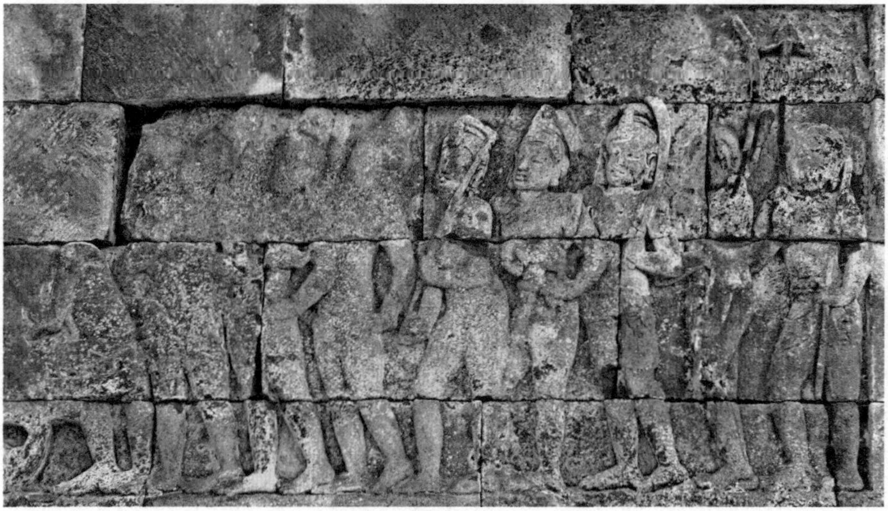

주제 불명(Ⅰ. A. a. 45, 부분)

05

서면 남쪽 부조 I. A. a. 46~60

I. A. a. 46. 태자가 암산 겨루기를 하는 장면이다. 태자는 뛰어난 암산 실력을 발휘했다. 화면 중앙의 대좌 위에 태자가 앉아 있고, 왼쪽 대좌 위에 7명의 젊은이가 앉아 암산 겨루기를 하고 있다. 태자의 위대함을 나타내기 위해서 두광이 새겨져 있다.

이 부조 해석에 대해서는 여러 이견이 있다. 오른쪽에 앉아 있는 인물을 정반왕으로 보는 견해가 있다. 또한, 야쇼다라의 아버지가 미인계를 사용하여 태자의 사람됨을 시험하는 장면으로 보는 견해도 있다. 즉 화면 중앙 오른쪽에 태자가 앉아 있고 그 오른쪽에 아름다운 3명의 아가씨가 태자를 유혹하고 있다고 한다.

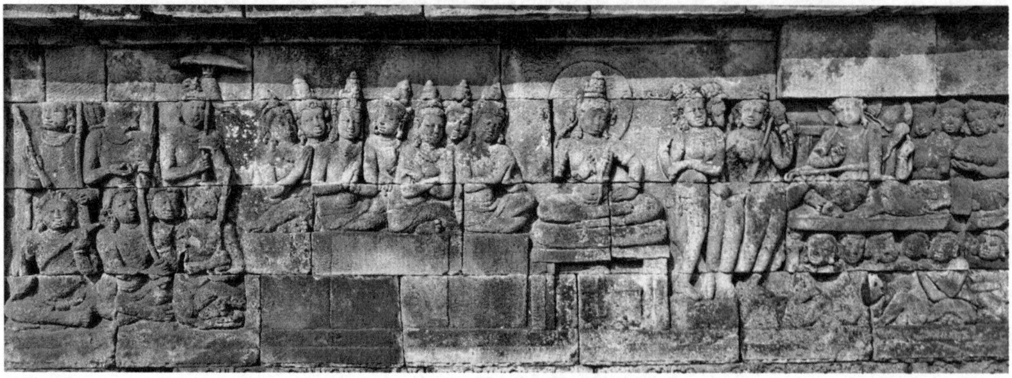

태자의 암산 겨루기 장면(I. A. a. 46)

I. A. a. 47. 태자의 위대함을 칭송하는 장면이다. 화면 왼쪽 건물 안에 앉아 있는 7명은 암산 겨루기에 참가했던 청년들이다. 오른쪽 끝의 대좌 위에 앉아 있는 것이 야쇼다라의 아버지 단다파니이다. 장래의 사윗감인 태자의 실력을 가늠하고 있다. 이 부조의 비정에도 문제가 있다. 히카타는 태자가 여러 학문을 배우는 장면이라고 한다.

I. A. a. 48. 많은 젊은이가 경기장에 모여 태자와 힘겨루기를 하는 장면이다.

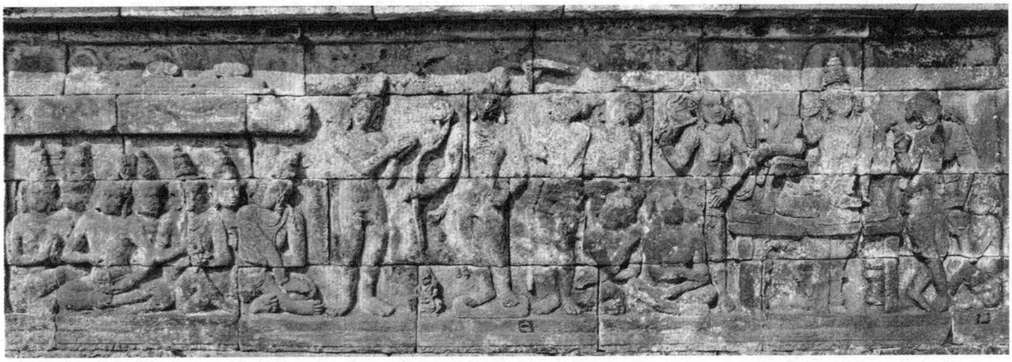

태자의 위대함을 칭송하는 장면(I. A. a. 47)

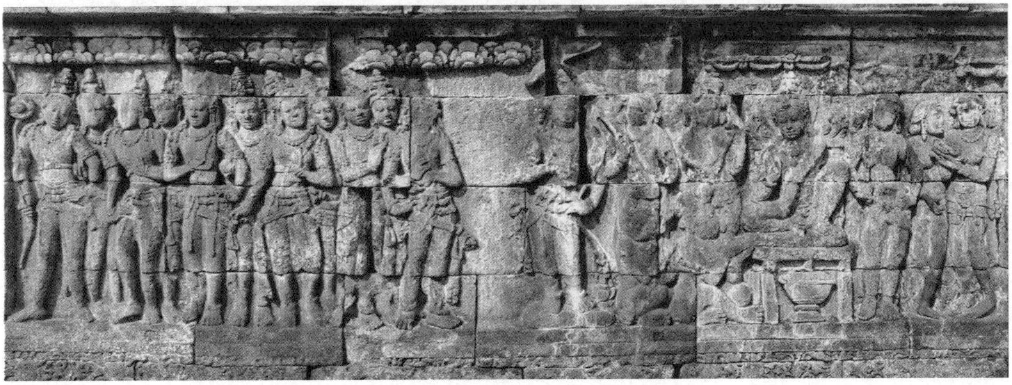

태자의 큰 지혜를 알리는 장면(I. A. a. 48)

화면 중앙에 서 있는 태자의 머리 위에 양산이 씌어 있다. 화면 왼쪽에 한 무리의 천인이 있고, 오른쪽 대좌 위에 단다파니가 앉아 있다. 단다파니가 과연 태자가 자신의 귀중한 딸의 배필로 어울리는 인물인지 시험하고 있다. 이 부조의 비정에도 이견이 있다.

I. A. a. 49. 태자가 활 솜씨를 보여주는 장면이다. 태자는 무예경기에서 많은 젊은이와 궁술 겨루기를 한다. 그때 태자는 7그루의 다라수야자나무를 단숨에 화살로 관통시킨다. 태자의 강한 힘을 보고 모두가 놀란다. 화면 중앙 오른쪽에 태자가 양산을 쓰고 있다. 화면 왼쪽에는 시합에 참가한 젊은이들이 다라수를 향해서 화살을 쏘고 있다. 화면 오른쪽에서 단다파니가 앉아서 시합을 지켜보고 있다. 단다파니는 태자의 활 솜씨에 감격하여 자신의 사랑하는 딸 야쇼다라와 태자의 결혼을 허락한다.

I. A. a. 50. 태자와 야쇼다라의 혼례식. 혼례를 한 야쇼다라(구이부인)가 태자에게 합장하여 경의를 표하는 장면이다. 화면 중앙에 야쇼다라가 앉아 있고 그 오른쪽 궁전 안에 태자가 앉아 있다.

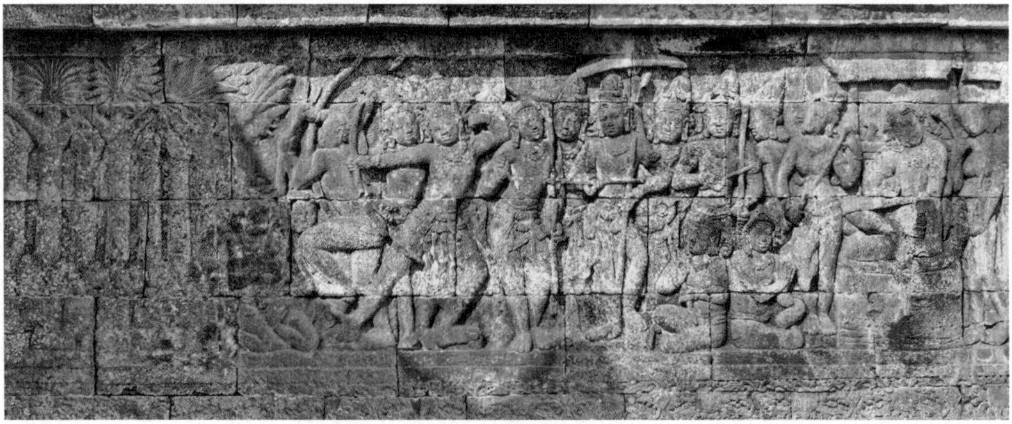

태자가 궁술의 위력을 보여주는 장면(I. A. a. 49)

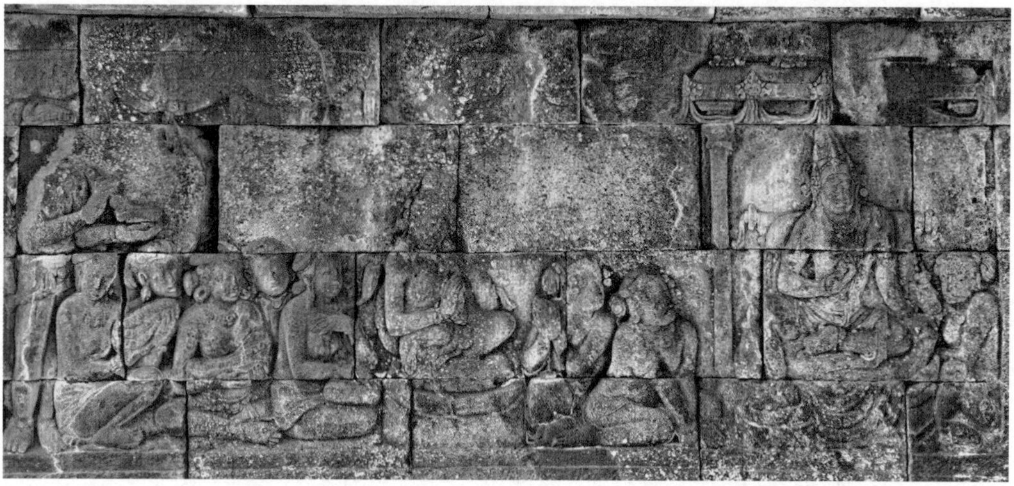

태자의 혼례 장면(I. A. a. 50)

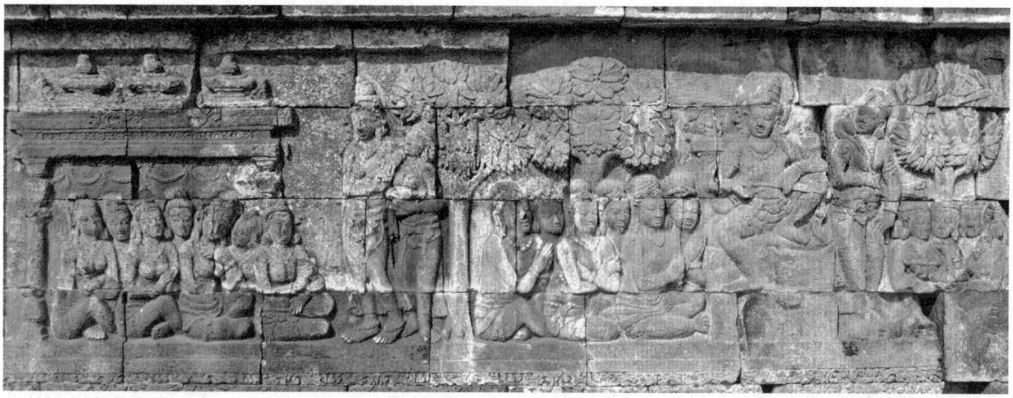

태자와 야쇼다라의 신혼 생활(I. A. a. 51)

I. A. a. 51. 태자와 야쇼다라의 신혼 생활을 그린 장면이다. 태자는 여전히 혼자 생각에 잠기는 것을 좋아했다. 그 때문에 야쇼다라는 어딘지 쓸쓸한 모습을 하고 있다. 화면 왼쪽은 궁녀들을 앉혀놓고 태자가 야쇼다라 태자비를 소개하고 있다. 화면 오른쪽에 태자가 앉아 있고 그 오른쪽 곁에서 야쇼다라가 태자를 바라보고 서 있다.

I. A. a. 52. 궁중에서 태자가 아름다운 음악을 즐기는 장면이다. 화면 오른쪽 궁전 안에서 태자가 오른쪽 다리를 왼쪽 무릎 위에 올려놓고 음악에 귀를 기울이고 있다. 태자 뒤에 악단이 곡을 연주하고 있다. 태자 바로 앞에 야쇼다라가 서 있다. 화면 중앙에 천계에서 내려온 5명의 천인이 음색을 바꾸어서 태자에게 출가를 권한다. 제13음악발오품에 나오는 장면이다.

I. A. a. 53. 밤중에 상념이 깊어가는 태자 곁에 천인이 내려와 출가를 권하는 장면이다. 화면 오른쪽 궁전 안에서 태자가 혼자 상념에 잠겨 있다. 그 오른쪽 옆에 3명의 궁녀가 졸고 있다. 화면 중앙의 구름 위에 5명의 천인이 구름을 타고 태자를 향해 내려오고 있다. 화면 오른쪽에 많은 병사가 태자를 지키고 있다.

I. A. a. 54. 정반왕이 태자의 출가를 막기 위해서 만든 3개의 별궁을 묘사하고 있다. 정반왕은 어느 날 밤 태자가 출가하는 꿈을 꾸고 태자가 출가할까 근심하게 된다. 그래서 왕은 태자가 세상사는 즐거움을 맛보게 하려고 '5욕'을 즐기게 하고자 한다. 3개의 별궁은 여름에는 시원한 궁전, 겨울에는 따뜻한 궁전, 그리고 덥지도 춥지도 않은 궁전이다. 각각의 궁전에 아름다운 궁녀가 태자를 시중들게 한다. 제14

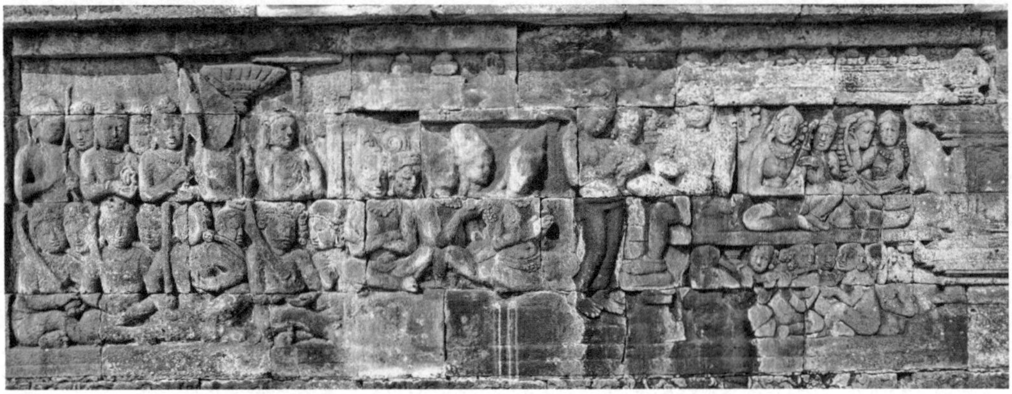

태자가 아름다운 음악을 듣는 장면(I. A. a. 52)

감몽품에 나오는 장면이다. 화면에는 경전의 이야기 그대로 3개의 별궁을 묘사하고 있다. 오른쪽 궁전 안에 태자가 앉아 있고, 그 양편에 아름다운 2명의 궁녀가 있다. 화면 왼쪽의 궁전 안에는 거울을 보고 화장하는 궁녀의 아름다운 모습이 보인다. 거울을 보고 화장하는 가장 오래된 미인도이다. 정반왕은 태자의 출가를 막으려고 노력한다.

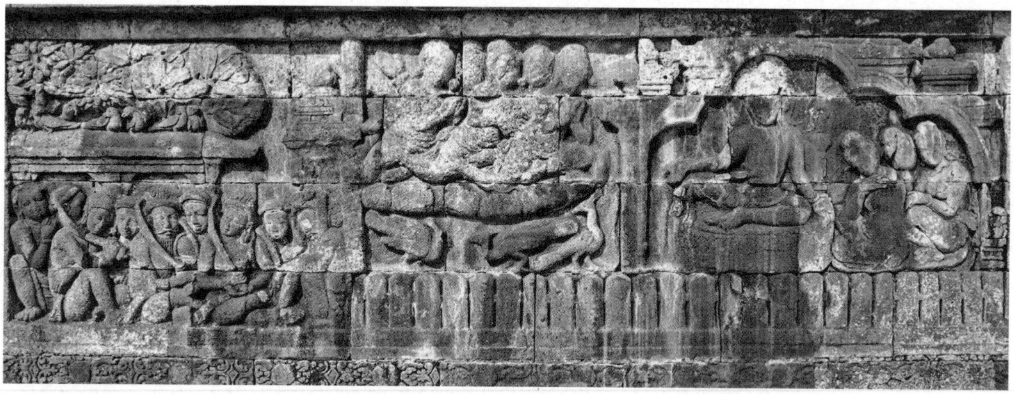

천인이 태자에게 출가를 권하는 장면(I. A. a. 53)

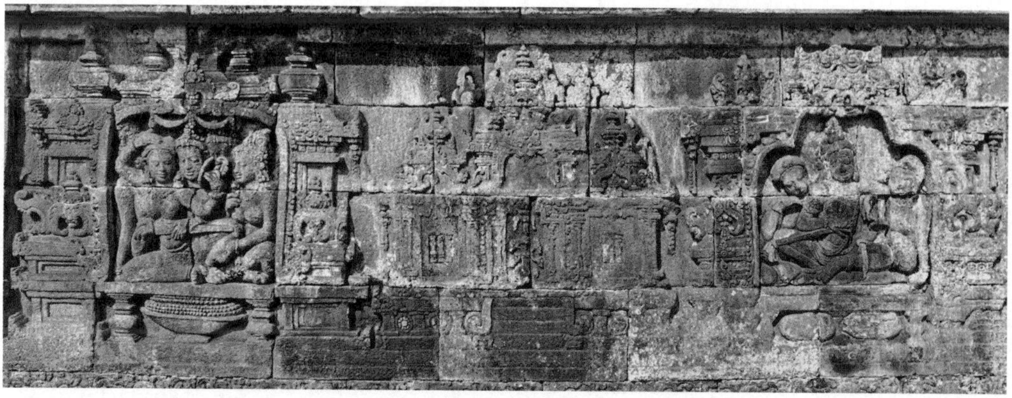

왕이 태자의 출가를 막기 위해서 만든 3개의 별궁(I. A. a. 54)

Ⅰ. A. a. 55. 성 주변에 병사들을 배치하여 태자의 출가를 막는 장면이다. 화면 오른쪽 궁전 안에 태자와 야쇼다라가 얼굴을 마주 보고 앉아 있다. 성문 왼쪽에 많은 병사가 성 밖으로 나가려고 하는 태자를 엄중하게 감시하고 있다. 병사 중에는 코끼리 등에 타고 성문을 감시하는 병사가 사실적으로 표현되어 있다.

Ⅰ. A. a. 56. 어느 날 태자가 성의 동문을 나가서 숲에 가는 도중에 노인을 만나는 장면이다. 이후에 태자가 출가에 인도되는 중요한 계기가 된다. 화면 중앙에 태자가 마차를 타고 있다. 마차의 주변에는 많은 신하가 태자를 경호하고 있다. 왼쪽에 여윈 모습으로 서 있는 노인이 있다. 이 늙어서 죽어가는 노인을 만난 태자가 사람이 늙는다는 고통을 깨닫게 된다. 제14감몽품에 나오는 내용이다.

Ⅰ. A. a. 57. 어느 날 태자가 성의 남문을 나가서 숲에 가는 도중에 병든 사람과 만나는 장면이다. 화면 중앙에 태자가 마차를 타고 있다. 화면 왼쪽에 병든 사람을 묘사하고 있다. 태자는 2번째 병자와의 만남에 의해서 사람이 늙고 병드는 고통을 번뇌한다.

Ⅰ. A. a. 58. 어느 날 태자가 성의 서문을 나가서 숲에 가는 도중에 죽은 사람을 만난다. 화면 오른쪽에 마차를 타고 있는 태자가 있고 그 왼쪽에 죽은 사람을

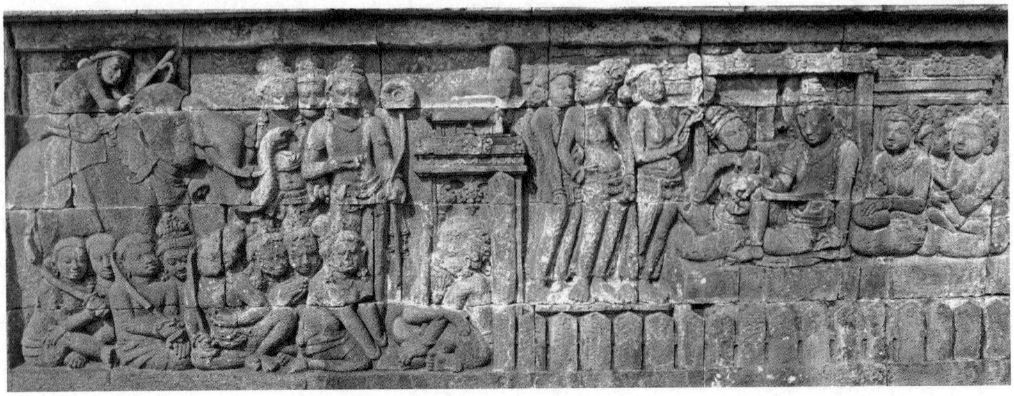

병사가 태자를 감시하는 장면(Ⅰ. A. a. 55)

묘사하고 있다. 이 죽은 사람은 태자를 출가에 인도하는 중요한 계기가 되는 3번째의 운명적인 만남이다. 경전에서는 태자와 마부가 대화를 주고받은 문답 형식으로 적혀 있는데 마부인 찬나카가 "모든 명 있는 사람은 누구나 죽음에 이릅니다."라고 답한다. 태자는 사람이 늙고, 병들고, 죽는 '3고'를 깨달아 출가를 결심한다.

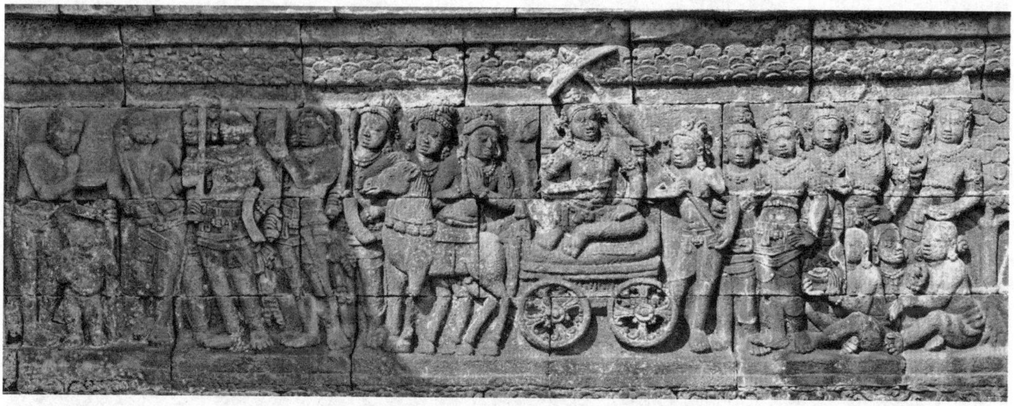

태자가 노인을 만나는 장면(I. A. a. 56)

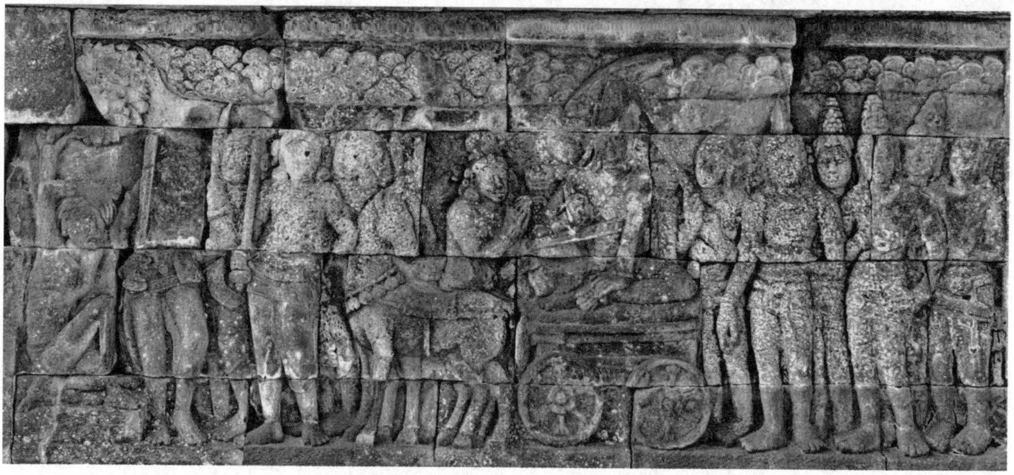

태자가 병든 사람과 만나는 장면(I. A. a. 57)

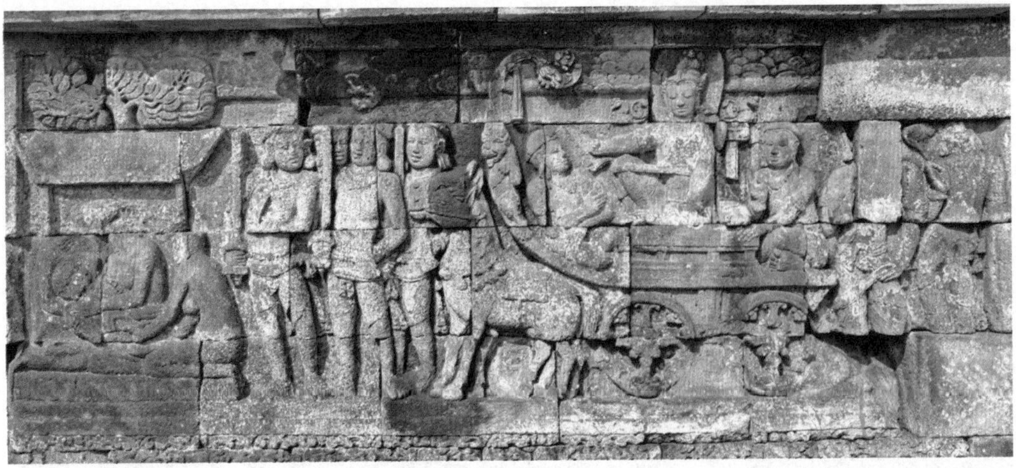

태자가 죽은 사람을 만나는 장면(I. A. a. 58)

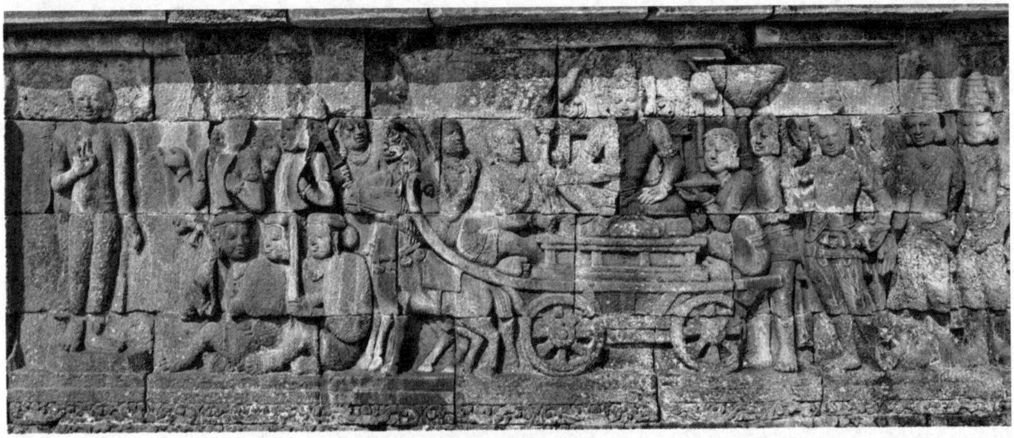

태자가 사문을 만나는 장면(I. A. a. 59)

I. A. a. 59. 어느 날 태자가 성의 북문을 나가 숲에 가는 도중에 사문출가 수행자과 만나는 장면이다. 태자가 출가하게 되는 4번째의 인물과 만나는 운명적인 장면이다. 화면 오른쪽 마차 위에 태자가 타고 있다. 화면 왼쪽 끝에 출가 수행자 사문이

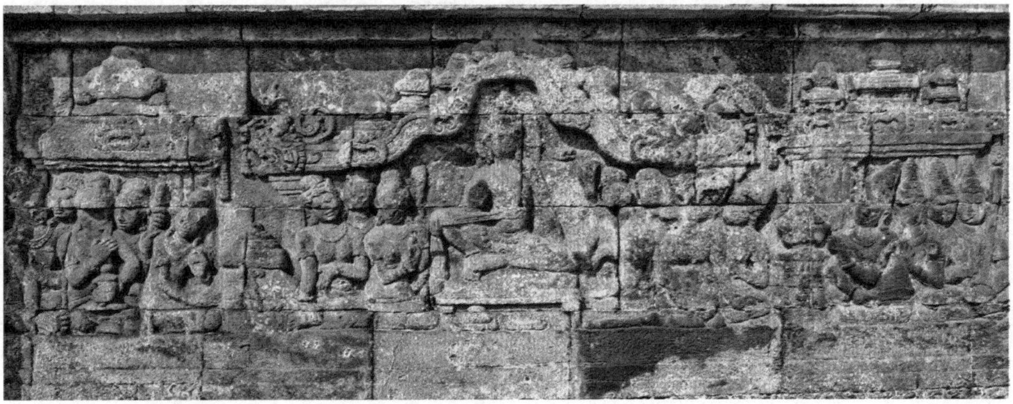

태자가 야쇼다라를 위로하는 장면(I. A. a. 60)

서 있다. 이 사문과의 만남에서 태자는 출가 수행자의 세계에 깊은 관심을 가진다.

태자가 동서남북의 성문을 나가 네 사람과의 운명적인 만남을 사문유관이라고 한다. 속세 중생의 생로병사 무상함을 깨달아 태자가 출가를 결심한다.

I. A. a. 60. 궁전에서 태자가 야쇼다라를 위로하는 장면이다. 어느 날 밤 야쇼다라는 불길한 꿈을 꾼다. 태자가 가까운 장래에 성을 나가서 출가한다는 전조가 태자비의 꿈에 나타난다. 이 불길한 꿈을 꾼 태자비가 태자에게 가서 그 꿈에 관해서 이야기하는 장면이다. 화면 중앙 궁전 안에 태자를 중심으로 야쇼다라와 6명의 궁녀가 둘러싸고 앉아 있다.

06

서면 북쪽 부조 I. A. a. 61~75

I. A. a. 61. 밤중에 태자가 정반왕을 찾아가 출가를 청원하는 장면이다. 태자는 아버지에게 알리지 않고 출가하는 것은 법과 가르침에 어긋나고 세속의 윤리에도 벗어난다고 생각하여 밤늦은 시간에 부왕을 찾아간다. 태자가 생로병사에서 벗어나 출가하여 일체중생을 번뇌로부터 구하겠다며 부왕을 설득한다. 태자는 출가 이유를 아버지에게 전하지만 부왕은 태자의 출가를 완강하게 반대한다. 화면 중앙에 정반왕오른쪽과 태자가 마주하여 앉아 있다. 깊은 밤중의 대면이라는 것을 조각

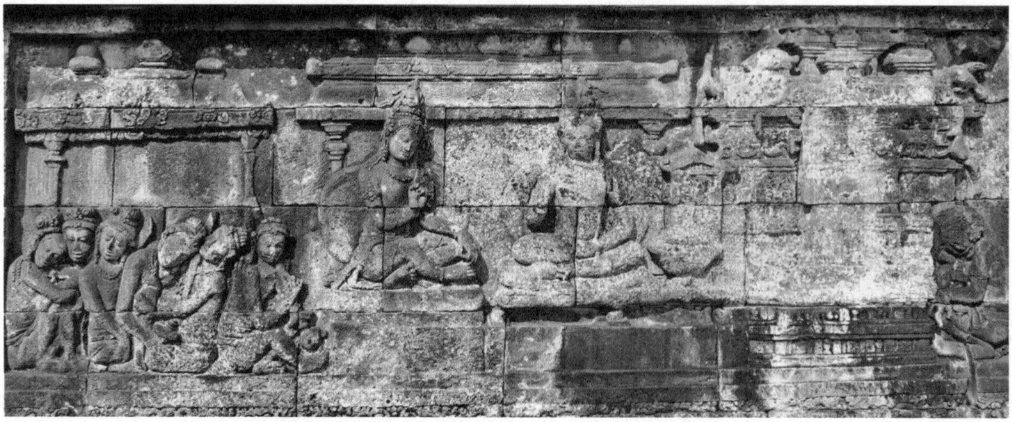

태자가 아버지에게 출가를 청원하는 장면(I. A. a. 61)

가가 보는 사람에게 알려주기 위해서 화면 왼쪽에 졸고 있는 신하의 모습을 묘사하고 있다. 제15출가품에 나오는 내용이다.

I. A. a. 62. 태자의 출가를 막고자 주변에 많은 궁녀와 병사를 배치하여 감시하는 장면이다. 정반왕은 태자가 왕위를 버리고 출가하게 되면 왕국이 혼란해질 것을 걱정하여 성 안팎에 파수꾼을 배치한다. 화면 오른쪽 궁전 안에 태자가 6명의

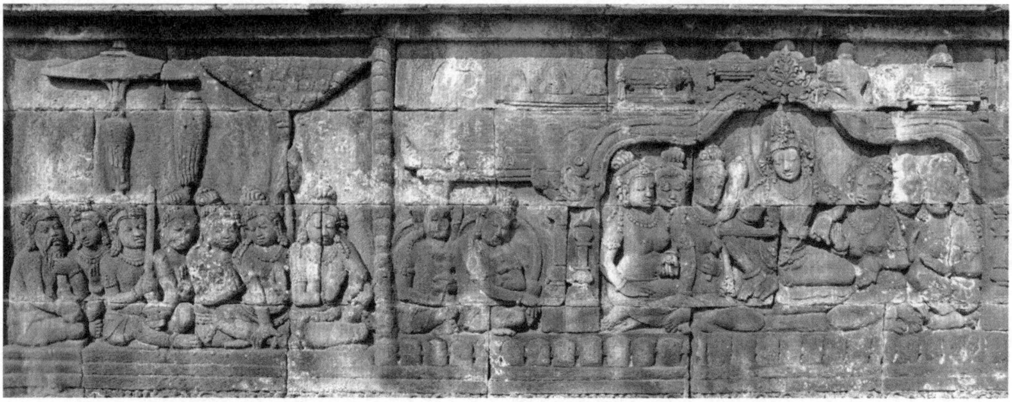

태자의 출가를 막고자 감시하는 장면(I. A. a. 62)

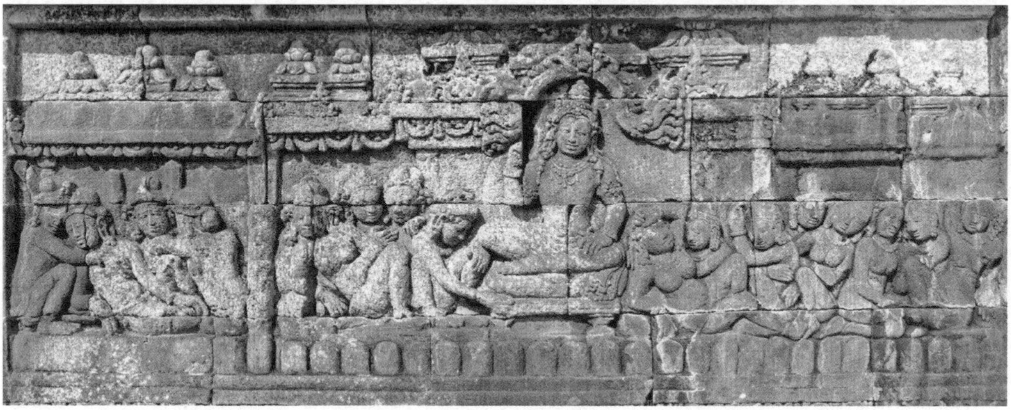

태자가 궁녀들의 추태를 보고 부귀영화의 무상함을 깨닫는 장면(I. A. a. 63)

궁녀에게 둘러싸여 있다. 왼쪽에 많은 병사가 태자의 출성을 감시하고 있다.

I. A. a. 63. 밤중에 궁녀에게 둘러싸인 태자를 나타낸다. 태자를 감시하던 궁녀들은 졸음이 쏟아져 추한 모습으로 잠들어 눕는다. 태자는 잠든 궁녀들의 부정不淨과 추태를 보고 여색과 부귀영화의 무상함을 깨닫는다. 드디어 태자가 출가할 때가 왔다.

I. A. a. 64. 태자가 성문에서 마부 찬나카와 애마 칸타카를 찾고 있다. 성을 나가 출가하고자 길을 떠나는 장면이다. 화면 오른쪽에 성과 궁전이 있다. 화면 중앙에 태자가 서 있고, 그 발밑에서 무릎을 꿇고 합장하는 것이 마부 찬나카이고 그 오른쪽에 애마인 칸타카가 있다. 말 왼쪽에 서 있는 4명의 천인이 태자의 출가를 경하하기 위해 기다리고 있다. 태자는 성을 나가 마부 찬나카에게 '5욕'에 의한 고통에서 벗어날 것을 설한다. 태자는 사문유출의 노인, 병자, 죽은 자, 사문과의 만남에 의해서 출가를 결심한다. 더욱이 태자는 마부 찬나카에게 '5욕'5근=눈으로 보는 것, 혀로 맛보는 것, 코로 냄새를 맡아서 느끼는 것, 귀로 들어서 느끼는 것, 몸으로 느끼는 것의 무상함을 설하며 출가 이유를 전한다.

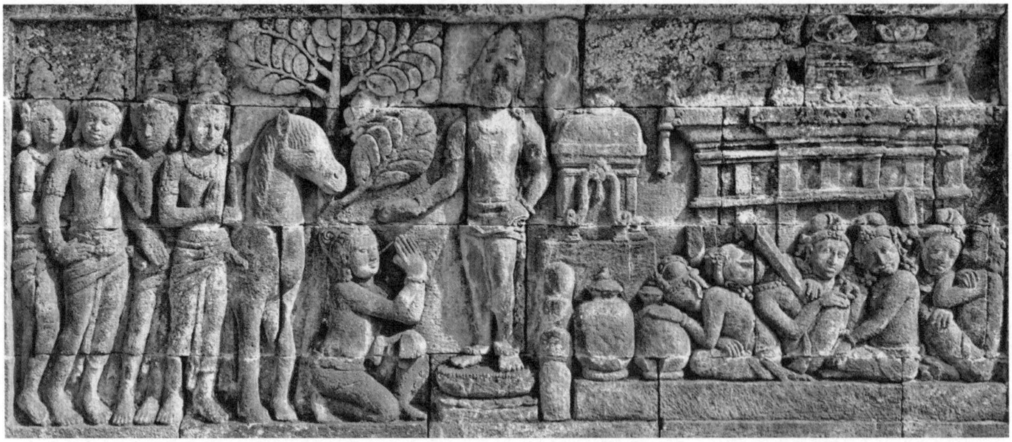

태자가 성을 나가려고 하는 장면(I. A. a. 64)

I. A. a. 65. 태자가 애마 칸타카를 타고 하늘을 날아서 성을 떠나는 장면이다. 태자 출성의 극적인 광경으로 보로부두르의 불전도 가운데 가장 잘 알려진 장면이다. 화면 왼쪽에 말을 타고 있는 태자의 모습이 보이고, 애마 칸타카의 발밑에는 연꽃이 떠받치고 있다. 이 4송이의 연꽃을 떠받치고 있는 것이 사천왕四天王이다. 재미있는 것은 마부 찬나카가 말꼬리에 매달려서 태자를 수행하는 광경이다. 또 말 앞에는 양산을 받치고 있는 제석천帝釋天과 범천梵天이 보배의 길을 열고 있다. 말 뒤에는 많은 천인이 비행하는 모습으로 뒤따라가고 있다.

고타마 싯다르타 태자의 출가 이유는 태자가 성을 나가서 노인, 병자, 죽은 자, 수행자를 만나는 장면으로 거슬러 올라간다. '사문출유'의 경전에 나오는 내용이 부조 I. A. a. 56, I. A. a. 57, I. A. a. 58, I. A. a. 59에 연속으로 새겨져 있다. 이 네 면의 부조가 태자의 출가 이유를 밝히고 있다. 애마 칸타카를 타고 태자가 성을 나가는 부조 I. A. a. 65는 가장 극적인 장면이기 때문에 조각가가 정성을 들여서 조각한 것을 알 수 있다.

I. A. a. 66. 태자가 마부 찬나카와 애마 칸타카에게 이별을 고하는 장면이다. 마이네야 왕국에 도착한 태자는 마부 찬나카에게 아버지 정반왕, 양모인 마하프라

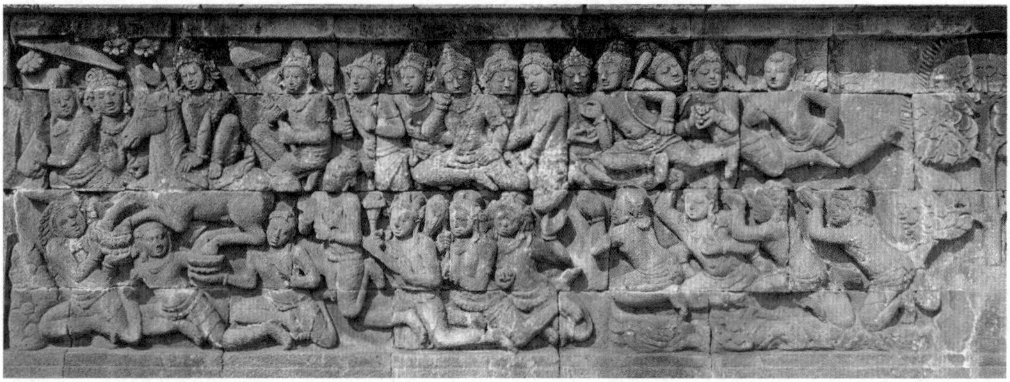

태자의 출성 장면(I. A. a. 65)

자파티, 아내인 야쇼다라에게 각각 작별 인사를 전한다. 찬나카는 머리를 숙여 태자의 발에 입을 맞추고 이별을 슬퍼한다. 화면 중앙 연꽃 위에 태자가 서 있다. 그 왼쪽에서 검을 가지고 무릎을 꿇고 있는 것이 마부 찬나카이다. 그 왼쪽에 찬나카가 칸타카를 데리고 떠나가는 장면이다. 화면 오른쪽 반에는 태자를 수행해온 천인이 늘어서 있다.

I. A. a. 67. 태자가 출가하기 위해서 삭발하는 장면이다. 화면 중앙에 서 있는 것이 태자이다. 그 오른쪽에 마부 찬나카가 꿇어앉아 태자가 벗은 보관을 오른손에 잡고, 왼손은 검집을 쥐고 있다. 연꽃 위에 서 있는 태자는 당당한 모습으로 자신의 긴 머리를 칼로 자르고 있다. 그 좌측 밑에는 제석천이 앉아서 양손으로 큰 접시를 받쳐 들고 있다. 태자의 머리카락은 접시 안에 넣어서 제석천이 천계까지 가져가 공양을 드린다.

I. A. a. 68. 보살태자이 천인 정거천淨居天에게 법의를 받는 장면이다. 지금까지 태자가 입고 있었던 옷은 화려한 비단옷으로 출가 수행자에게 어울리지 않은 복장이다. 그래서 천계에서 정거천이 내려와 사냥꾼으로 변신하여 태자에게 법의를 헌상한다. 화면 오른쪽 연꽃 위에 태자가 서 있고 그 바로 왼쪽에 정거천이 서 있다.

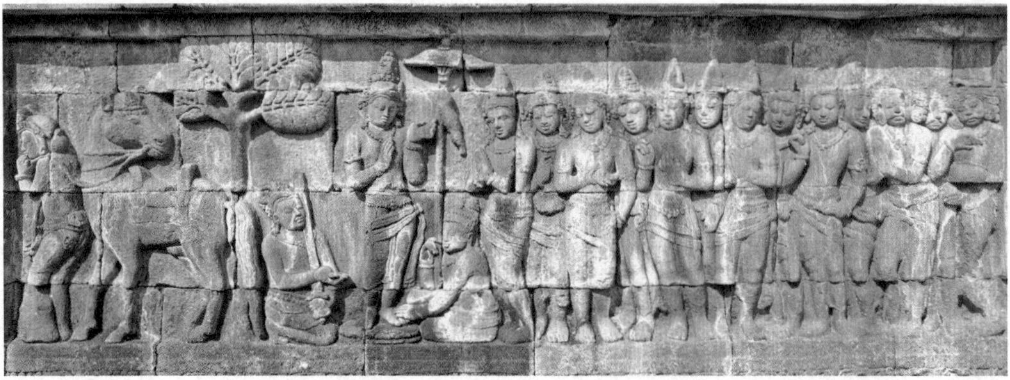

태자가 마부와 애마와 이별하는 장면(I. A. a. 66)

I. A. a. 69. 법의를 입은 보살의 모습이다. 보살이 법의를 입고 있는 모습을 많은 천인이 천계에서 내려와 경하하고 있다. 화면 오른쪽에 지금 막 출가한 보살이 연꽃 위에 서 있다. 그 왼쪽에는 많은 천인이 합장하며 태자의 출가를 찬양하고 있다.

I. A. a. 70. 보살이 수행자 파드마를 방문하는 장면이다. 출가한 보살은 이제부터 수행에 들어가 다양한 성자를 방문하여 깨달음에 이르는 길에 관하여 문답

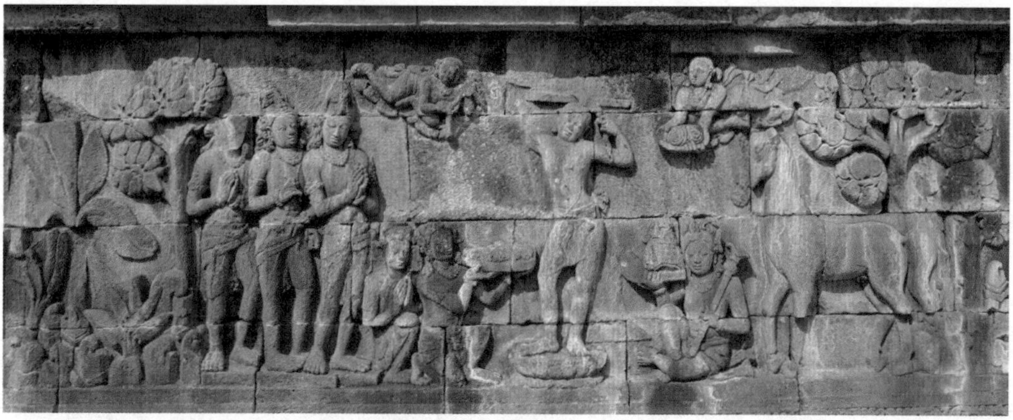

태자가 삭발하는 장면(I. A. a. 67)

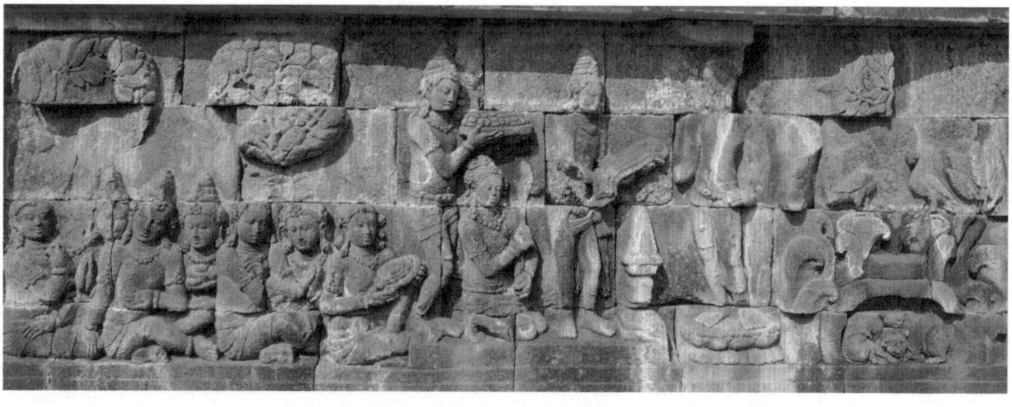

보살이 천인에게 법의를 받는 장면(I. A. a. 68)

한다. 화면 오른쪽 끝에 서 있는 것이 태자이고, 그 왼쪽에 서 있는 것이 브라만의 부인 파드마이다. 그 뒤에 9명의 부인이 큰 3그루의 나무 밑에 앉아서 수행하고 있다. 제16빈바사라왕권수속리품에 나오는 장면이다.

I. A. a. 71. 보살이 빈디야 산에 사는 아라다 카라마Arada Kalama 선인을 방문하는 장면이다. 화면 오른쪽 끝에 보살이 서 있고 그 왼쪽에 수염을 기른 아라다 카라마 선인이 있다. 이 선인에게는 당시 300명의 제자가 있었다. 화면 왼쪽에 5명의

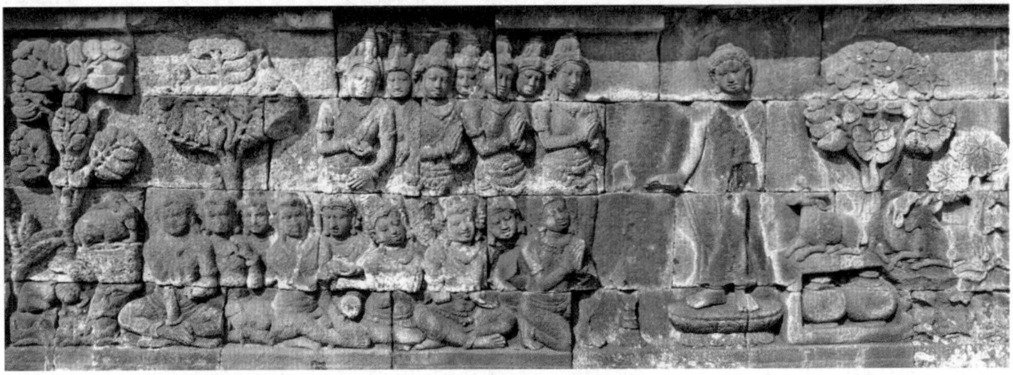

법의를 입은 보살(I. A. a. 69)

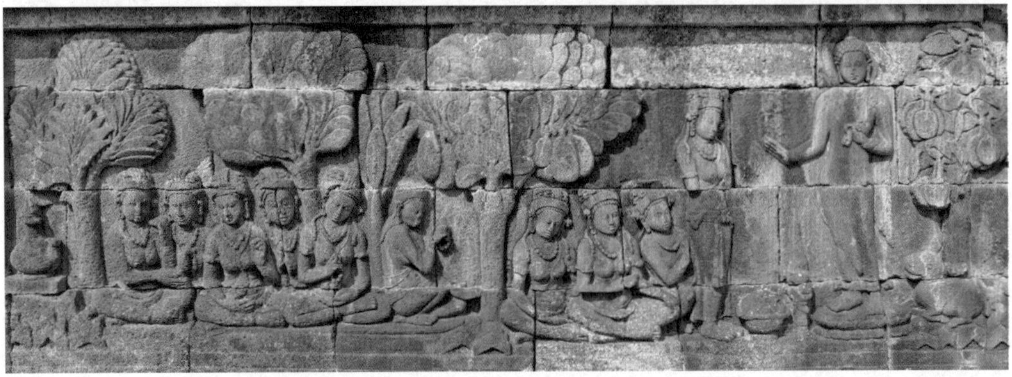

보살이 수행자 파드마를 방문하는 장면(I. A. a. 70)

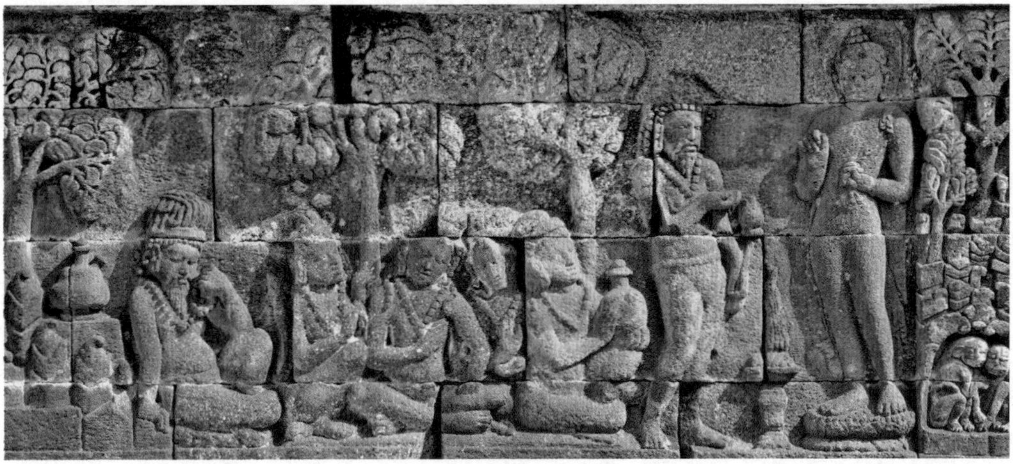

보살이 아라다 카라마 선인을 방문하는 장면(I. A. a. 71)

브라만이 새겨져 있다.

I. A. a. 72. 보살과 아라다 카라마의 문답 장면이다. 보살이 오른쪽 끝에서 결가부좌하고 앉아 있고, 그 앞에 아라다 카라마 선인이 앉아 있다. 보살이 선인에게 선정禪定의 가르침을 받는다. 선인은 긴 턱수염을 기르고 있다. 선인의 배후에는 6명의 제자가 앉아 있다. 전체 배경은 숲 속 풍경을 새겨놓고 있다.

I. A. a. 73. 보살이 마가다 왕국의 수도 왕사 성王舍城에서 빔비사라Bimbisara 왕을 만나는 장면이다. 마가다 왕국의 빔비사라 왕은 신하를 보내서 보살의 소재를 찾는다. 신하들은 보살이 영취산靈鷲山의 바위굴에서 고행하고 있는 것을 찾아낸다. 화면은 왕사 성 내의 장면으로 보살이 오른쪽 연화좌 위에 서 있고 그 바로 좌측 밑에서 왕의 사신이 양손을 지면에 대고 보살을 맞이하고 있다. 그 왼쪽에서 빔비사라 왕과 왕비가 보살을 공경하여 맞이하고 있다. 왕은 보살에게 줄 선물을 양손에 들고 있다. 화면 오른쪽에 왕사 성의 성문을 묘사하고 있다.

I. A. a. 74. 빔비사라 왕이 보살이 수행하는 영취산의 바위굴을 방문한 장면

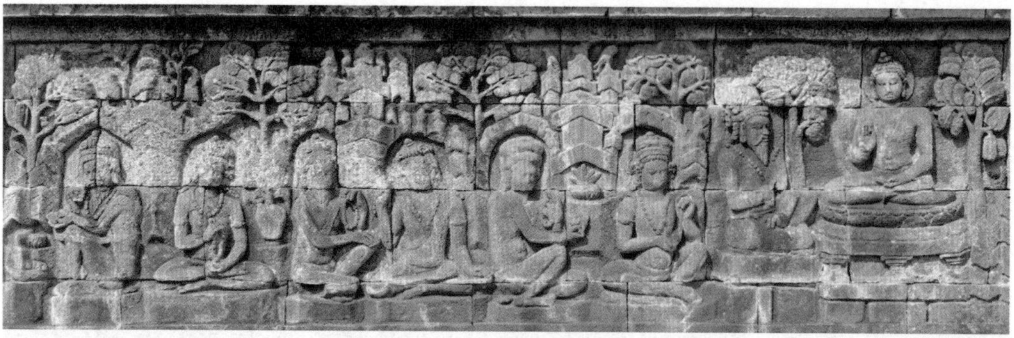

보살과 아라다 카라마의 문답 장면(I. A. a. 72)

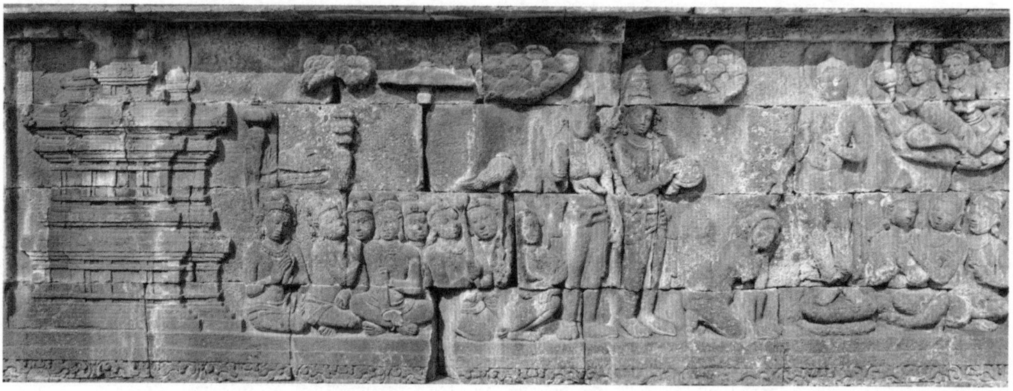

보살이 빔비사라 왕을 만나는 장면(I. A. a. 73)

이다. 왼쪽 끝에 사슴, 원숭이, 새 등의 귀여운 동물이 있는 산속의 광경을 묘사하고 있다. 화면 중앙에 바위굴 안에서 결가부좌한 보살이 있고 그 오른쪽에서 빔비사라 왕이 합장하며 마주 앉아 있다. 빔비사라 왕은 보살에게 출가 이유를 묻는다.

보살은 빔비사라 왕에게 "지혜 있는 사람은 항상 청정하게 하여 '5욕'五慾의 근본이 되는 '5근'五根; 눈, 귀, 코, 혓바닥, 몸의 다섯 작용을 억제한다. 그리고 번뇌를 쫓아버리는 성스러운 길을 깨닫게 된다. 이 성도를 '지족'知足이라고 부른다."라고 하여 '5욕'으로

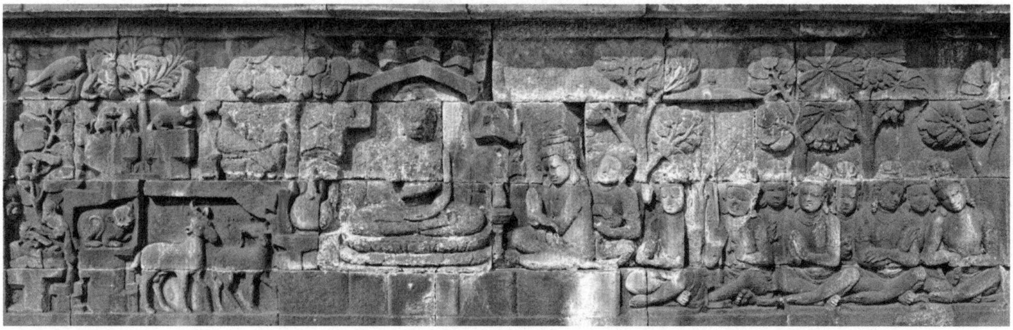

빔비사라 왕이 수행 중인 태자를 찾아뵙는 장면(I. A. a. 74)

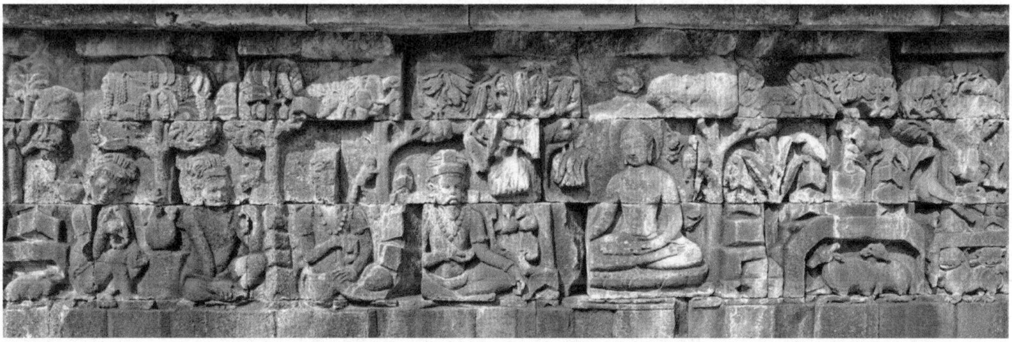

보살이 루드라카 라마푸트라 선인과 문답하는 장면(I. A. a. 75)

부터의 해탈을 설하고 있다. 제16빈바사라왕권수속라품에 나오는 이야기로 '지족'(충분함을 알다)은 석가의 위대한 가르침의 하나이다.

I. A. a. 75. 보살이 루드라카 라마푸트라Rudraka Ramaputra 선인을 방문하여 문답하는 장면이다. 마가다 왕국의 왕사 성 변방 산속에 사는 루드라카 선인에게는 700명이나 되는 제자가 있었다. 화면 중앙에 보살오른쪽과 수염을 기른 루드라카왼쪽가 마주 앉아 있다. 루드라카 선인 뒤에 3명의 브라만이 있다. 보살은 이 선인과 함께 산속에서 수행한다. 제17고행품에 나오는 장면이다.

07

북면 서쪽 부조 I. A. a. 76~90

I. A. a. 76. 보살이 나이란자나尼蓮禪河, Nairanjana 강 근처의 산속 동굴 안에서 고행하는 장면이다. 루드라카 선인의 제자 5명이 보살을 따라와 같이 고행한다. 화면 왼쪽에 태자가 명상하고 있다. 오른쪽 끝에 가야 산伽倻山기슭의 나이란자나 강을 묘사하고 있다. 중앙에 보살을 따라와서 수행하는 5명의 비구가 새겨져 있다.

I. A. a. 77. 가야산 나이란자나 강 근처에서 보살이 5명의 비구와 함께 6년간 고행하는 장면이다. 산속에서 고행 중인 보살은 화면 왼쪽에 결가부좌하고, 그 오른쪽 끝에는 나이란자나 강이 흐르고 있다. 그 사이에 5명의 비구가 보살을 향하

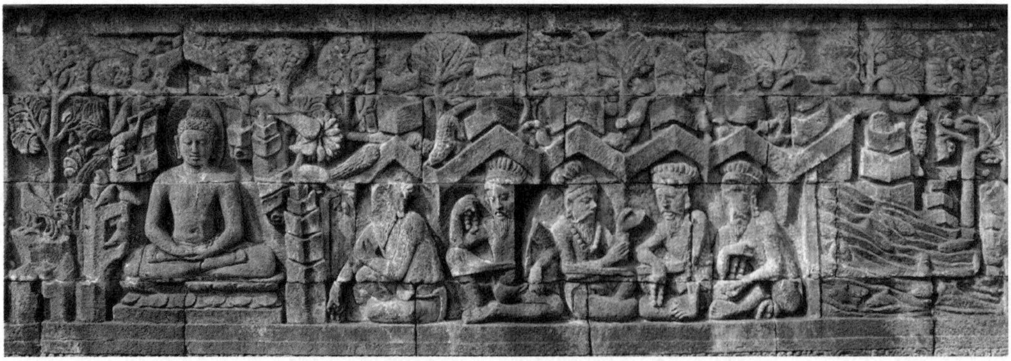

보살과 5브라만이 고행하는 장면(I. A. a. 76)

여 앉아 있다. 맨 앞의 비구가 보살에게 가르침을 청하고 있다. 보살은 여기에서 6년간 수행에 정진한다. 이 부조는 I. A. a. 76과 거의 같은 구도와 내용이다. 6년이라는 긴 시간을 보로부두르 조각가는 같은 구도의 2면을 사용해서 표현하고 있다. 하지만 이러한 연속 부조의 제작 의도는 루드라카 선인의 다섯 제자가 보살을 따라와 같이 고행한 것을 강조하여 석가를 찬양하는 장면이다.

I. A. a. 78. 고행 중인 보살을 많은 천녀가 찾아와 경하하는 장면이다. 앞 장면과 같이 화면 왼쪽에 보살이 앉아 있다. 태자 오른쪽 밑에서 무릎을 꿇고 합장하

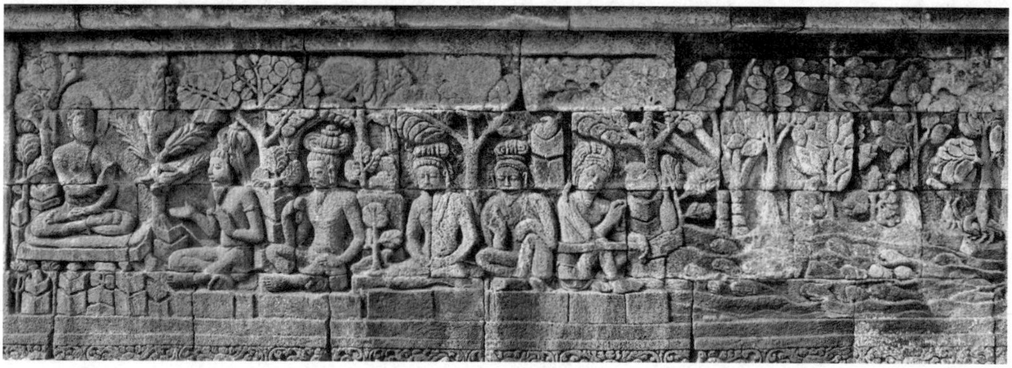

보살이 5명의 비구와 함께 6년간 고행하는 장면(I. A. a. 77)

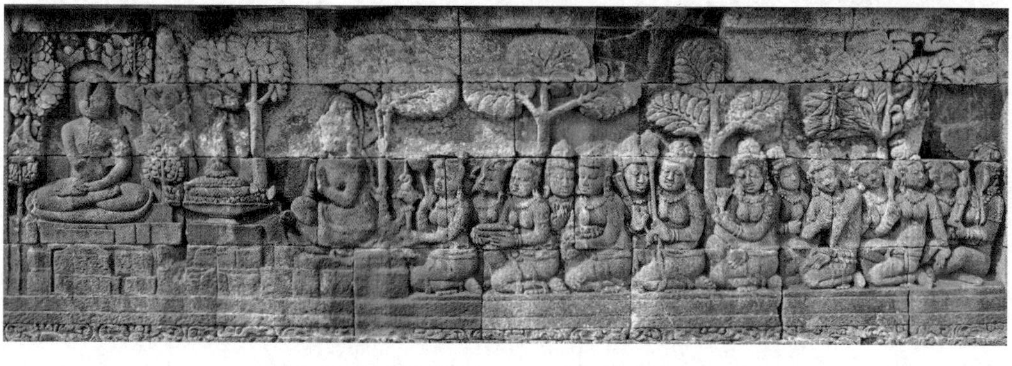

고행 중인 보살을 천녀가 찾아와 경하하는 장면(I. A. a. 78)

는 여성을 천계에서 내려온 보살의 생모 마야부인으로 보는 견해가 있다. 마야부인은 보살이 오랜 고행으로 바싹 말라 가는 모습이 깊이 걱정되어 천계에서 내려왔다고 한다. 그러나 이러한 이야기는 『방광대장엄경』의 기록에서 찾아볼 수 없는 내용이다. 보살 옆에서 합장하는 여성을 마야부인으로 해석하는 것은 문제가 있다. 이

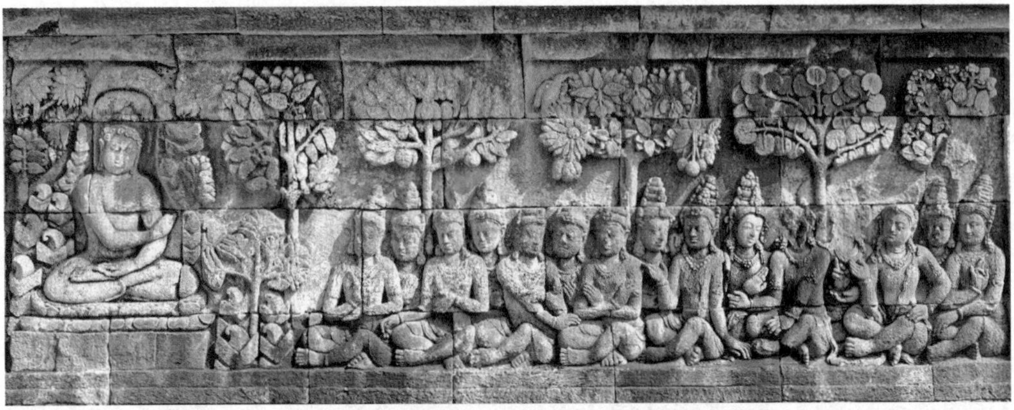

천인이 보살의 수행을 지켜보는 장면(I. A. a. 79)

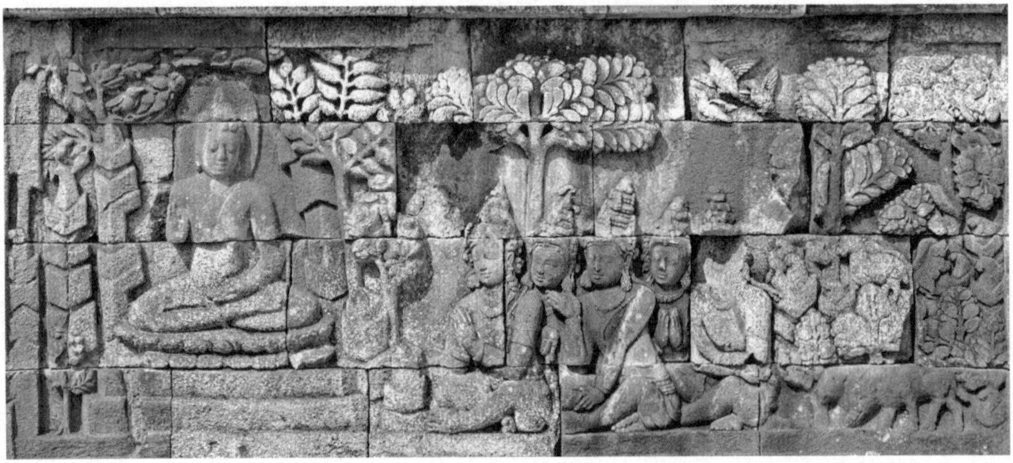

천인이 고행 중인 보살에게 경의를 표하는 장면(I. A. a. 80)

부조의 주인공은 고행 중인 보살이고, 그다음으로 중요한 인물이 무릎을 꿇고 앉아서 합장하는 여성인 것은 부정할 수 없다. 보살의 머리 부분과 양손이 결손 했고, 합장하고 있는 여성의 얼굴도 마멸이 심하다.

Ⅰ. A. a. 79. 많은 천인이 방문하여 보살의 수행을 지켜보는 장면이다. 화면 왼쪽에 보살이 앉아 있고, 그 오른쪽 밑에 많은 천인이 앉아 있다. Ⅰ. A. a. 78과 유사한 구도가 되풀이되고 있다. Ⅰ. A. a. 79와 Ⅰ. A. a. 78에는 명백한 상이점도 있다. 예를 들어 Ⅰ. A. a. 79에는 보살 옆에서 합장하는 여성이 없고, Ⅰ. A. a. 78의 천인은 전원이 풍만한 가슴을 가진 여성인 데 비해서 Ⅰ. A. a. 79의 천인은 전원이 남자이다. 왜 남녀의 천인을 연속으로 따로 표현했는지 알 수 없다.

Ⅰ. A. a. 80. 천인이 고행 중인 보살에게 경의를 표하는 장면이다. 왼쪽에 시무외인을 한 보살과 그 오른쪽 밑에서 합장하는 5명의 천인이 큼지막하게 새겨져 있다. 다른 화면과 비교하면 인물상을 크게 확대하여 조각하고 있다. 이 장면은 '보살에게 경의를 나타내는 천인'이라고 해석하는데 그러나 이러한 이야기는 『방광대장엄경』의 기록에서 찾아볼 수 없다. 부조 해석에 문제가 있다.

Ⅰ. A. a. 81. 우루빌바Uruvilva 마을 촌장의 딸 수자타가 보살에게 우유죽을 보시하는 장면이다. 오랫동안 단식 고행 결과 보살은 완전히 바짝 말라있을 터인데 보로부두르의 조각가는 보살을 여전히 통통하고 아름답게 새겨놓고 있다. 화면 오른쪽 끝에 보살이 서 있고, 그 바로 왼쪽에서 수자타가 양손으로 우유죽이 들어 있는 발우를 들고 서 있다. 화면 왼쪽의 아름다운 석조 사원 옆에서 한 여인이 수자타의 보시 광경을 바라보고 있다. 제18왕니연하품에 나오는 장면이다.

화면 오른쪽에는 보살 뒤에서 야자열매를 따는 사람이 있고, 원형 관 안에 불전의 수호신인 사자(싱하)가 예쁘게 새겨져 있다. 화면 왼쪽에는 카라·마카라 장식을 한 불탑과 사원이 상세하게 새겨져 있다. 보로부두르의 부조는 그저 불교 경전 내용을 충실히 따라서 조각한 게 아니라 당시 자바의 풍경과 자바인의 생활 풍습

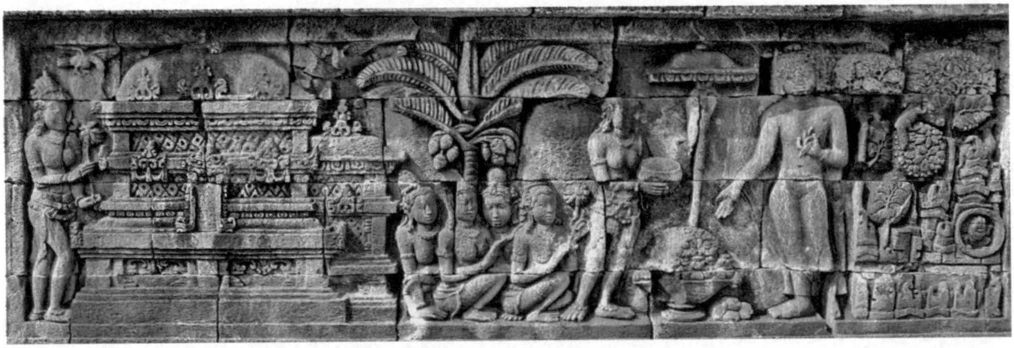

수자타가 보살에게 우유죽을 보시하는 장면(I. A. a. 81)

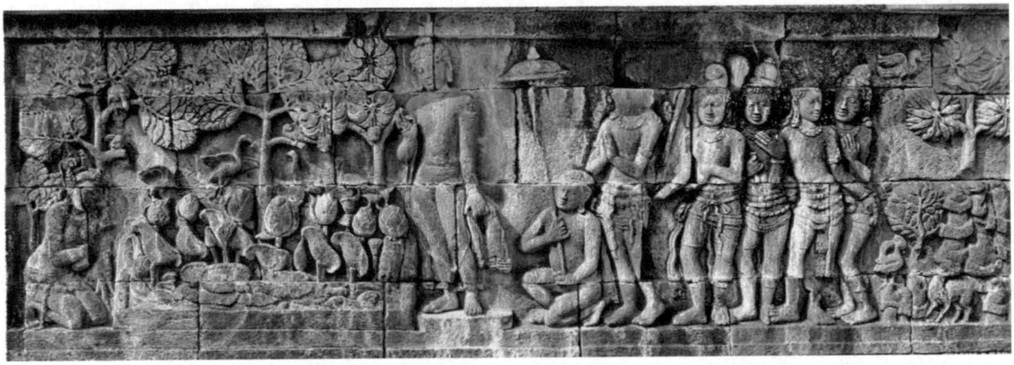

보살이 헌 옷을 세탁하려는 장면(I. A. a. 82)

을 요소요소에 새겨놓고 있다.

I. A. a. 82. 보살이 주워온 헌 옷을 연못에서 세탁하려는 장면이다. 6년이라는 긴 수행 동안 보살의 옷은 완전히 너덜너덜해졌다. 그래서 보살이 시체 버리는 장소에 가서 시체를 덮고 있었던 옷을 걸쳐 입는다. 화면은 그 옷을 세탁하고자 연못에 와서 보살이 서 있는 장면이다. 화면 중앙에 보살이 서 있고 그 왼손에 주워온 옷이 쥐어져 있다. 보살 뒤에 양산을 받치고 있는 사람과 5명의 천인이 따르고 있다. 연

꽃이 활짝 핀 연못 건너편에 아름다운 여인이 보살을 향하여 무릎을 꿇고 두 손 모아 머리 숙여 합장하고 있다. 모든 시선이 보살에게 의도적으로 집중하도록 연출한 극적인 장면이다.

I. A. a. 83. 천계에서 내려온 무구광비마라푸라바 천인이 보살에게 어울리는 적갈색 가사를 드리는 장면이다. 시체 버리는 장소에서 주워온 옷을 세탁한 후, 보살은 연못 안에 들어가 목욕을 한다. 보살이 목욕을 끝내고 연못에서 올라오자 무구광 천인이 보살에게 새로운 가사를 드린다. 화면 오른쪽에 목욕을 끝낸 보살이 서 있고, 왼쪽 맨 앞에서 수건을 들고 서 있는 것이 무구광이다. 그 뒤에 2명의 천인이 보살의 가사를 들고 서 있다. 전 부조와 연속하여 제18왕니연하품에 나오는 장면이다.

I. A. a. 84. 수자타가 보살을 집으로 초대하여 맛있는 우유죽을 보시하는 장면이다. 수자타의 우유죽 보시는 I. A. a. 81에도 새겨져 있는 장면으로 경전에서 나오는 내용과 같이 보로부두르의 부조에는 고행 승에 대한 보시를 강조하고 있다. 화면 왼쪽에 보살이 결가부좌하고 그 밑에 보살을 맞이하기 위해서 피워 놓은 큰 향로가 있다. 향로 옆에 수자타가 우유죽이 들어 있는 큰 발우를 두 손으로 공손히 받쳐 들고 다소곳이 서 있다. 화면 오른쪽에 조리 장면이 사실적으로 새겨져 있다. 부엌 오

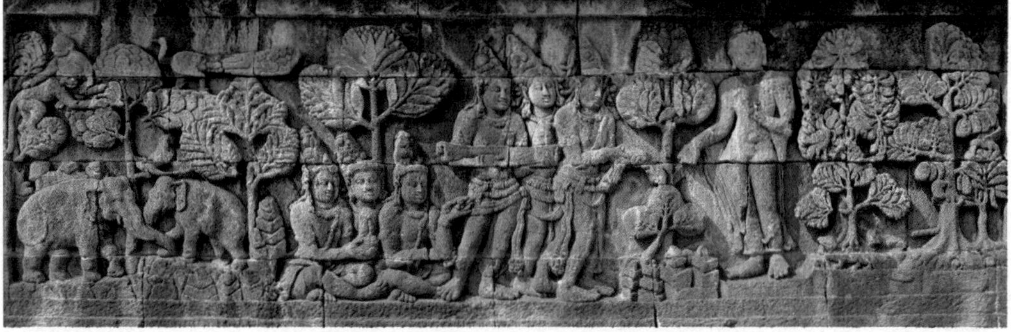

천계의 정거천이 보살에게 가사를 드리는 장면(I. A. a. 83)

른쪽 끝에 4개의 발을 가진 부뚜막화덕 위에 큰 가마솥을 걸어놓고 5명의 여자가 보살이 드실 우유죽 만들기에 열심이다. 한 여성이 큰 주걱을 들고 솥 안을 살피고 그 옆의 다른 1명이 대나무 통을 들고 입김을 불어 화력을 돋우려 하고 있다. 이러한 풍경은 지금도 자바의 시골 마을에서 볼 수 있다. 수자타의 뒤에 6명의 여자가 나란히 무릎을 꿇고 보살을 향해 앉아 있다. 그 위에 5개의 깃발이 바람에 나부끼고 있다.

I. A. a. 85. 보살이 우유죽이 든 발우를 손에 들고 나이란자나 강에 가는 장면이다. 우유죽을 넣은 그릇은 황금으로 만든 발우이다. 보살은 이 비싼 발우를 수자타에게 돌려주려고 했지만 수자타가 돌려받기를 거절한다. 어쩔 수 없이 보살은 우유죽이 들어 있는 황금 발우를 가지고 나이란자나 강에 간다. 화면 중앙에 황금 발우를 오른손에 든 보살의 모습이 보이고 그 오른쪽에는 나이란자나 강이 묘사되어 있다. 보살 왼쪽에 4명의 여성이 무릎을 꿇고 경의를 표하고 있다. 그 앞에서 수자타가 무릎을 꿇고 고개를 숙여서 합장하고 있다.

I. A. a. 86. 보살이 나이란자나 강에서 목욕하는 장면이다. 많은 고행을 계속해도 진리를 깨달을 수 없다고 느낀 보살이 고행 숲을 나와 강에서 목욕한다. 통통

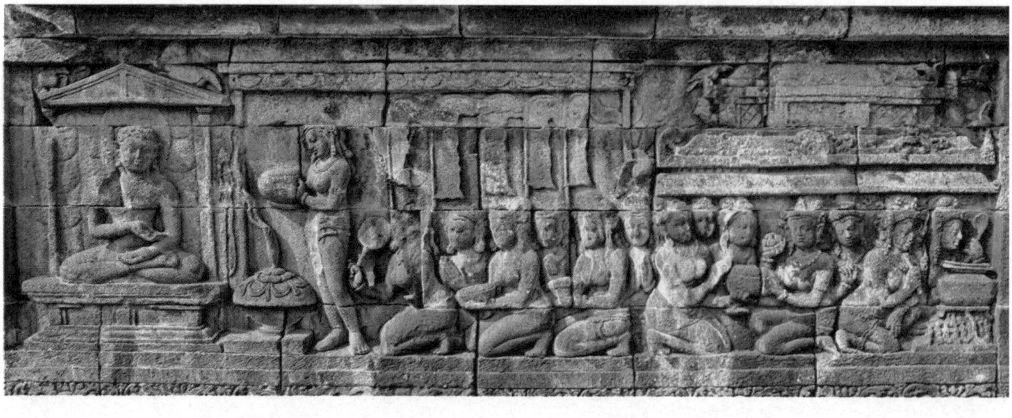

수자타가 보살에게 우유죽을 보시하는 장면(I. A. a. 84)

한 체구의 보살이 머리를 약간 기울여서 사색하며 왼손으로 옷자락을 잡고 강으로 걸어가는 모습을 묘사하고 있다. 정각을 이루기 전까지의 보살은 속인의 모습을 해야 하는데 보로부두르 부조에는 출가 이후의 보살은 대의大衣를 입고 두광을 갖춘 모습으로 표현하고 있다. 하늘에서 천인이 날아와 보살이 목욕하는 강물에 아름다운 꽃을 뿌린다. 강에 서 있는 보살의 모습과 하늘을 나는 천인의 모습은 조각적으로 훌륭하다. 제18왕니연하품에 "수많은 천인이 하늘의 향과 꽃을 뿌려 강기슭에 향기가 가득했다."라는 기록이 있다.

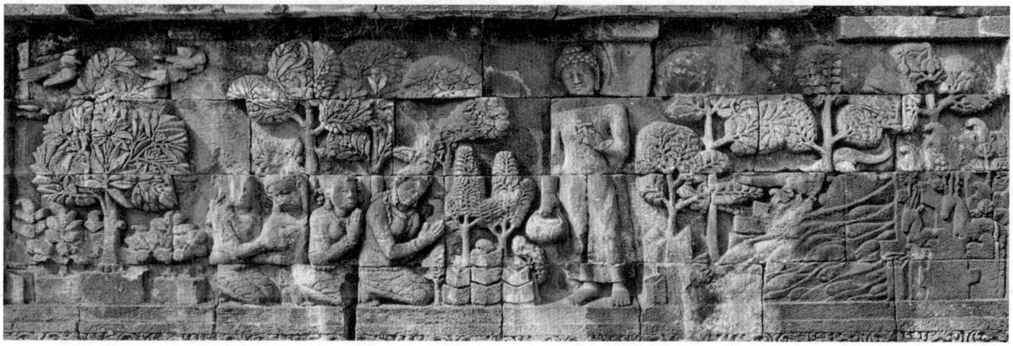

보살이 나이란자나 강에 가는 장면(I. A. a. 85)

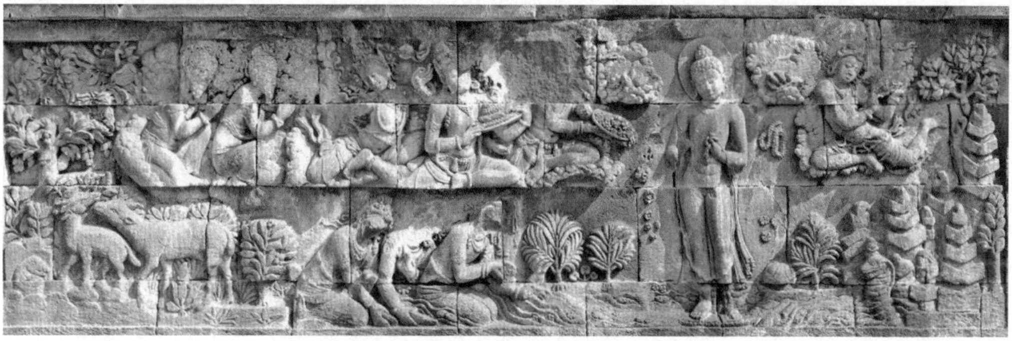

보살이 나이란자나 강에서 목욕하는 장면(I. A. a. 86)

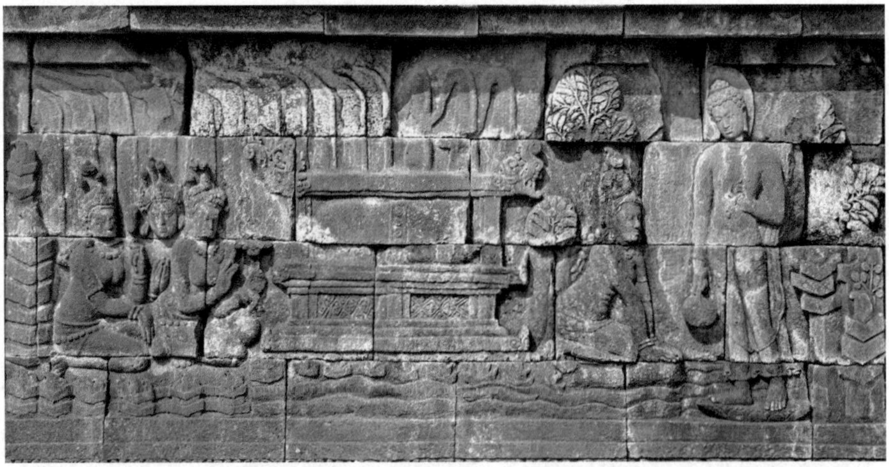

용녀가 보살에게 금강보좌를 드리는 장면(I. A. a. 87)

I. A. a. 87. 나이란자나 강에 사는 용녀나가가 보살에게 금강보좌를 드리는 장면이다. 보살이 목욕을 끝내고 나서 수자타에게 받은 우유죽을 어디에서 먹을까 생각하고 있을 때 용왕 사가라의 딸이 보석으로 꾸민 금강보좌를 헌상한다. 화면 중앙에 훌륭하게 장식된 큰 금강보좌가 있고 오른쪽에 보살이 발우를 들고 서서 고개를 숙여서 '고절한 미소아르카익 스마일'를 짓고 있다. 용왕의 딸이 무릎을 꿇고 두 손을 지면에 대고 보살에게 금강보좌 위에 앉을 것을 청한다. 금강보좌 왼쪽에도 무릎을 꿇고 앉아 있는 3명의 용녀가 보살을 지긋이 바라보고 있다. 4명의 용녀 머리 위에는 뱀용개이 장식되어 있다.

I. A. a. 88. 보살이 용녀에게 받은 금강보좌에 앉아 우유죽을 먹는 장면이다. 화면 오른쪽에 금강보좌 위에 결가부좌한 보살이 묘사되어 있고 그 왼쪽에 황금 발우가 놓여 있다. 보살이 오른손으로 발우 뚜껑을 열려고 손을 내밀고 있다. 화면 중앙에 3명의 용녀가 나무 밑에 앉아 있다.

I. A. a. 89. 보살이 황금 발우를 나이란자나 강에 버리는 장면이다. 왼쪽은 용

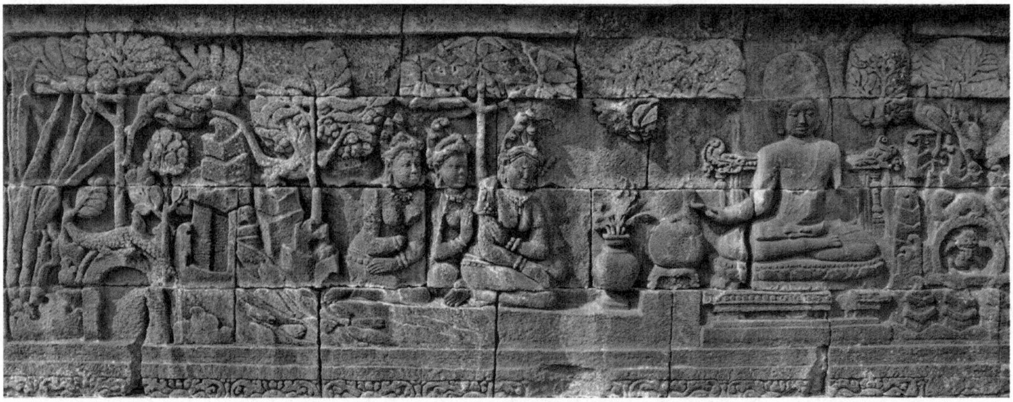

보살이 금강보좌에 앉아 우유죽을 먹는 장면(I. A. a. 88)

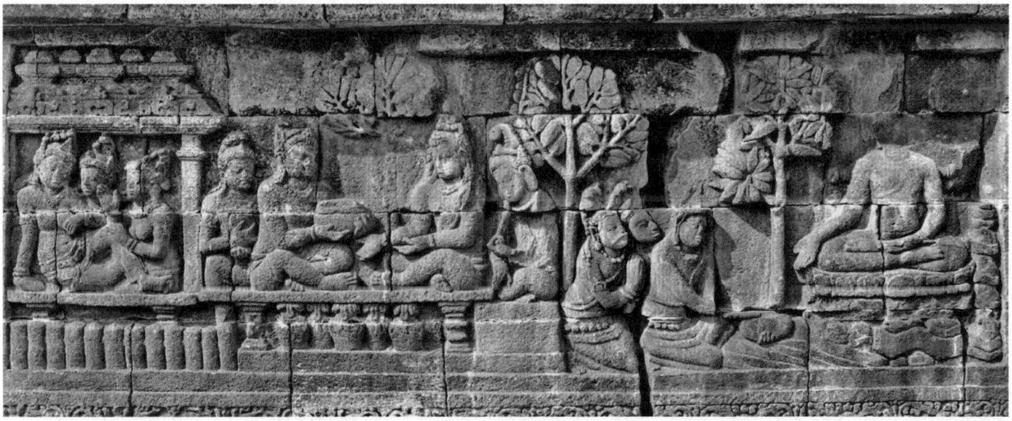

보살이 황금 발우를 강에 버리는 장면(I. A. a. 89)

왕 사가라가 황금 발우를 제석천에 드리는 장면이다. 화면 오른쪽 끝에 앉아 있는 보살이 황금 발우를 강에 버리자 그 발우를 용왕 사가라와 신하가 주워 용궁에 옮겨 모시려 한다. 한편, 왼쪽은 용왕 사가라가 제석천에게 황금 발우를 건네주고 있는 장면이다. 제석천은 화면 오른쪽에 앉아 있다. 용궁 안에는 아름다운 용녀 3명이 마주 보고 앉아 있다. 18왕니연하품에 '용왕 사가라의 손에 있던 황금 발우를 가루다로 변신한 제석천이 빼앗아 간다.'라고 적혀 있다. 그 후 제석천은 발우를 천계의 궁전에 가져가 불탑을 세우고 그 안에 발우를 모셨다고 한다.

I. A. a. 90. 보살이 구샤에게 부드럽고 아름다운 돗자리를 받는 장면이다. 화면 왼쪽 끝에서 구샤가 무릎을 꿇고, 부드러운 풀로 짠 돗자리를 둘둘 말아서 보살에게 바치고 있다. 구샤가 보리수나무 밑에서 명상하는 보살을 위해서 돗자리를 헌상하는 광경이다. 보살은 연화대좌 위에 서서 오른손을 내밀어 돗자리를 받는다. 보살 뒤에서 11명의 천인이 그 상황을 지켜보고 있다.

이 장면은 제19예보리도장품에 나오는 이야기로 석가의 일생을 이야기하는 불전도 가운데서도 비교적 잘 알려진 내용이다. 이 구샤는 제석천이 모습을 바꿔서 보살 앞에 나타난 화신으로 경전에는 보살이 보리수 아래에서 명상에 들어갈 때 이 '풀'돗자리을 깔고 앉는다고 적혀 있다. 또 다른 경전에 의하면 구샤제석천는 '공작의 꼬리와 같은 풀을 엮어서 보살에게 보시했다.'라고 한다. 이 광경은 나이란자나 강의 금강보좌를 뒤로 해서 이후에 보살이 깨달음을 얻는 보리도량에 향하는 도중에 생긴 일이었다. 일반적으로 '풀 베는 사람의 보시'라는 이야기로 유명하다. 한글과 일

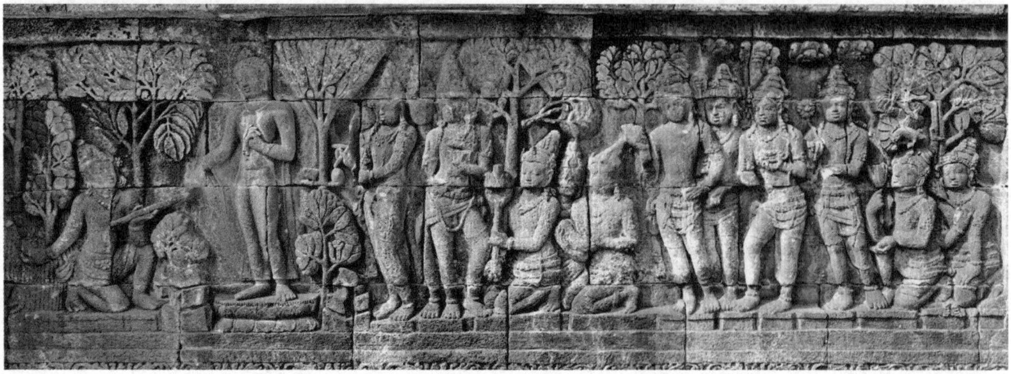

보살이 돗자리를 받는 장면(I. A. a. 90)

본어로 번역한 경전에는 '보살이 깨끗한 풀갈대 위에 앉아서 깨달음을 얻었다.'라고 적혀 있지만, 보로부두르에서는 돗자리가 새겨져 있다. 태자가 그냥 깨끗한 풀 위에 앉아서 정각한 것이 아니라 '공작의 꼬리와 같은 풀을 엮어서'라는 대목을 고려하면 부드럽고 아름다운 돗자리였을 가능성이 크다.

08

북면 동쪽 부조 I. A. a. 91~105

I. A. a. 91. 보리도량부다가야의 보리수 땅으로 향하는 보살을 천인과 용왕 카리야 일족이 예배하는 장면이다. 화면 중앙 오른쪽 연화좌 위에 보살이 당당히 서 있고 그 앞에 5명의 천인이 무릎을 꿇고 앉아 보살을 예배한다. 맞은편 화면 왼쪽에는 용왕 카리야를 선두로 4명의 용족나가족이 보살에게 경의를 표하고 있다. 또 보살 오른쪽 뒤에도 7명의 천인이 묘사되어 있다. 보살의 발밑에는 연꽃을 꽂은 꽃병이 놓여 있다. 제19예보리도장품에 나오는 이야기이다.

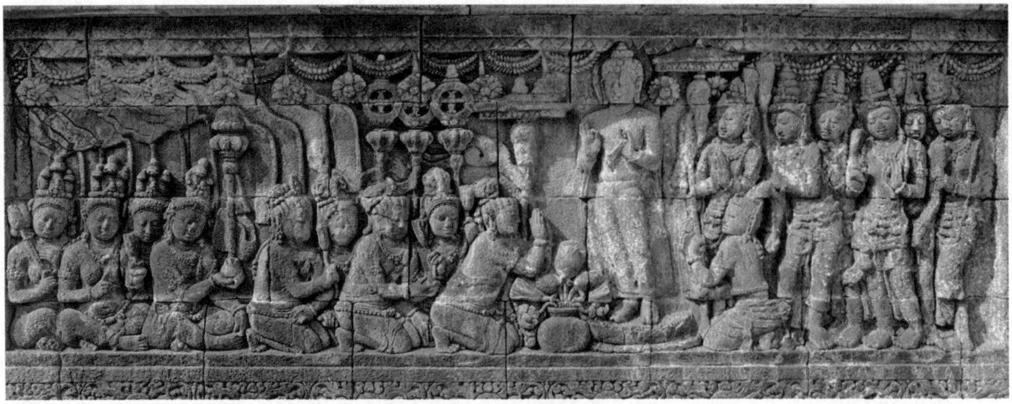

천인과 용족이 보살에게 경의를 표하는 장면(I. A. a. 91)

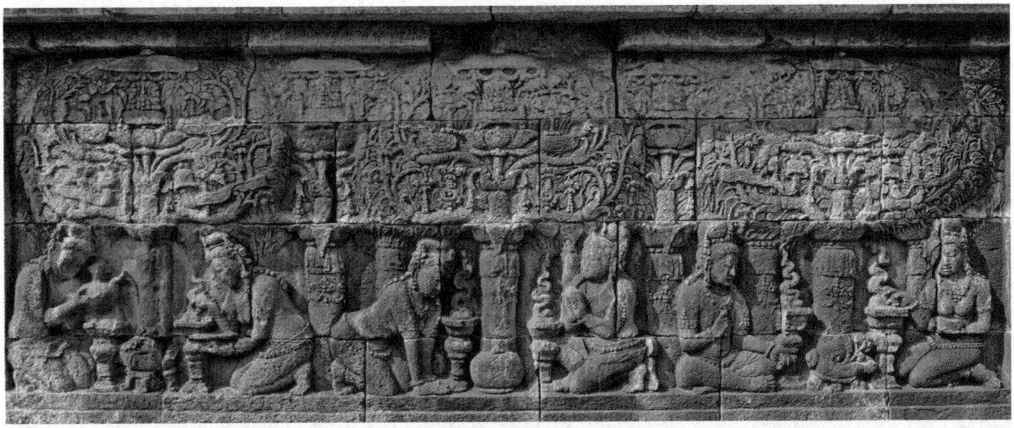

천인과 천녀가 보리수를 장식하는 장면(I. A. a. 92)

I. A. a. 92. 천인과 천녀가 보살이 앉아 깨달음을 얻는 보리수를 아름답게 장식하는 장면이다. 보살이 보리수의 땅으로 향했을 때 천인들에 의해서 그 일대에 있었던 84,000그루나 되는 보리수를 아름답게 장식했다고 한다. 이 성수 보리수 밑에는 보살을 맞이하기 위하여 향로가 놓여 있다. 보살은 보리수를 보고 그 아래에서 깨달음을 얻을 것을 결의한다. 화면에는 3그루의 큰 보리수가 있다. 보리수는 '천계수'天界樹와 같이 훌륭하게 묘사하고 있다. 그 좌우로 천인과 천녀가 앉아 향로에 향을 피우고 있다. 각 보리수 밑에는 성스러운 법라法螺, 단지, 꽃병이 놓여 있다. 천인과 천녀는 보살이 빨리 오셔서 앉기를 기다리고 있다.

I. A. a. 93. 보리수 아래의 금강보좌에서 보살이 선정에 든 장면이다. 화면 중앙의 보리수 아래에서 보살이 결가부좌하여 앉고 양손은 선정인禪定印을 하고 있다. 보살 좌우에는 2명의 천인이 합장하여 예배를 드리고 있다. 화면 오른쪽에 5명, 왼쪽에 4명의 천인이 눈을 지그시 감고 보살과 같이 명상에 빠져 있다.

I. A. a. 94. 보살이 보리수 아래에서 깨달음성도을 방해하는 악의 무리를 쫓아버리는 장면이다. 불전도의 석가 일대기 가운데 가장 잘 알려진 장면의 하나로 항

마성도도降魔成道圖라고 한다. 화면 중앙의 보리수 아래에서 보살이 왼손 촉지인을 하고, 오른손은 땅을 가리켜 마왕 마라 파피야스의 항복을 받는 항마촉지인降魔觸地印을 하고 결가부좌하여 앉아 있다. 보살의 수인은 악마를 쫓아버리는 수인으로 항마인降魔印이라고도 한다. 보살의 좌우에 많은 무리의 악마가 다양한 무기를 가지고

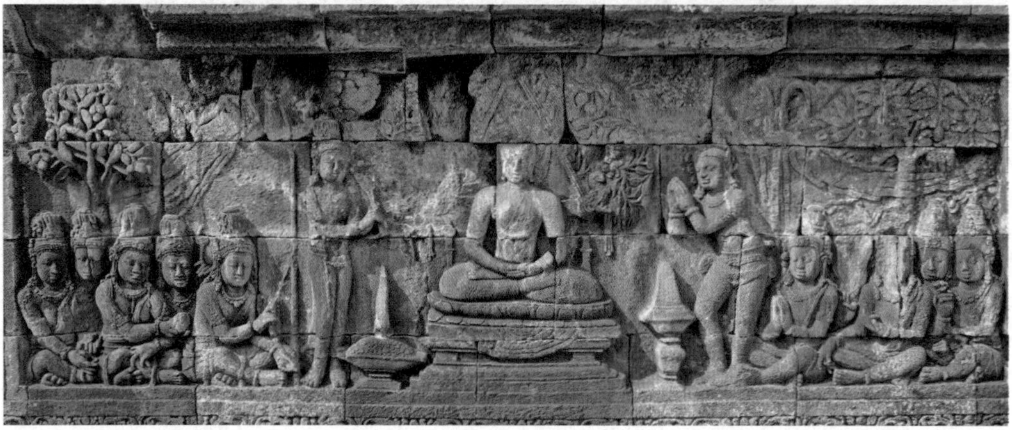

보살이 선정에 든 장면(I. A. a. 93)

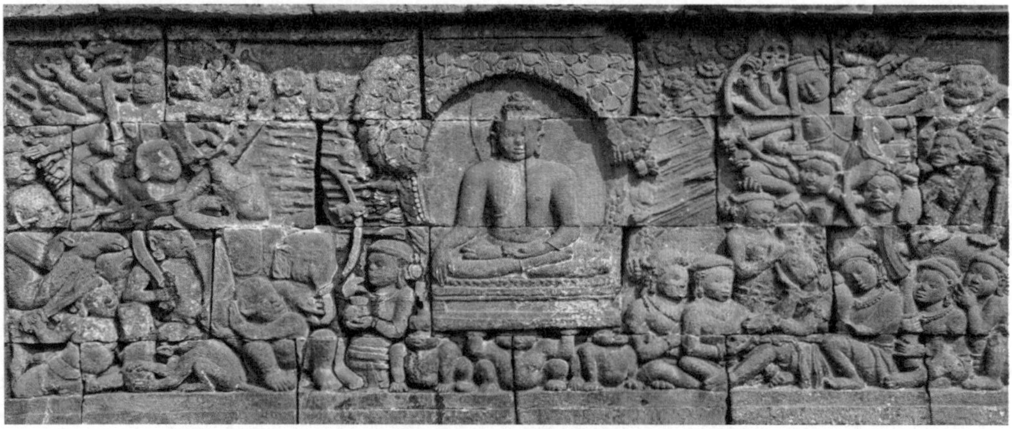

항마성도도(I. A. a. 94)

공격하고 있다. 마왕의 부하들이 쏜 화살과 독침은 보리수 밑의 보살 가까이에 도달하는 순간 꽃으로 변하는 기적이 일어난다. 제21항마품에 나오는 장면이다.

I. A. a. 95. 아름다운 처녀의 모습을 한 마왕의 딸들이 여색으로 보살을 유혹하는 장면이다. 화면 중앙의 보리수 밑 금강보좌에 보살이 촉지인항마인을 하고 있다. 보살상은 전체적으로 균형감이 있고 조각적으로 뛰어나다. 보살 오른쪽 옆에서 춤추는 두 무희악마도 매우 율동적이다. 두 무희가 한 쌍이 되어 우아하게 추는 춤은 자바의 궁중무용 레공 댄스와 유사하다. 오른쪽 화면을 '악녀가 무희로 변장하여 보살을 유혹하는 장면'이라는 해석에는 이견이 없다. 하지만 오른쪽에서 꽃과 피리를 든 5명의 악녀에 대해서는 여색으로 보살을 유혹하는 장면이라는 해석과 유혹하는 데 실패해서 도망가는 장면이라는 해석이 있다. 왼쪽 끝에 옆으로 비스듬히 앉아 있는 여성은 보살의 유혹에 실패한 악녀가 충격을 받아 세 악녀가 간호하고 있다. 조각가가 어떠한 유혹에도 흔들리지 않은 단호한 보살을 알기 쉽게 새겨놓고 있다. 이 장면은 제21항마품에 나오는 내용으로 경전에는 '5욕'과 해탈에 대한 보살의 가르침을 되풀이하여 설하고 있다.

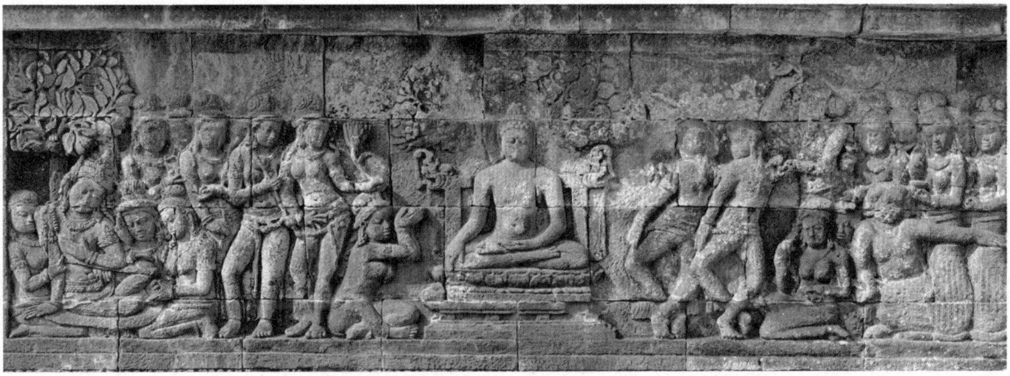

마왕의 딸들이 보살을 유혹하는 장면(I. A. a. 95)

I. A. a. 96. 보살이 성도정각成道正覺하여 붓다Budda가 된다. 석가의 정각을 천인과 귀인이 경하하는 장면이다. 석가가 정각을 이루었다는 것은 지혜의 눈을 떴음을 의미한다. 화면 중앙의 보리수 아래에 석가가 앉아 있다. 오른손은 항마인을 하여 보리수 아래에서 깨달음을 얻은 것을 나타내고 있다. 석가의 좌우에 상하로 많은 천인과 중생을 묘사하고 있다. 상단에는 구름을 타고 비행하는 천인이 있고 하단에는 높은 보관을 쓴 귀인들을 묘사하고 있다. 제1회랑 상단의 불전도에서 처음으로 화면에 상하로 인물을 배치한 구도이다. 하단의 인물을 천인으로 해석하는 견해도 있지만, 석가의 정각을 하늘도 땅도 기뻐함을 알리는 장면으로 하단의 인물군은 지상의 중생으로 해석하는 것이 타당하다. 아소카 왕이 석가가 정각을 이룬 곳에 세운 사원이 대각사大覺寺이다.

I. A. a. 97. 석가가 정각正覺을 성취하여 성도成道한 것을 시방十方세계에 알리는 장면이다. 화면 중앙에 항마촉지인을 한 석가가 금강보좌 위에서 결가부좌하고 있다. 금강보좌 좌우에는 꽃병이 놓여 있고 많은 여성이 연꽃을 가져와 석가의 깨달음을 기뻐하여 예배드린다. 이 여성들 머리 위에 공중에 떠 있는 양산과 연화대좌가 새겨져 있다. 이 화면의 양산과 연화대좌에 대해서 '공중에 양산이 떠 있다.'거나 '천녀의 머리 위에 양산이 장식되어 있다.'라는 해석밖에 없다. 이 양산과 연화대좌는 천인을 위한 장식이 아니다. 이 부조는 시방세계 도처에 부처님이 있다는 것을 상징적으로 표현한 것이다. 인도의 '무불상 시대'에는 양산과 연화대좌 그 자체가 석가 자신을 상징적으로 표현하고 있다. 따라서 이 화면의 공중에 떠 있는 양산과 연화대좌는 정각을 얻은 석가가 시방세계 곳곳에 존재十方世界 處處有佛하는 세상을 상징적으로 표현한 것이다. 석가가 정각을 성취한 것은 35세인 기원전 425년(?) 12월 8일로 간주하고 있다.

I. A. a. 98. 석가의 깨달음을 제천諸天이 찬양하는 장면이다. 중앙에 석가가 금강보좌에 앉아 있고 그 좌우에 2명의 천인이 향수가 들어 있는 항아리를 받쳐 들고

있다. 석가의 깨달음을 경하하여, 그 몸에 성스러운 향수를 부어 씻어 드리는 장면이다. 석가는 결가부좌한 채 항마촉지인을 하고 있다. 상인몽기품 제24에 전해지는 내용이다. 석가의 얼굴 부분이 결손했고, 많은 천인의 시선이 정면을 향하고 있어 조각적으로 산만한 느낌을 받는다.

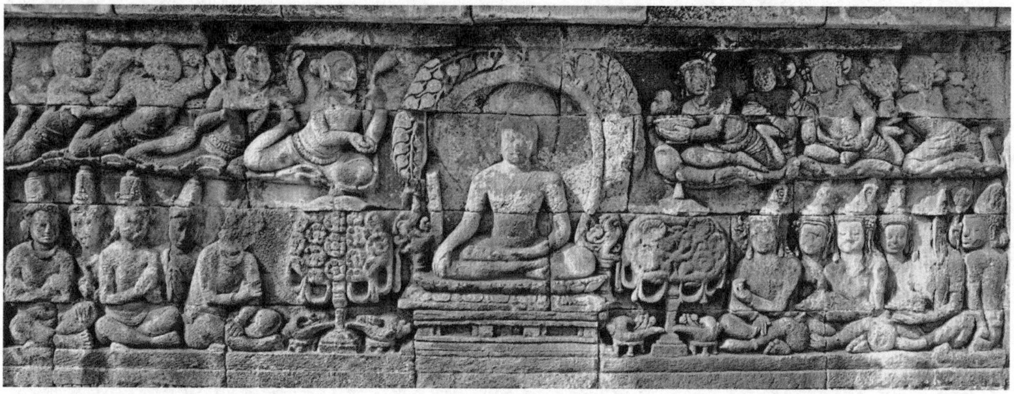

석가의 정각(I. A. a. 96)

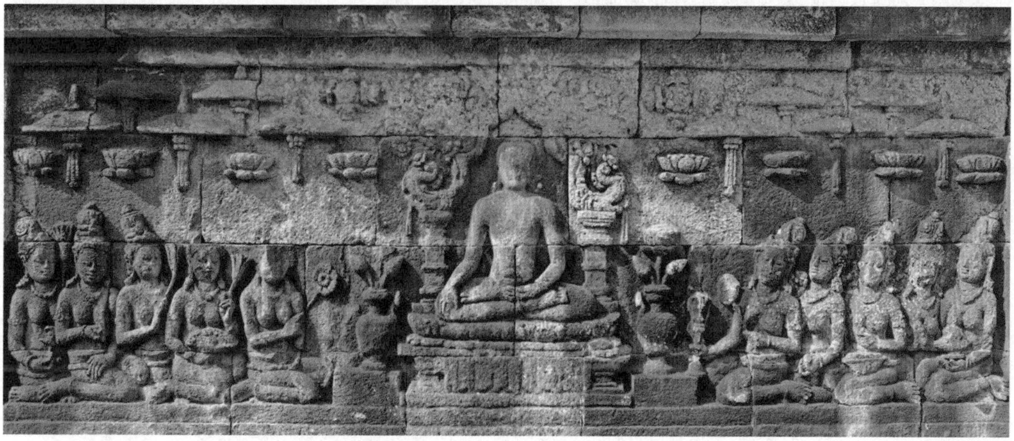

석가의 성도(成道)를 시방(十方)세계에 알리는 장면(I. A. a. 97)

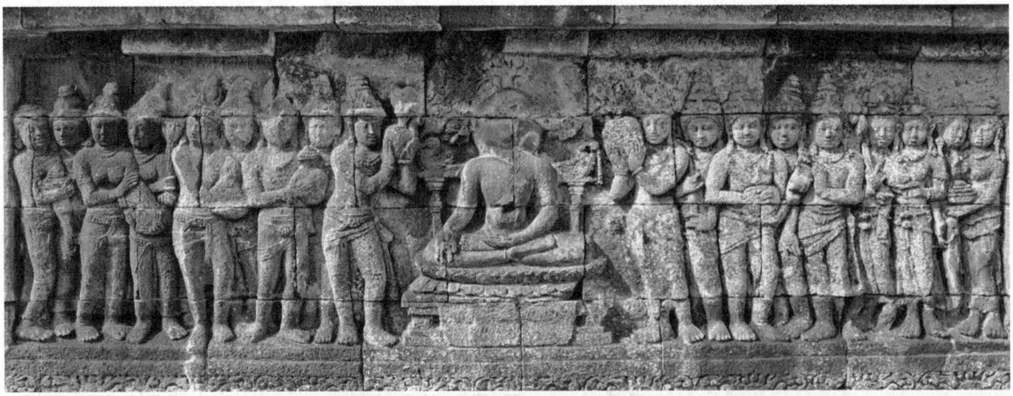

석가의 깨달음을 제천이 찬양하는 장면(I. A. a. 98)

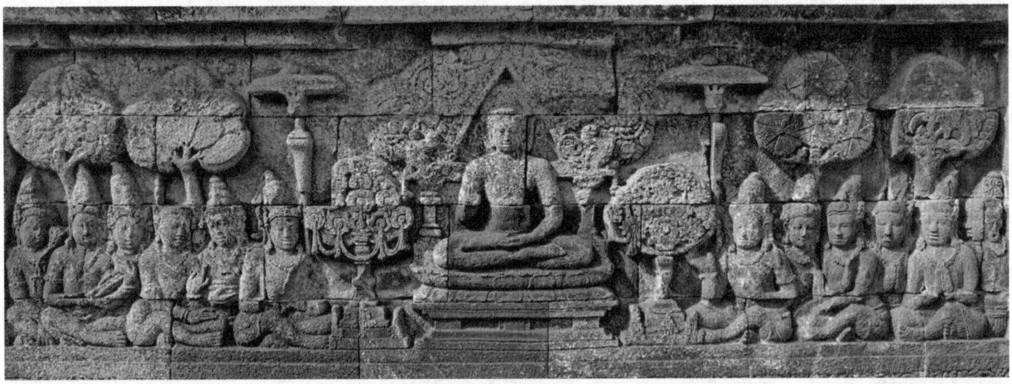

석가가 깨달음을 얻은 후 선정하는 장면(I. A. a. 99)

I. A. a. 99. 석가가 깨달음을 얻은 후 이레 동안 보리수 아래서 선정하는 장면 7日間 喜悅 三昧, Prityaharavyuha samadhi이다. 석가의 깨달음을 찬양하기 위해 많은 천인이 모여 있다. 보리수 밑 중앙에 석가가 결가부좌하고 앉아 있는데 석가는 오른손 손바닥을 밖으로 해서 위로 들어 올려 처음으로 설법인을 하고 있다. 정각을 이룬 석가는 다시 선정에 들어가 깨달음의 희열을 느낀다. 이때의 모습이 훗날 선정인상으

로 만들어져 예배의 대상이 된다. 상인몽기품 제24에 전해지는 내용이다. 보리수 아래 천인이 앉아 있고, 2개의 양산이 장식되어 있다. 이들 양산은 천인들을 위해서 세워 놓은 것이 아니라 석가의 존귀함을 상징적으로 표현하는 도구이다. 실제로 석가가 걸어 다닐 때에도 천인이 양산을 받쳐 들고 그 뒤를 따른다.

제1회랑 상단의 불전도는 석가가 왜 출가했는가를 역설하고 있다. 석가의 출가 이유는 보로부두르 I. A. a. 3에서 태자 자신이 명확히 설하고 있다. I. A. a. 64의 마부 찬나카와의 이별 장면, II. A. 74의 마가다 왕국의 빔비사라 왕과의 대화 장면, 그리고 III. A. 95의 마녀를 설법하는 장면이 이에 해당한다. 이 장면의 부조로 우리는 석가의 출가 이유를 알 수 있다.

I. A. a. 100. 석가가 깨달음을 얻은 두 번째 이렛날2주일 후 처음으로 보좌에서 일어선 광경이다. 석가의 경행經行, Caikrama이 시작된다. 화면의 중앙에 금강보좌가 있고 그 오른쪽에 석가가 서 있다. 통일신라 초기의 아기 부처님같이 귀엽고 통통한 석가가 머리를 기울이며 사색을 하고 있다. 그 뒤에는 양산을 받쳐 든 천인을 선두로 5명의 천인이 나란히 서 있다. 제25상인몽기품에는 그다음 일주일간 석가는 3,000 대천大天 세계를 둘러보았다고 한다.

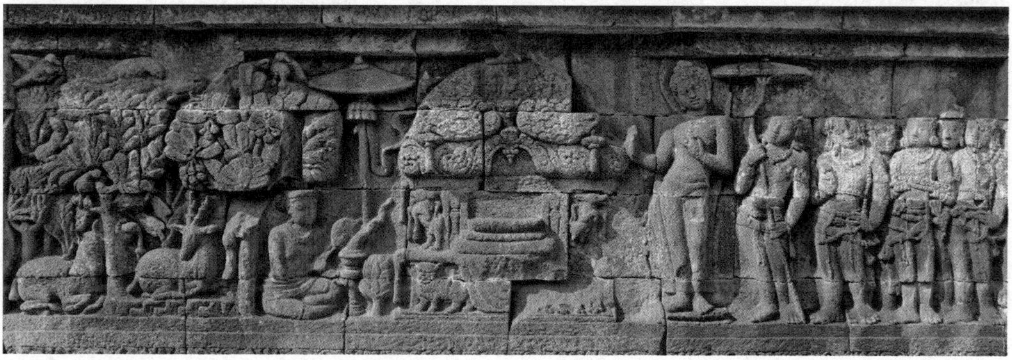

석가가 보좌에서 일어선 광경(I. A. a. 100)

I. A. a. 101. 깨달음을 얻은 5주 후에 석가가 무칠린다Mucilinda 용왕을 만나는 장면이다. 그때 폭풍우가 내려 석가는 순식간에 강한 비바람을 맞게 된다. 무칠린다는 자신의 몸을 일곱 겹으로 똬리를 틀어 석가를 비바람으로부터 지켜 드린다. 일주일이 지나서 비바람이 그쳤을 때 무칠린다는 석가에 경의를 표하고 용궁으로 돌아간다. 용왕이 석가를 지키는 이야기는 불전도 가운데 잘 알려진 장면이다. 화면 왼쪽에 석가가 앉아 있고, 그 오른쪽에는 지면에 양손을 대고 경의를 표하는 무칠린다의 모습이 보인다. 그 머리 위에는 5마리의 뱀이 똬리를 틀고 있다. 배후에는 6명의 용족이 서 있다.

I. A. a. 102. 석가가 용왕 무칠린다와 헤어진 후 나이란자나 강 근처에 사는 수도승고행자을 만나는 장면이다. 화면 왼쪽에 4명의 수도승 모습이 보이고, 그 앞에 석가가 서 있다. 석가의 배후에는 석가를 지키고 시중드는 4명의 천인이 있다. 석가가 깨달음을 얻은 후 6주째에 생긴 일이다.

I. A. a. 103. 석가가 정각을 얻은 후 일곱째 이렛날49일에 다연림多演林의 보리수

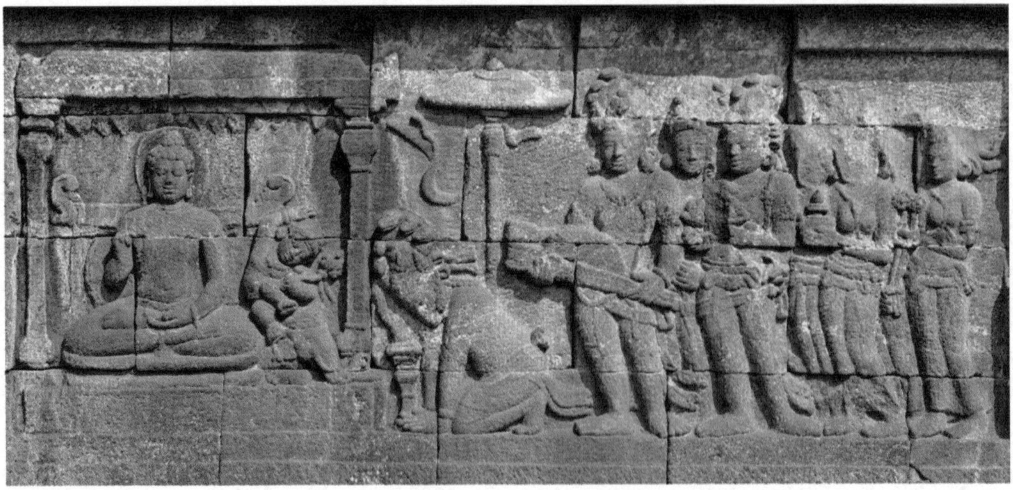

무칠린다 용왕이 석가를 알현하는 장면(I. A. a. 101)

아래 앉아 있는 장면이다. 화면 중앙의 보리수 아래에서 석가가 선정인을 하고 앉아 있고, 그 좌우에 각각 3명의 상인이 앉아 있다. 오른쪽 끝에는 숲의 여신이 3명의 브라만을 맞이하고 있다. 일반적으로 이 화면은 석가 좌우에 앉아 있는 두 상인 Turapusa와 Bhalika이 꿀 과자와 미숫가루를 보시하는 장면으로 해석하고 있다. 제24상인몽기품에 전해지는 내용으로 49일 동안 식사도 하지 않고 선정의 즐거움만으로 지낸 마지막 날의 장면과 관련하여 두 상인이 미숫가루와 꿀 과자를 가지고 붓다를 공양한다는 이야기이다.

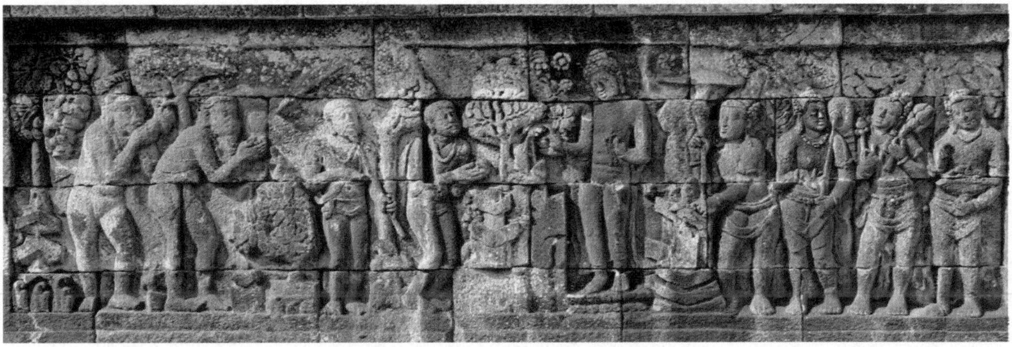

석가가 수도승을 만나는 장면(I. A. a. 102)

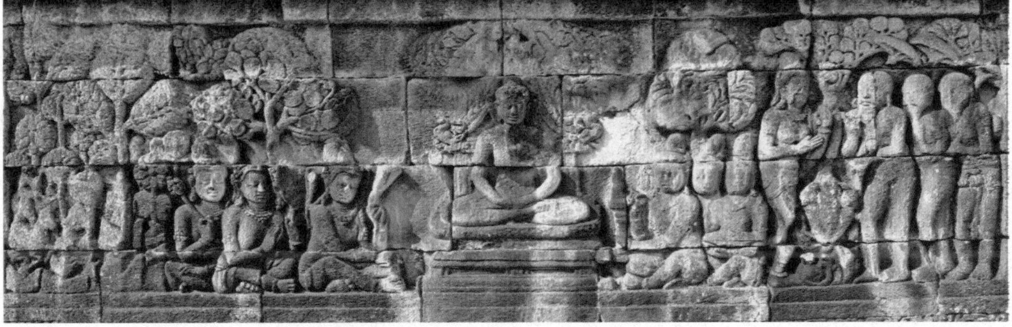

석가가 보리수 아래 앉아 있는 장면(I. A. a. 103)

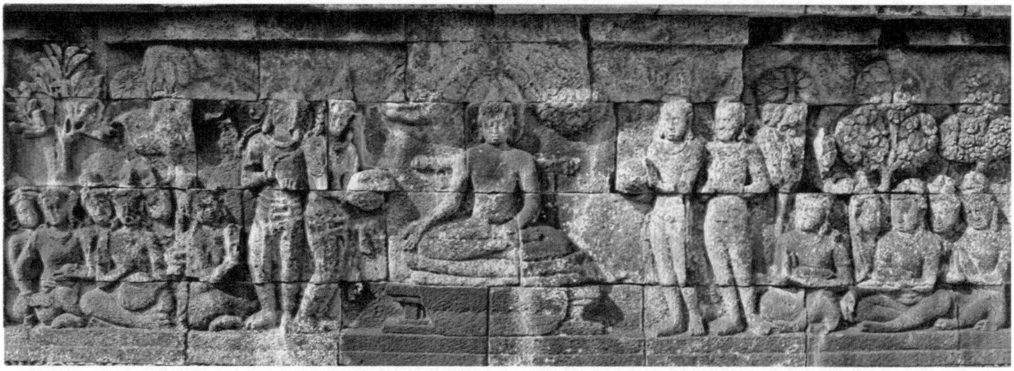

사천왕이 석가에게 발우를 드리는 장면(Ⅰ. A. a. 104)

Ⅰ. A. a. 104. 천계에서 내려온 사천왕이 석가에게 발우를 드리는 장면이다. 사천왕은 원래 인도 토착신앙의 수호신으로 후에 불교의 호법신으로 받아들여져 석가를 지키는 지국천왕동, 증장천왕남, 광목천왕서, 다문천왕북을 가리킨다. 석가는 상인들이 바치는 음식을 먹기 위하여 그릇발우이 필요하게 되었다. 그때 사천왕은 각각 금, 은, 수정, 청옥의 4개의 발우를 헌상하지만, 석가는 상인이 보시한 음식을 석제 발우에 담아 먹는다. 화면 중앙에는 석가가 앉아 있고 그 좌우에 사천왕이 각각 2

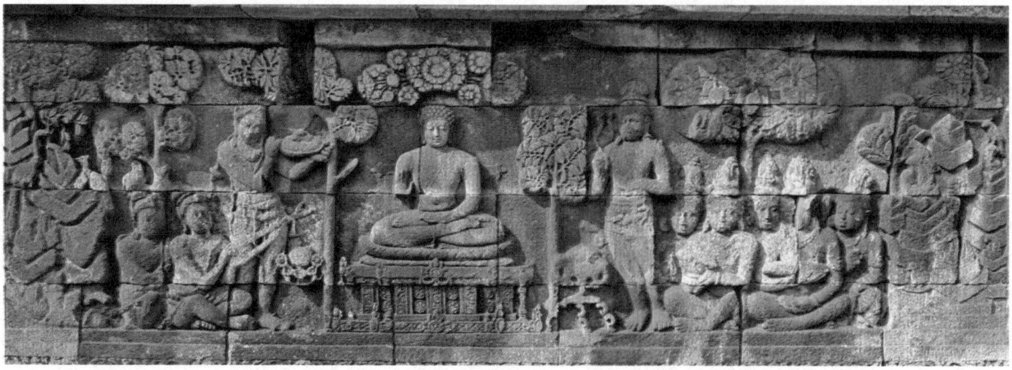

상인이 석가에게 우유죽을 보시하는 장면(Ⅰ. A. a. 105)

명씩 서서 손에 발우를 들고 있다.

I. A. a. 105. 2명의 상인이 석가에게 우유죽을 보시하는 장면이다. 두 거상이 많은 목동을 시켜서 소젖을 짜 오게 하여 쌀과 꿀을 더해서 만든 특별한 우유죽을 석가에 보시한다. 화면 중앙에는 석가가 앉아 있고, 그 좌우로 거상 투라푸사와 바리카가 서 있다. 왼쪽의 상인(투라푸사)은 우유죽을 넣은 발우를 양손으로 받쳐 들고 있다. '오른쪽에 보관을 쓴 6명의 천녀가 있다.'라고 소개하는 책도 있지만, 좌측에 서 있는 사람은 상인이고 나머지 앉아 있는 5명도 천녀가 아니라 천인이다.

09

동면 북쪽 부조 I. A. a. 106~120

I. A. a. 106. 범천을 비롯한 여러 천인이 석가를 찾아와 가르침을 청하는 장면이다. 석가가 보리수 아래에서 해탈의 기쁨에 잠겨 있었는데 범천이 여러 번 중생들을 위하여 설법을 간청한다. 그러나 석가는 깨달음의 내용이 너무나도 오묘해서 중생들이 잘못 이해할 것을 걱정하여 설법을 주저한다. 제25대범천왕권청품에 상세한 내용이 전해진다. 화면 중앙에 석가가 선정인을 하고 앉아 있고 그 좌우로 제신과 천인이 석가를 향하여 나란히 앉아 있다. 화면 왼쪽의 선두에 앉아 합장하는 인물이 범천이다. 대일여래의 선정인은 법계정인이라고 한다.

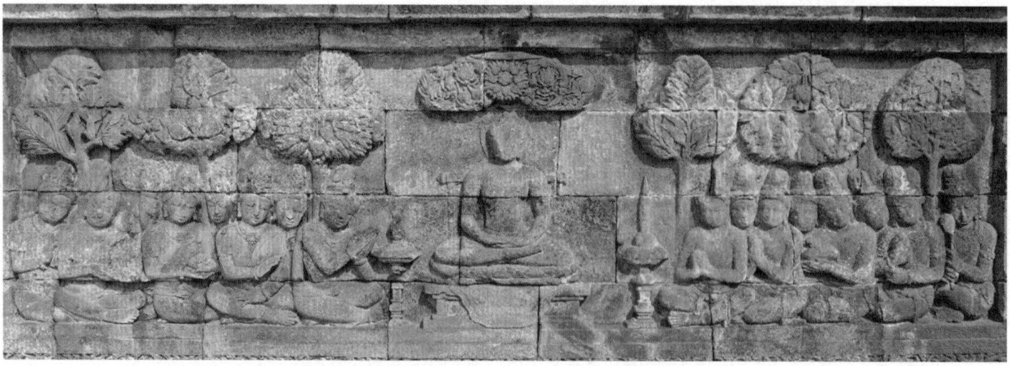

범천이 가르침을 청하는 장면(I. A. a. 106)

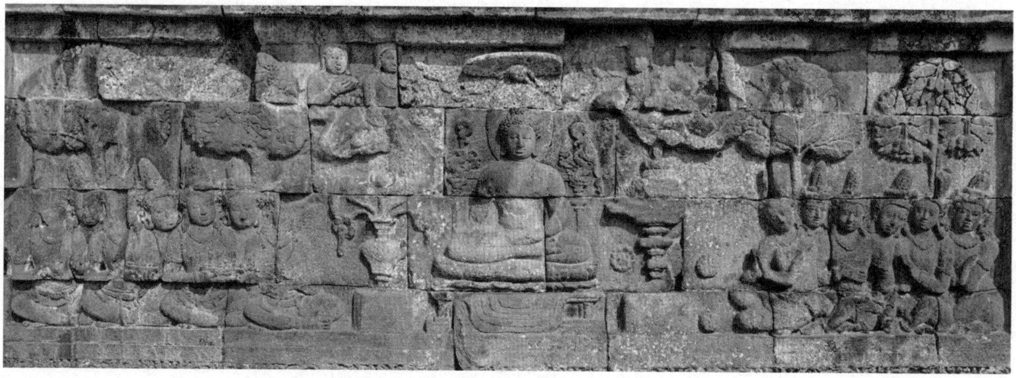

제신이 석가에게 가르침을 권청하는 장면(I. A. a. 107)

I. A. a. 107. 범천, 지신, 보리수신이 석가에게 가르침을 권청勸請하는 장면이다. 중앙에 석가가 앉아 있고 그 좌우로 여러 제신과 천인이 앉아 있다. 석가가 설법인을 하고 천인이 하늘을 날아 구름 위에서 꽃을 뿌리는 광경은 지금까지의 부조에서 볼 수 없는 묘사이다. 이 장면은 석가가 설법하려고 하는 결의를 기뻐하여 찬양하는 광경이다. 범천이 화면 오른쪽 선두에서 합장하고 앉아 있다.

I. A. a. 108. 석가가 보리수에 머무는 4명의 성수신聖樹神과 최초의 설법 장소에 대해서 상의하는 장면이다. 화면 구도가 급변하여 이제까지 주인공인 석가는 화면 중앙에 묘사되어 있었는데 이 화면에서는 석가를 제일 오른쪽 끝에 새겨놓고 있다. 금강보좌 위에 앉은 석가가 몸을 왼쪽으로 약간 구부려 그 밑에 앉아 있는 4명의 천인과 이야기하고 있다. 석가가 처음으로 설법하려고 생각했던 사람은 성도 이전에 가르침을 받은 '아라라 카마라'와 '웃다카 라마풋트라'였는데 아라라는 3일 전, 웃다카는 7일 전에 타계했다. 석가가 처음으로 설법 장소로 정한 곳은 전에 같이 고행했던 5명의 출가자가 수행하는 바라나시 성Baranasi, 波羅奈城 루시파타나의 사르나트녹야원였다. 대범천왕권청품 제25의 끝 부분에 나오는 장면이다.

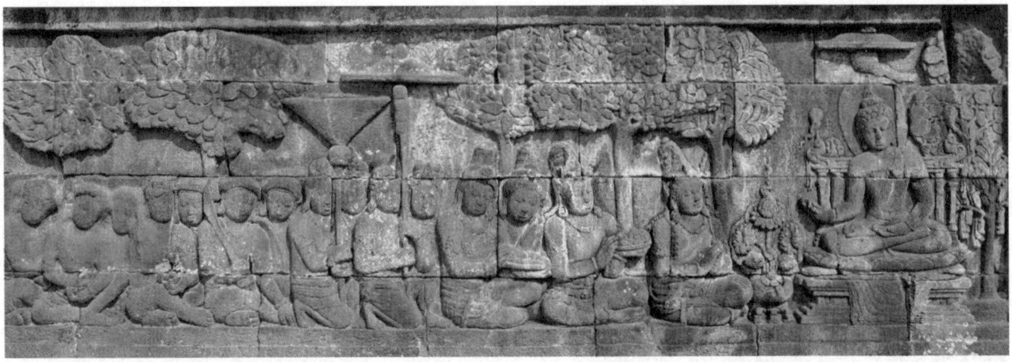

석가가 성수신과 죄조의 설법 상소에 내해서 상의하는 장면(I. A. a. 108)

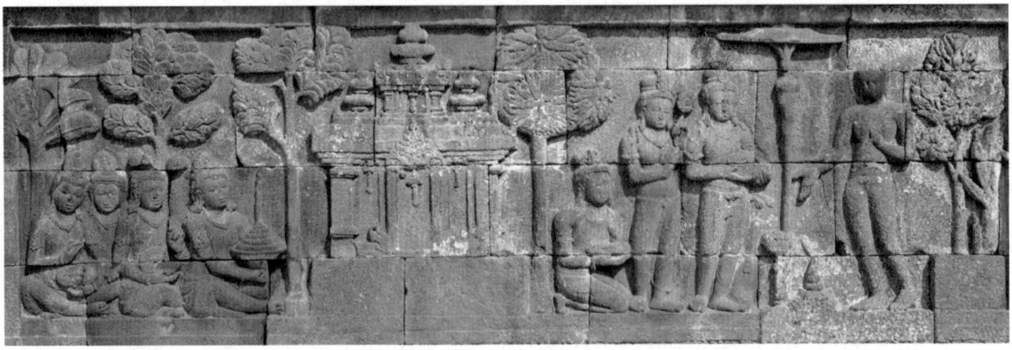

석가가 바라나시 성에 도착한 장면(I. A. a. 109)

I. A. a. 109. 석가가 녹야원에 가는 도중 마가다 왕국의 바라나시 성에 도착한 장면이다. 석가가 바라나시 성에 도착하자 마가다 왕국의 빔비사라 왕과 왕비가 석가를 맞이하여 음식과 꽃을 보시한다. 이후 석가는 여러 왕국을 방문한다. 화면 오른쪽 끝에 석가가 서 있고, 그 바로 앞에 빔비사라 왕과 왕비가 서 있다. 화면 중앙에 사원이 새겨져 있어 석가가 바라나시 성에 도착한 것을 상징적으로 알려준다. 이 사원 입구에는 귀면 카라 등 고대 자바의 석조 사원인 찬디의 전형을 잘 보여주

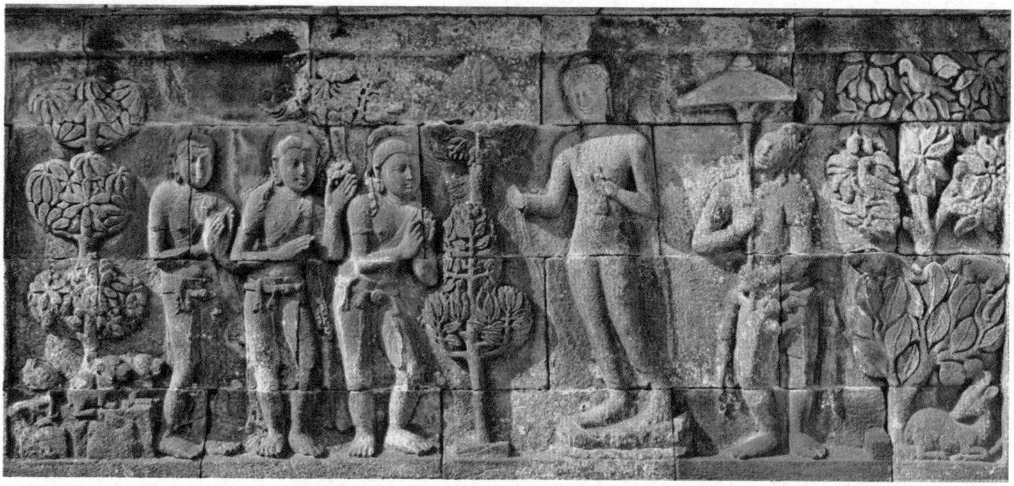

석가가 수도승 아지바카를 만나는 장면(I. A. a. 110)

고 있다. 제26전법륜품에 전해지는 내용이다. 사원 세부를 상세하게 조각한 것에 비해서 하부 기단은 전혀 조각하지 않았다. 또한, 석가는 예외 없이 연화좌 위에 앉거나 서 있는데 이 부조에는 연화좌를 조각하지 않았다. 이 부분의 석재는 후대에 복원하는 과정에서 새롭게 벽면에 맞춰 넣은 것으로 생각한다.

I. A. a. 110. 석가가 녹야원에 가는 도중 가야 산에서 수도승 아지바카를 만나는 장면이다. 화면 중앙에 연화좌 위에 석가 옆으로 향하여 비스듬히 서 있다. 보로부두르 조각가는 벽면 높이 꽉 차게 석가를 새겨 놓고 있다. 화면 왼쪽에 3명의 수도승이 서 있고, 그 선두에서 석가를 향해서 합장하는 인물이 아지바카이다. 제26전법륜품은 가야 성에 사는 아지바카가 석가를 만나 '스승은 누구이며, 어떤 수행을 하여 부처가 됐는지'를 물어보는데 이때 석가는 사르나트의 녹야원에서 설법한다는 뜻을 전한다.

I. A. a. 111. 가야 성에서 용왕과 용녀가 석가를 맞이하여 공양하는 장면이다. 수도승 아지바카와 헤어진 석가는 북쪽을 향하여 가야 성에 간다. 가야 성에 당도

한 석가를 용왕 스다루샤나선견와 신하가 2열로 늘어서서 맞이하며 음식을 공양하는 장면이다. 화면 오른쪽에 석가가 앉아 있고 그 왼쪽에 많은 용족이 배열하고 있다. 석가를 제외한 모든 인물상의 머리 위에는 똬리를 튼 뱀이 새겨져 있다. 석가 뒤에서 양산을 받쳐 든 인물도 머리 위에 뱀이 조각되어 분명히 용족나가족을 나타낸다. 석가 앞에서 5번째에 앉아 있는 것이 용왕 스다루샤나이다. 제26전법륜품에 매우 단편적으로 적혀 있는데 보로부두르의 조각가는 상세한 부조로 남기고 있다.

I. A. a. 112. 로히타바스투 성에서 많은 사람이 성찬을 마련하여 석가를 공양하는 장면이다. 화면 오른쪽 끝에 석가가 앉아 있고 그 앞의 탁상에 많은 성찬이 차려져 있다. 3명의 거사와 4명의 여인이 석가에게 음식을 바치는 광경이다. 선두에 선 여성이 석가를 위해 기타를 연주하고 있다. 오른쪽에 석가가 성안의 궁중에 있는 것을 알리기 위해서 궁전 건물이 새겨져 있다. 이 장면도 제26전법륜품에 매우 간략하게 기술되어 있는데 보로부두르에서는 상세히 표현하여 불승의 공양을 강조하고 있다.

I. A. a. 113. 석가가 우루빌바칼파 성을 방문한 장면이다. 석가는 많은 사람에게 공양을 받는다. 전법륜품 제26에 공양의 구체적인 내용은 적혀 있지 않다. 화면

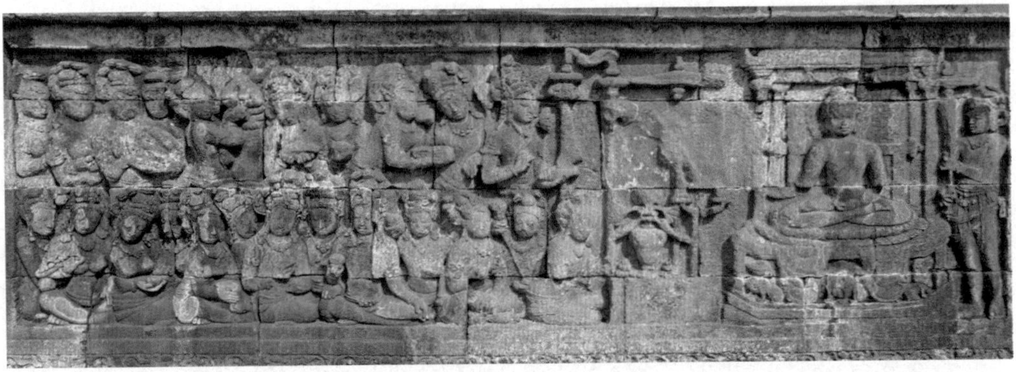

용왕과 용녀가 석가를 맞이하여 공양하는 장면(I. A. a. 111)

오른쪽에 훌륭하게 장식한 금강보좌가 있고, 오른쪽에 서 있는 석가를 많은 사람이 청하고 있다. 석가 뒤에서 양산을 받쳐 든 인물의 머리 위에 똬리를 튼 뱀이 새겨져 있어 이 인물이 용족임을 나타내고 있다.

일부의 책에는 '사람이 석가에게 아름다운 보좌를 헌상하는 장면'이라고 소개되어 있지만, 부조의 본뜻은 석가 공양에 있다. 그 정성을 표현하는 방법으로 금강보좌를 강조한 것으로 생각한다. 경전에 기술되지 않은 부조로 그 해석에 이견이 있을 수 있다.

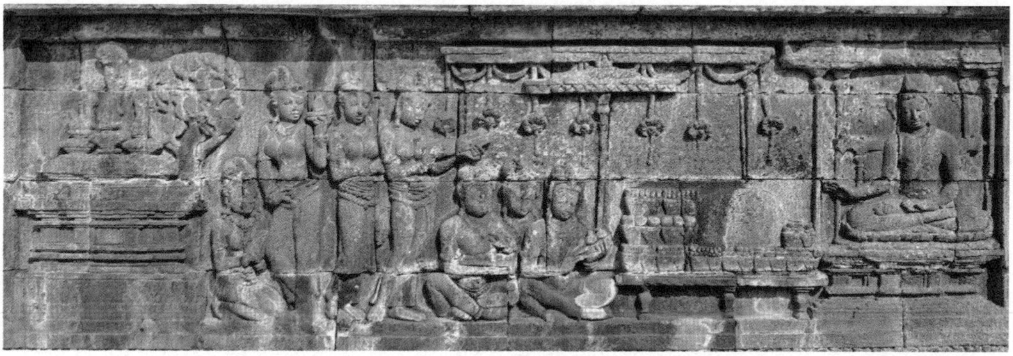

성찬을 마련하여 석가를 공양하는 장면(I. A. a. 112)

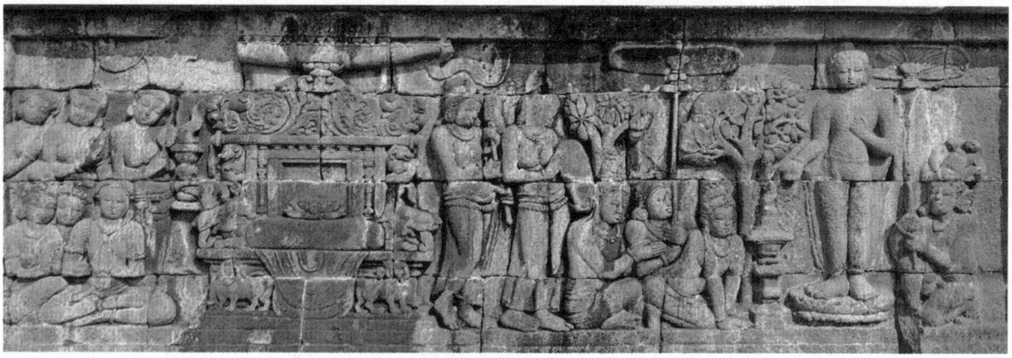

석가가 우루빌바칼파 성을 방문한 장면(I. A. a. 113)

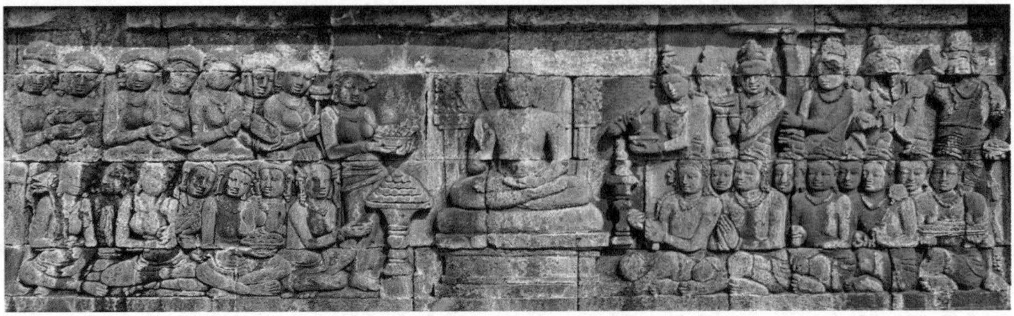

석가가 성찬을 공양받는 장면(I. A. a. 114)

I. A. a. 114. 많은 사람이 석가를 찬양하는 이야기가 계속된다. 석가가 사라티성에서 많은 사람이 가져온 성찬을 공양받는 장면이다. 화면 중앙에 설법인을 한 석가가 보좌 위에서 결가부좌하고 그 좌우에 많은 사람이 다양한 음식을 가지고 와서 석가를 공양한다.

I. A. a. 115. 내용이 일변하여 수행자에 대한 보시를 강조한 이야기이다. 석가가 갠지스 강을 날아서 건너가는 장면이다. 화면 중앙에 갠지스 강이 있고 거기에 나룻배가 한 척이 떠 있다. 강가에는 숲이 우거져 많은 동물이 살고 있고 강 속에 많은 물고기가 있다. 갠지스 강의 풍경을 중심으로 두 장면1도 2경이 새겨져 있다. 왼쪽 화면 끝에 석가가 공중을 날아 갠지스 강을 건너간다. 강 오른쪽에는 그 광경을 보고 놀란 뱃사공의 모습을 절묘하게 묘사하고 있다. 한 사람은 오른손을 얼굴에 대고, 또 한 사람은 말 그대로 뒤로 자빠져 있다. 그 배후에도 2명의 브라만이 입을 벌려 놀라고 있다.

어느 날 석가가 갠지스 강에 도착했을 때 폭우로 말미암아 강물이 불어나 배로 건널 수밖에 없었다. 석가는 강가에서 뱃사공에게 배를 내 주도록 청한다. 그러자 뱃삯이 없으면 강을 건너갈 수 없다고 뱃사공은 석가의 청을 거절한다. 석가는 뱃사공에게 일체의 재물을 소유하지 않음을 전하고 강을 날아서 건넜다. 그것을 본

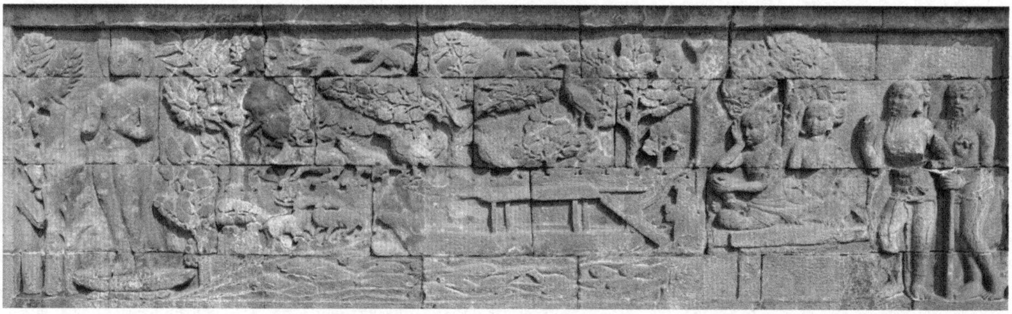

석가가 갠지스 강을 날아서 건너가는 장면(I. A. a. 115)

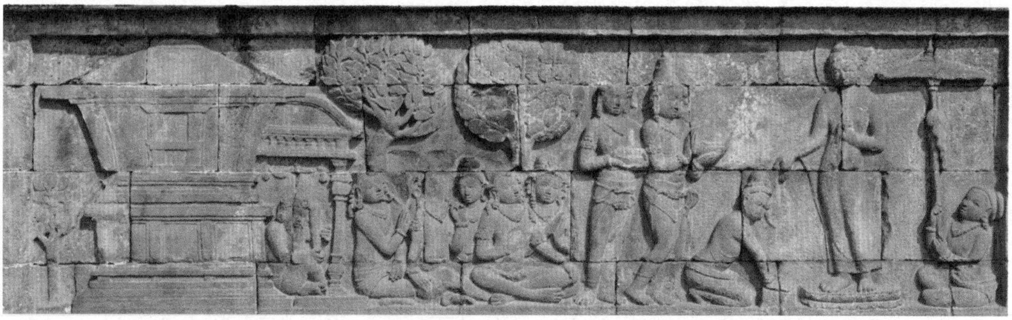

석가의 공양 장면(I. A. a. 116)

뱃사공은 놀라서 석가의 청을 거절한 것을 뉘우친다는 이야기이다.

이 부조에서 중요한 것은 강에 떠 있는 작은 나룻배이다. 보로부두르에는 주로 대형 범선이 새겨져 있는데 이 부조에는 가로대를 확인할 수 없지만 나룻배 위에 지붕이 있는 점이 주목된다. 당시 자바 섬의 다양한 범선 문화를 알려주는 부조이다.

I. A. a. 116. 석가가 목적지인 바라나시 성의 녹야원에 향하는 도중 많은 사람에게 공양을 받는 장면이다. 화면 오른쪽에 석가가 양산을 받고, 석가 앞에서 사람이 지면에 손을 대고 절을 올리며 경의를 표한다. 그 뒤에 두 사람이 서서 우유죽이 들어 있는 발우를 바친다. 화면 왼쪽은 성안의 궁전 건물이 새겨져 있다. 초석을 사

용한 2층의 석조 건축으로 당시 자바 건축 기술의 일면을 잘 보여주고 있다. 건물 2층 발코니에는 햇빛을 가리는 차양이 쳐 있고 입구에는 두 눈을 부릅뜨고 몽둥이를 들고 앉아 있는 수문장이 새겨져 있다.

I. A. a. 117. 바라나시의 녹야원에서 석가가 5명의 제자를 만나는 장면이다. 그 5명은 가운진나僑陳如, 바도리카跋提梨迦, 바스파婆沙波, 마하나마摩訶那摩, 아스바지阿奢鍮時였다. 석가가 깨달음을 이룬 후 최초로 설법을 듣는 고행 승들이다. 화면 오른쪽 끝에 석가가 사색하는 모습으로 서 있고, 그 왼쪽에 수염을 기른 고행 승 5명이 앉아 있다.

I. A. a. 118. 고행 중인 5명의 브라만이 머리를 자르고 비구가 된 장면이다. 화면의 중앙에 석가가 앉아서 설법초전법륜을 하고 있고 그 오른쪽에 3명의 비구, 왼쪽에 2명의 비구가 석가를 향해 앉아 있다. 석가의 가르침을 받아서 불교도로 개종한 브라만이다. 5명은 가사를 입고 삭발한 모습을 하고 있다.

I. A. a. 119. 5명의 제자가 성수로 석가를 목욕시키는 장면이다. 화면 중앙의 연꽃 위에 앉아 아미타정인을 하는 석가가 있고 그 오른쪽에 2명, 왼쪽에 3명의 비구가 서서 석가를 시중들고 있다. 석가 곁의 비구 2명이 항아리를 높이 들어 그 안의 성수

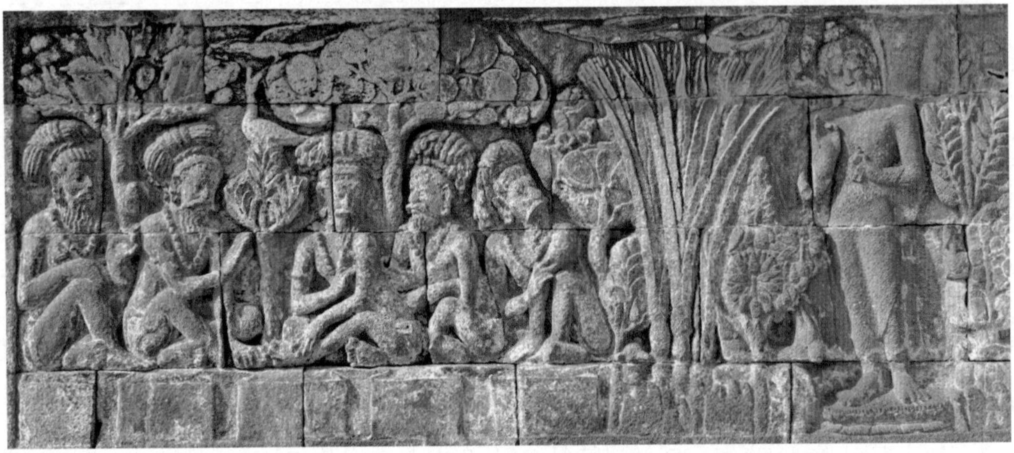

녹야원에서 석가가 5명의 브라만을 만나는 장면(I. A. a. 117)

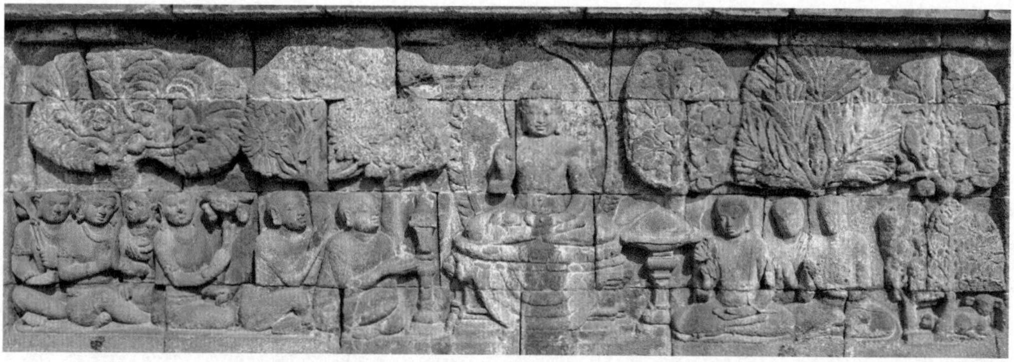

브라만이 머리를 자르고 비구가 된 장면(I. A. a. 118)

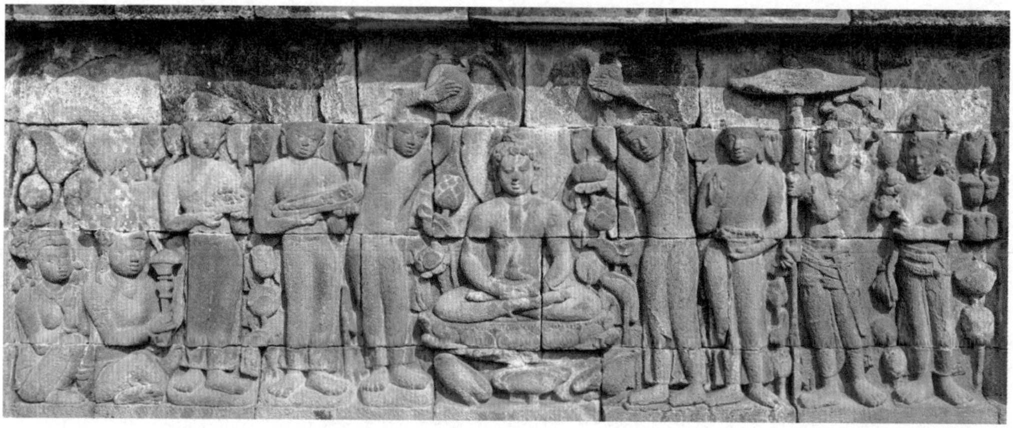

제자가 성수로 석가를 목욕시키는 장면(I. A. a. 119)

를 석가 몸에 부어주고 있다. 오른쪽 끝에 용왕과 용비가 석가를 예배 공경하고 있다. 제신과 중생이 석가의 설법을 기다리고 마침내 석가가 설법할 때가 되었다.

I. A. a. 120. 녹야원에서 5명의 비구와 제천대중諸天大衆이 운집하여 석가의 설법을 듣는 장면이다초전법륜. 화면 중앙의 석가가 설법인을 하고 앉아 있고 석가를 향하여 왼쪽에는 5명의 비구가 앉아 있다. 화면 오른쪽에 많은 보살이 석가의 설법을

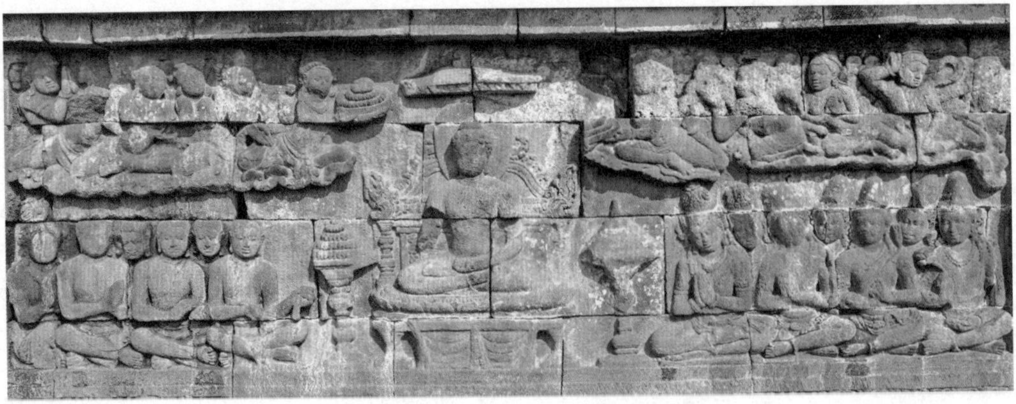

최초의 설법 장면(초전법륜, Ⅰ. A. a. 120)

듣고 있으며 하늘에는 천인이 구름을 타고 날아오고 있다.

석가가 녹야원에서 행한 첫 설법에 의해서 불, 법, 승이라는 불교의 3보三寶가 탄생한다. 첫 설법지인 사르나트는 불교도의 가장 중요한 성지의 하나로 5~6세기에 불교미술의 중심지로 융성했다.

제1회랑 상단에는 석가의 탄생에서 최초로 설법한 초전법륜까지의 이야기가 이어서 새겨져 있다. 그중에서도 가장 중요한 장면은 석가가 녹야원에서 한 초전법륜이다. 여기서 석가는 자신이 깨달은 정각의 길을 설법하는데 마지막 제120면이 이 장면을 묘사하고 있다.

이때 석가의 가르침은 무엇이었던가? 석가 최초의 설법은 불교의 근본인 고苦, 집集, 멸滅, 도道의 네 가지 진리인 사제四諦를 설한다. 인생은 괴롭고, 괴로움에는 원인이 있다. 그 원인은 갈애이므로 이를 제거하면 고통을 없앨 수 있으며 그 나쁜 원인을 없애는 여덟 가지 방법이 있다. 바로 이 팔정도八正道가 석가의 가르침이다. 바른 견해, 바른 생각, 바른 말, 바른 행동, 바른 생활, 바른 노력, 바른 기억, 바른 마음이 해탈에 이르는 길이라고 한다.

제 Ⅲ 부

제1회랑 주벽 하단 부조

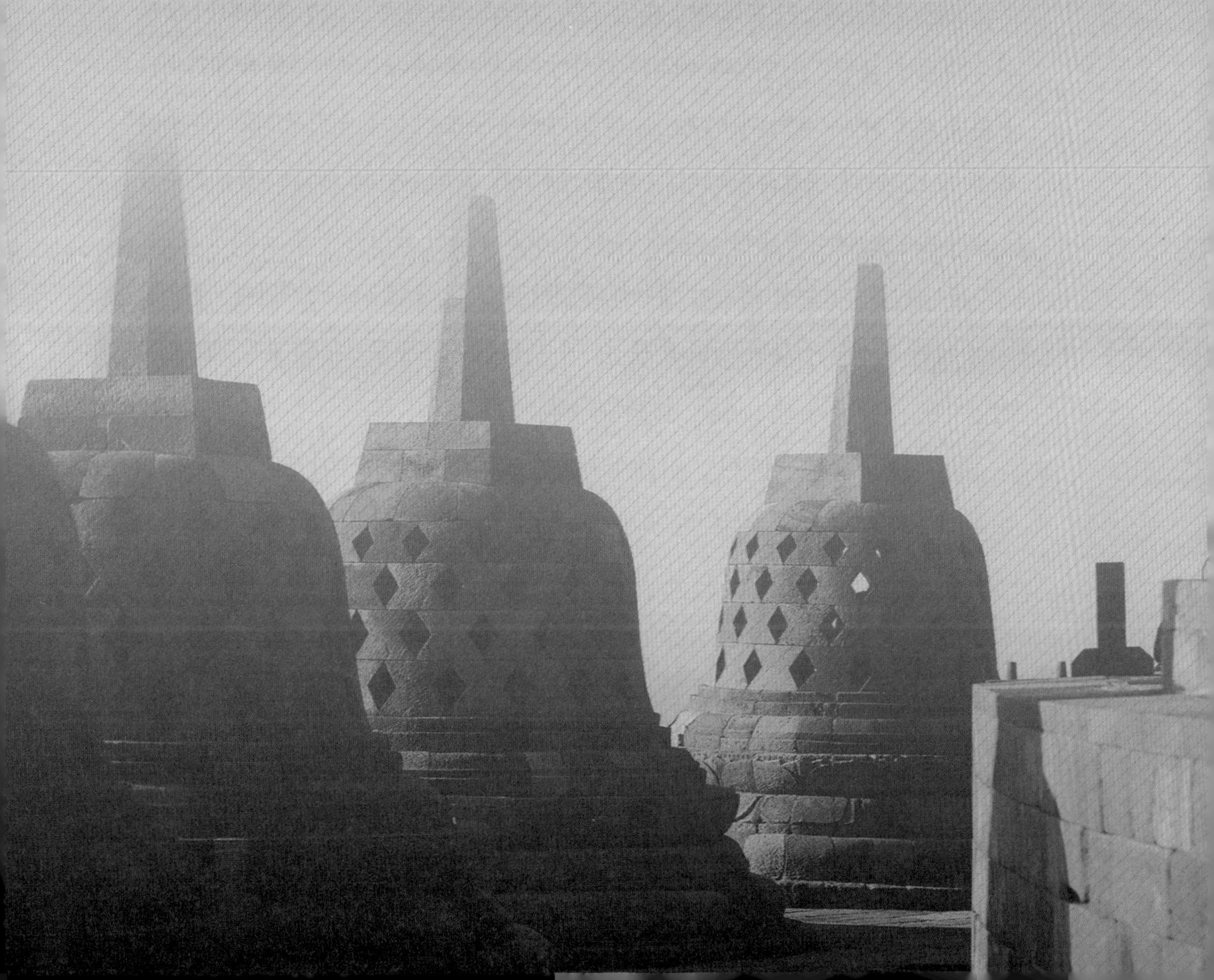

●● 석가의 전생 이야기 I. A. b. 1~120

보로부두르의 회랑 부조 가운데 조각적으로 가장 뛰어난 곳은 제1회랑의 주벽이다. 부조 내용도 알기 쉬운 장면으로 제1회랑 주벽 하단은 전 120면의 패널로 이루어진 석가의 전세 이야기인 본생담자카타과 불자의 전생담아바다나을 주제로 하고 있다.

하지만 보로부두르에 새겨진 본생담은 상단의 불전도와는 달리 출전出典을 알 수 없는 장면과 부조의 해석에 이견이 있는 장면이 있다. 제1회랑 주벽 상단 · 하단 부조 각 면의 높이는 83cm로 일정하다. 하지만 각 면의 길이는 185cm와 235cm의 두 종류가 있다. 이렇게 가로로 긴 화면평방인데도 대부분의 부조는 한 화면에 한 장면1도 1경이 새겨져 있다. 따라서 이야기의 줄거리와는 관계가 없는 조역이 많이 등장한다.

크롬이 지적했듯이 파노라마 화면 같이 옆으로 긴 벽면을 채우기 위하여 주제와 관계없는 불필요한 인물과 배경의 묘사가 지나치게 많다. 또한, 설화의 회화적인 표현 한계에 의한 생략법과 연속성의 결함 때문에 부조 해석을 어렵게 하고 있다. 이러한 엑스트라의 병렬적인 배치는 화면의 동적인 움직임을 제약하고 있다. 게다가 조각가의 공동 작업에 의해서 다른 이야기임에도 구도가 유사한 부조도 적지 않다.

본서에서는 가능한 출전이 명확한 장면의 부조를 중심으로 소개한다. 제1회랑 주벽 하단 본생담은 주벽 상단의 불전도와 더불어 보로부두르에서 가장 재미있는 장면이다.

불교에서 사람은 태어나기 이전에 전세가 있었다고 한다. 석가가 이 세상에 태어나기 전의 많은 전세 이야기가 전해지고 있다. 석가의 전세 이야기에는 어떤 세상에서는 왕자로 태어났고, 또 다른 세상에서는 코끼리나 원숭이 등의 동물로 태어났다. 전세에 코끼리였을 때 코끼리석가는 사람을 도와서 선업을 쌓고, 그 위대한 선업에 의해서 사후 석가로 탄생한다는 이야기이다. 이러한 석가의 다양한 전세 선업 이야기를 『본생담』전생담이라고 한다.

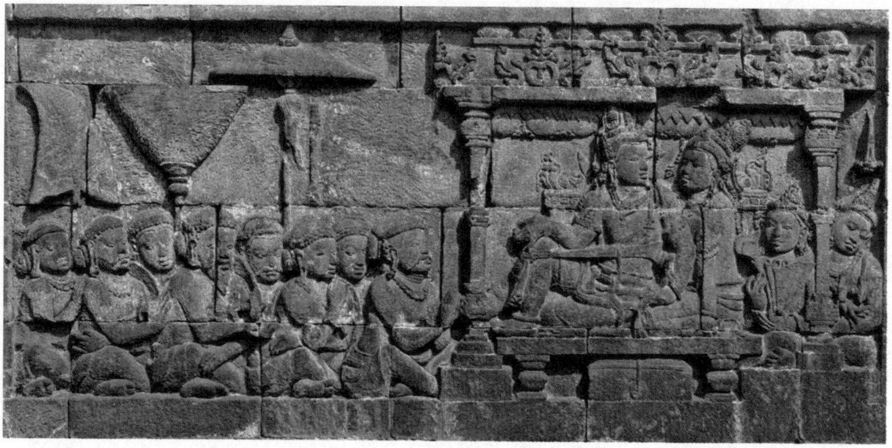

많은 신하들 앞에서 왕과 왕비가 상의하는 장면(I. A. b. 94)

석가의 전생 이야기는 스리랑카나 동남아시아에 전해지는 상좌부 불교의 경전 『남전대장경』南傳大藏經, 전 65권 안에 상세하게 기록되어 있다.

『남전대장경』은 원래 인도의 고어古語 팔리Pali어로 기록한 것으로 이 경전 안에 전 547종의 본생담이 전해지고 있다. 보로부두르의 제1회랑 주벽 하단과 난순의 부조는 모두 『남전대장경』 547종의 본생담에 따라 새겨진 것이다. 하지만 보로부두르의 조각가는 경전 내용을 순서대로 조각한 것이 아니다. 어떤 이야기는 여러 화면을 사용해서 경전 내용을 알기 쉽게 표현했고 어떤 이야기는 한두 장면만을 사용해서 묘사한 것도 있다. 또한, 부조의 주제가 인도 경전에 나오는 이야기이지만, 실제로 조각을 한 사람은 자바인이다. 그 때문에 자바인이 표현한 세계는 자바의 풍경이다. 이러한 과정에서 『남전대장경』 547종의 본생담은 자바인에 의해서 취사선택이 이루어졌고 직역이 아닌 의역 혹은 창작한 부분도 있다. 이점이 바로 우리가 보로부두르의 독자성을 인정해야만 하는 이유이다. 따라서 경전의 출전을 명확히 비정比定할 수 없는 부조가 있다.

예를 들면 크롬, 히카타, 이토는 제1회랑 주벽 하단의 부조 Ⅰ. A. b. 91~105에 대하여 특별한 언급이 없다. 나미카와는 이들 부조를 수다나 태자 본생담Jataka 547, 보시행의 철저으로 해석하고 있다. 나미카와의 가설은 부조 해석에 명백한 잘못이 있다. 부조 Ⅰ. A. b. 97은 머리에 뱀이 새겨져 있어 나가 족용족을 표현하고 있고, 부조 Ⅰ. A. b. 105도 왕이 아니라 보살상이다.

●● 마노하라 이야기Ⅰ. A. b. 1~20

시대와 민족을 초월해서 선남선녀의 사랑 이야기는 사람들이 가장 좋아한다. 마노하라 이야기는 알기 쉬운 남녀의 사랑 이야기를 주제로 하여 석가의 위대한 가르침을 전하고 있다. 경전에 나오는 사랑 이야기의 주인공은 수다나 왕자와 선녀 마노하라 공주이다. 이야기 전개상 마노하라 쪽이 인상 깊어서 일반적으로 마노하라 이야기라고 한다.

이야기의 줄거리는 한 왕자님이 선녀를 아내로 맞이하여 부부가 되지만, 불행한 일이 생겨서 두 사람은 헤어지게 된다. 하지만 주인공 수다나는 일편단심으로 마노하라를 찾아가 결국 두 사람이 다시 만나 행복하게 산다는 이야기이다. '선녀와 나무꾼 이야기' 혹은 왕자님을 '재벌가의 아들'로 선녀를 '미인'으로 바꾸면, 지금 동남아시아에서 유행하는 '한류 드라마'의 내용과 유사하다.

보로부두르 제1회랑 주벽 하단 동면 즉 하단 부조가 처음 시작하는 부분이 마노하라 이야기이다. 부조 이야기는 오른쪽에서 왼쪽으로 전개해간다. 따라서 보로부두르의 순례 방향도 동쪽 계단에서 제1층 회랑을 왼쪽(남쪽, 북쪽, 서쪽)으로 돌아보게 설계되어 있다.

제1회랑 주벽 하단의 부조 Ⅰ. A. b. 1~20은 올덴버그, 파우쳐, 크롬 등에 의해서 DivyavadanaDa. 제30화의 'Sudhanakumara'에 나오는 경전 내용을 새겨놓은 것으로 밝혀졌다. 이와 유사한 설화가 의정義淨이 번역한 『근본설일체유부비나야약사』根本說一切有部毘奈耶藥事』 제13권에 수록되어 있다. 최근 『약사』藥事의 산스크리트어 원본 'Mula-sarvastivada Vinaya Bhaisjyavastu'Bhv.이 발견되어, Da.는 Bhv.를 비롯한 『근본설일체유부비나야약사』 율전 안의 여러 이야기를 모아서 편찬한 것이다. 마노하라 이야기는 티베트, 중앙아시아, 동남아시아의 불교 경전에도 비슷한 이야기가 전해지고 있다. 다른 계통의 설화가 MahavavastuMv.에 킨나리 자카타Kinnari Jakata의 이름으로 기록되어 있는데, 한역 『육도집경』六度集経』의 '수라 태자 본생담'須羅太子本生譚이 이에 해당한다.

보로부두르의 마노하라 이야기 부조 전 20화는 Bhv. 및 Da. 계통의 설화에 가깝지만 Mv.의 기록 내용만으로는 화면을 해석할 수 없다. 따라서 Bhv.계통의 설화 내용에 따라 부조 전 20화의 개요를 소개한다. 단 Bhv.의 현재 남아 있는 간행본은 그 말미의 3분의 1이 유실됐기 때문에 남은 부분은 Da.와 국립 오사카대학 명예교수 고에즈카 다케시의 연구를 참고로 한다.

I. A. b. 1. 풍요로운 나라 다나Dhana 왕의 궁전 생활을 묘사하고 있다. 옛날 인도의 판차라Pancala 지방은 남북으로 나뉘어 각각의 왕이 나라를 다스렸다. 북판차라 왕은 정의와 법에 따라 나라를 다스려 평화롭고 풍요했다. 이 나라는 잔마치트리Janmacitra라고 하는 나가용가 적당한 시기에 비를 내려주어서 농사가 아주 잘 되었다. 화면 중앙 오른쪽 건물 안에 다나 왕과 왕비가 앉아 있다. 오른쪽에 화려한 궁전 건물이 있고, 화면 왼쪽에 많은 신하가 왕과 왕비를 마주 보고 앉아 있다. 왕과 왕비는 주인공 수다나의 아버지와 어머니이다.

I. A. b. 2. 남판차라 왕이 많은 신하를 거느리고 말을 타고 사냥을 하는 장면이다. 화면 왼쪽에 숲과 동물을 묘사하여 숲 속인 것을 나타내고 있다. 남판차라 왕은 잔혹했기 때문에 백성이 북판차라 왕국으로 도주하여 국토가 몹시 황폐했다. 나라 사정을 알게 된 남판차라 왕은 자신의 통치를 반성하고 신하의 충언에 따라 백성을 바르게 다스릴 것을 약속한다. 또한, 왕은 사술을 행하는 브라만에게 북판

차라 왕국을 풍요롭게 하는 잔마치트라를 잡아오라고 명한다.

남판차라 왕의 국내 시찰을 그린 것으로 해석하고 있다. 화면 왼쪽에는 사슴, 원숭이, 새 등이 무성한 숲 속에서 놀고 있어 경전 내용에 나오는 황폐한 국토를 나타내는 것은 없다. 아마 황폐한 국토를 부조로 표현하기가 어려웠던 모양이다. 보로부두르의 산야는 항상 동물이나 나무가 가득 찬 것 같이 새겨져 있어 I. A. b. 2도 그 예를 따르고 있다. 숲, 나무, 바위, 강, 연못 등은 현저하게 양식화하여 묘사되어 있다.

I. A. b. 3. 화면 중앙이 가난한 나라 남판차라 왕이 파견한 브라만이 주문을 외워서 풍요로운 북판차라의 강에 사는 잔마치트라를 유인하는 장면이다. 화면 왼쪽은 남판차라 왕이 브라만을 향하여 나가용를 잡아오도록 명하는 장면이다. 그 바로 오른쪽에 브라만이 이상한 주문을 외우자 지하에 있던 나가가 지상에 나타난다. 그 오른쪽에 서 있는 인물이 사냥꾼 파라카Phalaka로 브라만을 화살로 쏘아서 나가를 구해준다. 오른쪽 화면 끝에 잔마치트라가 합장하여 목숨을 살려준 사냥꾼에게 감사하는 장면이다.

파우처는 이 장면을 '남판차라 왕이 브라만에게 북판차라 왕국에 사는 나가의 포획을 명하는 장면'이라고 해석했다. 크롬은 '브라만이 나가의 포획에 실패한 것을 남판차라 왕에게 보고하는 장면'으로 해석하고 있다. 부조 I. A. b. 3은 화면의 왼

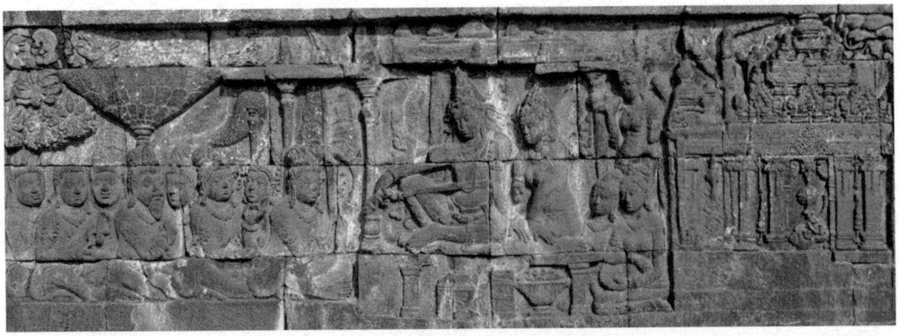

북판차라 왕궁(I. A. b. 1)

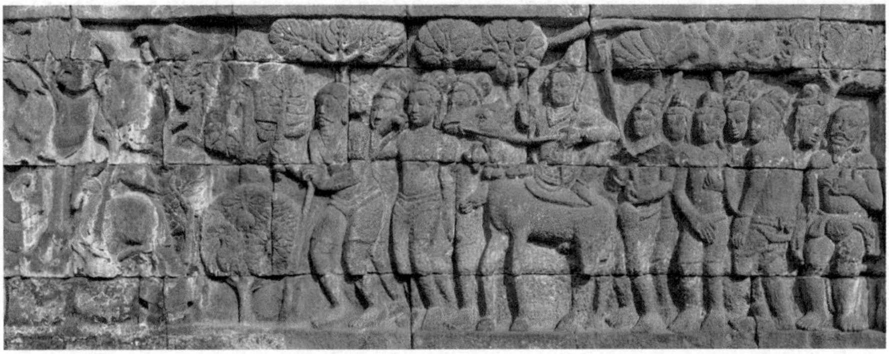

국내를 시찰하는 남판차라 왕(I. A. b. 2)

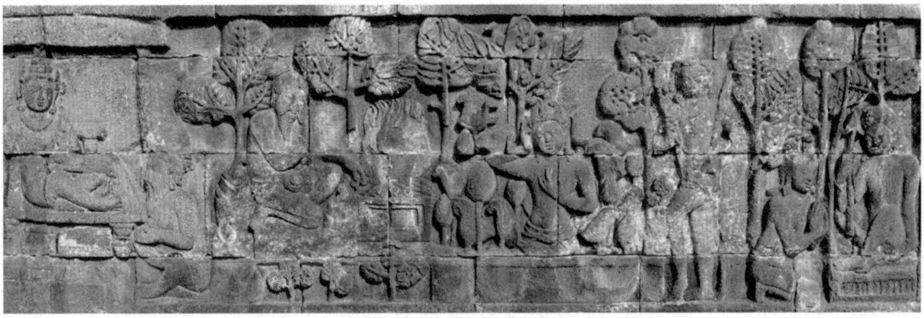

사냥꾼, 용, 브라만(I. A. b. 3)

쪽남판차라 왕의 포획 명령, 중앙브라만 승, 나가, 사냥꾼, 오른쪽사냥꾼에 대한 나가의 감사 순서로 이야기가 전개된다. 일반적으로 부조는 화면 왼쪽에서 오른쪽으로 이야기가 전개된다.

I. A. b. 4. 잔마치트라가 목숨을 구해준 사냥꾼 파라카를 용궁에 초대한 장면이다. 화면 오른쪽에 잔마치트라가 무사히 용궁으로 돌아와 그간의 사정을 부모님에게 말씀드리고 있다. 이 3명은 모두 머리 위에 뱀이 새겨져 있어 용족인 것을 나타내고 있다. 왼쪽의 화려한 용궁 안에는 호화스럽게 몸치장하고 앉아 있는 사냥꾼이 묘사되어 있다. 그 앞에 많은 선물을 바치고 있는 두 사람이 용왕 부부이다.

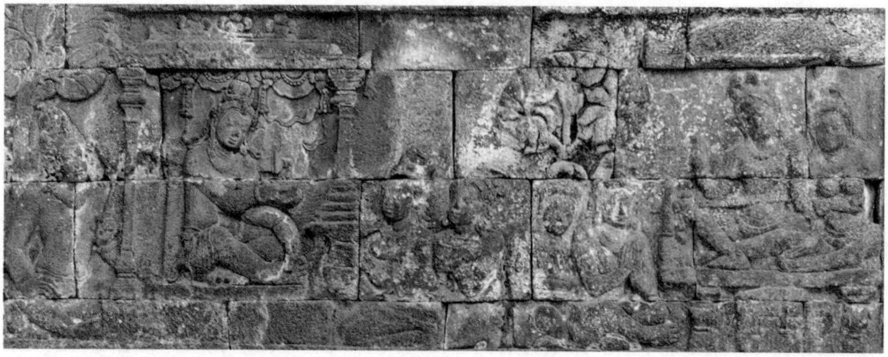

용궁에서 나가로부터 환대받은 사냥꾼(I. A. b. 4)

부조 I. A. b. 3에서 사냥꾼 파라카는 변변치 않은 옷을 입고 있었는데, 이 화면에서는 풍채가 좋은 귀인으로 묘사하고 있다. 같은 궁전의 묘사도 용왕보다는 귀인(사냥꾼?)이 앉아 있는 쪽이 훨씬 화려하다. 더욱이 화면 왼쪽 끝에서 파리채를 왼손에 들고 앉아 있는 것은 나가가 아니라 사람으로 현재 전해지는 경전에서는 이 인물을 설명할 수 없다고에즈카 다케시. '조각가는 화면에 그려야 할 개략적인 지시가 주어져 설화 전체의 세부를 몰랐기 때문에 사냥꾼을 귀인과 같이 새기고 시종까지 덧붙인 것이 아닐까?'라고 크롬은 해석하고 있다. 하지만 조각가가 내용을 전혀 모른 채 작업을 했다고는 생각할 수 없다.

경전에 의하면 용궁에서 돌아온 사냥꾼은 어떤 선인에게 아모가amogha라는 올가미 줄을 받아와야 한다는 가르침을 받고 다시 용궁에 찾아가서 그 줄을 손에 넣는다고 한다. 하지만 이러한 내용은 보로부두르 부조에는 없다. 사냥꾼이 용궁을 방문하는 것은 부조 I. A. b. 4뿐이다. 거기에는 아모가로 보이는 올가미 줄의 표현이 없다. 아모가에 대해서는 사카어 경전과 팔리어 경전에도 언급이 있는데, 킨나리의 희생제로 시작되는 경전Bhv에는 아모가 줄에 대한 언급이 없다. Bhv.계통의 여러 경전에는 다나 왕 부부에게 대망의 왕자가 탄생하여 이름을 수다나로 정하기까지 상당히 길게

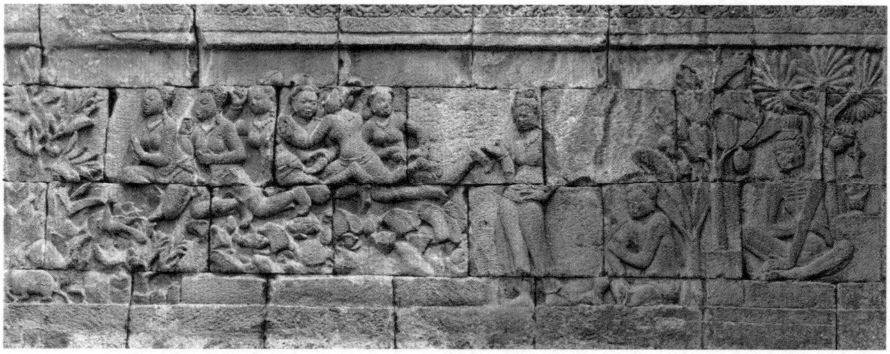

사냥꾼에게 잡힌 마노하라(I. A. b. 5)

기록하고 있는데 보로부두르의 조각가는 이 부분을 완전히 무시하고 있다.

I. A. b. 5. 사냥꾼 파라카가 선녀 마노하라를 사로잡는 순간이다. 용궁에서 이상한 올가미를 얻은 사냥꾼은 그 후 사냥을 하다가 산속에서 선인을 만난다. 화면 오른쪽 끝에 갈비뼈가 보이는 바싹 마른 선인의 모습이 보인다. 선인은 보름날 밤 천계의 킨나리 왕국 선녀가 연못에 내려와 목욕하는 것을 사냥꾼에게 알려 준다.

화면 중앙 오른쪽에 서 있는 것이 사냥꾼, 그 앞에서 뒤돌아보며 도망가려고 하는 여자를 마노하라 공주로 보는 견해도 있다. 크롬은 '사냥꾼의 왼쪽에 아모가 줄의 흔적이 있다.'라고 한다. 그러나 마노하라의 왼팔 일부가 파손된 것 이외에 보존 상태가 좋은 화면이다. 따라서 원래 부조에 새겨진 아모가 줄이 풍화해서 없어졌다고는 생각할 수 없다. 또 Bhv.계통의 경전에서 아모가 줄은 중요한 소도구이다. 조각가 마음대로 생략할 수 있는 장면이 아니다. 또한, 아모가 줄에 의한 포획 장면은 피하지 않으면 안 될 정도로 잔혹한 묘사도 아니다.

이 부조의 마노하라를 사로잡는 도구인 아모가를 기록한 경전이 있는가 하면, '진실한 말'satyavakya의 힘에 의해서 사로잡는다고 하는 경전도 있다. 이 문제에 관해서 폰테인은 경전Mv. 내용에 '마노하라는 주문呪文에 의해 잡혔다.'라는 기록을 근거로 새로운 해석을 제시했다. 보로부두르의 조각가가 전거한 경전도 큰 줄거리는 Bhv.계통의 경전을 따르면서도 어떤 부분에는 Ma.계통의 경전을 참조하여 조각한 것으로 추정하고 있다. 이러한 가설이 옳다면 부조 I. A. b. 4와 같이 사냥꾼이 아모가 줄을 입수하는 장면을 묘사하지 않아도 큰 문제는 없다. 따라서 이 부조는 폰테인의 해석이 가장 유력하다.

부조 I. A. b. 5는 주벽 하단 부조 중에서도 조각적으로 걸출하다. 특히 도망쳐가는 킨나리의 표현이 약동적이며 변화가 많다. 이 정도의 솜씨를 가진 조각가가 아모가 줄로 마노하라를 사로잡는 장면을 조각할 수 없었다고는 생각할 수 없다. 결국, 이 부조를 자연스럽게 해석하면 현재 전하지 않는 다른 계통의 경전을 상정할 수밖에 없다.

종래의 연구에서 아모가 줄을 던지고 있는 사냥꾼이라고 해석한 인물은 풍만한 가슴 표현, 장식과 의상으로 보아 분명히 여성마노하라을 묘사하고 있다. 따라서 화면 중앙 오른쪽에 서 있는 인물을 사냥꾼으로 해석하는 견해는 옳지 않다. 사냥꾼으로 보이는 인물은 중앙의 서 있는 여성과 선인 사이에 앉아 있는 인물이다. 사냥꾼이 고약한 얼굴로 주문을 염하고 있는 것처럼 새겨져 있다.

I. A. b. 6. 수다나 왕자가 처음으로 선녀 마노하라를 만나는 장면이다. 화면 오른쪽 끝에 무기를 든 북판차라 왕국의 호위병이 서 있다. 화면 왼쪽에 왕자가 서서 마노하라를 바라보고 있다. 왼쪽 끝에서 마노하라가 얼굴을 살짝 돌려 수줍어하고 있다. 마노하라의 아름다움에 반한 왕자는 궁전으로 돌아가 두 사람은 결혼하여 행복한 신혼 생활을 보낸다.

한편, 다른 경전Mv에는 왕자의 이름을 '수다누'Sudhanu라고 하여 왕자가 이웃 나라의 제사에 출석해서 제물로 바쳐지려고 하는 마노하라의 미모에 빠져 그녀를 구출해서 아내로 맞이한다는 내용으로 이야기가 시작한다. 경전에 따라서 전생담의 큰 줄거리는 비슷하지만, 설화의 세부 내용에는 현저하게 다른 점도 있다.

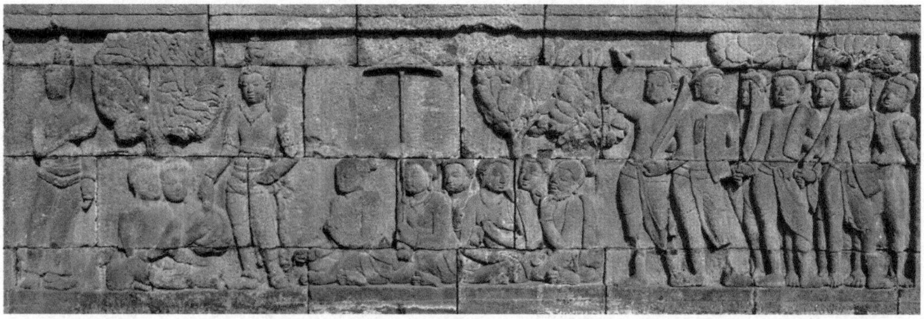

마노하라를 만나 첫눈에 사랑에 빠진 왕자(I. A. b. 6)

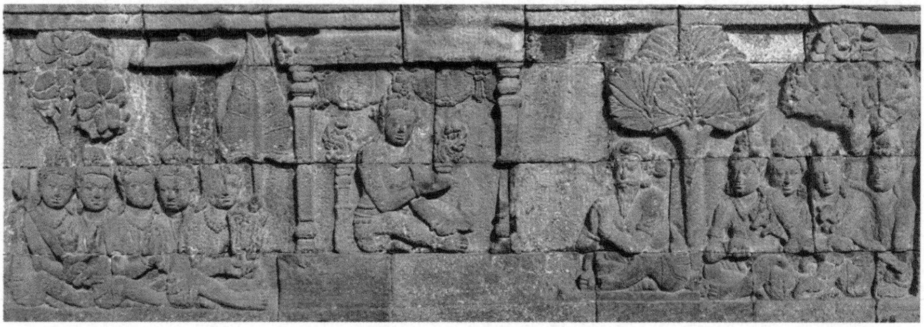

다나 왕에게 왕자의 출진을 진언하는 브라만(I. A. b. 7)

I. A. b. 7. 국경 가까이에서 반란이 일어나자 그 진압에 대해서 다나 왕과 브라만이 상의하는 장면이다. 화면 중앙에 앉아 있는 것이 다나 왕, 그 앞에 앉아 있는 턱수염을 기른 인물이 브라만이다. 국경 지역에서 반란이 일어나자 수다나 왕자를 없애려고 생각한 브라만은 왕자를 반란군 진압에 파견하도록 왕에게 간청한다. 이를 계기로 마노하라와 수다나 왕자는 헤어지게 된다.

I. A. b. 8. 수다나 왕자가 어머니를 찾아가 출전을 알리는 장면이다. 화면 왼쪽의 궁전 안에 왕비가 앉아 있고, 그 앞에 앉아서 합장하는 것이 왕자이다. 왕자

는 어머니에게 아내의 보석 머리장식을 맡기고 예기치 않은 일이 생기면 아내에게 건네주도록 부탁한다. 그 오른쪽에 많은 신하가 이 광경을 지켜보고 있다. 왼쪽 끝의 궁전 건물 밖에서 시녀를 대동하여 합장하고 있는 인물을 마노하라로 보는 견해도 있다.

I. A. b. 9. 출전을 앞둔 수다나 왕자를 돕고자 찾아온 야차 군과 만나는 장면이다. 왕자가 출전 도중 나무 아래에서 쉬고 있었을 때 비사문천이 왕자를 도와준다. 화면 중앙의 나무 밑에서 다리를 꼬고 앉아 있는 것이 수다나이다. 왕자 앞에 5명의 야차가 양반다리를 하고 앉아 있다. 무기와 짐을 든 많은 병사가 왕자와 야차 군의 만남을 지켜보고 있다. 왕자는 야차 군의 도움으로 순식간에 반란군을 진압한다.

I. A. b. 10. 왕자의 아버지 다나 왕이 어느 날 밤 나쁜 꿈을 꾸었다. 왕은 6명의 브라만을 불러 자신의 꿈을 해몽하도록 한다. 화면 왼쪽 궁전 안에 앉아 있는 것이 왕이다. 그 오른쪽에 브라만이 왕이 본 꿈에 대해서 듣고 있다. 이때 브라만은 왕에게 가까운 장래에 왕위를 잃고 죽을 것이라는 불길한 예언을 고한다. 브라만은 이러한 재앙을 피하기 위해서는 제를 올리고 마노하라를 제물로 바치라고 왕에게 권한다.

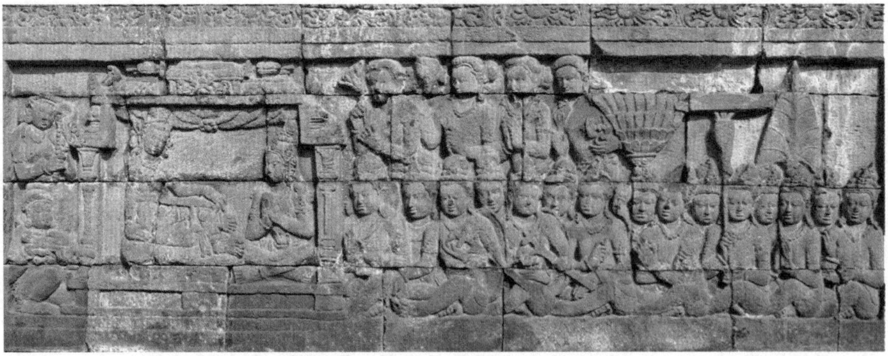

어머니에게 머리 장식을 맡기는 왕자(I. A. b. 8)

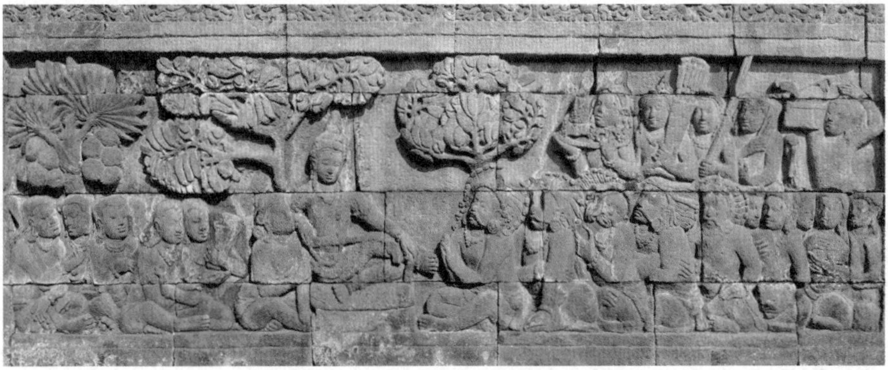

왕자가 야차 군을 만나는 장면(I. A. b. 9)

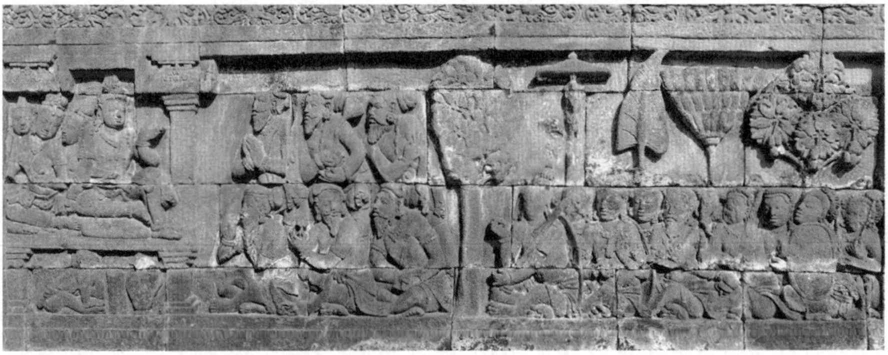

왕에게 간계를 진언하는 브라만(I. A. b. 10)

I. A. b. 11. 브라만이 모의하여 자신을 죽이려고 하는 것을 안 마노하라가 궁전을 떠나는 장면이다. 신변에 위험을 느낀 마노하라는 왕자의 어머니에게 작별인사드리고 궁을 떠나기로 결심한다. 마노하라는 왕자의 어머니에게서 머리장식을 돌려받아 하늘을 나는 힘을 회복한다. 화면 중앙에는 마노하라가 새들과 함께 하늘을 날아 궁을 떠나가는 장면이다. 오른쪽에 궁전이 있고 왼쪽에는 왕비, 궁녀, 병사들이 하늘을 날아가는 마노하라를 바라보고 있다.

여러 경전에 등장하는 머리장식이 보로부두르의 부조에 새겨지지 않은 것은 이상하다. 왜냐하면, 머리빗은 선녀 킨나리가 비상하는 데 꼭 필요한 도구이기 때문이다. '선녀와 나무꾼' 이야기에서는 선녀의 옷이 하늘을 날 수 있는 중요한 도구인데 킨나리는 머리빗이다. 사냥꾼이 마노하라의 미모에 반해서 아내로 삼으려 하자 마노하라가 사냥꾼에게 하늘을 날 수 있는 자신의 머리빗을 건네주며 도망가지 않을 것을 약속한다. 이야기의 흐름으로 보아서 머리빗을 조각가가 마음대로 생략했다고 볼 수 없다.

부조 I. A. b. 11의 마노하라가 궁을 떠나는 이유에 대해서도 일반적으로는 왕자를 싫어하는 브라만의 간계에 의한 것으로 알려졌지만, 왕자가 그녀의 미모에 정신이 빠져 정무를 게을리했기 때문이라는 경전도 있다. 구승하는 옛날이야기를 문자 혹은 부조로 기록하는 과정에서 이야기꾼에 의해서 내용이 다소 각색되거나 변하는 것처럼 마노하라 이야기는 경전에 따라서 그 내용에 많은 상이점이 있다.

I. A. b. 12. 수다나 왕자가 국경에서 일어난 반란을 진압하고 왕궁에 돌아와 다나 왕에게 전공을 보고하는 장면이다. 화면 왼쪽 궁전 안에 앉아 있는 것이 다나 왕이고 그 앞에 전리품을 바치고 있는 3명의 궁녀가 있다. 궁녀 옆에서 오른손을 들고 앉아서 부왕에게 승전 보고를 하는 것이 수다나 왕자이다. 화면에 묘사된 부왕의 모습은 고개를 숙여 왕자와 눈을 맞추려고 하지 않는다.

I. A. b. 13. 어머니를 찾아가 사랑하는 마노하라가 궁을 떠난 것을 알고 슬픔에 잠긴 수다나 왕자를 묘사한 장면이다. 왕비는 마노하라가 궁전을 떠나 천계로 돌아간 사실을 전한다. 왕자는 아내가 궁전을 떠난 것을 알고 깊은 슬픔에 잠긴다. 화면 왼쪽의 궁전 안에 앉아 있는 것이 어머니이고, 그 앞에서 고개를 숙이고 앉아 있는 것이 왕자이다. 왕자 뒤에는 전쟁에서 귀국한 군사의 무리가 보인다. 사랑하는 아내가 떠난 것을 알고 슬퍼하는 왕자의 모습이 잘 묘사되어 있다.

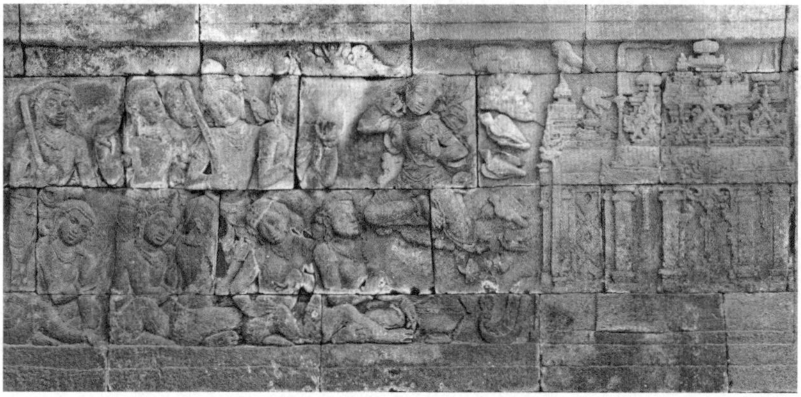

왕궁을 떠나는 마노하라(Ⅰ. A. b. 11)

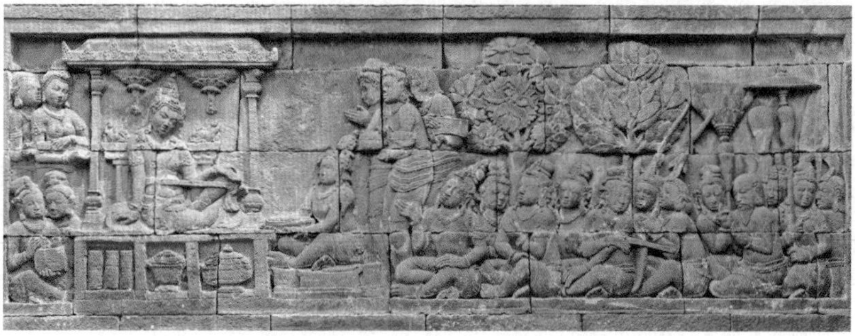

왕에게 전공을 보고하는 왕자(Ⅰ. A. b. 12)

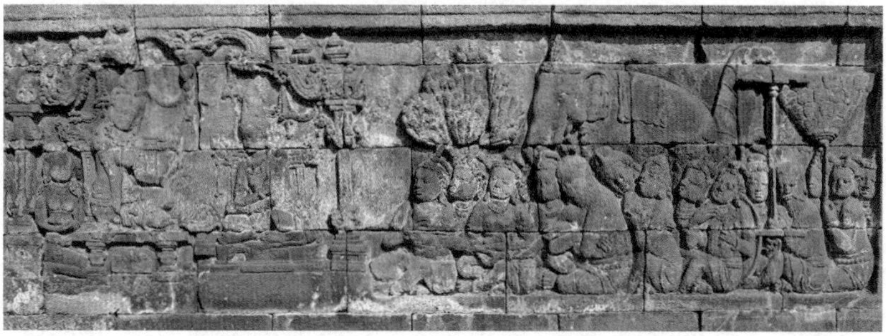

어머니에게서 마노하라의 가출 소식을 듣는 왕자(Ⅰ. A. b. 13)

I. A. b. 14. 왕궁에 갇힌 수다나 왕자를 묘사하고 있다. 화면 중앙의 궁전 안에 앉아 있는 것이 왕자이고, 그 좌우에 있는 아름다운 두 궁녀가 왕자를 유혹하고 있다. 궁전 밖의 좌우에는 코끼리 기둥대가 왕자를 감시하고 있다. 왕은 왕자에게 더욱 아름다운 아가씨를 아내로 맞이하라고 권하며 왕자가 마노하라를 찾아가지 못하도록 병사들에게 망을 보게 한다. 그러나 왕자는 밤중에 성을 빠져나와 사냥꾼 파라카를 찾아가 킨나리 궁전을 알고 있는 선인의 거처를 알아낸다.

지금까지의 연구에서 부조 I. A. b. 14는 일반적으로 마노하라가 아비지인 드루마 왕과 상봉하는 장면으로 여겨져 왔다. 만약, 부조 I. A. b. 14가 드루마 왕과 마노하라가 상봉하는 장면이라면, 마노하라를 주인공답게 새겨야 마땅하다. 이 장면은 실내에서 귀인이 2명의 여성에게 시중을 받고, 밖에는 많은 군사가 경호하고 있는 장면이다. 경전Bhv에는 '다나 왕이 슬퍼하는 수다나 왕자에게 더욱 아름다운 처녀를 부인으로 맞이하라고 권하고 왕자가 출성하지 못하도록 감시시켰다.'라고 쓰여 있다. I. A. b. 14는 이 경전 내용을 그대로 묘사한 것으로 전후 화면도 경전 내용을 부조에 충실하게 반영한 것을 알 수 있다.

I. A. b. 15. 수다나 왕자가 깊은 산속에 사는 선인을 찾아간 장면이다. 화면 오른쪽에 앉아 있는 것이 수다나 왕자로 왼쪽에 앉은 턱수염을 기른 인물이 선인이다. 이별의 슬픔에 빠진 왕자는 마노하라를 찾아서 긴 여행길에 오른다. 왕자는 선인으로부터 예전에 이곳을 지나갔던 마노하라의 소식을 듣는다. 선인이 왕자에게 마노하라의 반지를 건네주면서 천계로 가는 길을 가르쳐준다. 이렇게 하여 왕자는 7년 7개월 7일 걸려서 마노하라를 찾아간다.

I. A. b. 16. 수다나 왕자가 긴 여행 끝에 마침내 마노하라가 사는 킨나리 궁전에 도착한 장면이다. 화면 중앙에는 일곱 선녀가 연못에 와서 물을 긷고, 화면 오른쪽에 화려한 킨나리 궁전이 있다. 화면 오른쪽 끝에 왕자와 선녀가 문답하고 있다. 왕자는 자신이 찾아온 것을 알리기 위해서 마노하라의 반지를 선녀의 물독 안에 넣

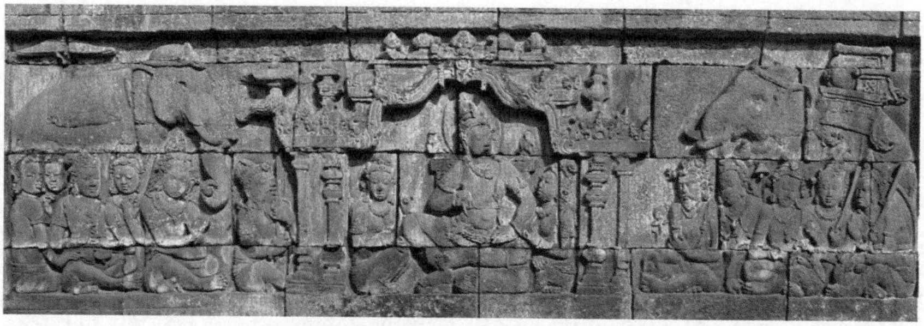

왕궁에 갇힌 수다나 왕자(I. A. b. 14)

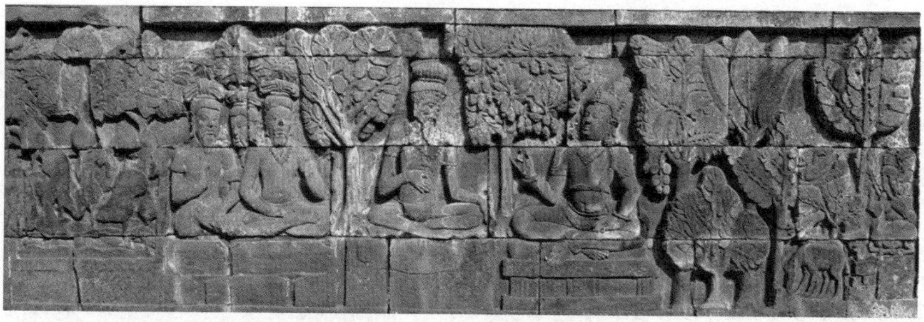

선인에게 마노하라의 거처를 묻는 왕자(I. A. b. 15)

는다. 마노하라는 물독에서 물을 부어 몸을 씻다가 항아리 안에서 떨어진 반지를 보고 남편이 자신을 찾아온 것을 눈치챈다. 마노하라는 왕자를 왕궁에 초대하여 아버지 드루마 왕을 만나게 한다.

I. A. b. 17. 왕은 딸이 데리고 온 수다나 왕자가 진짜 마노하라의 남편인지 의심한다. 드루마 왕 앞에서 수다나 왕자가 화살을 쏘아 자신의 무예 솜씨를 보이는 장면이다. 왕이 사위라고 하는 수다나 왕자의 인물됨을 시험하고 있다. 왕자는 화면 왼쪽 끝에 서서 많은 사람이 지켜보는 가운데 활시위를 당겨 화면 중앙에 있는 야자수를 향하여 화살을 쏘려고 하고 있다. 화면 오른쪽 끝의 대좌에 앉아서 그 광경을 지켜보고 있는 것이 드루마 왕이다.

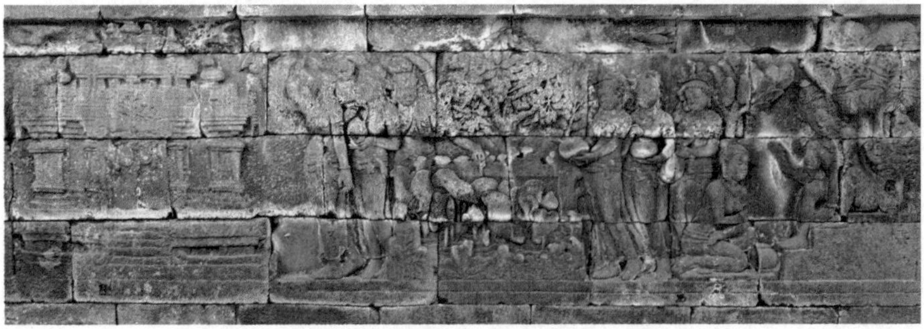

수다나 왕자가 킨나리 궁전에 도착한 장면(Ⅰ. A. b. 16)

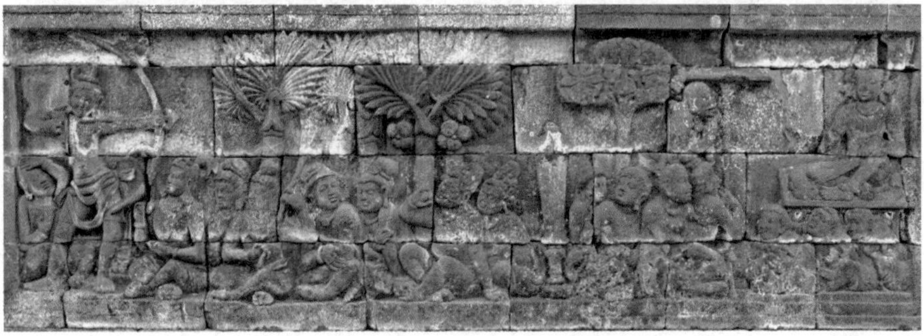

무예 솜씨를 보여주는 왕자(Ⅰ. A. b. 17)

Ⅰ. A. b. 18. 왕자가 많은 선녀 가운데서 마노하라를 찾아내는 장면이다. 왕은 마노하라와 비슷하게 생긴 많은 선녀를 모아서 같은 옷으로 갈아입혀 놓고 그 안에서 마노하라를 찾아낼 것을 명한다. 왕자는 단번에 마노하라를 찾아낸다. 화면 중앙에 서 있는 것이 수다나 왕자로 그 앞 건물 안에 7명의 선녀가 앉아 있다. 오른쪽 끝 대좌 위에 왕과 왕비가 함께 앉아서 수다나 왕자의 선택을 지켜보고 있다. 2가지 시험을 통과 한 수다나 왕자는 드루마 왕으로부터 사위로 인정받는다.

파우쳐와 크롬은 궁전 안의 귀인을 부조 Ⅰ. A. b. 17과 Ⅰ. A. b. 18에 두광頭光이 새겨져 있는 것을 근거로 킨나리 왕 드루마로 간주하고 그 왼쪽에 앉아 있는 것

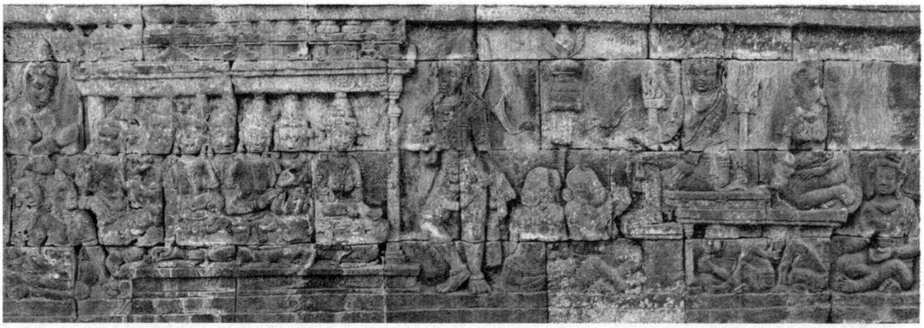

많은 미녀 안에서 마노하라를 찾아내는 왕자(I. A. b. 18)

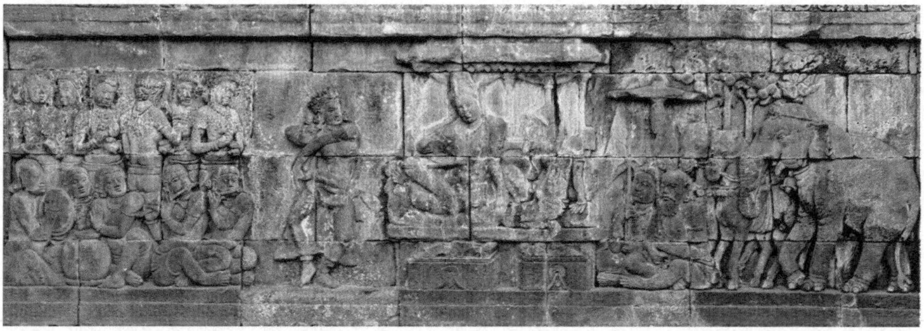

궁중 연회를 즐기는 왕자와 마노하라(I. A. b. 19)

이 왕비, 오른쪽을 마노하라로 추정하고 있다.

'선녀 마노하라가 천계의 킨나리 궁전에 돌아와 아버지 드루마 왕에게 지상에서 있었던 일을 이야기하고 있다. 화면 중앙의 궁전 안에 앉아 있는 것이 아버지이고, 그 오른쪽이 마노하라이다. 궁전 밖에는 천인과 천녀들이 궁전 안을 쳐다보고 있다.' 라고 크롬이 해석했다.

I. A. b. 19. 왕자와 마노하라의 재회를 축하하는 연회가 베풀어지고 있는 장면이다. 화면 중앙의 대좌 위에 왕자와 마노하라가 앉아 선녀들의 춤을 감상하고 있다. 아름다운 무희의 율동적인 춤은 지금도 자바의 궁중무용Regong Dance으로 전해

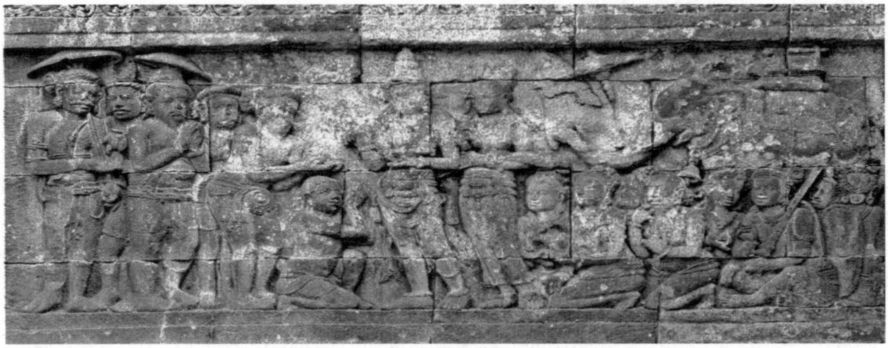

선정을 베푸는 수다나 왕과 마노하라(I. A. b. 20)

지고 있다. 화면 왼쪽에는 가믈란 악단이 곡을 연주하고 있다.

I. A. b. 20. 왕자와 마노하라가 다시 북판차라 왕국에 돌아와서 왕자는 왕위에 올라 많은 사람에게 보시하는 등 선정을 베푸는 장면이다. 두 사람은 천계에서 행복한 나날을 보냈지만, 고국으로 되돌아가고 싶은 왕자의 마음을 안 마노하라는 왕자와 같이 지상의 궁으로 돌아온다. 화면 중앙에 수다나 왕과 마노하라가 많은 사람에게 보시하는 장면으로 마노하라 이야기는 끝이 난다.

●● 만다타르 왕의 전생담 I. A. b. 31~50

만다타르 왕의 전생 이야기The Mandhatar, Avadana로 본생담 258편에 등장한다. 보시는『화엄경』에서 중요한 수행의 하나로 여겨지고 있다.

옛날에 우포사다 왕은 신심이 깊고 평소에 많은 보시를 했다. 어느 날 우포사다 왕이 사원 가까이에 있는 용천수 물을 마시자 왕의 머리에 혹이 생겼고, 그 혹에서 만다타르 왕자가 태어난다. 우포사다 왕이 죽자 만다타르 왕자가 왕위에 오른다. 만다타르 왕은 많이 보시하고 동물을 사랑하는 등 자비스러운 사람이었다. 그러나

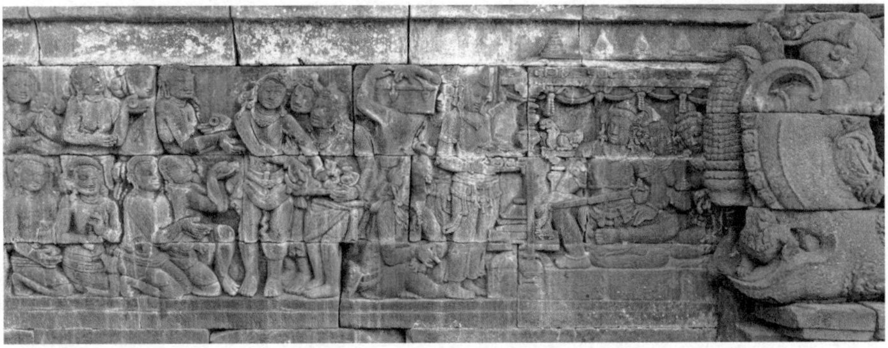

대 보시와 마카라 장식(I. A. b. 31)

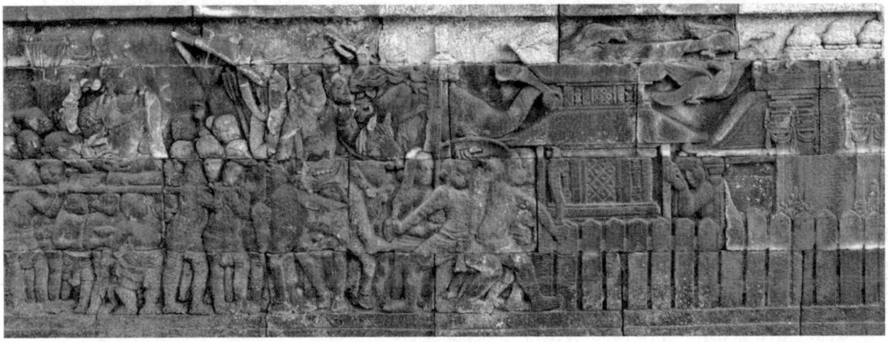

사원을 방문하는 장면(I. A. b. 33)

만다타르 왕은 실수로 승려를 추방하여 재앙을 맞이한다는 내용이다.

그러나 부조 I. A. b. 31~50이 만다타르 왕의 전생담인지 혹은 다른 이야기인지는 지금 단계에서는 단정할 수 없다. 크롬Krom과 이토伊藤는 부조 내용을 알 수 없다고 했고, 히카타干潟, 나미카와並河, 믹식, 서규석 박사는 만다타르 왕의 전생담으로 해석하고 있다. 필자는 부조와 경전 내용이 일치하지 않은 부분이 있어나미카와의 부조 I. A. b. 34, 35, 38, 40, 41, 43, 44, 45, 46, 47, 48, 49, 50의 해석은 명백한 잘못이다, 부조 I. A. b. 31~50의 경전 출전 비정은 앞으로 재검토할 필요가 있다.

●● 운마 본생담 I. A. b. 53~54

제1회랑 주벽 하단 부조 Ⅰ. A. b. 51~54에 대해서 크롬은 특별한 언급이 없고, 히카타는 '운마Valahassa 본생담'이라는 해석에 물음표(?)를 달았다. 나미카와는 부조 Ⅰ. A. b. 51~52를 탐희본생耽戱本生, Jakata 202으로 해석하고 있다. 이토와 나미카와는 부조 Ⅰ. A. b. 53~54만을 운마 본생담Jataka, 196으로 보고 있다.

옛날 스리랑카에 '시리사밧투'라는 여자 야차夜叉가 사는 마을이 있었다. 마을 가까운 바다는 물살이 세서 배가 자주 침몰했다. 어느 날 상인들의 배가 침몰하자 야차가 사는 마을로 피난 온다. 난파당한 배가 있으면 그녀는 아름답게 꾸미고 음식을 가져가 상인을 유혹했다. 식사가 끝나고 휴식을 취할 때에 다른 야차녀들을 데리고 가서 "여러분은 어떻게 해서 여기까지 오게 됐습니까?"라고 묻자 상인들이 "우리는 배가 난파해서 여기까지 왔소."라고 답한다. "아, 그래요. 우리 남편도 배 타고 나간 지 3년이 되었습니다. 아마 죽었을 것입니다. 우리가 당신들의 부인이 되어 드리겠습니다."라고 상인들을 유혹한다. 유혹에 넘어간 상인들을 그 후 야차는 '야차 집'파멸의 집에 가두어두고 하나씩 잡아먹는다.

어느 날 또 다른 상인이 난파를 당해 야차에게 사로잡힌다. 야차 우두머리는 상단 우두머리를 남편으로 삼았다. 어느 날 밤 야차는 상인이 잠든 틈을 타서 '파멸의 집'으로 가서 전에 잡아 둔 상인을 죽이고 그 고기를 먹고 돌아왔다. 상단의 우두머리는 그녀가 야차임을 눈치챈다.

상단의 우두머리는 "이들은 야차이며, 사람이 아니다. 만일 파선을 당하여 또 다른 사람이 오면 그들을 남편으로 삼고, 그다음에는 틀림없이 우리를 잡아먹을 것이다. 우리는 빨리 달아나지 않으면 안 된다."라고 선원을 설득한다. 그러나 상인 중에 250명은 달아나는 것을 반대한다. 그리하여 우두머리 상인은 자기를 따르는 250명만을 데리고 달아난다. 그때 보살석가은 운마雲馬로 태어났던 시대였다. 온몸이 하

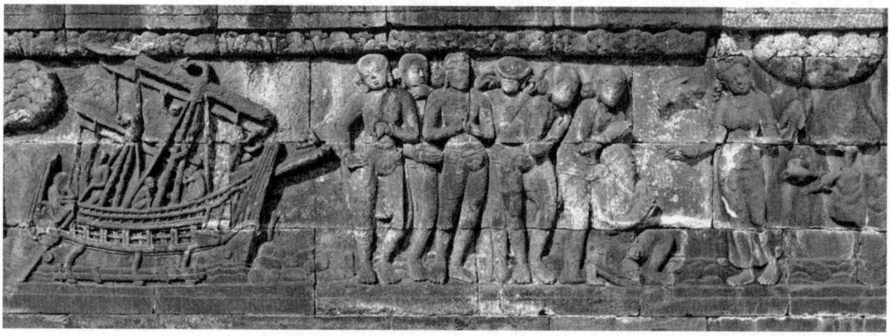

난파당한 상인을 맞이하는 야차(I. A. b. 53)

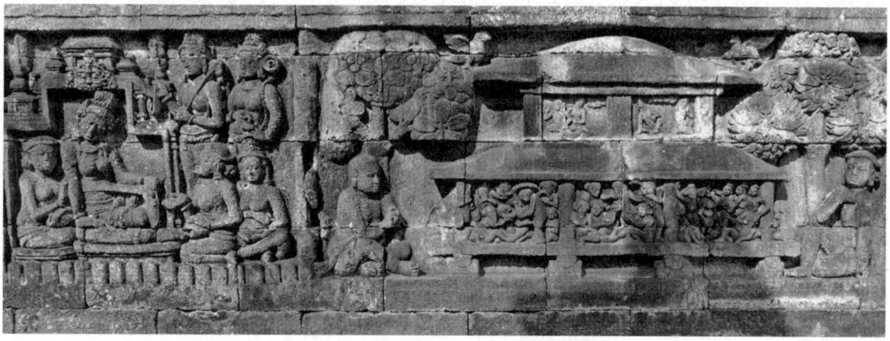

오른쪽 가옥 안에 야차들에게 갇혀 있는 선원(I. A. b. 54)

얗고 신통력을 갖추어 하늘을 날 수 있었다.

석가의 전신인 운마는 250명의 상인을 날라서 모두 제집으로 보내준다. "내가 가르치는 교훈을 그대로 실행하지 않는 사람은 야차에게 잡아먹히는 불운한 상인들과 같이 되리라. 내가 가르치는 교훈을 그대로 실행하는 사람은 운마雲馬를 탄 상인들처럼 행복하게 되리라."라고 게송을 읊었다.

●● 시비 왕 본생담 I. A. b. 55~56

시비 왕 본생담Avadana은 『일체경』一切經 본연부 8권의 '대장엄론'大藏嚴論 제12품에 전해지는 이야기이다. 보로부두르의 본생담 부조 가운데 가장 잘 알려진 걸작이다. 보로부두르 참배자는 이 시비 왕 본생담의 부조만 보고 돌아가는 사람마저 있다고 한다. 이야기의 줄거리는 2면이 새겨져 단순하지만 그만큼 이해하기 쉽고 인상 깊은 내용이다.

옛날 인도에 '시비'Sivi라는 어진 왕이 살고 있었다. 이 대왕은 많은 보시를 했다. 시비 왕은 지혜를 닦는 데 대단히 열심이었고, 자신의 몸을 버리면서까지 다른 사람을 돕고 구해준다. 대왕은 모든 지혜를 깨우치기 위해서는 깊은 자비심을 가져야 한다는 신념을 지니고 있었다.

어느 날 시비 왕 곁으로 1마리의 비둘기가 도망치듯이 날아왔다. 비둘기는 시비 왕의 무릎 위에 앉아 왕에게 목숨을 살려줄 것을 청한다. 그때 매서운 매 1마리가 비둘기를 잡아먹으려고 뒤를 쫓아 날아왔다.

그것을 안 자비 깊은 시비 왕은 비둘기를 가련하게 여겨 매에게 비둘기를 살려줄 것을 청한다. 매는 자신의 먹이이기 때문에 그 비둘기를 내놓으라고 시비 왕에게 요구한다. 시비 왕은 어떻게든 비둘기를 살리려고 매에게 조건을 묻는다. 그러자 매는 비둘기의 무게만큼 고기를 준다면 비둘기를 잡아먹지 않겠다고 대답한다.

시비 왕은 신하에게 명하여 무게를 재는 저울과 칼을 가져오게 한다. 그리고 저울의 한쪽 접시에 비둘기를 올려놓고, 왕은 자신의 넓적다리를 칼로 잘라서 저울의 다른 한쪽 접시에 올려놓는다. 왕은 자신의 몸을 베어서 매에게 준다.

이러한 시비 왕의 자기희생 정신을 안 제석천이 피투성이가 된 왕의 몸을 원상태로 회복시켜준다. 시비 왕은 전생의 석가이고, 그의 자비로운 보시는 끝이 없었다. 제1회랑 난순 상단에도 시비 왕이 눈을 보시하는 이야기가 새겨져 있다.

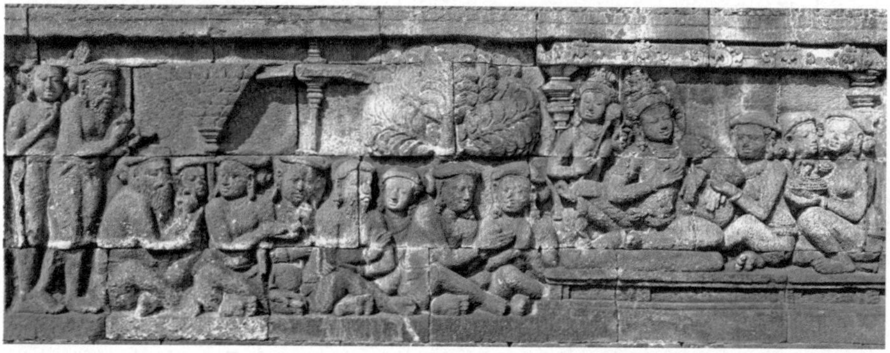

주인공 시비 왕이 궁전에 있는 장면(Ⅰ. A. b. 55)

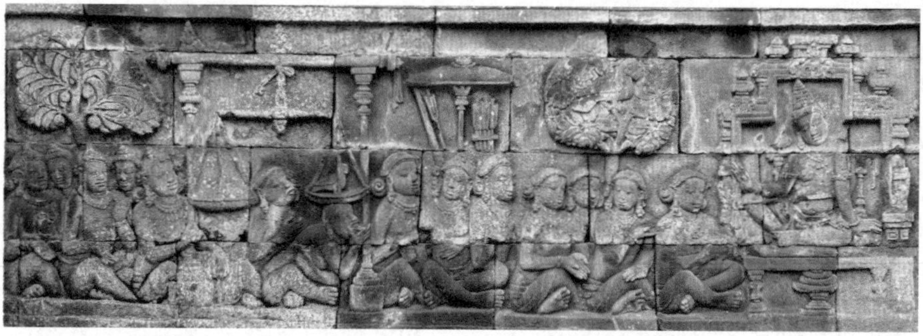

시비 왕의 왼쪽 나무 위에 매가 있고, 저울의 접시 위에 비둘기가 있다(Ⅰ. A. b. 56)

구법 태자 본생담Ⅰ. A. b. 57~60

이 이야기는 보로부두르의 제1회랑 주벽 하단의 부조 가운데 극히 애처로운 내용을 담고 있다. 그 주제는 자신을 버리는 희생사신: 捨身이다. 전 4면의 부조로 이루어지는데 출전은 『일체경』의 본연부 5권에 나오는 『선집백연경』選集百緣經, Jataka 519의 제4출생보살품에 상세하게 나오는 이야기이다.

옛날 바라나시 왕국에 범마달다梵摩達多 왕과 왕비가 살았는데 어느 날 왕비가 임신하게 된다. 장래에 태어날 아이에 대해서 점을 치자 점술사가 사내아이가 태어나 장래에 큰 법을 구하는 성자가 될 것을 예언한다. 그래서 태어난 왕자는 '구법求法'이라는 이름이 지어진다.

구법 태자는 점술사가 예언한 대로 나라 안에서 법을 구하는 데 열심이었다. 승려에게 많은 보시와 공양을 하여 법을 찾아 정진했다. 그러나 구법 태자는 절대 만족하지 않았다. 그것을 안 천계의 제석천이 구법 태자가 얼마나 법을 구하는 데 열심인지 시험하기로 한다. 제석천은 브라만으로 변신하여 구법 태자의 궁전을 방문한다.

브라만은 궁전 입구에 서서 "나는 뛰어난 법을 가졌다. 누군가 설법을 듣고 싶은 사람은 있는가? 있으면 곧 설법하리라."라고 말하자 구법 태자가 브라만제석천에게 "그 법이란 무엇입니까? 그것을 들려주세요. 들려주면 내가 가진 모든 것을 드리겠습니다."라고 전한다.

그러자 브라만이 대답하기를 "그러한 것들은 필요 없다. 지금 큰불을 붙여 그 불 속으로 몸을 내던지면 내 귀중한 법을 전하리라."라고 답한다. 구법 태자는 브라만의 말 그대로 큰 구덩이를 파서 장작불을 피워 그 불 속으로 몸을 던지려 한다. 왕비와 신하가 모여들어 구법 태자의 분신을 막으려 한다. 그때 구법 태자는 대신에게 "지금까지의 생사유전 안에서 때로는 지옥계, 축생계, 아귀계에 태어나서 서로 죽이고, 굶주림의 고통을 받은 적도 있었습니다. 이러한 전세의 고통에서 벗어나기 위해서 이 한 몸을 바쳐 무엇이 아깝겠습니까."라고 설한다.

구법 태자는 불구덩이에 몸을 던지기 전에 법을 들려줄 것을 청한다. 그러자 제석천은 "항상 화내지 말고, 남을 원망하는 마음을 버리고 큰 자비로 사람을 불쌍히 여겨라. 마음을 아파하며 빗물과 같이 눈물을 흘려라. 큰 자비로 가는 사람은 열어 놓고 배우는 법과 같다. 이렇게 해서 모든 사람을 구해서 지킨다면 그 사람의 수행은 정말로 보살행과 다를 바 없다."라고 설한다.

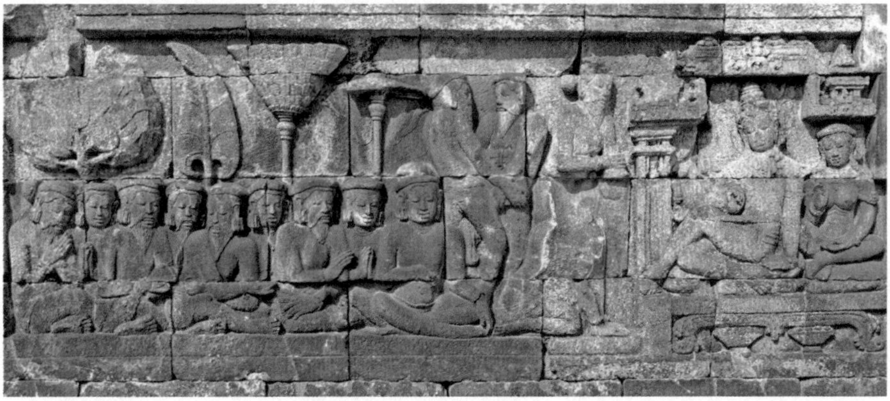

구법 태자의 보시(I. A. b. 58)

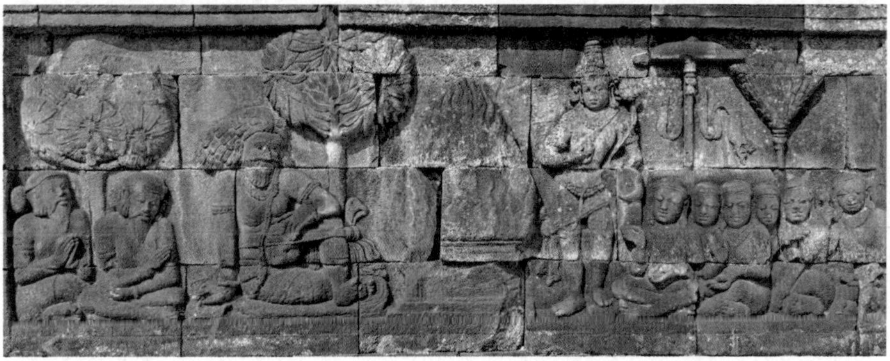

구법 태자가 불구덩이 속으로 뛰어들려는 장면(I. A. b. 59)

법을 전해들은 구법 태자는 대단히 기뻐하여 불 속에 뛰어든다. 그러자 이상하게도 구법 태자는 불에 타 죽지 않고 연꽃 위에 앉아있지 않는가? 대지가 진동하고 하늘에서 꽃이 떨어져 내렸다. 제석천이 "그대는 어이하여 하나의 법을 얻기 위해 목숨을 버리려 했느냐?"라고 묻자 구법 태자가 "무상보리無上菩提를 찾아서 생사의 바다에서 중생을 구하기 위해서 입니다."라고 답한다. 이 말을 들은 제석천은 감격하여 천계로 돌아가고 구법 태자는 무사히 살아난다.

부조 I. A. b. 59의 화면 왼쪽에 큰 거인이 앉아 있다. 흐트러진 머리의 남자로 '불의 정령'을 나타내고 있다. 이와 유사한 인물상은 제1회랑 난순의 '물소 본생담'에서도 볼 수 있고, 이 거인은 '수목의 정령 신'으로 해석하고 있다. 경전인 『선집백연경』에는 불의 정령 신에 대한 구체적인 언급은 없다. 이 거인의 뒤에 앉아 있는 2명의 브라만 가운데 앞에 앉아 있는 것이 제석천이다.

●● 삼부라 공주 본생담 I. A. b. 61~63

이 이야기는 『남전대장경』 제315권, 제13소부小部품에 나오는 내용이다 Jataka 519. 주인공은 남편에게 헌신적이면서 정숙한 삼부라 Sambula 공주이다.

옛날 인도에 부라후마닷타 왕이 있었다. 왕의 아들인 소치세나 왕자는 불행하게도 나병환자였다. 그 때문에 소치세나 왕자는 궁전을 나가 성 밖의 숲 속에서 살았다. 이 왕자에게는 삼부라라는 착하고 아름다운 아내가 있었다. 삼부라 공주는 대단히 헌신적인 아내로 병든 남편 시중을 열심히 하였다. 그 때문에 호화스러운 궁중 생활을 버리고 남편을 따라 숲에서 살게 된다.

어느 날 삼부라 공주는 남편을 위해서 열매를 찾아다니다가 강에서 몸을 씻고 있었다. 그때 귀신이 나타나서 아름다운 삼부라 공주를 보고 사랑에 빠진다. 사랑에 빠진 귀신이 삼부라 공주를 겁탈하려고 한다. 그러자 제석천이 천계에서 내려와 난폭한 짓을 하려고 하는 귀신을 그물로 묶어 쫓아버린다. 제석천의 도움으로 삼부라 공주는 정절을 지킨다.

그런데 삼부라 공주는 집에 돌아와 그날 생긴 불상사를 남편에게 알렸다. 사건의 경위를 들은 남편은 아내의 정절을 의심하여 다른 여자들과 바람을 피운다.

슬픔에 젖은 삼부라 공주는 남편의 의심을 거두기 위해서 중대한 결심을 한다. 항아리 안에 정화수를 넣고 기도한 후에 그것을 남편에게 가져갔다. 그리고 정화수를 떠서 남편의 몸을 닦아내자 이상하게도 지금까지 곪고 썩어가던 남편의 나병이 낫게 된다. 삼부라 공주의 진실한 마음의 기도誓願에서 기적이 일어났다.

남편의 병이 낫자 두 사람은 궁전으로 돌아와 생활하기 시작한다. 궁에 돌아온 왕자는 아내의 내조 덕에 왕위에 오른다. 은퇴한 부라후마닷타 왕은 출가하여 정원에 사는데, 식사 때만 궁으로 돌아온다. 그런데 남편은 여전히 삼부라 공주의 정절을 의심했다. 그리고 다른 여자들과 노는 것에 열중한다. 부라후마닷타 왕이 궁에 돌아오자 삼부라 공주는 남편의 행동에 실망하여 왕에게 자신의 슬픈 마음을 고한다.

삼부라 공주의 고민을 들은 부왕은 아들을 불러 아내의 헌신적인 사랑과 청정함을 설한다. 아버지는 아들에게 "아무리 호의호식하여도, 어떠한 보석으로 치장하여도, 남편에게 사랑받지 못하는 아내는 불행하다. 아무리 힘들고 궁핍하게 살아도 남편에게 사랑받는 여자는 행복하다."라고 설한다. 아버지의 충고를 들은 소치세나 왕은 헌신적이며 정숙한 아내에게 깊이 사죄한다. 그 후 두 사람은 행복하게 살았다. 왕위를 아들에게 물려주고 수도승이 된 부라후마닷타 왕이 석가의 전세 모습이다. 남편을 외곬으로 사랑하는 헌신적인 아내의 미덕이 이야기의 주제이다.

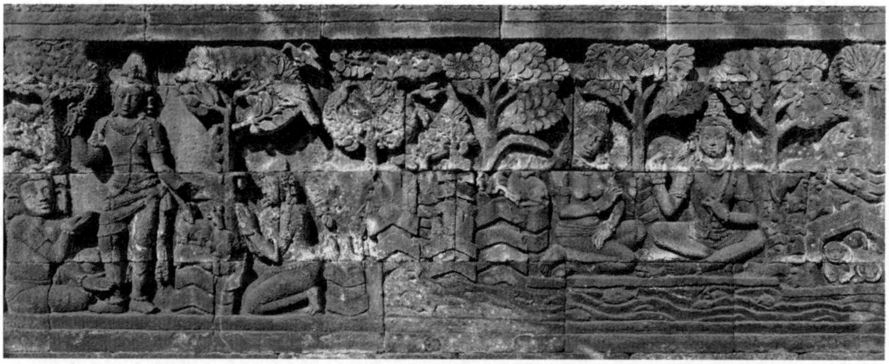

화면 오른쪽이 공주와 왕자가 대화하는 장면으로 왼쪽이 제석천이 귀신에게서 공주를 구해주는 장면이다(Ⅰ. A. b. 62)

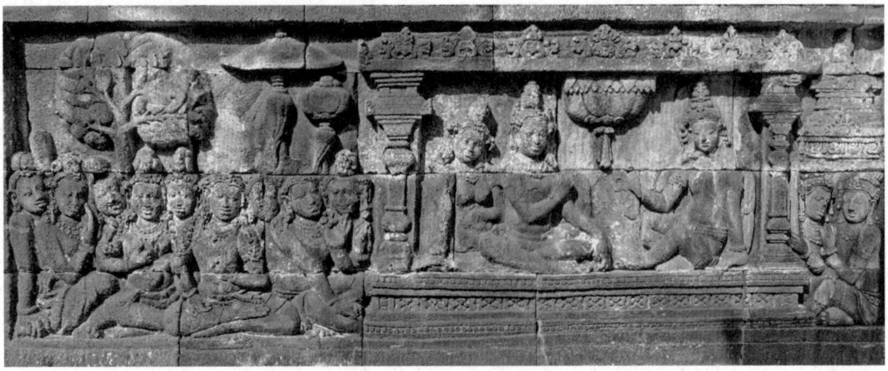

돌아와 왕과 왕비가 된 장면(Ⅰ. A. b. 63)

●● 선도 왕 이야기 Ⅰ. A. b. 64~88

제1회랑 하단 부조 Ⅰ. A. b. 64~88은 '선도 왕仙道王 이야기'Avadana로 여겨지고 있다나미카와, 이와모도. 히카타는 『근본유부비내야』根本有部毘奈耶, Divyavadana의 제37품에 전하는 '루드라야나 아바다나'Rudrayana-avd.로 비정하고 있다. 이 이야기는 제3부로 구성되어 있지만, 보로부두르의 부조는 경전과 일치하지 않는 곳이 많다. 부조Ⅰ. A. b. 70은 자바에 불화두루마기 그림가 있었던 것을 알려주는 중요한 사료이다.

제1부는 선도 왕과 영승 왕이 불교를 숭배하는 이야기이다. 선도 왕은 왕국의 동쪽 나라 영승 왕影勝王이 불교를 믿으며 어진 정치를 하는 것을 알고 사신을 보내 그 나라에 부족한 것이 있는가를 묻는다. 금은보석이 없다고 하자 선도 왕은 영승 왕에게 많은 재보를 보낸다. 이에 기뻐한 영승 왕은 석가를 그린 불화부조 Ⅰ. A. b. 70, 코끼리 위에 타고 있는 인물이 두루마기 불화를 가지고 있다를 그려 선도 왕에게 보낸다. 불화를 받은 선도 왕은 영승 왕에게 불법을 가르쳐 줄 성선을 보내줄 것을 청한다. 영승 왕은 석가에게 청하여 성선 가다연나迦多演那를 선도 왕에게 보낸다.

가다연나의 설법을 들은 선도 왕의 많은 백성이 불교에 귀의한다. 가다연나가 입적하자 선도 왕은 석가에게 또 다른 비구를 왕국에 보내줄 것을 청한다. 부조 I. A. b. 83은 가다연나를 위한 불탑 공양 장면이다. 화면 오른쪽에 턱수염을 기른 노인은 브라만이다. 힌두교 승려가 불탑을 공양하는 장면으로 당시 불교와 힌두교의 융합 양상신크레티즘을 잘 보여주는 장면이다. 이러한 불탑은 석재와 벽돌로 만들어진 것으로 귀인이나 승려의 유골을 안치한 것이다. 편의상 불탑이라고 부르지만, 우리나라의 부도와 같은 것이다. 선도 왕의 청을 들어 석가는 왕에게 세라世羅 비구와 비구니 등 500명의 승려를 보낸다. 이들 비구와 비구니에게 왕과 왕비는 설법을 듣는다. 그 후 선도 왕은 석가를 찾아가 출가를 한다.

제2부는 선도 왕의 후계자인 정계 왕頂髻王이 악정을 하여 국내가 혼란해지는 이야기이다. 충신을 쫓아내고 간신배를 등용하여 백성에게 많은 세금을 부과한다. 간신의 청에 의해서 고행하는 선도 왕마저 죽인다.

제3부는 정계 왕으로부터 추방당한 충신 이익利益과 제환除患 대신이 바다를 건너 신천지를 개척하는 이야기이다. 이익 대신은 일승지一勝地에 화려한 이익 성利益城을 건설한다. 제환 대신도 바다를 건너서 신천지를 개척하여 제환 성을 건설한다.

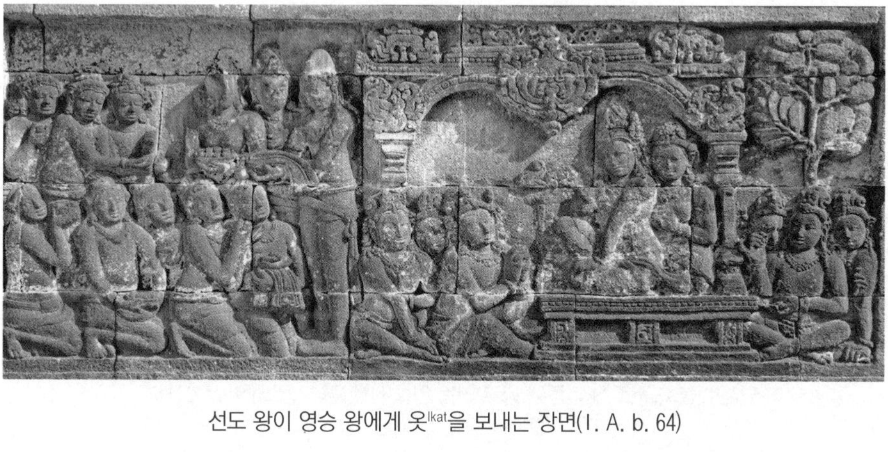

선도 왕이 영승 왕에게 옷Ikat을 보내는 장면(I. A. b. 64)

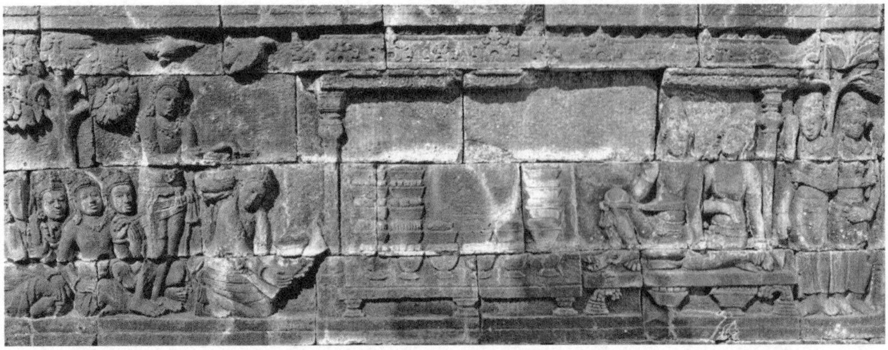

영승 왕의 답례품을 선도 왕에게 전하는 광경(I. A. b. 66)

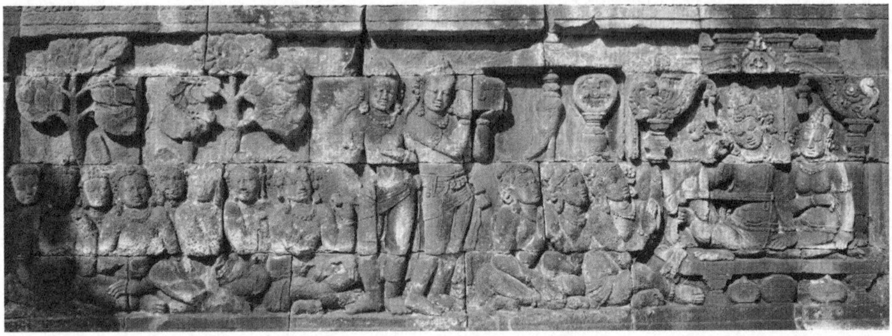

선도 왕이 기뻐하여 선물을 보내는 장면(I. A. b. 68)

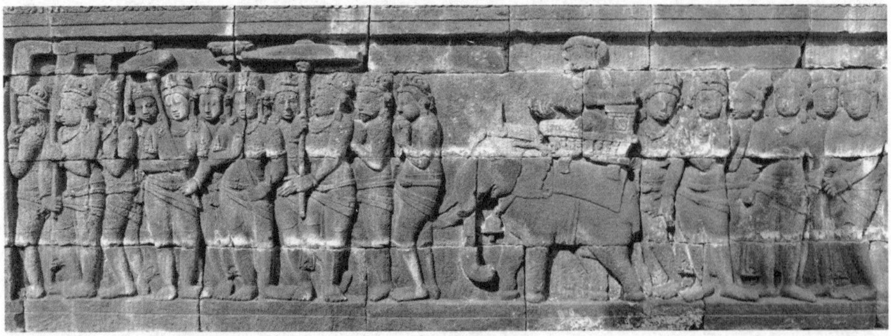

영승 왕이 답례로 불화를(코끼리 등에 타고 있는 인물이 두루마기 그림이 든 상자를 들고 있다.)
보내는 장면(I. A. b. 70)

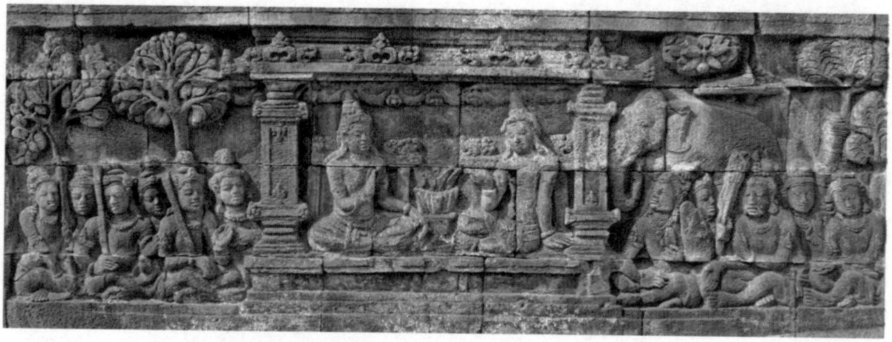

선도 왕이 불교에 귀의할 것을 왕비와 상의하는 장면(I. A. b. 76)

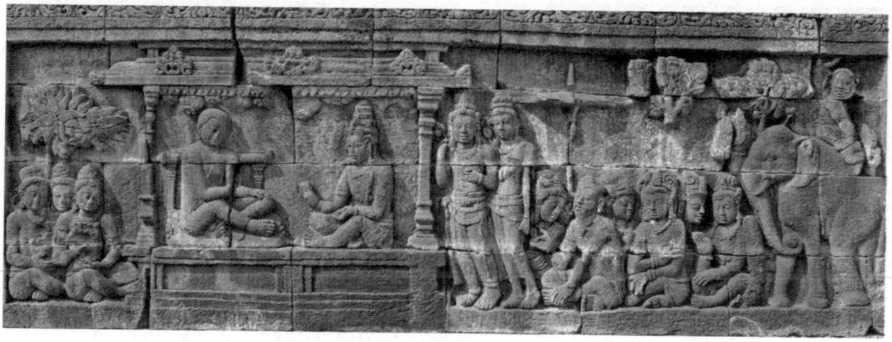

선도 왕이 비구에게 불법의 가르침을 청하는 장면(I. A. b. 77)

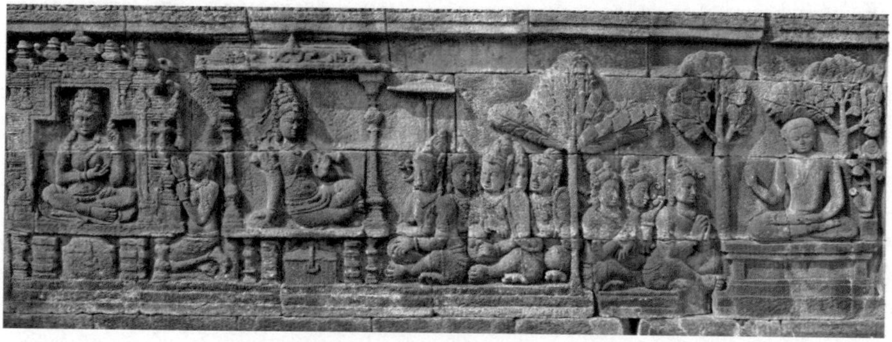

비구가 궁중 사람에게 설법하는 장면(I. A. b. 78)

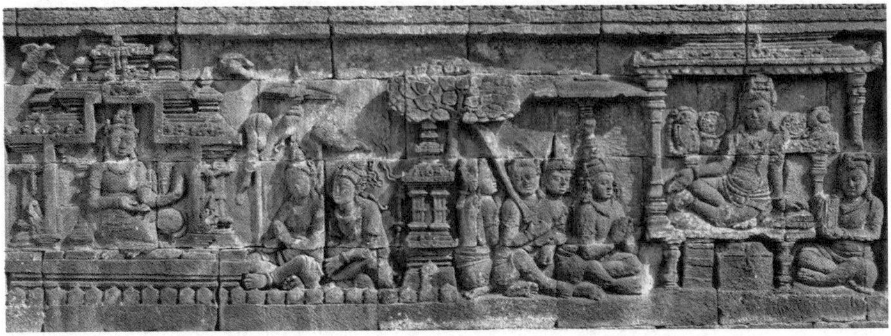

정계 왕자가 간신과 선도 왕 살해를 모의하는 장면(I. A. b. 79)

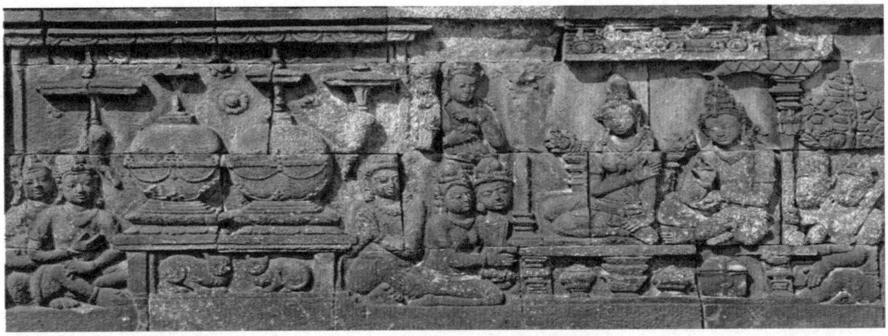

간신이 선도 왕과 왕비를 2마리의 고양이로 사술에 걸리게 한다(I. A. b. 80)

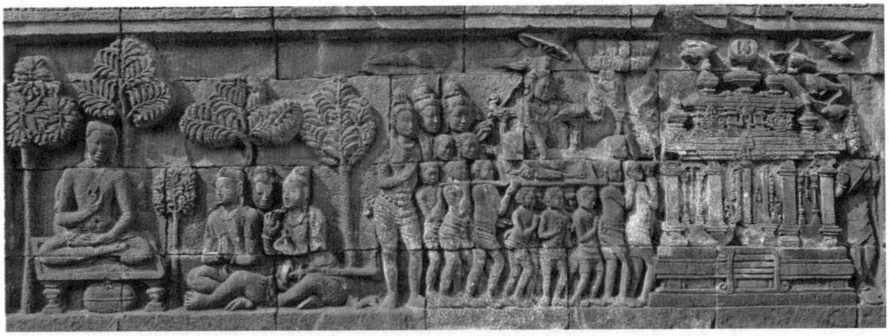

왕비가 출가한 선도 왕과 헤어져 궁으로 돌아가는 장면(I. A. b. 81)

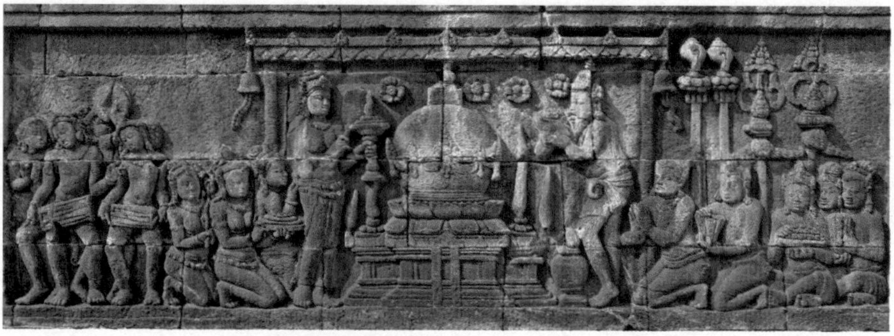

월광여 왕비가 불탑을 공양하는 장면(I. A. b. 83)

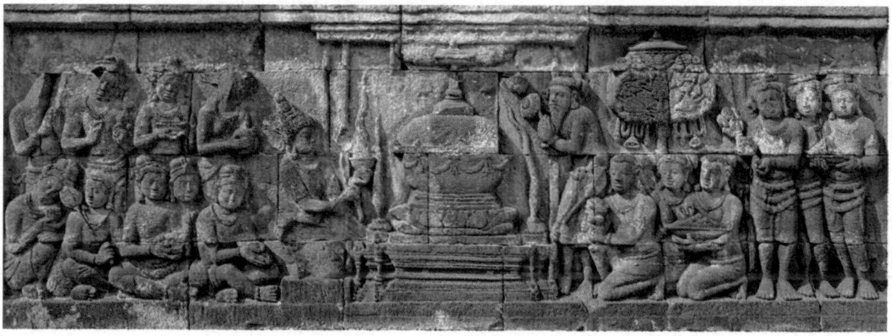

정계 왕이 불탑을 공양하는 장면(I. A. b. 85)

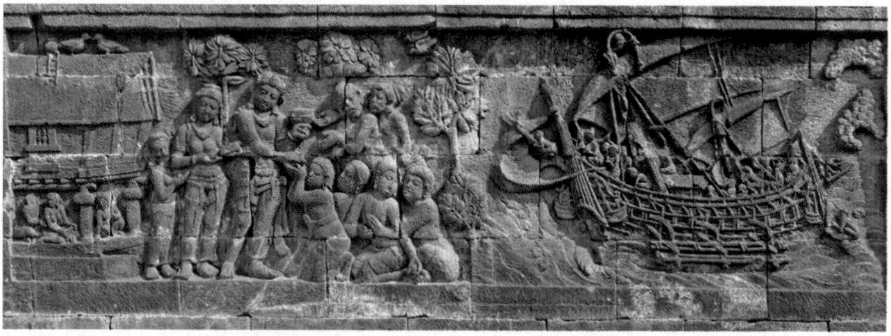

이익 대신이 바다를 건너서 신천지를 개척하여 보시하는 장면(I. A. b. 86)

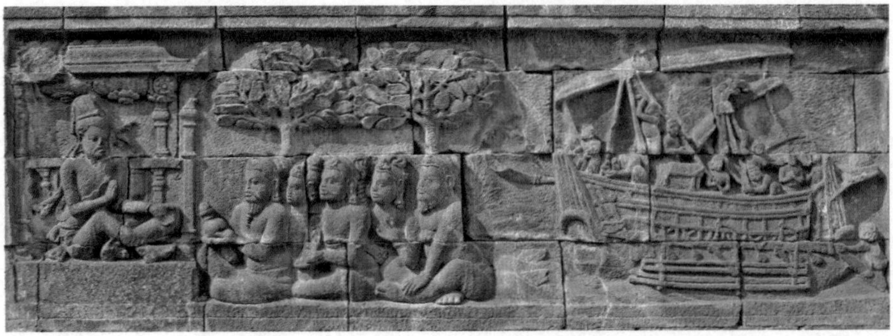

제환 대신도 바다를 건너서 제환 성을 건설한다(I. A. b. 88)

●● 발라티야 왕 본생담 I. A. b. 89~91

이 이야기는 『남전대장경』 제315권 소부경전 13품에 나오는 내용이다 Jakata 504. 주제는 부부 간의 슬픈 사랑 이야기이다. 부부의 모습은 상반신이 인간으로 하반신이 새인 '킨나리와 킨나라'라는 부부 이야기이다. 킨나리·킨나라 부조는 일반적으로 천계수와 같이 새겨져 있다.

옛날 바라나시 왕국에 발라티야 Bhallatiya 왕이 나라를 다스리고 있었다. 어느 날 발라티야 왕이 갠지스 상류에서 사냥하다가 반신반조半身半鳥의 부부 킨나리와 킨나라를 만나게 된다.

왕은 이 부부가 서로 껴안고 울고 있는 것을 본다. 이상하게 생각한 왕은 조용히 다가가 "어이하여 울고 있는 것인가?"라고 묻자 부부는 그 사연을 왕에게 들려준다.

이들 부부는 서로 사랑하며 행복하게 살았었는데 어느 날 아내가 강가에서 꽃을 따고 있었다. 그런데 갑자기 갠지스 강물이 범람하여 격류가 몰려왔다. 이때 남편 킨나라는 강 건너편에서 아내 킨나리와 서로 강을 사이에 두고 헤어지게 된다. 이들 부부는 서로 사랑하면서도 700년이나 되는 긴 시간을 헤어져 살아야만 했다. 킨나

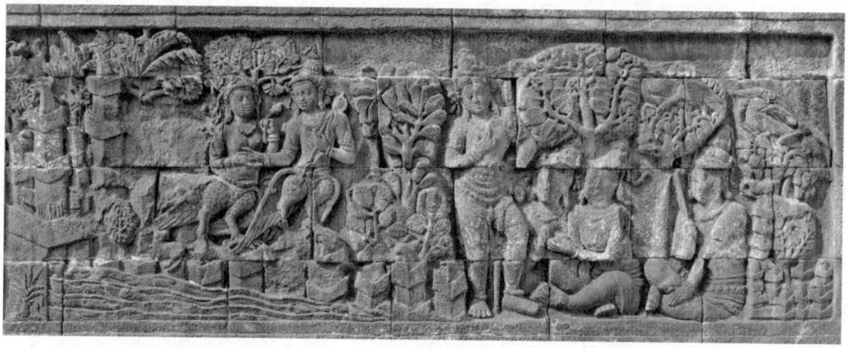

킨나리와 킨나라가 재회를 기뻐하고, 왕이 그 정경을 보고 있다(I. A. b. 89)

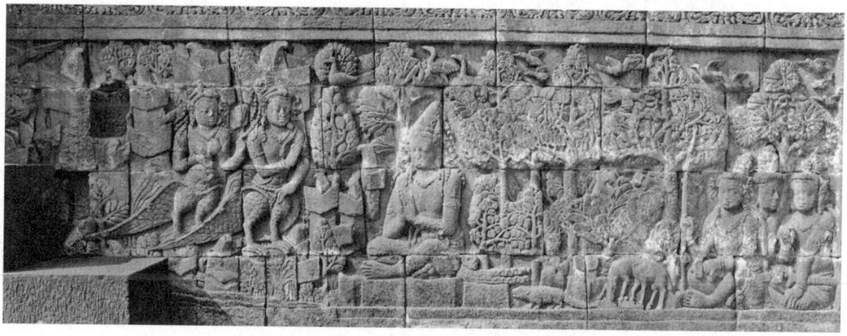

킨나리 부부에게 합장하여 경의를 표하는 발리디야 왕(I. A. b. 90)

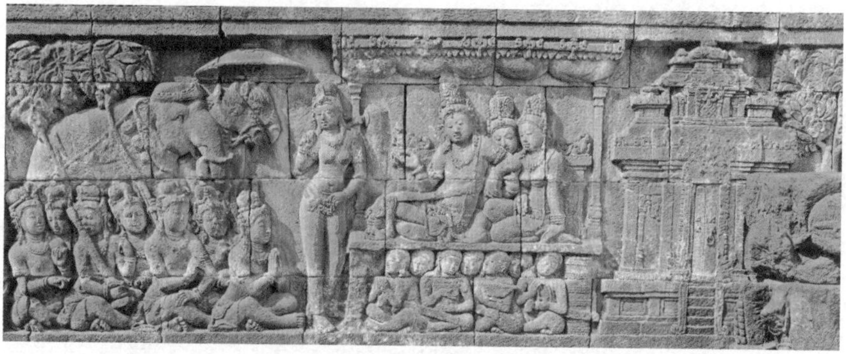

왕이 왕비와 대신에게 킨나리 부부의 사랑 이야기를 들려주는 장면(I. A. b. 91)

리와 킨나라 부부는 오랜 헤어짐 끝에 재회하여 기쁨의 눈물을 흘리고 있었던 것이다.

이 이야기를 들은 발라티야 왕은 세상의 무상함을 절실히 느낀다. 부조 I. A. b. 90은 중앙에 왕이 앉아 있고 그 왼쪽에 강가에 서 있는 킨나리와 킨나라 부부가 있다. 왕은 사냥을 그만두고 서둘러 성으로 돌아와서 왕비와 대신에게 사냥 중에 만난 킨나리 부부의 이야기를 들려주며 부부가 서로 사랑할 것을 설한다. 발라티야 왕은 전생의 석가였다.

●● 사문 본생담 I. A. b. 106~112

이 이야기Avadana는 『남전대장경』 32권 제11소부小部품에 있는 내용이다. 주인공인 '밋타빈다카'Maitrakanyaka, Mittavinda는 어머니 말씀을 따르지 않고 돈과 여자색욕에 눈이 멀어 지옥에 떨어진다는 이야기이다. 이 이야기는 당시 자바 사람들이 매우 좋아했던 것 같다. 보로부두르의 조각가가 전 7면을 사용하여 이야기의 줄거리를 상세하게 묘사하고 있다.

옛날 인도에 큰 부자의 아들인 밋타빈다카라는 청년이 살았다. 아버지가 많은 유산을 남기고 돌아가셨기 때문에 어머니와 외아들인 밋타빈다카는 유복한 생활을 했다. 마음이 어진 어머니는 가난한 사람에게 보시하는 것을 좋아했다. 어머니는 아들에게 '항상 보시하며, 계율5계을 지키고, 자기반성과 참회를 하여 부처님의 귀중한 가르침의 말씀에 따를 것'을 권한다. 그럼에도 밋타빈다카는 어머니의 가르침에 따르지 않는다.

어느 날, 어머니는 밋타빈다카에게 사원의 보시 모임에 가서 스님의 귀중한 설법을 듣고 오라고 권한다. 어머니는 아들에게 절에 갔다 오면 1,000금을 준다고 약속한다. 밋타빈다카는 돈을 받기 위해서 사원에 갔지만 귀중한 설법은 듣지도 않고 잠만 자고 온다. 다음 날 어머니는 약속한 대로 밋타빈다카에게 1,000금을 주었다. 거금을 받은 밋타빈다카는 크게 기뻐하여 더 많은 돈을 벌기 위해 보석가게를 차려 큰돈을 벌었다.

밋타빈다카는 더욱더 돈 욕심이 생겨서 바다를 건너 여러 나라와 무역을 하여 더 많은 돈을 벌기로 작정한다. 그는 선원과 함께 출항 준비를 끝내고 어머니를 찾아가 바다에 나가는 것을 전한다. 어머니는 대단히 걱정하여 "아들아! 바다는 위험하다. 너에게는 지금도 많은 재산이 있지 않은가? 게다가 너는 외아들로 아무쪼록 바다에 나가지 마라."라고 만류했다. 그런데 어리석은 아들 밋타빈다카는 사랑하는 어머니의 손을 뿌리치고 집을 나가 배를 타고 출항한다. I. A. b. 107의 왼쪽 화면이 어머니의 만류를 뿌리치는 장면이고 화면 오른쪽은 보석가게의 풍경이 새겨져 있다.

배가 큰 바다에 나가 7일째가 되자 갑자기 움직이지 않게 된다. 불길한 징표인 검은 깃털의 화살이 하늘로부터 떨어져서 밋타빈다카의 손에 꽂힌다. 불길한 예감을 한 밋타빈다카와 선원들은 배에서 내려 뗏목을 타고 작은 섬에 상륙한다.

작은 섬에 상륙한 밋타빈다카는 아름다운 여섯 낭자와 만나게 된다. 이들 여섯 낭자는 야차들이 변신한 것으로 젊은 밋타빈다카는 여색에 빠져 방탕한 세월을 보낸다. 여섯 낭자와 유희에 싫증 난 밋타빈다카는 새로운 섬을 찾아서 항해한다. 다음에 도착한 섬에는 16명의 아름다운 여자 낭자야차들이 밋타빈다카를 맞이한다. 밋타빈다카는 아름다운 여자 야차들과 방탕한 생활을 보낸 후 새로운 쾌락을 찾아 또 다른 섬으로 갔다. 거기에서 다시 32명의 아름다운 여자 야차들과 방탕한 세월을 보낸다.

이렇게 여자 야차와 이 섬 저 섬에서 허송세월을 보낸 밋타빈다카는 다시 항해하여 울타리 벽이 있는 어떤 도시에 도착한다. 울타리 벽에는 4개의 문이 있었다. 이 4개의 문 때문에 '사문 본생담'이라고 한다. 밋타빈다카는 이 울타리 벽 문을 통해서 안으로 들어가자 거기는 많은 사람이 죄벌을 받고 있는 웃사다 지옥이었다. 밋타빈다카는 자신도 알지 못하는 사이에 귀녀들의 유혹에 빠져 마침내 지옥에 오고 만 것이었다.

웃사다 지옥에 온 밋타빈다카의 머리에 날카로운 차륜이 박히게 된다. 머리에 날카로운 차륜이 박히자 그의 머리에서 새빨간 피가 흘러내렸고 극심한 고통을 맛본다. 이러한 비참한 지옥에 떨어진 이유는 말할 필요도 없이 어머니의 말씀에 따르지 않았기 때문이다.

마지막으로 제석천이 등장한다. 제석천이 천계에서 내려와 웃사다 지옥을 방문한다. 밋타빈다카가 제석천에게 자신이 무엇 때문에 머리에 차륜이 박히는 형벌을 받는지 묻는다. 제석천이 "광대하여 풀 수 없는 사리사욕에 빠진 자는 머리에 차륜이 박히는 형벌을 받는다. 많은 재산을 버리지 못하고 가야 할 길을 가지 않고 사념에 빠진 자 또한 머리에 차륜이 박히게 된다."라고 설한다.

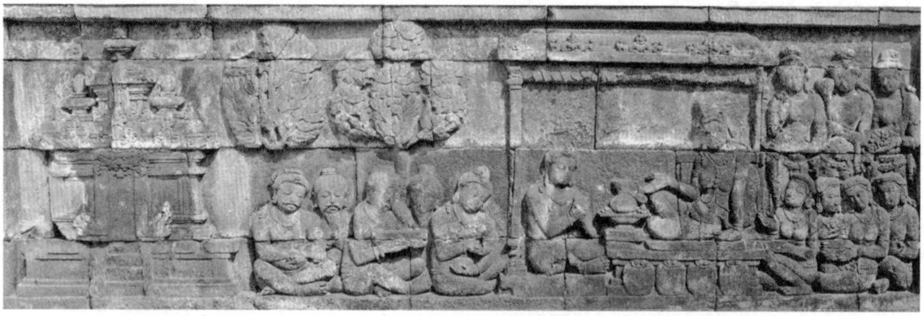

어머니가 밋타빈다카에게 돈 자루를 건네주는 장면(I. A. b. 106)

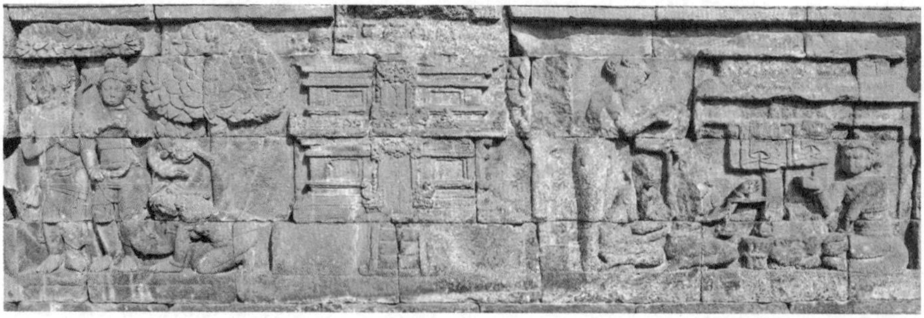

밋타빈다카가 보석장사를 하는 장면과 어머니가 아들에게 항해를 만류하는 장면(I. A. b. 107)

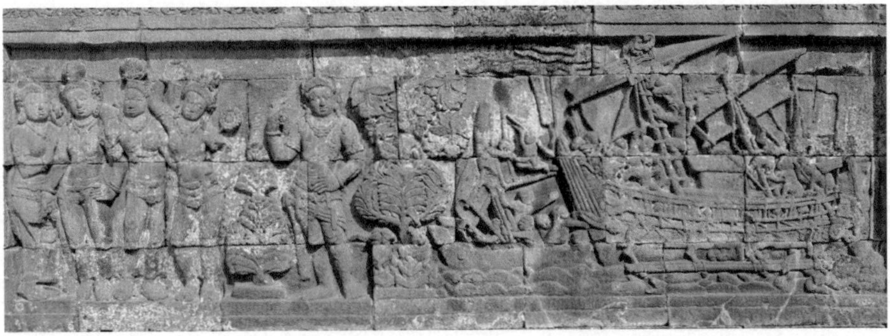

밋타빈다카가 배를 타고 바다에 나온 장면과 4명의 야차와 만나는 장면(I. A. b. 108)

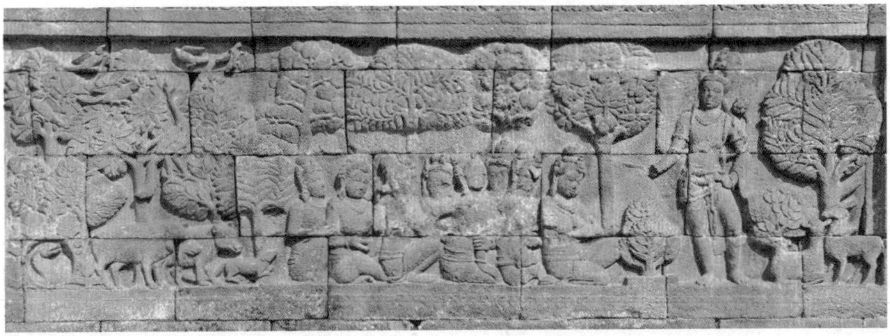

밋타빈다카가 8명의 야차와 만나는 장면(I. A. b. 109)

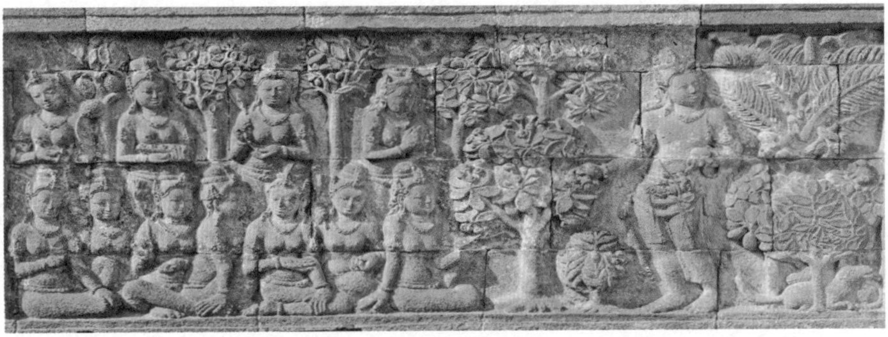

밋타빈다카가 11명의 야차와 만나는 장면(I. A. b. 110)

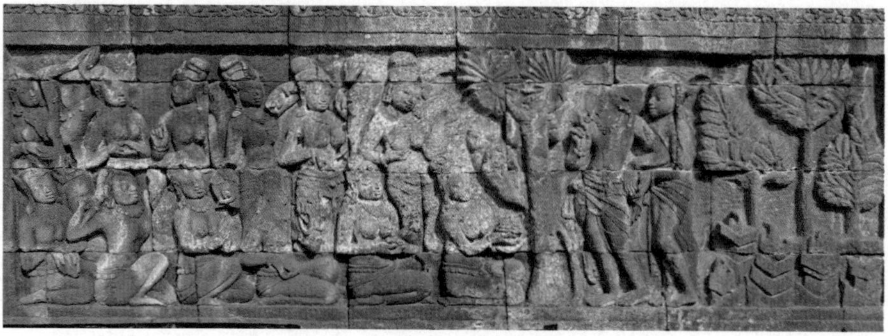

밋타빈나카가 13명의 야차와 만나는 장면(I. A. b. 111)

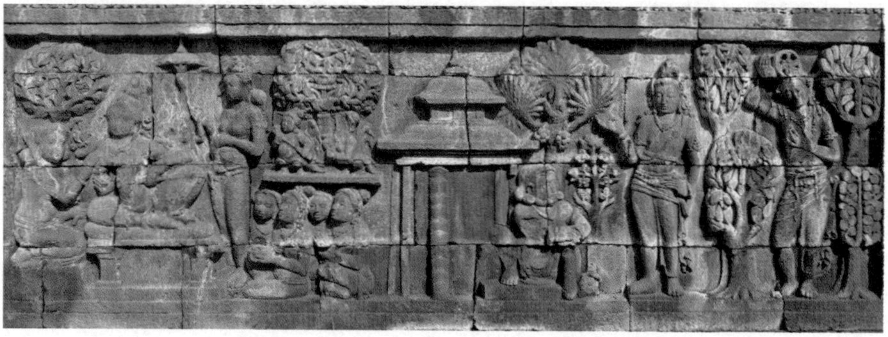

웃사다 지옥에 온 밋타빈다카(I. A. b. 112)

제 Ⅳ 부

제1회랑
난순 상단 부조

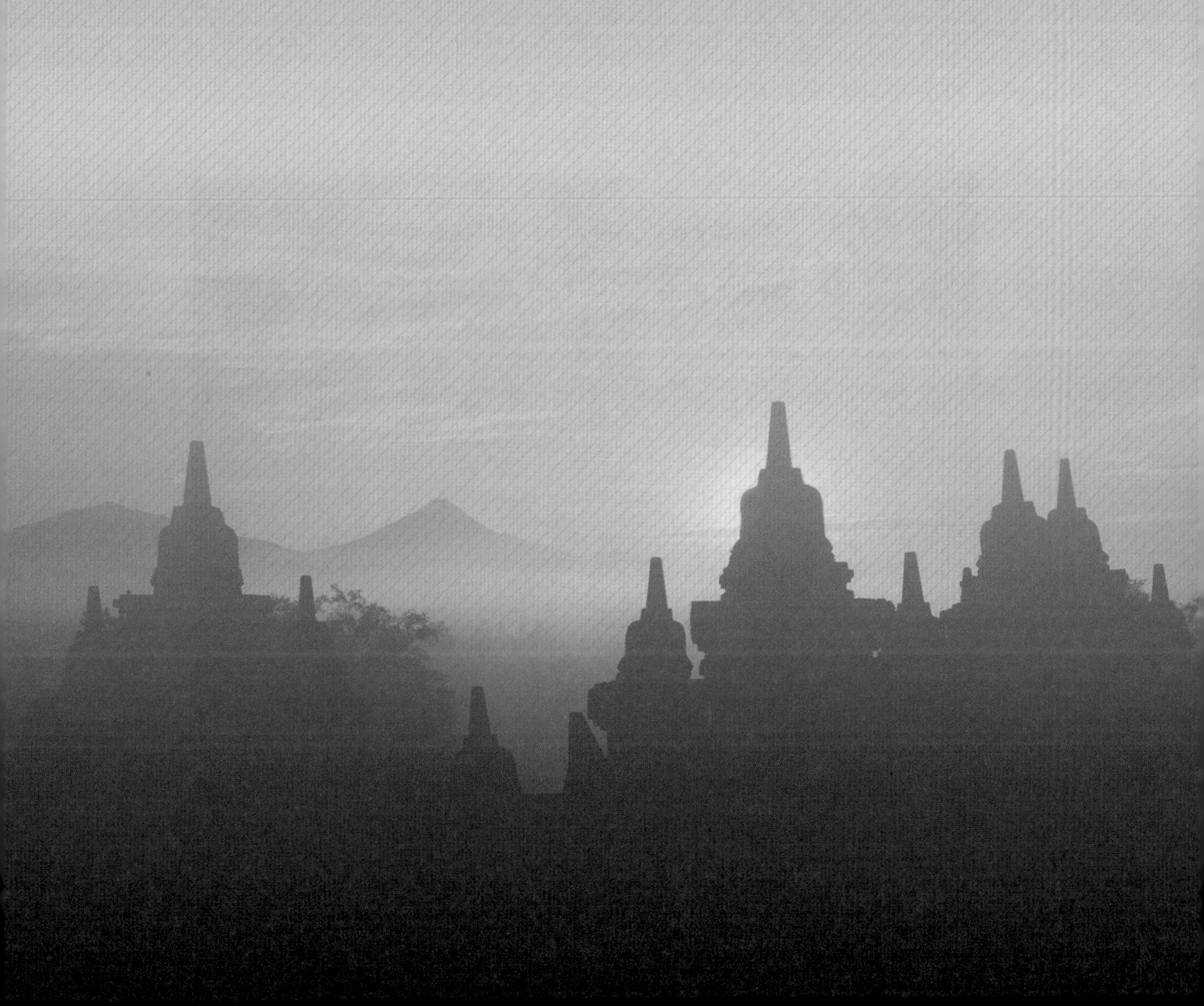

불교 설화의 보고 자카타와 아바다나 I. B. a. 1~372

제1회랑 난순의 상단과 하단에는 자타카Jataka와 아바다나Avadana 이야기를 주제로 한 부조가 새겨져 있다. '회생의 숭고함'을 설하는 이야기가 제일 많고 '망은을 경계'하는 이야기, '인욕忍辱의 숭고함'을 설하는 이야기, '악인악과惡因惡果' 이야기가 있다.

그러나 이들 부조 안에는 경전의 출처와 내용을 알 수 없는 장면이 적지 않다. 또한, 난순 하단에도 자타카와 아바다나를 주제로 한 부조가 있지만 심하게 손실하여 그 내용을 거의 알 수 없다. 따라서 본서에서는 난순의 상단 가운데 명확히 그 출전을 알 수 있는 자카타와 아바다나 이야기만을 골라서 소개한다.

보로부두르의 부조에는 예쁘장한 동물이 많이 등장한다. 특히 제1회랑 난순의 부조는 동물을 주인공으로 한 석가의 전세 선업 이야기를 주제로 하고 있다. 이들 주제 가운데 희생, 망은, 인욕, 인과응보 등의 내용이 포함되어 있다.

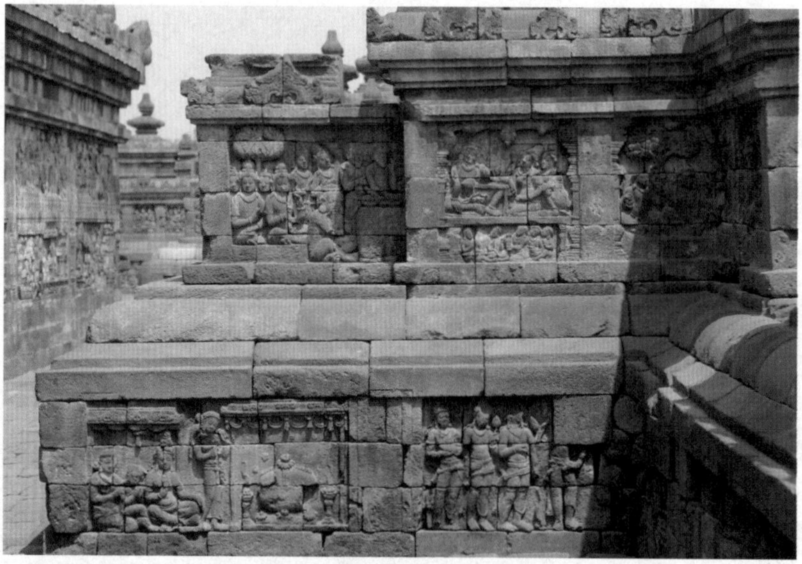

제1회랑 난순 부조

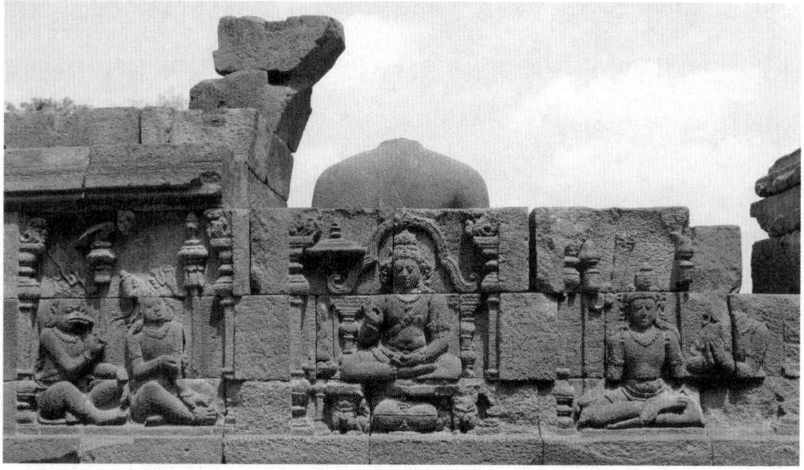

출전을 알 수 없는 부조(Ⅰ. B. a. 166~168)

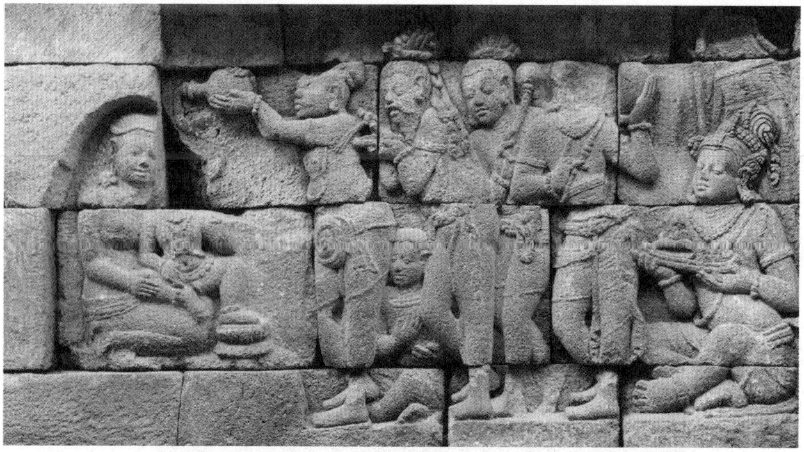

귀인의 탄생(Ⅰ. B. a. 1)

부조 Ⅰ. B. a. 1의 화면 왼쪽에 한 여성이 어린아이를 안고 있다. 주인공은 이 어린아이로 많은 사람이 지켜보고 있고 한 노인이 성수를 아이에게 붓고 있고 브라만이 합장하여 공손하게 예배를 드린다. 귀인(전세의 석가?)의 탄생을 새긴 장면으로 추정한다. 히카타는 부조 I. B. a. 1~4를 보살이 투신하여 굶주린 호랑이의 먹이가 된다는 살신성인Vyaghri의 장면으로 해석하고 있다. 손상이 심하여 히카타 가설의 진위를 판정하기 어렵다.

●● 시비 왕 본생담I. B. a. 5~9

이 이야기는 시비 왕 본생담Jataka 499으로 보살의 자기희생을 설하는 이야기이다. 시비 왕의 이야기는 제1회랑 주벽 하단I. A. b. 55~56에도 새겨져 있다.

아릿타푸라 성의 시비전세의 석가는 바른 법으로 나라를 다스렸다. 제석천은 어진 시비 왕을 시험하기 위하여 눈이 먼 브라만으로 변신한다. 브라만으로 변신한 제석천

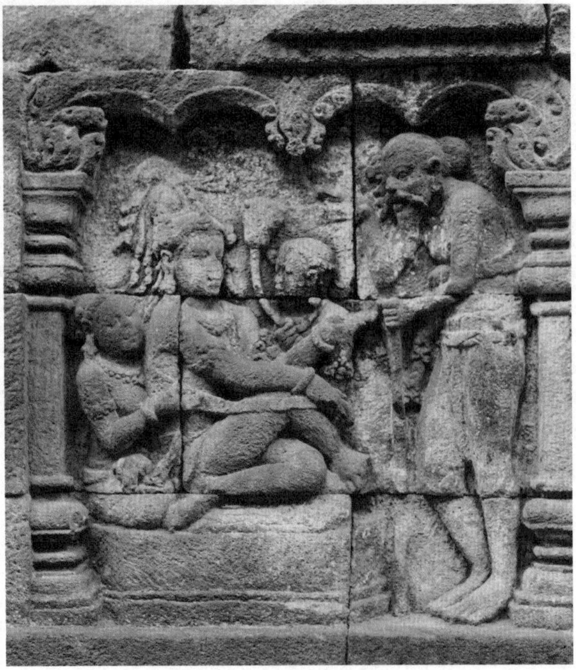

브라만이 시비 왕에게 두 눈의 보시를 청한다(I. B. a. 7)

이 시비 왕에게 두 눈을 보시할 것을 청한다. 그러자 시비 왕이 두 눈을 끄집어내 브라만에게 보시한다. 이에 감동한 제석천이 시비 왕의 눈을 고쳐주자 많은 백성이 시비 왕의 공덕을 예찬한다. 자기희생을 찬양하는 이야기이다.

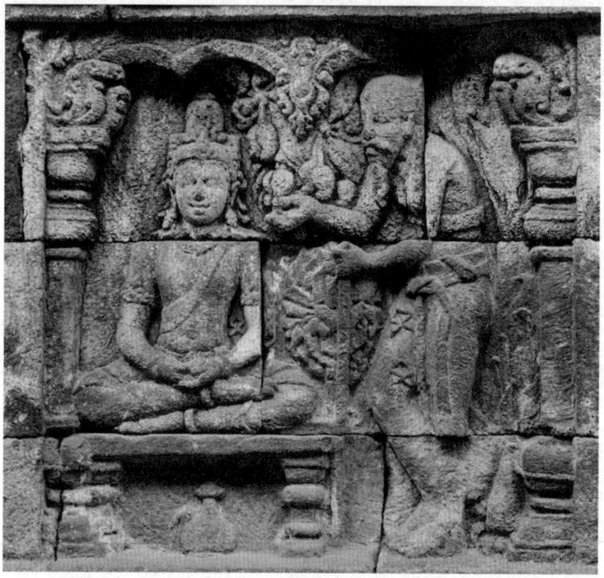

시비 왕이 두 눈을 끄집어내 보시한다(I. B. a. 8)

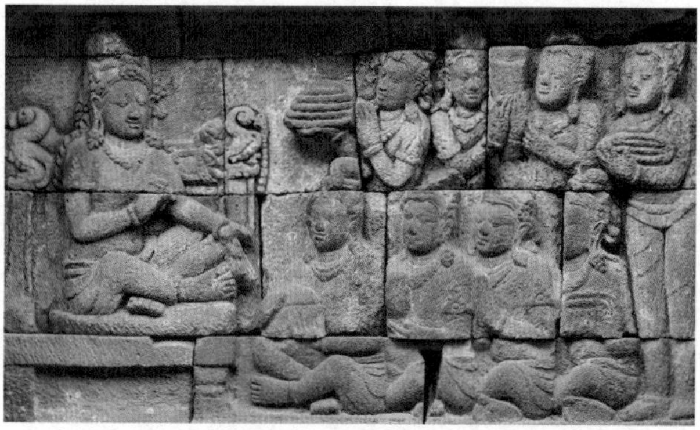

백성들이 시비 왕의 공덕을 예찬한다(I. B. a. 9)

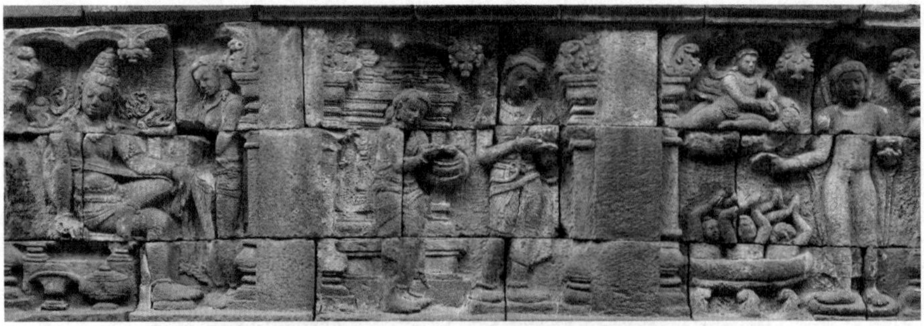

장자 본생담(Ⅰ. B. a. 15~17)

●● 장자 본생담Ⅰ. B. a. 15~18

장자 본생담Sresthin, Jataka 40으로 보살 공양행을 설한 이야기이다. 히카타는 이 전생담을 열탕지옥 위에 천인이 날고 있는 부조 Ⅰ. B. a. 17을 근거로 장자 본생담으로 비정하고 있다. 전생에 장자부자로 태어난 보살은 많은 보시를 한다. 장자가 어느 날 목욕 후 식사를 하려고 하자 한 명의 탁발승이 찾아온다. 장자 부부가 탁발승에게 보시하려 하자 악마가 방해하여 탁발승이 화염지옥에 빠진다. 장자가 탁발승을 구하려 화염지옥에 뛰어들자 지옥이 연꽃으로 변했다는 이야기이다.

하지만 Ⅰ. A. b. 16의 부조는 장자가 얼굴을 돌려 탁발승의 발우를 쳐다보지도 않는 모습으로 히카타가 주장하는 경전과 부조가 일치하지 않는다. 부자가 탁발승의 보시에 인색해서 화염지옥에 떨어지는 내용이라는 이견도 있다. 여하튼 출가승에 대한 보시를 강조한 이야기이다.

●● 토끼 본생담Ⅰ. B. a. 23~25

이 이야기는 보로부두르의 부조 가운데 희생을 설법한 이야기이다. 『남전대장경』 제30권에 보인다Sasa, Jakata 316. 주인공인 토끼가 전세의 석가였다. 토끼가 자신의 몸을 불 속에 던져서 브라만에게 그 고기를 먹이고자 한 이야기이다.

옛날 숲에 한 마리의 토끼가 살고 있었다. 이 토끼는 원숭이, 자칼, 수달의 세 친구가 있었다. 이 4마리 동물 가운데 토끼는 특히 자비로워 다른 3마리 동물에게 항상 보시하며, 계율을 지키고 포살布薩: 참회와 반성하라고 권한다. 포살의 날인 보름날 4마리의 동물은 만약 걸인이 찾아오면 각각 맛있는 음식물을 보시하기로 정한다. 특히 토끼는 굳건하게 계율을 지키면서 생활하여 그 공덕을 제석천이 주목한다. 제석천은 토끼의 참된 마음을 확인하고 싶어 브라만으로 변신하여 숲으로 찾아가I. B. a. 23, 보름날 밤포살의 날에 4마리의 동물 앞에 나타난다. 부조 I. B. a. 24에 브라만이 오른손을 앞으로 내밀어 걸식하는 모습을 하고 있다. 화면 왼쪽의 상단에 있는 것이 주인공인 토끼이고, 그 아래로 원숭이, 자칼, 수달이 있다.

제석천이 수달을 찾아가자 수달은 몸을 바꾼 브라만에게 물고기를 보시한다. 그다음에 브라만이 자칼을 찾아가자 자칼은 도마뱀을 보시한다. 브라만이 원숭이를 찾아가자 원숭이는 망고 열매를 보시한다. 그 후 브라만이 토끼를 찾아가자 토끼는 우선 브라만에게 땔나무를 모아 모닥불을 피워줄 것을 청한다. 토끼는 자신의 몸을 브라만에게 보시하고자 한다I. B. a. 25.

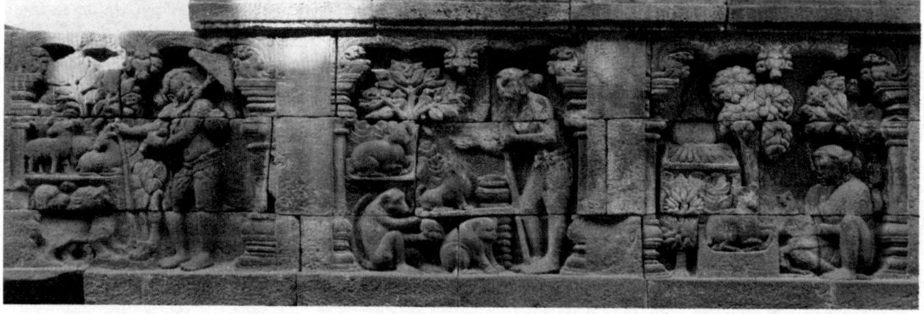

토끼 본생담(I. B. a. 23~25)

모닥불이 타오르자 토끼는 그 불 속으로 뛰어들었다. 그러나 이상하게도 토끼의 몸은 조금도 불에 타지 않았다. 제석천이 신통력을 발휘해서 토끼의 몸을 상하지 않게 한다. 제석천은 토끼가 한 참된 보시에 감격하여 그 위대한 행위를 기념하기 위해서 둥근 보름달 안에 토끼의 모습을 그려 넣었다고 한다.

토끼가 행한 보시는 다른 3마리의 동물들과는 다르게 자신의 몸을 희생하면서까지 다른 사람을 구하고자 한 진정한 희생이었다. 이 이야기를 보로부두르의 조각가는 3면의 부조 화면을 사용하여 묘사하고 있다.

●● 움마다얀티 본생담 I. B. a. 48~52

사음을 경계하는 이야기이다 Ummadayanti, Jataka 31. 옛날 옛날 인도에 시비 왕국이 있었다. 시비 왕과 아히파라카 장군은 어렸을 때부터 친한 친구사이였다. 시비 왕국에 테리다빗차야 장자가 살았는데 그에게는 절세미인인 '움마다얀티라'라는 아름다운 딸이 있었다 I. B. a. 48. 그녀를 보는 모든 사람은 상사병에 걸린다. 장자는 시비 왕을 찾아가 자신의 딸을 왕비로 삼을 것을 청하고 딸의 관상을 볼 수 있는 사람을 보내달라고 한다. 왕이 브라만을 보내자 장자는 우유죽을 공양한다 I. B. a. 49. 그런데 움마다

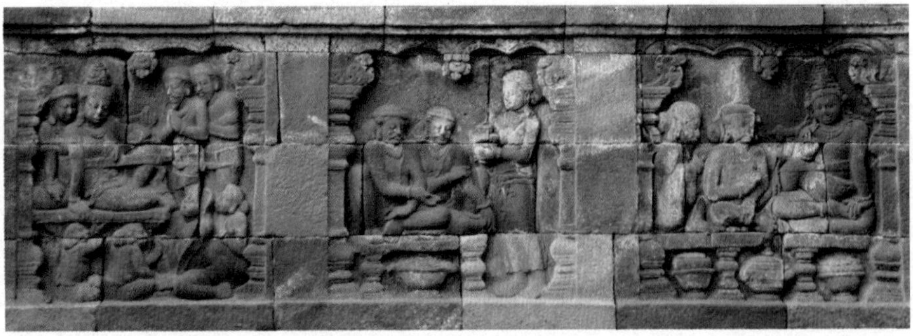

움마다얀티 본생담(I. B. a. 48~50)

얀티를 본 브라만이 그녀의 미모에 빠져 정신을 차리지 못하자 장자는 화를 내며 브라만을 쫓아낸다. 이러한 처사에 원한을 품은 브라만은 왕에게 움마다얀티를 불길한 여자라고 거짓으로 보고 한다 I. B. a. 50. 그래서 장자는 움마다얀티를 아히파라카 장군에게 시집보낸다.

그러던 어느 날 시비 왕은 장군의 부인이 된 움마다얀티를 만나게 되는데 그녀의 미모를 보고 왕은 사랑에 빠진다 I. B. a. 51, I. B. a. 52. 어린 시절부터 친하게 지내온 왕이 자신의 사랑하는 아내에게 사랑에 빠지자 아히파라카 장군은 깊은 번뇌에 빠진다. 결국 장군은 아내를 왕에게 바치기로 결심하고 왕을 찾아간다. 그때 왕과 장군은 문답한다. 상사병에 걸린 시비 왕에게 장군이 "국왕이 남의 아내를 탐하면 나라 사람들이 남의 아내와 불륜을 저지를 것입니다."라고 전한다. 이 말을 들은 왕은 자신의 잘못을 깨닫고 참회한다.

●● 물고기 본생담과 메추리 본생담 I. B. a. 56~58

물고기 본생담 I. B. a. 56.57, Matsya, Jataka 75은 인도의 아잔타 석굴에도 새겨져 있다. 석가가 기원정사에서 비를 내린 이야기이다. 코살라 왕국에 비가 내리지 않자 곡식이 시들고 연못이 말라서 물고기들이 새의 먹이가 되었다. 이를 불쌍히 여긴 석가가 비를 내린다는 이야기이다. 부조 I. B. a. 56은 코살라 왕국의 사위 성舍威城 밖의 연못에 많은 물고기가 사는 장면이다. 부조 I. B. a. 57은 오랜 가뭄으로 연못이 말라버려 물고기가 새의 먹이가 되자 보살이 우신雨神에게 청하여 비를 내리게 하여 물고기를 구한다. 이 물고기 본생담과 연속하여 메추리 본생담이 새겨져 있다.

메추리 본생담은 『남전대장경』 제28권 안에 보이는 내용으로 이야기 주인공은 메추리의 병아리이다 Vartaka, Jataka 35. 옛날 마가다 왕국의 숲에 사는 메추리가 귀여운 병아리를 낳았다. 그러던 어느 날 불행하게도 숲에서 불이 났다. 불이 나자 동

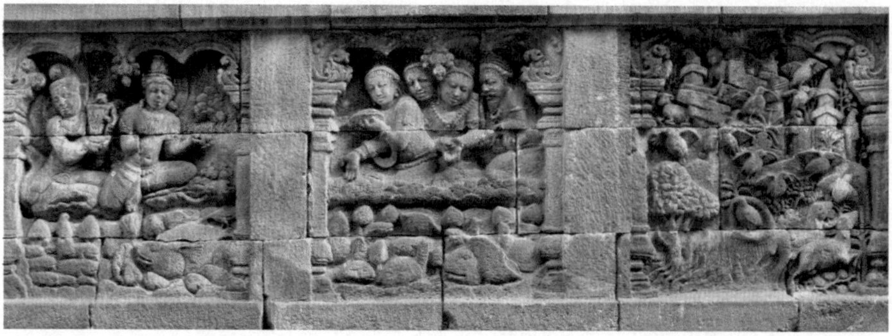

물고기 본생담(I. B. a. 56. 57)과 메추리 본생담(I. B. a. 58)

물들이 도망쳤고 마침내 그 불은 메추리 둥지까지 번지게 되었다. 둥지에 남은 메추리의 병아리는 도망칠 수 없었기 때문에 일심으로 '세상에서 계율을 지키면 자비가 있으리라. 그 법에 따라 우리는 무상無上의 서원誓願한다. 법의 힘을 염하여 부처님을 억념憶念한다. 법의 힘을 식견 해서 우리는 서원한다.'라고 기원했다.

메추리 병아리가 기도를 올리자 기적이 일어났다. 숲을 전부 태워버릴 것 같았던 불길이 메추리 둥지 근처에서 물을 뿌린 것 같이 사라졌다. 그로 말미암아 메추리의 병아리는 구사일생으로 살아남을 수 있었다.

오른쪽 부조 I. B. a. 58은 중앙에 주인공인 메추리의 병아리가 둥지 안에 있다. 그 둥지 밑에는 불이 타오르고 있고 오른쪽에 사슴과 새가 도망쳐 가는 모습이 보인다. 보로부두르의 조각가는 1면을 사용하여 메추리 본생담을 묘사하고 있다. 이 이야기는 계율을 지키는 사람의 공덕, 자비 있는 사람의 공덕을 설하고 있다. 메추리의 병아리는 진실한 기도로 위험에서 벗어나 생명을 건질 수 있었다.

●● 소보제 본생담I. B. a. 73~76

소보제 본생담Bodhi-brahman, Jakata 443은 남의 아내를 사랑한 왕의 개심 이야기

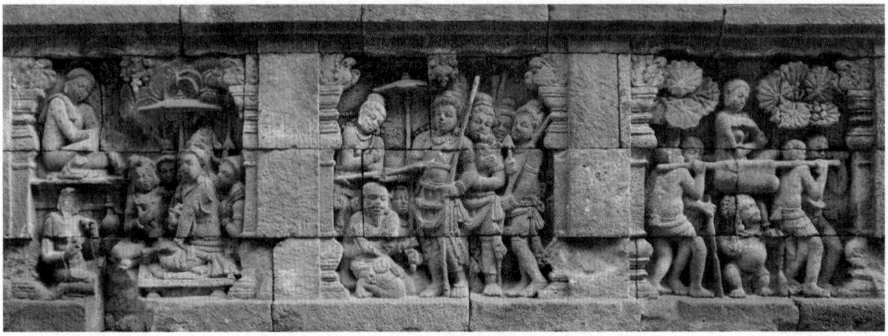

소보제 본생담(I. B. a. 73~75)

이다. 제1회랑 난순 상단 부조 I. B. a. 48~52의 움마다얀티 본생담과 유사한 내용이다. 옛날 바라나시의 범여 왕이 나라를 다스리고 있을 때 카시 왕국에 자식이 없는 큰 부자가 살았다. 전생의 석가는 장자의 아들로 태어나 '소보재'라고 불렸다. 그는 타라나시에 가서 공부하고 성인이 되자 같은 부족의 처녀와 결혼한다. 하지만 두 사람은 처음부터 서로 결혼할 의사가 없었기 때문에 잠자리를 같이하지 않는다.

부모가 죽자 소보재 부부는 출가하여 고행한다. 두 사람은 선정에 들어서 깨달음을 얻지 못하자 바라나시 왕궁의 정원에 살게 된다. 어느 날 왕이 정원을 산책하다 정원에서 출가한 소보재 부부와 만난다. 왕은 비구니의 아름다운 자태를 보고 상사병에 걸린다. 그 후 왕은 비구니소보재의 부인의 미모에 빠져 그녀를 납치한다. 그 사실을 안 소보재는 왕을 원망하지 않자 왕은 자신의 잘못을 뉘우친다. 부조 I. B. a. 75는 미모에 빠진 왕이 비구니를 납치하는 장면이다I. B. a. 73~75.

●● 거위 왕 본생담I. B. a. 77~80

이 이야기는 보로부두르에서 많이 전해지는 '희생'에 관한 내용이다Hamsa, Jataka 533. 거위 왕과 거위 장군 스무카와의 이야기로 거위 왕이 전세의 석가였다. 그러나 이야기의 중심인물은 거위 왕이 아니라 거위 장군 스무카이다. 스무카가 자기 목숨도 아까워하지 않고 왕에게 충성한 이야기로 『남전대장경』 제317권에 전해지는 내용이다.

옛날에 마힌사카 왕국에 사구라 왕이 살았는데 어느 날 왕비가 꿈을 꾼다. 왕비는 꿈에 황금 거위가 아름다운 목소리로 설법하는 것을 본다. 잠에서 깨어난 왕비가 왕에게 꿈에 본 황금 거위를 찾아달라고 청한다.

짓타쿠타라는 산속에 거위 왕 다타랏타가 살고 있었다. 이 거위 왕은 96,000마리나 되는 거위와 함께 생활하고 있었나. 어느 날 거위 왕은 부하들을 데리고 먹이가 있는 연못에 갔다. 그러나 이 연못에는 황금 거위를 잡으려고 사냥꾼이 덫을 설치해 놓았다. 그것도 모르고 거위 무리는 연못에서 물고기를 잡아먹으며 즐겁게 놀았다. 그러던 중에 불행하게도 거위 왕 다타랏타가 올가미에 걸리고 말았다. 거위 왕은 도망치려고 발버둥을 쳤지만 그럴수록 올가미가 발을 죄어들어 갔다.

거위 왕이 덫에 걸린 것을 안 다른 거위는 모두 달아났다. 거위 왕 다타랏타가 덫에 걸린 것을 안 거위 장군 스무카는 왕을 지키고자 그 곁을 떠나지 않는다. 그 후 사냥꾼이 덫에 걸린 거위 왕을 발견하는데 그런데 올가미에 걸리지 않은 또 1마리의 거위가 도망치지 않은 것을 보고 사냥꾼은 이상하게 생각한다. 사냥꾼이 그 까닭을 거위 장군 스무카에게 묻는다. 그러자 스무카는 "올가미에 걸린 것은 저희 임금님입니다. 그러므로 임금님을 버리고 자신만 떠날 수는 없습니다. 제가 임금님을 대신 하올 터오니 우리 임금님을 풀어주시오."라고 사냥꾼에게 청원한다.

이 말을 들은 사냥꾼은 스무카의 왕을 위하는 진심에 감격하여 거위 왕 다타랏타를 불쌍히 여겨 올가미를 풀어준다. 그러나 사냥꾼이 황금 거위를 잡으면 왕으로부터 많은 포상금을 받을 수 있다는 사실을 안 스무카는 사냥꾼에게 자신을 왕궁으로 데려갈 것을 청한다. 사냥꾼은 2마리의 거위를 데리고 왕궁으로 가서 사구라 왕에게 지금까지의 사정 이야기를 고한다. 그러자 사구라 왕도 거위 장군 스무카의 행위에 감격하여 왕은 사냥꾼에게 많은 포상금을 하사하고, 2마리의 거위를 정중하게 대접한다. 2마리의 거위는 결국 자유의 몸이 되어 고국인 짓타쿠타 산으로 돌아간다.

이야기는 거위 장군 스무카가 자신의 거위 왕 다타랏타를 어떠한 위난의 상황에도 끝까지 지키려 하는 한결같은 헌신적인 모습을 전하고 있다. 이러한 스무카의 희생정신이 사냥꾼과 사구라 왕을 감동하게 한다. 위급한 상황이 되면 저만 살려고 하는 사람들의 이기심을 스무카의 희생정신을 빌려서 깨우치고 있다.

보로부두르의 조각가는 거위 왕 전생담을 5면을 사용해서 묘사하고 있다. 부조 Ⅰ. B. a. 77에 거위의 한 무리를 새겨 넣고 있다. 화면 좌측 위에 있는 것이 거위 왕 다타랏타이다. 부조 Ⅰ. B. a. 78의 대좌 위에 왕이 앉아 있다. 부조 Ⅰ. B. a. 79가 이 이야기의 극적인 장면이다. 즉, 화면의 오른쪽 아래에 앉아 있는 것이 사냥꾼이다. 그 앞에는 2마리의 거위가 있다. 1마리는 양쪽 날개를 크게 벌려서 지금이라도 날아오르려고 하고 있다. 그러나 그 발에는 올가미가 걸려 있어 달아날 수 없는 상태를 묘사하고 있다. 그 바로 오른쪽 아래에 거위 장군 스무카의 모습이 보인다. 화면 상반부에는 많은 거위가 도망쳐 날아가는 장면이 새겨져 있다. 화면 오른쪽 밑에 2마리의 거위에게 다가온 사냥꾼의 모습을 부조했다.

부조 Ⅰ. B. a. 80은 이야기의 마지막 장면이다. 옆으로 긴 패널을 사용하여 한

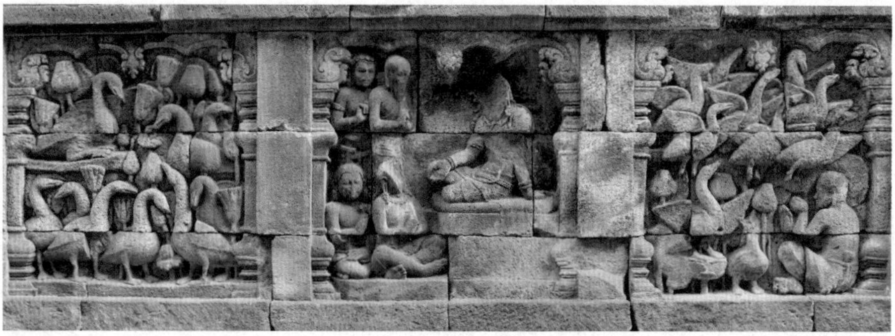

거위 왕 본생담(Ⅰ. B. a. 77~79)

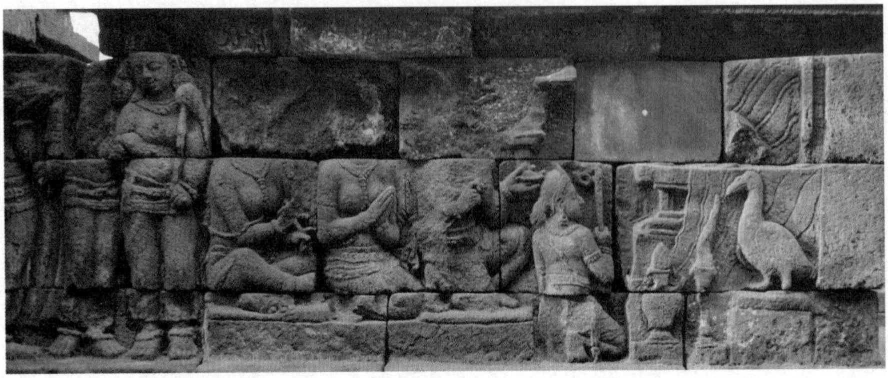

거위 왕 본생담(I. B. a. 80)

장면이 새겨져 있다. 오른쪽 끝에 있는 것이 거위 왕인 다타랏타이고, 그 앞에 무릎을 꿇고 예배하고 있는 것이 사냥꾼이다. 그 뒤로 대좌 위에 앉아 있는 3명의 인물을 묘사하고 있다. 사구라 왕과 그 왕비들로 이 3명은 두부가 결손해 있다.

●● 사슴 왕 본생담 I. B. a. 90~93

이 이야기는 '은혜를 잊지 마라'라는 교훈을 가르치고 있다Sarabha, Jataka 483. 『남전대장경』 제314권에 보이는 내용으로 단순한 줄거리이지만, 보로부두르의 건립 당시 많은 사람이 이 이야기를 알고 좋아했던 것 같다. 주인공은 사라바 사슴으로 전세의 석가였다. 은혜를 잊지 않은 인물은 바라나시의 부라후마닷타 왕이다.

옛날 부라후마닷타 왕이 이 세상을 다스리고 있었을 때 숲에 사라바 사슴이 살고 있었다. 왕은 숲에서 사슴 사냥을 좋아했다. 어느 날 왕이 신하들과 숲에서 사슴 사냥을 하고 있을 때, 이 이야기의 주인공 사라바 사슴을 만나게 된다. 왕은 이 사슴을 잡으려고 활을 쏘며 말을 타고 뒤쫓았다. 왕은 사슴을 향해서 몇 차례 화살을 쏘았지만 화살은 명중하지 않는다.

이렇게 하여 왕은 점차로 숲 속 깊이 들어가게 되는데 풀숲 안에는 깊고 큰 구덩이가 있었다. 왕은 사슴을 쫓는 데만 정신이 팔려서 그 큰 구덩이가 있는 것을 알아차리지 못하고 말과 함께 구덩이 속으로 빠진다. 도망치던 사슴은 뒤에서 쫓아오던 말발굽 소리가 들리지 않자 되돌아 가보니 왕이 큰 구덩이 속에 빠진 것을 발견한다. 구덩이에 빠진 왕의 한탄 소리를 듣고 왕을 불쌍하게 여긴 사슴은 큰 구덩이 속으로 내려가서 왕을 구해준다. 왕은 사슴의 자비스러운 마음 때문에 목숨을 건진다.

사슴은 왕을 간호한 후, 왕에게 '5계'의 가르침을 설한다. 5계는 '살아 있는 것을 죽이지 마라', '자신의 것이 아닌 것을 취하지 마라', '음란한 행위를 하지 마라', '거짓말을 하지 마라', '술을 마시지 마라'였다.

왕은 사슴에게 구원을 받아서 무사히 왕궁에 돌아갈 수 있었다. 이후 왕은 사람들에게 사슴으로부터 가르침을 받은 5계를 알리며 지키도록 권했다.

보로부두르에는 이 이야기가 전 4면의 평방을 사용해서 묘사하고 있다. 부조 Ⅰ. B. a. 90은 부라후마닷타 왕이 말을 타고 3명의 신하와 함께 숲에서 사슴을 사냥하는 장면이다.

부조 Ⅰ. B. a. 91은 사슴을 쫓던 왕이 큰 구덩이 속으로 빠진 광경이다. 화면 중앙의 구덩이 안에 서 있는 것이 부라후마닷타 왕이다. 이 화면 오른쪽에 주인공인 사라바 사슴이 보인다. 왕은 양손을 합장하여 사슴에게 도움을 청하고 있다. 화면 왼쪽에 왕이 타고 온 말이 있다. 4면의 부조 가운데 가장 극적인 장면으로 조각도 훌륭하다.

부조 Ⅰ. B. a. 92는 사슴이 구덩이 속에 빠진 왕을 불쌍히 여겨 구해내는 광경이다. 사슴이 자신의 등 위에 왕을 태워서 구덩이를 나오려 하고 있다.

부조 Ⅰ. B. a. 93은 은혜를 입은 사슴에게 부라후마닷타 왕이 경의를 표하는 장면이다. 왕 앞에 위대한 사슴이 있고 왕의 배후에는 3명의 신하와 왕의 말이 있다. 신하 한 명이 양산을 왕에게 받치고 있다. 사슴뿐만 아니라 왕도 존귀한 존재임을 나타내고 있다.

이 본생담 이야기는 보로부두르에서 4면을 사용하여 묘사하고 있지만 경전에는 이야기가 계속된다. 경전에 의하면 왕은 자신을 구해준 사슴에게 감사하고 또 사슴의 가르침인 5계를 지키며 살아간다. 그런데 왕이 예전에 사슴에게 받은 은혜와 5계

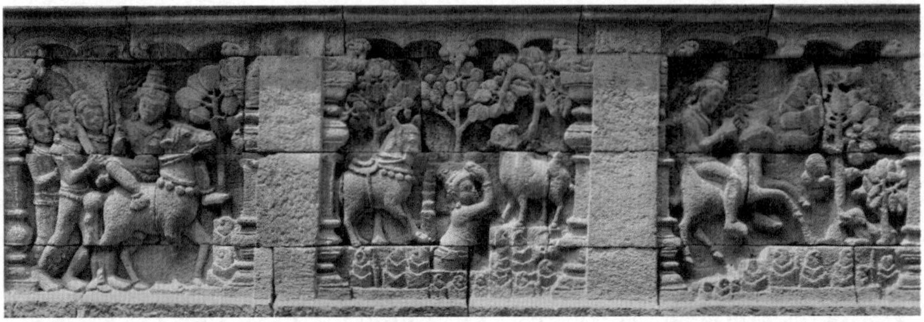

사슴 왕 본생담(I. B. a. 90~92)

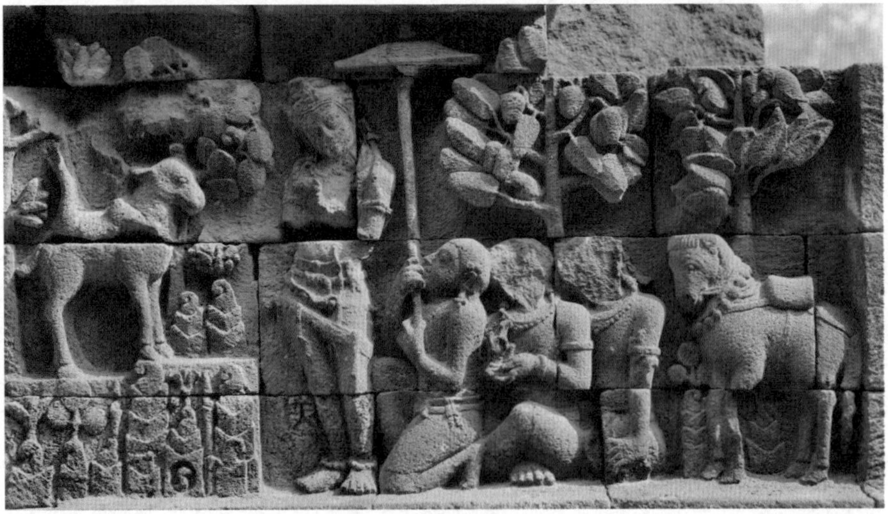

사슴 왕 본생담(I. B. a. 93)

를 잊지 않고 있는지 확인하기 위해서 제석천이 왕 앞에 사라바 사슴으로 변신하여 나타난다. 그리고 어떤 브라만을 시켜서 "저 사라바 사슴을 죽이시오."라고 왕을 부추긴다.

그런데 왕은 예전에 사라바 사슴으로부터 은혜를 받았고, 또 5계의 가르침을 얻었으므로 브라만에게 "저 사라바 사슴은 결코 죽일 수 없는 나의 은인이오."라고 전한다. 이 말을 들은 제석천은 은혜를 잊지 않은 왕의 마음을 칭송한다. 제석천은 부라후마닷타 왕에게 "화내지 않고 항상 마음을 평정하게 하여 모든 사람의 요구에 따라주고, 될 수 있는 한 보시하여 사람들에게 뒷손가락질을 받지 않으면 천계에 올라가리라."고 게송을 전하고 천계로 돌아간다.

●● 루루 사슴 본생담 I. B. a. 94~98

이 이야기는 '배은망덕'을 주의한 유명한 이야기이다Ruru, Jakata 482. 주인공 루루 사슴은 전세의 석가였다. 이 이야기는 자신의 목숨을 구해준 사슴을 배반하는 한 남자의 배은망덕을 주제로 『남전대장경』 제314권에 나오는 내용이다. 우리나라에는 '수사슴 루루 이야기'와 인도 바르후트 출토의 부조콜카타 인도박물관, 석조, 기원전 1세기 초, 52cm를 강우방 선생님이 처음으로 소개했다.

옛날 갠지스 강 가까이에 황금빛 사슴 왕 루루가 살고 있었다. 어느 날 루루는 갠지스 강에서 "사람 살려 주세요."라는 한 남자의 외침 소리를 들었다. 그것은 강에 빠진 남자가 도움을 청하는 소리였다. 마음 착한 사슴 루루는 그 남자를 살리기 위해서 강으로 뛰어들어 물에 빠진 남자의 목숨을 구해준다.

이 남자는 바라나시에서 사는 큰 부자의 아들이었던 '마하다나카'였다. 마하다나카는 부모가 죽자 술과 놀음으로 방탕한 생활을 보낸다. 그 때문에 부모에게 물려받은 재산을 얼마가지 않아서 모두 탕진하고 많은 빚을 지게 된다. 마침내 빌린

돈을 갚지 못하는 상황에 이르게 된다. 이렇게 해서 빚쟁이들에게 시달리게 된 마하다나카는 세상이 지겨워져서 자살하려고 갠지스 강에 몸을 던진 것이었다.

이때 황금 사슴 루루가 마하다나카를 강에서 구해낸다. 사슴은 남자를 간병하면서, "내가 여기에서 사는 것은 누구에게도 가르쳐주지 말아 주세요."라고 부탁한다. 마하다나카는 자신의 목숨을 구해 준 사슴의 간절한 바람을 알고 "절대 아무에게도 황금 사슴에 대하여 말하지 않겠습니다."라고 굳게 약속한다.

그런데 어느 날 바라나시의 왕비가 꿈을 꾸었다. 그 꿈은 황금 사슴이 왕비에게 설법하는 꿈이었다. 잠에서 깬 왕비는 황금 사슴이 이 세상의 어디엔가 사는 것으로 생각하여, 왕에게 그 황금 사슴을 찾아주도록 부탁한다. 왕은 왕비의 청을 들어주기 위해서 황금 사슴의 거처를 알려주는 사람에게 많은 상금을 주겠다고 포고한다. 많은 상금에 눈이 먼 마하다나카는 사슴과의 약속을 지키지 않고 왕을 찾아가 루루 사슴의 거처를 알려준다.

자신의 목숨을 구해준 은혜를 저버리고 어리석은 마하다나카는 루루 사슴의 거처로 왕을 안내한다. 왕은 황금 루루 사슴을 만나자 루루 사슴에게서 마하다나카가 배은망덕한 배신자라는 이야기를 전해 듣는다. 그 사실을 알게 된 왕은 마하다나카를 처형하려고 한다. 그러나 루루는 그의 잘못을 용서 빌며 약속한 상금을 마하다나카에게 주라고 왕에게 청한다. 왕은 사슴의 큰 자비에 감복하여 마하다나카를 용서한다. 그리고 약속대로 마하다나카에 많은 상금을 주어 집으로 돌아가게 한다.

배신자 마하다나카는 석가의 고약한 사촌 동생인 데바닷타였고, 왕은 석가의 제자 아난다, 루루 사슴은 전생의 석가였다. 보로부두르에는 이 이야기를 5면을 사용하여 묘사하고 있다.

부조 I. B. a. 95는 갠지스 강 가까이에 있는 망고 숲의 장면이다. 주인공 황금 사슴 루루를 비롯해 코끼리가 묘사되어 있다. 부조 I. B. a. 96은 화면 가득히 갠

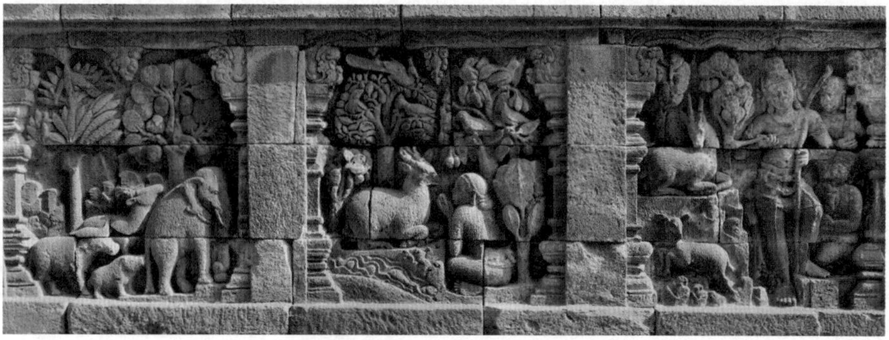

루루 사슴 본생담(I. B. a. 95~97)

지스 강과 루루가 새겨져 있다. 이 이야기의 가장 극적인 장면을 나타내고 있다. 그 오른쪽에 갠지스 강에 빠진 마하다나카의 모습이 보인다. 목숨을 구원받은 마하다나카가 사슴을 향해서 합장하여 감사하고 있다. 부조 I. B. a. 97은 배은망덕한 마하다나카의 안내로 황금 사슴의 거처에 찾아온 왕이 새겨져 있다. 화면 왼쪽에 황금 사슴 루루가 있고, 그 오른쪽에는 활과 화살을 가지고 서 있는 왕이 있다. 오른쪽 끝에 배신자 마하다나카가 무릎 꿇고 앉아 있다.

●● 원숭이 왕 본생담 I. B. a. 99~102

이 이야기는 다른 사람에 대한 '사신'자기희생의 위대함을 설한 유명한 이야기이다Jataka 407. 사신捨身은 자신을 희생하여 다른 사람을 돕는 것을 의미한다. 이야기의 주인공은 큰 원숭이 마하카피Mahakapi로 이 원숭이가 전세의 석가였다. 『남전대장경』 제312권 본생담 제407에 나오는 이야기이다. 위대한 원숭이 왕 마하카피 이야기는 인도 바르후트 탑의 난순과 산치 대탑 서문 남쪽 기둥에도 부조가 있다.

옛날 히말라야의 산중에 큰 원숭이가 살았다. 이 원숭이는 8만 마리의 큰 무리를 지배하는 원숭이 왕이었다. 이 원숭이 무리가 살고 있는 갠지스 강 상류의 물가에 큰 망고 나무가 있었다. 이 망고 나무에는 달콤하고 맛있는 망고 열매가 많이 열렸고, 원숭이 무리는 이 망고 열매를 먹고 살았다.

그런데 어느 날 망고 열매 하나가 강물에 떨어져 갠지스 강 하류로 떠내려갔다. 당시 강 하류는 바라나시 왕국의 부라후마닷타 왕이 지배하고 있었다. 어느 날 왕은 신하들에게 명하여 그물을 치게 하여 물놀이를 했다. 저녁 무렵 어부가 그물에 걸린 크고 달콤한 망고 열매를 발견한다. 어부는 과일을 들고 왕에게 진상한다. 왕도 어부도 무슨 과일인지 몰라서 왕은 신하를 불러 과일을 보여주자 산림관은 망고 열매라고 왕에게 알려준다. 왕이 곧 망고를 먹어보니 실로 달콤하고 맛이 있었다.

이렇게 해서 왕은 완전히 망고 맛에 사로잡히게 된다. 왕은 망고 열매가 떠내려온 갠지스 강 상류를 거슬러 올라가서 망고 나무를 찾기로 작정한다. 왕은 군사와 산림관을 대동하여 강의 상류로 출발한다. 몇 날 며칠 걸려서 상류에 다다르자 마침내 많은 열매가 열려 있는 큰 망고 나무를 발견한다.

그런데 그때 많은 원숭이 무리가 망고 열매를 먹고 있었다. 그것을 본 왕은 곧 신하들에게 활을 쏘아서 원숭이들을 죽이라 명한다. 원숭이들이 매우 위험하게 된 것을 안 원숭이 왕전생의 석가은 어떻게 해서라도 무리의 목숨을 지키려고 결심한다. 원숭이 왕은 우선 등나무 줄기를 자신의 허리에 동여매고 다른 한쪽 끝을 갠지스 강가에 있는 나무 꼭대기에 붙들어 맸다. 그리고 원숭이 왕은 힘차게 나무 꼭대기 위에서 뛰어내려 강 반대편에 있는 망고나무의 큰 가지에 양손으로 매달렸다. 등나무 줄기는 강을 사이에 두고 두 나무가 마치 밧줄처럼 연결되었다. 그러자 원숭이 왕은 큰 소리를 질러 "빨리 나의 등을 밟고 등나무 줄기를 타고 반대쪽 물가로 도망쳐라."라고 외치자 원숭이 무리는 원숭이 왕의 등을 밟고 강 건너 나무로 도망쳐 갔다.

모든 원숭이가 강을 건너자 원숭이 왕은 기진맥진하여 나무 아래로 떨어지려고 한다. 그것을 본 왕은 원숭이 왕의 희생정신에 감동하여 신하에게 명하여 "저 큰 원숭이를 죽여서는 안 된다. 아래에서 그물을 던져 살려내라."고 명한다. 왕은 탈진한 원숭이 왕을 간호하며 물었다. "위대한 원숭이여, 그대는 어이하여 자신을 희생하여 다른 원숭이를 살렸느냐?"라고 묻자 "나를 희생하여 다른 원숭이들을 구하였으니 나의 마음은 행복하오."라며 큰 원숭이는 숨을 거둔다. 왕은 그 시체를 화장하여 극진한 장례식을 올리고 원숭이 왕을 위해서 무덤(불탑)을 세운다. 보로부두르의 조각가는 이 위대한 원숭이 왕의 이야기를 4개의 평방을 사용하여 묘사하고 있다.

Ⅰ. B. a. 99. 부라후마닷타 왕과 그 신하들의 모습을 묘사한 장면이다. 신하가 망고 열매를 발견하고 그것을 왕에게 알리는 장면이다.

Ⅰ. B. a. 100. 부라후마닷타 왕과 왕비가 대좌 위에 앉아 있고 그 밑에 앉아 있는 인물이 산림관이다. 그물에 걸린 망고 열매를 왕에게 가져가 받친다. 부조 99와 100은 경전의 내용과 완전히 일치하지 않은 애매한 부분도 있다.

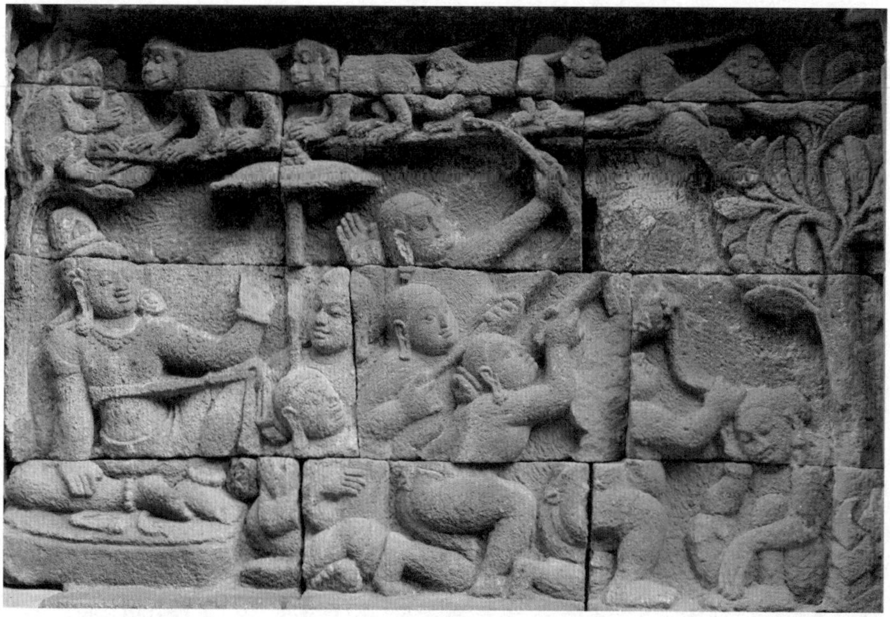

원숭이 왕 본생담(Ⅰ. B. a. 102)

Ⅰ. B. a. 101. 왕과 그 신하가 망고 나무를 찾아 갠지스 강 상류로 향하는 여행길에 나선 것을 알리는 부조이다.

Ⅰ. B. a. 102. 이 이야기의 마지막 장면으로 위대한 원숭이와 등나무 줄기를 타고 원숭이들이 강 건너 쪽으로 도망치는 장면이다. 화면 왼쪽에는 왼쪽 손을 위로 올리고, 위대한 원숭이의 희생 광경을 지켜보는 부라후마닷타 왕의 모습이 묘사되어 있다. 큰 원숭이를 비롯해 원숭이들은 익살스럽게 표현되어 있다. 보로부두르의 부조 가운데 매우 인상 깊은 장면이다.

●● 흰 코끼리 본생담 Ⅰ. B. a. 112~115

이 이야기는 『자타카 마라』 제30품Hastin, Jakata mala 30, 흰 코끼리의 희생에 전해지고 있다. 석가의 전세 모습인 코끼리의 희생 이야기이다. 보로부두르의 조각가는 4면을 사용하여 이야기를 묘사하고 있다. 자신을 희생하면서까지 다른 사람을 구한 귀중한 이야기로 석가의 전생담 가운데 널리 알려져서 사랑받은 이야기이다.

옛날 숲에 한 마리의 코끼리가 살았다. 어느 날 코끼리가 숲 속을 지나가다 사람들의 말소리를 듣는다. 사람들이 길을 잃고 숲 속을 방황하며 탄식하는 소리였다. 자비스러운 코끼리는 말소리가 들리는 곳을 찾아가자 거기에 700명이나 되는 사람이 길을 잃고 방황하고 있었다. 그들은 먹지도 마시지도 못하여 몹시 지쳐 있는 상태였다.

코끼리는 "어째서 이러한 황야를 방황하고 있습니까?"라고 물었다. 그러자 한 사람이 "나라에 무자비한 왕이 있어 그의 분노를 사서 나라에서 쫓겨나 이렇게 유랑을 하고 있습니다. 여기저기 방황하다가 길을 잃고 먹지도 마시지도 못해 지쳐 있습니다."라고 답한다. 코끼리는 그들을 불쌍히 여겨 사람들에게 숲에서 나가는 길을 가르쳐준다. "저 산기슭에 연못이 있습니다. 거기에 가면 마실 수 있는 물이 있습니다."라고 알려준다.

길을 가르쳐준 다음 흰 코끼리는 연못 위의 절벽 위에 올라가서 뛰어내려 스스로 목숨을 끊는다. 마침내 남자들이 흰 코끼리가 가르쳐준 연못을 찾아가 보니, 거기에 코끼리가 죽어 있는 것을 발견한다. 사람들은 코끼리가 자신들에게 길을 가르쳐준 코끼리였던 것을 알아보았다. 코끼리는 굶주린 남자들을 구하기 위해서 자신의 몸을 바쳐 그 고기를 먹이고자 스스로 목숨을 끊었던 것이었다.

이러한 흰 코끼리의 위대한 사신捨身: 자신의 몸을 바쳐 희생하는 행위 때문에 700명이나 되는 사람이 굶주림에서 벗어나 목숨을 부지할 수 있었다. 사람들은 연못을 떠나기 전에 코끼리에게 감사와 존경하는 마음으로 시신을 화장하여 그 유골을 안치하여 불탑을 세웠다. 자기 자신만을 위하여 살아가는 것이 아니라 많은 다른 사람을 위해서 자신을 희생할 줄 아는 가르침을 설하는 이야기이다.

부조 Ⅰ. B. a. 112는 위대한 코끼리와 700명의 우두머리로 보이는 한 남자가 만나는 장면이다. 흰 코끼리가 예쁘장하게 새겨져 있다.

부조 Ⅰ. B. a. 113은 700명의 많은 사람을 묘사하고 있다. 그중에는 승려로 보이는 사람도 있다.

부조 Ⅰ. B. a. 114는 주인공 흰 코끼리가 절벽으로 올라가는 장면이다.

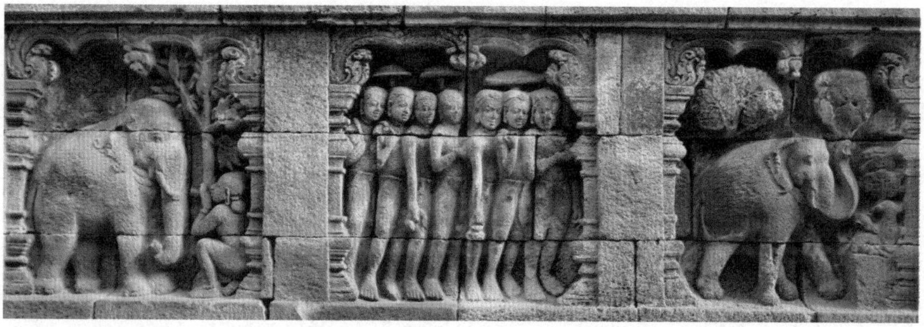

흰 코끼리 본생담(Ⅰ. B. a. 112~114)

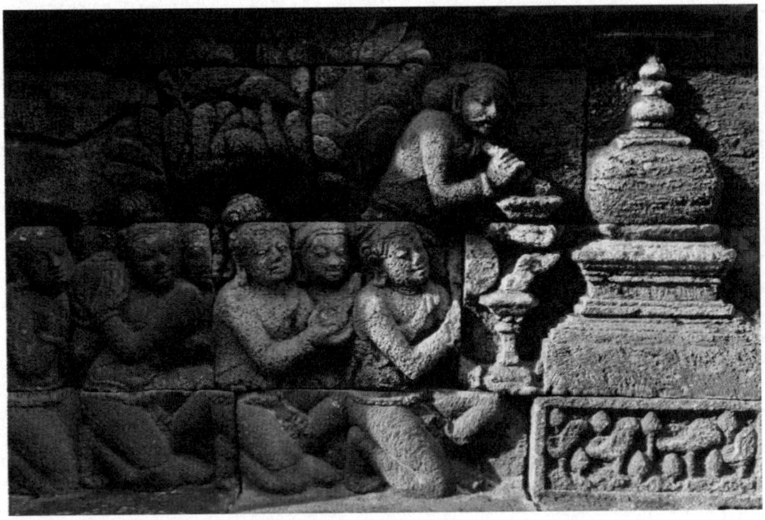

흰 코끼리 본생담(Ⅰ. B. a. 115)

부조 Ⅰ. B. a. 115는 이 이야기의 마지막 장면이다. 화면 오른쪽에 흰 코끼리의 유골을 넣은 작은 불탑이 보인다. 그 앞에서 무릎을 꿇고 있는 것이 흰 코끼리에게 은혜를 받은 사람들이다. 사람들은 일심으로 불탑을 세워 흰 코끼리에게 감사와 경의를 표하고 있다.

●● 아요그라 왕자 본생담Ⅰ. B. a. 120~125

아요그라 왕자 본생담Ayogrga, Jataka 510은 탁한 세상을 떠나 출가하는 왕자 이야기이다. 보로부두르에는 8면Ⅰ. B. a. 120~127에 이야기가 새겨져 있다.

옛날 범여 왕이 바라나시에서 나라를 다스리고 있을 때 제1왕비가 회임하여 훌륭한 왕자를 낳았다. 전생에 제1왕비와 같은 남편과 결혼했던 연적인 여자가 왕비의 아들을 죽이려고 한다. 그녀는 아이를 낳지 못하는 석녀였는데 야차하리티: 귀자모신

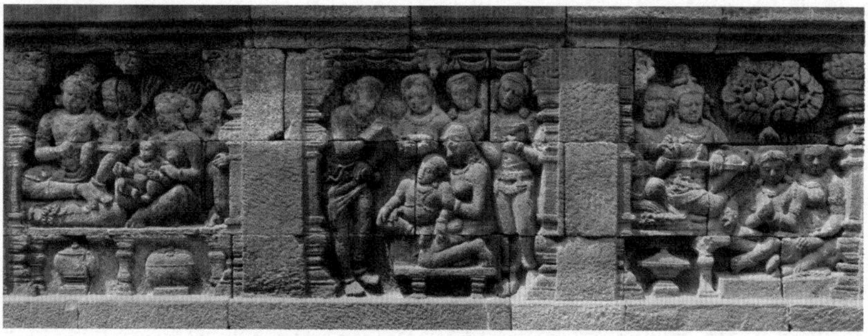

아요그라 왕자 본생담(Ⅰ. B. a. 120~122)

로 다시 태어났다. 야차는 왕비의 아들을 납치하여 도망갔다. 왕비가 또 아들을 출산하자 또 야차가 아기를 잡아먹었다.

3번째 왕자가 태어나기 전에 왕은 대장장이를 모아 철로 만든 집을 세운다. 3번째 왕자는 야차에게 잡아먹히지 않도록 궁전 안의 철로 만든 집에서 키운다. 야차가 죽자 왕자는 철로 만든 집 밖에 나와 세상을 둘러본다. 혼탁한 세상을 본 아요그라 왕자가 성을 나와 히말라야 설산에 가서 출가한다.

부조 Ⅰ. B. a. 120~122는 범여 왕의 왕비가 아들을 낳은 장면이다.

부조 Ⅰ. B. a. 124~125는 아요그라 왕자가 범여 왕에게 출가의 허락을 청하는 장면이다.

●● 물소 본생담Ⅰ. B. a. 126~132

이 이야기는 '인욕'에 대하여 가르치는 내용으로 주인공 물소는 전세의 석가였다Mahisa, Jakata 308. 보로부두르에는 5면을 사용하여 묘사하고 있다. 처음 제1면은 상당히 파손하여 잘 알아볼 수 없지만 다른 4면은 조각적으로 훌륭하다.

옛날 히말라야에 물소가 살고 있었다. 이 물소는 대단히 자비스럽고 인내심이 강했다. 어느 날 원숭이가 이 물소에게 다가와서 아주 못된 장난을 했다. 원숭이는 물소의 등을 타고 대소변을 보았고 물소의 뿔에 매달리거나, 물소의 꼬리를 잡고 흔들어대곤 했다. 그런데 물소는 인내성이 강하여 원숭이의 못된 짓을 참았다.

물소가 원숭이에게 곤욕을 받는 곳 가까이에 큰 나무가 있었는데, 그 나무에는 '신'이 살고 있었다. 원숭이의 못된 짓을 보고 나무 신이 "왜 그렇게 참고 견디고 있소?"라고 물소에게 물었다. 이 말을 들은 물소는 신에게 "저 나쁜 원숭이는 또 다른 물소에게 가서 똑같은 짓을 되풀이할 것입니다. 그리고 그 물소에게 죽임을 당할 것이 틀림없습니다. 내가 참고 견디면 그로 말미암아서 나는 살생을 안 해서 죄를 짓지 않아서 좋고 마음이 자유스러울 수 있습니다."라고 답했다.

물소가 예언한 대로 얼마 후 못된 원숭이는 다른 물소에게 가서 또다시 못된 짓을 되풀이했다. 원숭이는 이 물소도 못된 짓을 참고 견디리라 생각했다. 그러나 이 물소는 화를 내며 원숭이를 지면에 흔들어 떨어뜨렸다. 그리고 뿔로 원숭이의 심장을 찌르고 발로 짓밟아서 죽여버렸다.

물소가 이야기한 '자유'는 다른 사람에 해를 가하지 않고 인내하는 것을 의미한다. 이로 말미암아 선량한 물소는 살생계殺生戒를 범하지 않고 그 법을 지킬 수 있어 사후 천계에서 다시 태어날 수 있게 된다. 이것이야말로 참된 자유이다. 이 물소 이야기를 보로부두르의 조각가는 5면을 사용하여 묘사하고 있다.

부조 I. B. a. 129는 물소의 목에 손을 대고 못된 장난을 하는 나쁜 원숭이의 모습이 있다.

부조 I. B. a. 130은 큰 나무에 사는 정령 신의 모습이 새겨져 있다. 화면 오른쪽에 서 있는 흐트러진 머리의 큰 남자가 신이다. 그 앞에는 물소 등에 타고 있는 나쁜 원숭이가 등 위에서 소변을 보고 있다.

부조 I. B. a. 131은 나쁜 원숭이가 양손으로 물소의 양쪽 눈을 막아버리고 못된 장난을 하는 장면이다.

부조 I. B. a. 132가 마지막 장면이다. 화면 오른쪽에 앉아서 양손을 합장하여 물소에게 경의를 표하는 것이 나무의 정령 신이다. 참는 물소의 모습을 본 정령 신이 두 손을 합장하여 예를 올리는 광경이다. 물소가 화면 왼쪽에 크고 예쁘장하게 새겨져 있다. 『남전대장경』 제311권 본생담 제278에 전해지는 이야기이다.

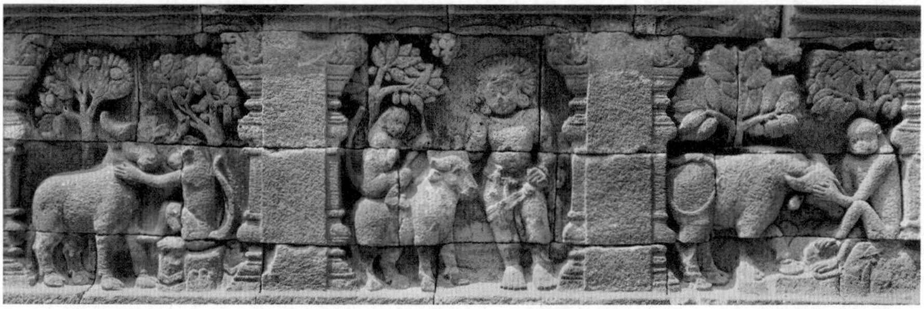

물소 본생담(I. B. a. 129~131)

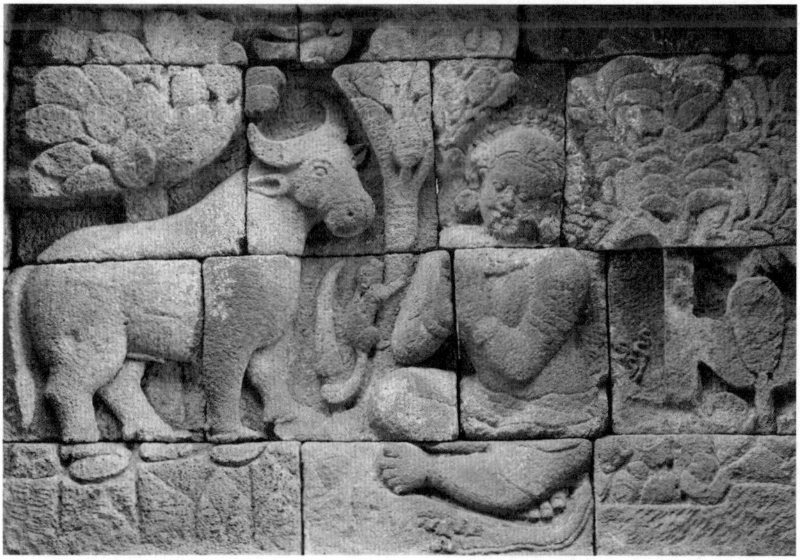

정령 신이 두 손을 합장하여 물소에게 예를 올리는 장면(I. B. a. 132)

●● 딱따구리 본생담(I. B. a. 133~135)

이 이야기는 '배은망덕'을 주의한 내용으로 주인공인 딱따구리가 전세의 석가였다Satapattra, Jataka 308. 같은 이야기는 '이솝 이야기'에도 있다. 짧은 이야기이지만 보로부두르의 조각가는 3면을 사용하여 묘사하고 있다. 친절한 행위로 다른 사람을 도와주었는데도 그 후에 그 도움을 받은 사람이 은혜를 잊어버린다는 이야기이다. 우리나라에도 '물에 빠진 사람을 구해 주었더니 보따리 달라'는 속담이 있다.

옛날 히말라야 지방에 딱따구리와 사자가 살고 있었다. 어느 날 사자가 사슴을 잡아먹다가 그만 뼈가 이에 찔려서 몹시 고통받고 있었다. 이 광경을 지켜보고 있던 딱따구리가 "대체 왜 그러시고 있소."라고 물었다. 그러자 사자는 그간의 사정 이야기를 하고 "이빨 사이에 낀 사슴 뼈를 빼어줄 수 있겠소."라고 청한다. 그 말을 들은 딱따구리는 자비심이 생겨서 사자 입속의 뼈를 뽑아주기로 한다. 딱따구리는 사자 입에 들어가면 잡아먹힐 위험이 있어서, 우선 사자 입을 크게 벌려서 입의 위턱과 아래턱 사이에 나무 막대기를 끼워넣었다.

그렇게 하여 딱따구리는 사자 입안에 끼인 뼈를 쪼아서 뽑아준다. 자비스러운 딱따구리는 사자를 도와주고 나서 사자의 마음을 확인하기 위해서 "사자여, 나는 당신을 존경하고 당신의 아픔을 없애 드렸습니다. 그런데 그대는 나에게 무엇을 해 주시겠습니까?"라고 물었다. 그러자 아픔이 가시자 마음이 변한 사자가 "내 입안에 들어왔다가 살아남은 것만으로 다행으로 알아라."라고 답했다. 배은망덕한 사자를 통하여 사람은 다른 사람에게 은혜를 입으면 그게 아무리 작은 일이라도 그 은혜를 잊어서는 안 된다고 가르치고 있다. 『남전대장경』 제311권 본생담 제308에 나오는 이야기이다.

부조 I. B. a. 133에 사자와 사슴이 새겨져 있는데, 사자에게 잡힌 사슴을 나타내고 있다. 주인공 딱따구리가 사자와 사슴을 공중에서 바라보고 있다.

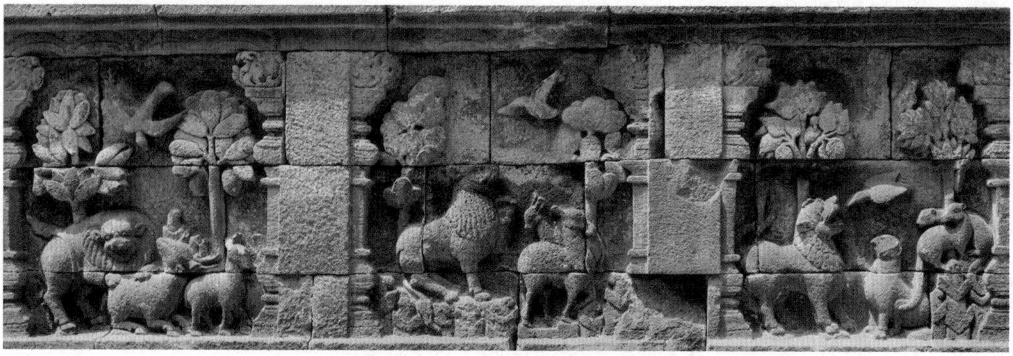

딱따구리 본생담(I. B. a. 133~135)

부조 I. B. a. 134는 사자가 사슴을 잡아먹었는데 이빨 사이에 뼈가 찔려서 대단히 괴로워하는 사자와 딱따구리가 대화하는 장면이다. 하늘에 딱따구리, 지상에 사자가 있다.

부조 I. B. a. 135는 사자의 입을 크게 벌리게 하여 딱따구리가 입안에 낀 뼈를 부리로 쪼아내는 장면이다.

부조 I. B. a. 136은 딱따구리가 배은망덕한 사자의 마음을 알고 "은혜를 잊고 아무것도 하지 않고 은혜 입은 것에 감사하는 마음도 없고, 은혜를 모르는 무분별한 사람과 친하게 지낼 사람은 없다."라는 시를 읊고 사자 곁을 떠나간다.

●● 거북이 본생담 I. B. a. 192~195

이 이야기는 큰 거북이에게 목숨을 구원받고도 큰 거북이를 죽여 잡아먹는 은혜를 원수로 갚는 상인들 이야기이다 Kasyapa, Avadana, 은혜를 원수로 갚은 죄보. 주인공 큰 거북이는 전세의 석가로 이 이야기는 『잡보장경』雜寶藏經 제33권『일체경』본인연부에 등장한다. 짧은 이야기이지만 실로 인상 깊은 내용이다.

옛날 바라나 국에 한 상인이 살고 있었다. 그는 500명의 상인을 데리고 국외에 가서 재보를 얻기 위해 배를 타고 바다로 나갔다. 상인은 여러 나라에 가서 많은 재보를 얻고 고국으로 돌아온다. 그런데 그 도중 바다 속에 사는 악마의 방해로 배가 움직이지 않게 된다. 상인들은 걱정하여 배가 앞으로 나아가도록 해신에게 기원을 드린다. 그러자 어디선가 한 마리의 큰 거북이가 나타났다. 큰 거북이는 상인들이 타고 있는 배에 와서 자신의 등 위에 많은 상인을 태우고 육지까지 데려가서 사람을 살려낸다. 큰 거북이가 상인들의 목숨을 구했다.

육지에 도착한 큰 거북이는 지친 몸을 쉬기 위해서 잠이 들었다. 거북이에게 목숨을 구원받은 상인들은 육지에 도착하자 배가 고팠다. 그러자 상인의 우두머리가 큰 바위를 가지고 와서 거북이를 죽이려고 했다. 다른 상인들은 그것을 보고 배은망덕한 행위라고 말렸다. 그러나 상인의 우두머리는 큰 바위를 던져서 거북이를 죽여서 잡아먹는다.

실로 무서운 이야기이다. 그날 밤 어디 선가부터 거북이 떼들이 나타나 자고 있는 상인들이 있는 곳에 몰려왔다. 그리고 상인들은 큰 거북이 떼들에게 짓밟혀서 죽임을 당한다. 나쁜 짓을 한 결과에 대한 응징이 이날 밤에 일어난 것이었다. 은혜를 입었으면서 감사하지 않고 반대로 상대를 살해한다는 끔찍한 이야기이다.

보로부두르에는 이 이야기가 4면을 사용해서 새겨져 있다. 그러나 4면의 어느 곳에도 거북이가 상인에 의해서 죽임을 당하는 장면은 묘사하지 않고 있다. 다시 말해 전세에 석가였던 거북이의 위대한 덕만을 칭송하고 있다.

부조 Ⅰ. B. a. 192는 주인공인 큰 거북이를 화면 가득하게 새겨놓고 있다. 부조 Ⅰ. B. a. 193은 큰 바다를 항해하는 상인들의 배가 움직이지 않은 장면이다.

부조 Ⅰ. B. a. 194는 큰 거북이가 상인을 구해주는 장면이다. 부조 Ⅰ. B. a. 195는 큰 거북이에 의해 목숨을 구원받은 상인들이 육지에 도착하여 은혜를 입은 큰 거북이에게 감사하는 장면이다. 부조는 경전 내용과 약간 다르게 표현되어 있다.

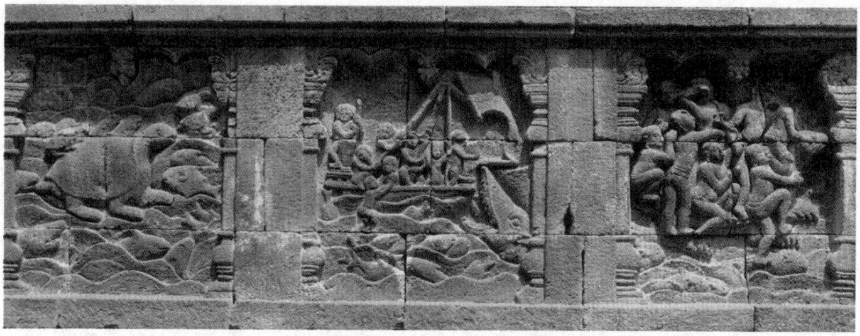

거북이 본생담(Ⅰ. B. a. 192~194)

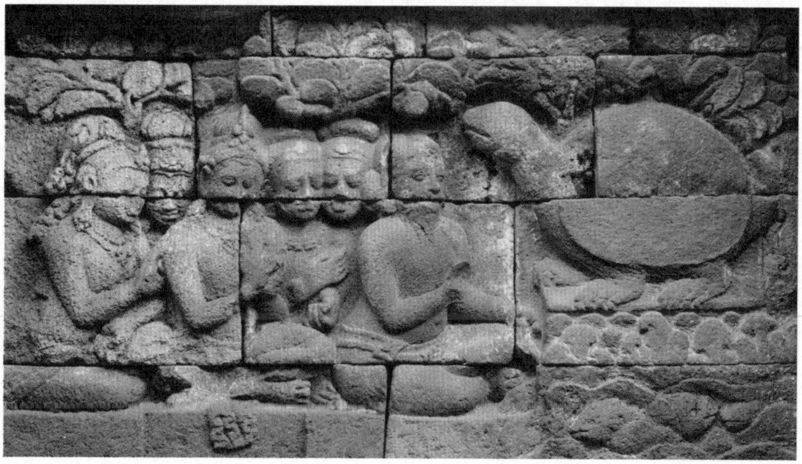

거북이 본생담(Ⅰ. B. a. 195)

원숭이 난디야 본생담Ⅰ. B. a. 196~200

이 이야기는 실로 잔혹하기 짝이 없는 무서운 내용이다. 주인공 난디야 원숭이가 전세의 석가였다. 이야기의 줄거리는 원숭이가 나쁜 브라만에게 살해당하는 내용이다. 이야기가 설하는 목적은 잔인하고 난폭한 사람은 반드시 이후에 파멸과 불행이 찾아온다는 '인과응보'이다. 이야기의 출전은 『남전대장경』 제30권 본생담 제222Culla Nandiya, Jakata 222이며 '작은 난디야 원숭이 본생담'이라고도 한다.

이 나쁜 짓을 한 사람이 누군가 하면 젊은 브라만이었다. 이 브라만은 예전에 닷카시라에서 고명한 스승 밑에서 공부했다. 그 후 고국에 돌아가려고 할 때 그의 스승은 젊은 브라만에게 "너는 성격이 너무 난폭해서 언젠가 큰 파멸과 큰 불행을 맞이할 수 있다. 그러므로 결코 잔혹한 행동을 해서는 안 된다."라고 충고한다.

이러한 스승의 가르침에도 젊은 브라만은 귀국한 후에 사냥꾼이 된다. 많은 동물을 죽여서 그 고기를 팔아 생계를 유지한다. 사냥꾼이 어느 날 집으로 돌아가는 도중 큰 동백나무에 사는 3마리의 원숭이와 만난다. 그 한 마리가 이 이야기의 주인공 '난디야'이다. 다른 2마리는 난디야의 동생과 어머니 원숭이였다. 그런데 불행하게도 어머니 원숭이는 눈이 보이지 않았다. 그러나 2마리의 형제 원숭이는 각양각색인 달콤한 과실을 가져와 어머니에게 드리는 효자 원숭이들이었다.

사냥꾼은 이 동백나무에 사는 3마리의 원숭이를 만나자 잔혹하게도 원숭이 난디야를 활로 쏘아 죽인다. 그다음에 동생 원숭이도 죽였다. 그리고 최후에 눈이 보이지 않는 어머니 원숭이도 죽여버리는 무서운 악업을 저지른다. 사냥꾼은 죽은 3마리의 원숭이를 막대기에 달아 매서 짊어지고 집으로 돌아왔다. 사냥꾼이 집에 돌아오자, 그가 집을 떠난 사이에 집에 벼락이 떨어져 그의 아내와 2명의 자식이 불에 타 죽은 것이었다.

이 청천벽력의 불행에 당황한 사냥꾼은 짊어지고 있었던 원숭이를 버리고 불에 탄 집 안으로 들어갔다. 대들보 기둥만 남은 집 안에서 죽은 처자식을 발견하고 사냥꾼은 슬퍼하며 대성통곡을 했다. 그러자 대들보가 쓰러지면서 사냥꾼의 머리를 때려 마침내 그도 죽게 된다. 그뿐만 아니라 브라만은 그 후 아비지옥에 떨어져 두고두고 벌을 받는다.

보로부두르의 조각가는 4면을 사용하여 이야기를 묘사하고 있다. 형제 원숭이의 어머니에 대한 효도에 관심이 많았던 것 같다. 이 4면 가운데 3면이 효도의 미덕을 묘사하고 있다. 눈이 자유롭지 못한 어머니 원숭이를 공양하는 광경을 강조하고 있다.

부조 I. B. a. 196은 왼쪽에 어머니 원숭이에게 과일을 양손으로 바치는 주인공 난디야의 모습이 있다.

부조 I. B. a. 199에 활을 쏘는 사냥꾼이 있다. 그 오른쪽에는 3마리의 원숭이가 새겨져 있다. 제일 오른쪽 끝의 원숭이가 맹목인 어머니 원숭이고 그 어머니를 지키기 위해서 왼손을 어머니의 어깨 위에 올려놓은 것이 주인공 난디야이다.

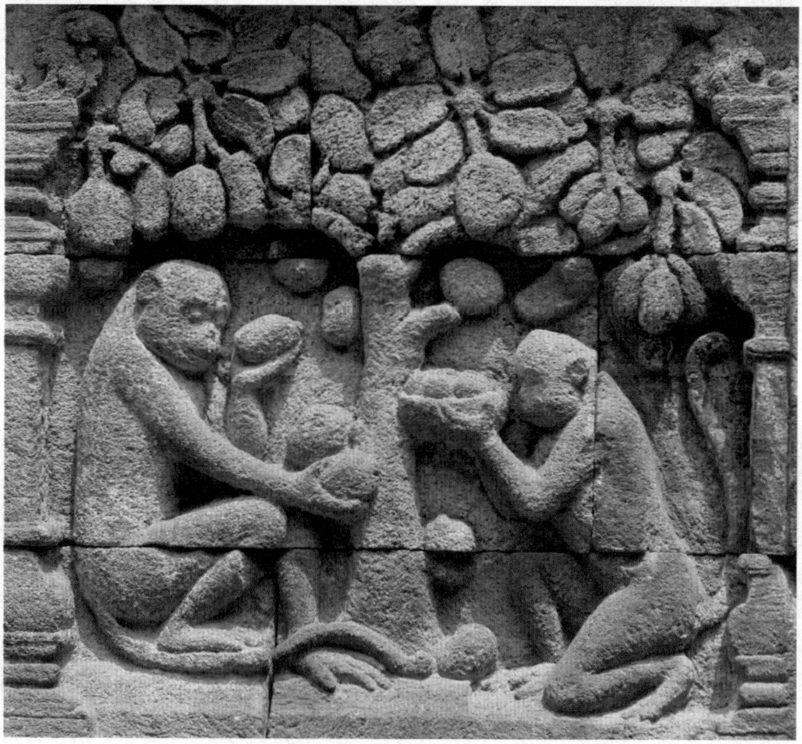

어머니에게 과일을 공양하는 원숭이 난디야(I. B. a. 196)

●● 사디야 본생담 I.B. a. 201~214

사디야 왕의 대 보시 이야기이다 Jakata 494. 옛날에 사디야 왕은 6곳의 대 보시 사원을 건립하여 많은 백성들을 구제한다 부조 203, 204. 왕은 사후에 천계에서 700년간 행복하게 산다. 일반 백성의 사디야 왕 칭송이 끊이지 않자 제석천이 사디야 왕을 지상에 내려보내서 선정을 베풀게 한다. 사디야 왕은 많은 보시를 하여 또다시 33천으로 돌아간다는 이야기이다.

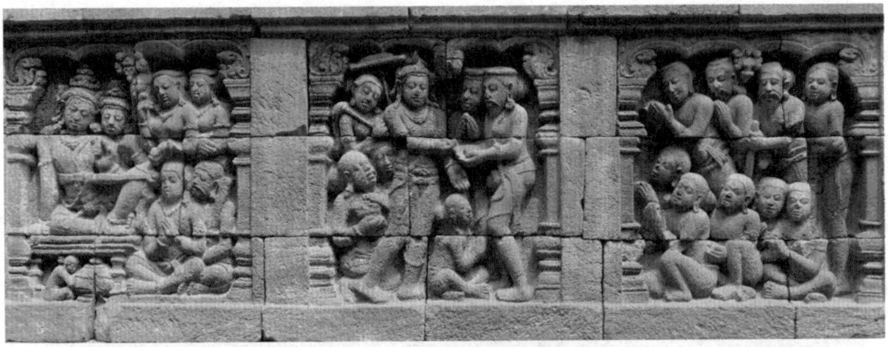

사디야 왕의 보시 행(I. B. a. 201~203)

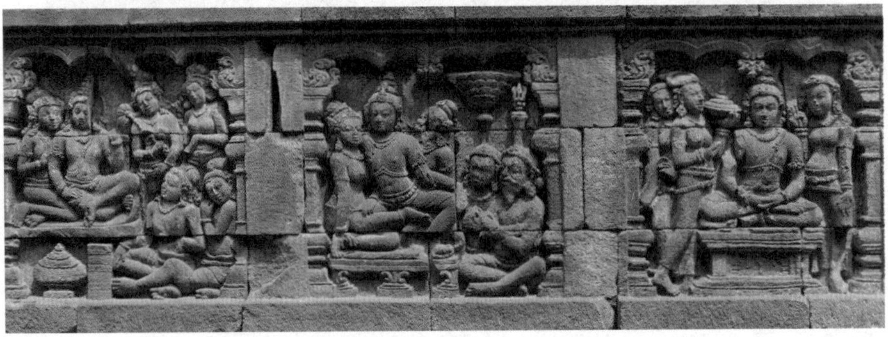

천계에서 행복하게 사는 사디야 왕(I. B. a. 205~207)

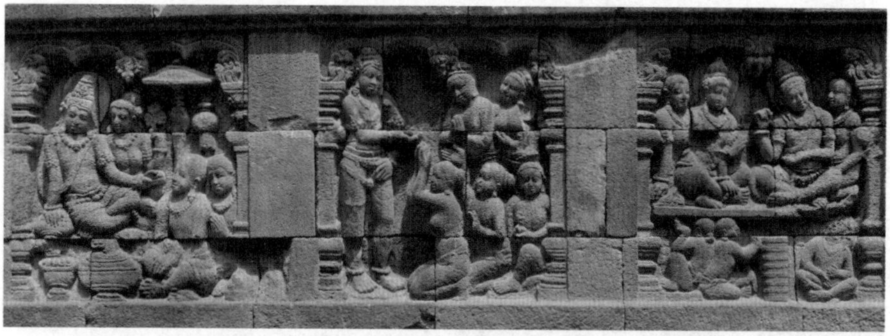

지상에 내려와서 선정을 펼치는 사디야 왕(I. B. a. 209~211)

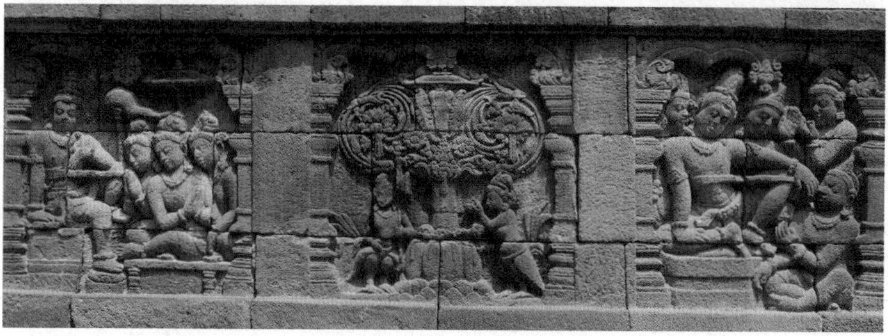

33천으로 돌아온 사디야 왕(천계수의 부조가 있다, I. B. a. 213~215)

●● 정진력 비구 본생담I. B. a. 372

부조 I. B. a. 372는 정진력 비구 본생담이다Viryabala. 정진력 비구 앞에 새, 비둘기, 독사, 사슴이 있다. 정진력 비구가 4마리 동물에게 가장 고통스러운 일이 무엇이냐고 묻자 새는 '기갈', 비둘기는 '음욕', 독사는 '진에'분노, 사슴은 '공포'라고 답한다. 그러자 정진력 비구는 '가르침을 알지 못하고 살아가는 몸뚱이가 고통의 근본으로 가르침을 받아 근본욕根本慾을 멸하면 고통이 없어진다nirvana.'라고 설한다.

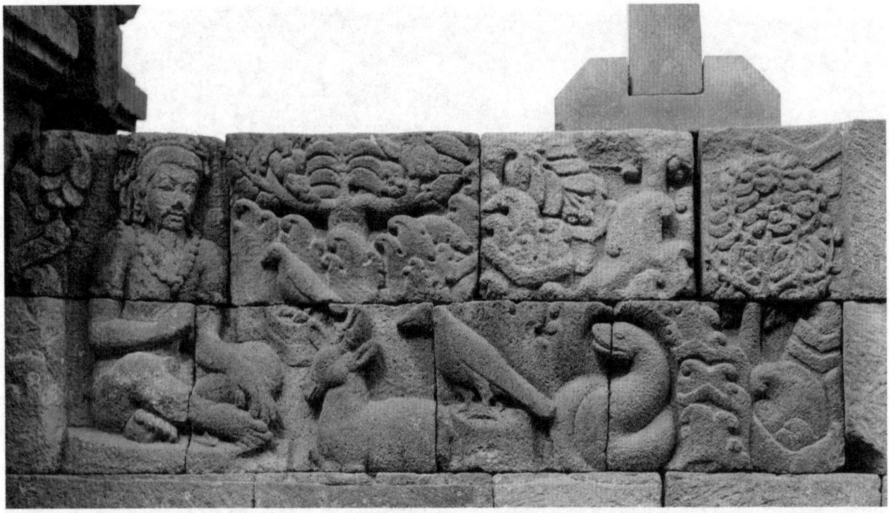

정진력 비구(I. B. a. 372)

제 V 부

제2회랑 주벽 부조와 제2회랑 난순 부조

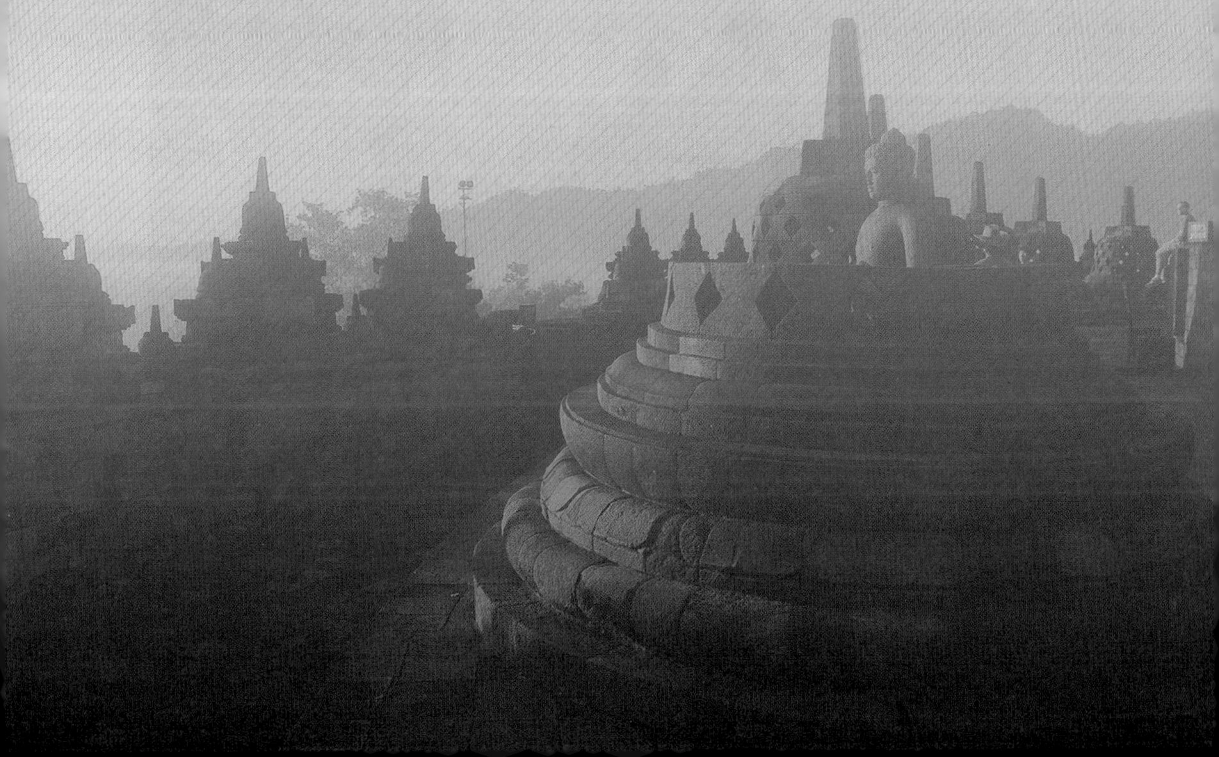

01

선재동자의 순례 이야기

불교미술로 순례를 다룬 주제는『화엄경 입법계품』에 나오는 선재동자의 선지식 순례기가 가장 유명하다. 선재동자는 신라시대의 화랑과 밀접한 관계가 있다. 화랑의 용화향도龍華香徒는 선재동자의 구법 순례를 본보기로 하여 몸과 마음을 수련했다. 자장은 선재동자의 구도순례를 본받기 위하여 선재동자가 방문하는 53명의 선지

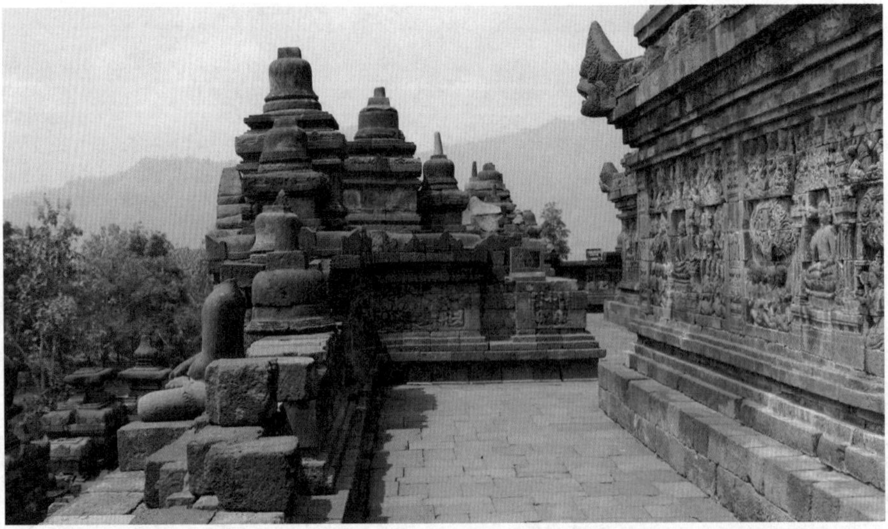

제2회랑 주벽과 난순

식을 상징하는 오십삼선지수(五十三善之樹)를 정원에 심었다고 한다. 의상이 당나라에서 귀국하여 낙산사를 창건하기까지의 구도 역정도 선재동자의 이상을 실천한 것이다. 선재동자는 '이상적인 인간형의 모델'로 신라 젊은이들의 귀감이 되어왔다.

조각으로는 오대산 문수전에 문수보살상과 함께 선재동자상이 남아 있다. 고려시대 불화의 '수월관음보살도(호암 미술관 소장)'에도 선재동자가 그려져 있다.

'수월관음도'는 고려시대에 많이 제작되었다. 선재동자가 남인도 해안가 보타락가 산 연못가 바위에 앉아 있는 관음보살(관세음보살)을 찾아가 가르침을 받는 모습을 그린 것이다. 이러한 도상은 『화엄경 입법계품』을 도해한 것이다.

선재동자 순례도巡禮圖는 우리나라 고려 시대의 경전 그림經繪, 중국에는 돈황敦煌 석굴의 9세기 벽화 이외에 송대의 판본, 탁본, 부조 등이 알려져 있다. 일본에서는 헤이안平安 말기에서 가마쿠라鎌倉에 걸쳐서 제작한 경전 그림, 두루마리 그림繪卷, 족자 등의 유품이 남아 있다. 또 네팔에는 『화엄경 입법계품』의 사본에 그려진 회화

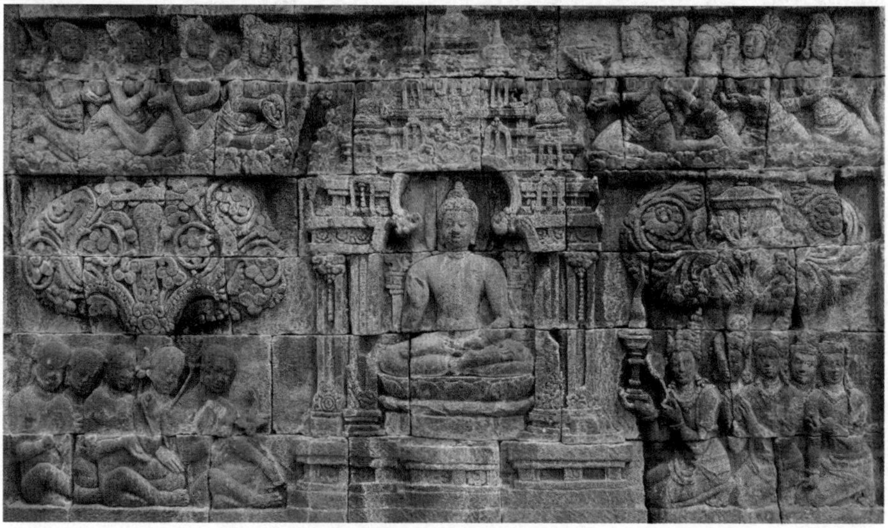

석가, 천인, 비구, 중생(II. A. 9)

가 남아있고 티베트에서는 벽화가 발견되었다. 그러나 보로부두르에 새겨져 있는 선재동자 순례기 부조는 양적이나 질적인 면에서 타의 추종을 불허한다. 그리고 제작 연대가 가장 오래된 것이다.

보로부두르 부조 가운데 460면은 『화엄경 입법계품』에 설하는 선재동자 순례기이다. 이렇게 많은 화면으로 이루어지는 순례도는 전혀 볼 수 없는 것으로 이들 부조와 유사한 도상 유품도 알려지지 않았다. 그 때문에 보로부두르 부조는 조각가에게 부조를 지시하기 위한 교본이 만들어졌을 가능성이 크다. 이 교본은 『화엄경 입법계품』의 경전에서 부조에 적합한 특정한 문구를 추출했다고 하기보다는 요점만을 조각가에게 이해하기 쉬운 말과 그림으로 지시한 것으로 생각한다.

『화엄경』의 마지막 장인 입법계품의 산스크리트어 원전이 『간다보하』Gandavyuha이다. 원래는 3세기 중반 이전에 성립한 단독의 경전이었다. 『화엄경』 전체의 산스크

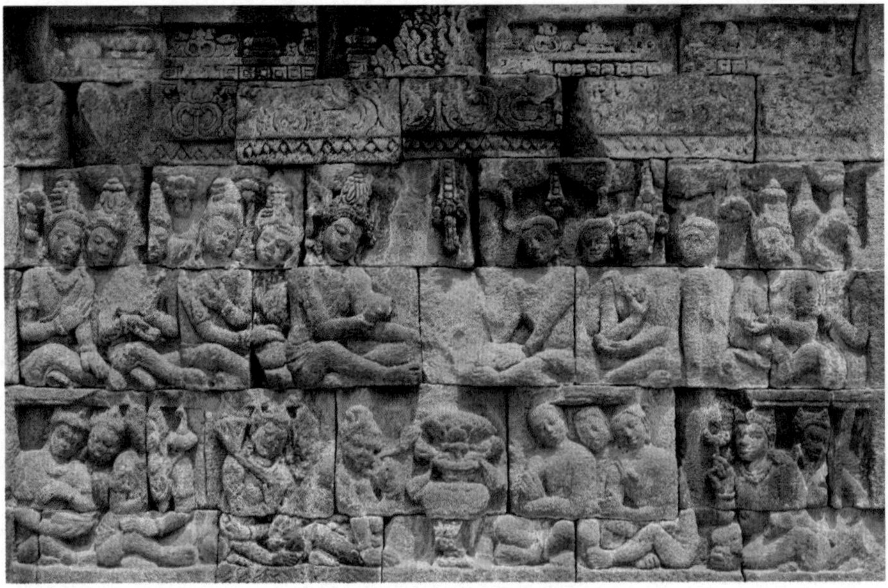

선재동자, 비구, 천인(II. A. 10)

리트어 원전은 알려지지 않았지만, 9세기 말경의 티베트 역이 전해지고 있다. 한역에는 『방광대장엄경』方廣大嚴經의 60권 본421년 번역, 80권 본699년 번역, 40권 본798년 번역 등의 3종류가 있다. 60권 본과 80권 본은 『화엄경』의 완역이지만, 40권 본은 『화엄경 입법계품』만을 번역한 것이다.

『화엄경 입법계품』은 선재동자가 어떻게 보살행을 수행해야 할지를 배우기 위해서 선지식을 방문하는 이야기이다. 문수보살을 시작으로 해서 여러 선지식에게 가르침을 받는다. 선재동자는 마지막으로 방문한 보현보살에게 '골고루 뛰어난 수행과 서원'보현행원의 가르침을 받아 깨달음의 세계법계에 들어간다.

보로부두르 부조에 가장 많이 묘사한 경전은 『간다보하』이다. 이 경전을 당시의 사일렌드라 왕국 사람들이 왜 그렇게 중요시했던 것일까? 선재동자 순례기는 제2회랑의 주벽과 난순, 제3회랑의 주벽과 난순, 제4회랑의 주벽과 난순 등에서 반복하여

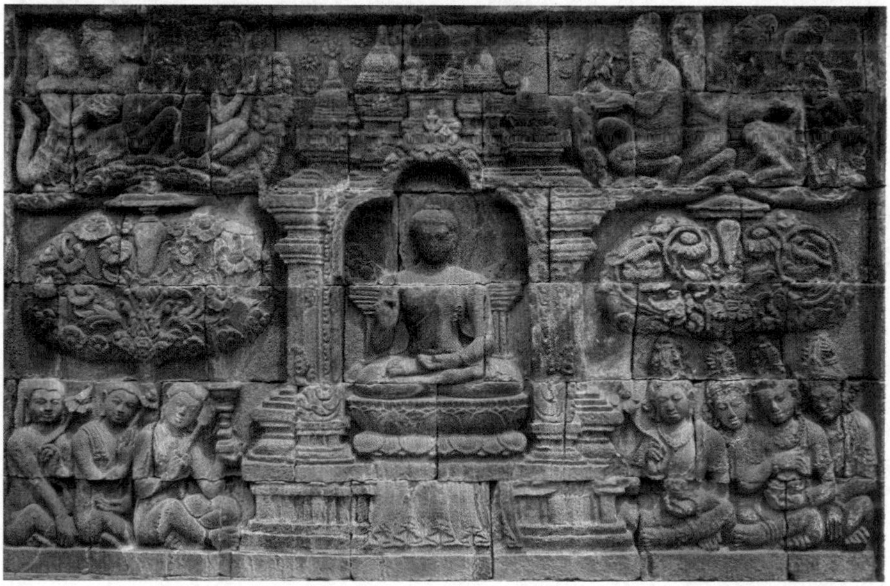

석가와 선재동자(II. A. 13)

계속된다. 이렇게 반복하여 선재동자 순례기를 많은 부조를 사용하여 조각해놓은 이유는 무엇일까? 단순히 경전 내용이 훌륭해서라는 설명은 이해가 안 된다. 보로부두르의 설계자제작자가 이상하리만큼 선재동자 순례기에 집착했던 이유는 무엇이었을까? 선재동자 순례기 부조에 숨겨진 뜻에 대한 필자의 사견은 맺음말에서 소개한다.

『간다보하』는 주인공인 선재동자善財童子: Sudhana가 53명의 성자선지식, Kalyana Mitra를 방문해가는 순례기이다. 선재보살은 처음에 문수사리보살을 만나고 마지막으로 보현보살을 만나서 깨달음을 얻는다. 그동안 선재동자가 만난 성자들의 이름한자와 범어과 직업은 다음과 같다. 한역의 이름과 지명이 다른 경우에는 60권 본, 80권 본, 40권 본 순으로 표기한다.

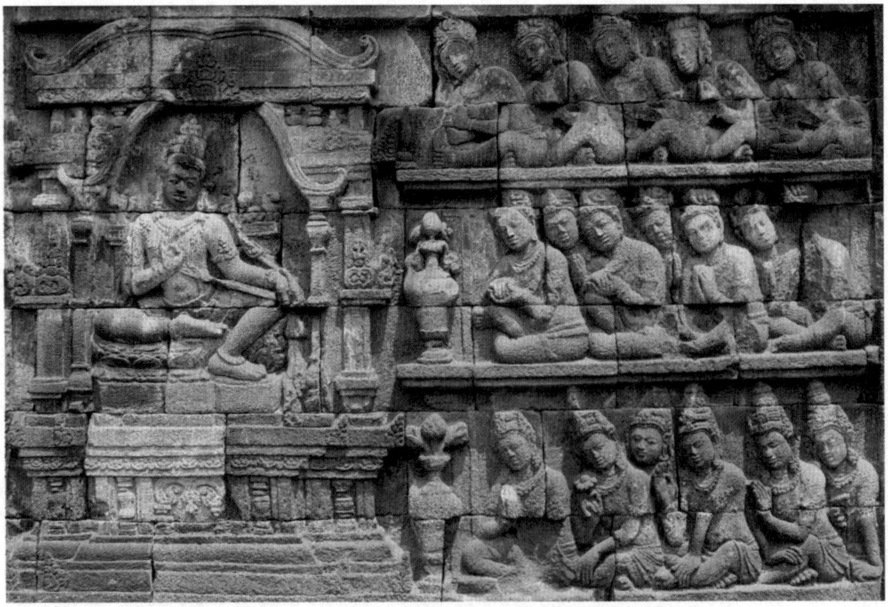

선재동자가 문수사리보살에게 가르침을 청하는 장면(II. A. 14)

■ 제1. 문수사리보살文殊師利菩薩: 만주스리, Manjusri : 보살

다니야카라의 대 도성覺城/福城/福生城 동쪽 장엄당바라림莊嚴幢娑羅林에서 '법계 진리의 광휘'라는 경을 설한다. 문수사리보살은 선재동자에게 훌륭한 선지식의 가르침을 받으라고 권한다.

■ 제2. 메가슈리Meghasri : 비구比丘

메가슈리功德雲/德雲/吉祥雲는 라마바란타可樂/勝樂/勝樂 국의 수구리바和合/妙峰/妙峰 산에서 '일체 제불의 경계를 현현顯現시켜서 그 집합하는 모습을 비추는 보문普門의 광명'이라는 염불문을 얻어 시방의 많은 부처님의 진정면眞正面을 볼 수 있다.

■ 제3. 사가라미가Sagaramegha : 비구

해운海雲 비구는 해운 지방에서 '보안'普眼이라는 법문法門을 얻었다.

■ 제4. 스프라티스티타Supratishitra : 비구

스프라티스티타善住/善住/妙住는 랑카 섬 도중에 있는 사가라티라海岸國/海岸聚落/海岸聚落에서 '무애無礙의 문'이라는 보살의 해탈을 얻어 '무애의 구극'이라는 지智의 광명을 시방세계에 비춘다.

■ 제5. 미가彌伽: 메가, Megha : 드라비다Dravida인

바주라푸라自在城/自在城/金剛層라는 드라비다 사람으로 '사라수바티변재 여신의 다라니陀羅尼 광명'을 얻어 모든 언어에 통달했다.

■ 제6. 해탈解脫: 묵타카, Muktaka : 무역상

주림 국에서 '무애의 장엄'이라는 여래의 해탈을 얻어 시방세계의 제불 세존을 볼 수 있다.

▪ 제7. 해당海幢: 사가드바자, Sagaradhvaja : 비구

미라스파라나莊嚴閻浮提頂國/閻浮提畔摩利伽羅國/閻浮提遍無垢住處에서 '보문청정普門淸淨의 장엄'이라는 삼매를 얻어 몸에서 불가사의한 신변神變이 나타난다.

▪ 제8. 아샤Asa : 우바이優婆夷

아샤休捨/休捨/伊舍那 우바이는 삼도라베타디海潮/海潮/海潮處 지방의 원만광 성 동쪽 보장엄림에서 '걱정이 없는 평안의 기인旗印'이라는 보살의 해탈을 얻어 항상 시방 제불을 볼 수 있다.

▪ 제9. 비슈못타라니 미루고샤Bhismottara Mirghosa : 선인

비슈못타라니 미루고사毘目多羅/毘目瞿沙/大威猛聲 선인은 나수라 국에서 '무적의 기인' 이라는 보살의 해탈을 얻어 시방 제불의 발밑에서 산다.

▪ 제10. 쟈요스마야트나Jayosmayatna : 브라만

쟈요스마야트나方便命/勝熱/勝熱는 이샤나進求/伊沙那/伊沙那 국에서 '무진의 윤만다라'이라는 보살의 해탈을 얻어 금강염삼매金剛焰三昧로 제신에게 가르침을 설한다.

▪ 제11. 마이트라야니Maitrayani : 동녀

마이트라야니弥多羅尼/慈行/慈行 동녀는 신하비 수린비타師子奮迅/師子奮迅/師子頻申 성의 비로자나장 궁전 옥상에서 '반야바라밀문의 전회'라는 보살의 해탈을 얻어 보문다라니普門陀羅尼를 알고 있다.

▪ 제12. 스다루사나Sudarsana : 비구

스다루사나善現/善見/妙見는 토히나야나救度/三眼/三目 국의 숲 속에서 '없어지지 않는 지智의 등화'라는 보살의 해탈을 얻어 한마음으로 모든 것을 알 수 있다.

■ 제13. 인드리예스바라Indriyesvara : 동자

인드리예스바라釋天柱/自在主/根自在主 동자는 슈라마나만다라輪那/名聞/圓滿多聞 국의 사문 성의 강 가까이에서 '모든 법의 지식인 기술의 신통'이라는 보살 지智의 광명을 얻어 보살의 산법算法을 알고 있다.

■ 제14. 프라부타Prabhuta : 우바이

프라부타自在/具足/弁具足 우바이는 사무도라티스타나海住/海住/海別住 성에 사는데 '무진 장엄 복덕의 보고'라는 보살의 해탈을 얻어 1개의 단지로 모든 중생을 포식시킬 수 있다.

■ 제15. 비드람사Vidramsa : 장자長者

비드람사甘露頂長者/明智長者/具足智長者는 마하산바바大興/大興/大有 성에서 '마음의 보고에서 생기는 복덕'이라는 해탈을 얻어 모든 것을 중생에게 준다.

■ 제16. 라트나츄다Ratnacuda : 무역상貿易商

라드나츄다法寶周羅長者/法寶髻長者/尊法寶髻長者 장사는 신하보나師子重閣/師子宮/師子宮 성에서 '무애한 서원 윤만다라의 장엄'이라는 보살의 해탈을 얻어 10층의 궁전에서 산다.

■ 제17. 사만타나네트라Samanatanetra : 향료상香料商

사만타나네트라普眼妙香/普眼/普眼는 봬토라무라카實利根/藤根/藤根 국의 사만타무카普門/普門/普遍門 성에서 '일체중생을 만족하게 하고 좋은 방위의 제불 앞에서 공양 · 봉사할 수 있는 향옥香玉'이라는 법문法門을 깨달아 병을 치료하여 중생의 희망을 이루어준다.

■ 제18. 아나라Anala : 왕

아나라滿足/無厭足/甘露火 왕은 타하라도바자滿幢/多羅幢/多羅幢 성에서 '환幻'이라는 보살의 해탈을 얻어 무법의 중생을 제도한다.

■ 제19. 대광 왕大光王: 마하푸라바, Mahaprabha : 왕

마하푸라바大光 왕은 수푸라바善光/妙光/妙光 성의 왕궁에서 '대자 기인大慈 旗印'이라는 보살행의 지智 광명의 문을 깨달아 모든 공포와 재난을 없애준다.

■ 제20. 부동不動: 아차라, Acala : 우바이優婆夷

아차라不動 우바이가 수티라安住 성에서 '무적의 지장智藏'이라는 보살의 해탈을 얻어 불가사의한 기적을 일으킨다.

■ 제21. 사르바가민Sarvagamin : 출가 외도出家外道

사르바가민隨順一切衆生外道/遍行外道/遍行外道은 토사라不可称國知足/無量都薩羅/都薩羅 성의 선득 산에서 '모든 중생을 만난다.'라는 보살행에 의해서 '모든 보문을 관찰하는 광명'이라는 삼매를 갖추어 모든 중생에게 복을 준다.

■ 제22. 우토파라부티간히케Utpalabhutigandhike : 향료상香料商

우토파라부티간히케靑蓮華香長者/優鉢羅華鬻香長者/具足優鉢羅華鬻香長者는 푸리토라슈트라甘露味/廣大/廣博 국에서 사는데 모든 향료를 알아서 모든 중생을 금색으로 장식한다.

■ 제23. 바이라Vaira : 선두船頭

바이라自在海師/婆施羅船師/婆施羅船師는 누각 성樓嚶城 앞의 해안에서 '대비기인大悲旗印'이라는 보살행을 깨달아 모든 중생에게 이익을 준다.

■ 제24. 자욧타마Jayottama : 무역상貿易商

자욧타마無上勝/無上勝/最勝 장자는 난디하라可樂/樂嚶略 성의 대장엄번 무우주림大莊嚴幡 無憂樹林에서 '어디든 갈 수 있다.'라는 보살행을 깨달아 중생을 설한다.

■ 제25. 심하브림비타Simhavirimbhita : 비구니比丘尼

심하브림비타師子奮迅/師子頻申/師子頻申는 슈로나파란타難忍/輸那/無邊際河 국 카린가바나迦陵迦婆提/迦陵迦林/揭陵迦林 성의 일광원日光園에서 '일체의 만심慢心을 깨뜨린다.'라는 보살행의 해탈을 얻어 시방세계의 제불을 공양 · 봉사한다.

■ 제26. 바수밀타Vasumirta : 유녀遊女

바수밀타婆須蜜多女人/婆須蜜多女人/伐蘇蜜多女人는 험난 국險難國 보장엄 성寶莊嚴城의 대 저택에서 '이욕의 구극을 깨우쳤다.'라는 보살의 해탈을 얻어 모든 중생이 욕심에서 벗어나도록 설한다.

■ 제27. 베스티라Vesthila : 장자長者

베스티라安仕長者/鞞瑟羅居士/毘瑟羅居士는 슈바파란가마首婆波羅/善度/淨達彼岸 성에서 '무열반不涅槃의 끝'이라는 보살의 해탈을 얻어 일체중생의 안전眼前에 있다.

■ 제28. 관세음보살觀世音菩薩: 아발키테슈바라, Avalkitesvara : 보살

아발키테슈바라觀世音/觀自在/觀自在보살은 타라카光明/補怛洛迦/補怛洛迦 산에서 '지체가 없는 대비의 문'이라는 보살행을 깨달아 일체중생을 공포에서 해방한다. 구제 대상에 맞추어서 천변만화의 모습을 취한다.

■ 제29. 아나냐가민Ananyagamin : 보살

아나냐가민正趣/正趣/正性無異行보살은 동방에서 하늘을 날아서 사바娑婆세계의 철위

산鐵圍山 산정金剛山頂/輪圍山頂에 내려서 '보문普門보다 빨리 갈 수 있다.'라는 보살의 해탈을 깨달아 모든 불국토에 갈 수 있다.

- **제30. 마하데바Mahadeva : 천신시바신**

마하데바大天天/大天神/大天神 신은 도바라비티婆羅波提/墮羅鉢底/門主 성에서 '구름의 망'이라는 보살의 해탈을 깨달아 선법 수행을 한다.

- **제31. 스타바라Shtavara : 대지의 여신**

스타바라安住道場地神/安住主地神/自性不動主地神는 마가다摩竭提 국의 보리도장菩提道場에서 '불굴의 지장'不屈 智藏이라는 보살의 해탈을 깨달아 보살 마음의 움직임을 알 수 있다.

- **제32. 바산티Basanti : 첫 번째 밤의 여신**

바산티婆娑婆陀夜天/婆珊婆演底夜神/春和主夜神는 마가다 국의 카필라 밧투迦毘羅婆/迦毘羅/迦毘羅 성 상공의 사자좌獅子座에서 '일체중생의 치암癡闇을 부수는 법의 광명에 의한 세상의 중생을 교화하는 문'이라는 보살의 해탈을 얻어 일체중생의 피난처가 된다.

- **제33. 사만타감비라 슈리비마라푸라바Samantagambhira srimalaprabha : 두 번째 밤의 여신**

사만타감비라 슈리비마라푸라바甚深妙德離垢光明夜天/普德淨光夜神/普遍吉祥無垢光主夜神는 마가다 국 비로자나불의 보리도장에서 '정숙한 선정의 안락 보행'이라는 보살의 해탈을 깨달아 모든 여래의 본래 상相을 볼 수 있다.

- **제34. 푸라무디타나야나 자갓비로챠나Pramuditanayana jagadvirocana : 세 번째 밤의 여신**

푸라무디타나야나 자갓비로챠나喜目觀察衆生夜天/喜目觀察衆生夜神/喜目觀察一切衆生夜神는 두 번째 밤의 여신 옆에서 '즐거움이 광대 무후한 당幢'이라는 보살의 해탈을 얻어 일체중생을 교화 성취시킨다.

- **제35. 사만타삿트바 트라노자슈리Samantasattva tranojah : 네 번째 밤의 여신**

사만타삿트바 트라노자슈리妙德救護衆生夜天/普救衆生妙德夜神/普救衆生威德夜神는 세 번째 여신 옆에서 '일체중생 앞에서 여래가 중생을 교화하는 모습을 시현하는 보살의 해탈'을 얻어 무수한 부처님에게 봉사한다.

- **제36. 푸라산타루타 사가라바티Prasantaruta sagaravati : 다섯 번째 밤의 여신**

푸라산타루타 사가라바티寂靜音夜天/寂靜音海夜神/具足功德寂靜音海夜神는 네 번째 밤의 여신 옆에서 '광대한 환희의 충동에서 생기는 심찰나心刹那 장엄'이라는 보살의 해탈을 얻어 일체중생에게 법을 설하여 수호한다.

- **제37. 사루바나가라 라쿠샤삼바바 데지슈리Sarvanagara rakshasambhava tejahsri : 여섯 번째 밤의 여신**

사루바나가라 라쿠샤삼바바 데지슈리妙德守護諸城夜天/守護一切城增長威力夜神/守護一切城增長威德主夜神는 보리도장 비로자나불의 설법 회에서 '마음에 맞는 음성의 심원한 신변神變'에 들어가는 보살의 해탈을 얻어 무상無上의 법을 설한다.

- **제38. 사르바르크사풀라나 수크삼바사Sarvarksapraphullana sukhasamvasa : 일곱 번째 밤의 여신**

사르바르크사풀라나 수크삼바사敷樹華夜天/開敷一切樹華夜神/能開敷一切樹花安樂主夜神는 비로자나불 발밑에서 '광대한 즐거움을 낳는 대만족의 광명'이라는 보살의 해탈을 얻어 여래의 덕으로 중생을 포용하는 지혜와 방편의 광명을 가진다.

- **제39. 사르바자가드락사프란다나 비랴프라바라트리Sarvajagadraksaprandhana viryaprab-haratri : 여덟 번째 밤의 여신**

사르바자가드락사프란다나 비랴프라바라트리願勇光明守護衆生夜天/大願精進力救護一切衆生夜

神/大願精進力守護一切衆生光明夜神는 비로자나불의 설법 회에서 '일체중생의 소원을 성취해 선根을 산출'하도록 권고하는 보살의 해탈을 얻어 일체법의 자성自性의 평등성을 깨우친다.

■ 제40. 스테죠만다라라티스리Sutejomandalaratisri : 숲의 여신

스테죠만다라라티스리妙德圓滿林天/妙德圓滿林神/妙德圓滿愛敬林神는 룸비니원嵐毘尼林의 우각에서 '무량겁無量劫에 가서 일체 경계에 있는 보살 탄생의 신변을 시현'하는 보살 해탈을 얻어 비로자나불 탄생의 신변 바다에 오입悟入한다.

■ 제41. 고파Gopa : 석가족의 여자(출가 전의 석가 부인)

고파瞿夷釋迦女/瞿波釋種女/瞿波釋種女는 카필라밧투 성의 보현법계광명普現法界光明이라는 보살 강당의 연화좌에서 '모든 보살의 삼매 바다 진리 관찰'이라는 해탈을 얻어 중생의 업과 과보果報를 알고 있다.

■ 제42. 마야부인摩耶夫人, Maya : 석가의 어머니

석가의 어머니 마야왕비摩耶夫人는 비로자나불의 발밑에서 '위대한 서원의 지환장엄智幻莊嚴'이라는 보살의 해탈을 얻어 보살의 생모가 된다.

■ 제43. 스렌드라바Surendrabha : 천신의 딸

스렌드라바天主光童女는 33천의 왕궁에서 '무애無礙 정념의 청정하는 장엄'이라는 보살의 해탈을 얻어 무수의 여래를 보필한다.

■ 제44. 편우遍友: 비슈바미트라, Visvamitra : 동자

비슈바미트라遍友童子師는 카필라수투 성에서 다음의 선지식을 소개한다.

■ 제45. 선지중예善智衆藝: 실파비즈나, Silpabhijna : 동자

장자의 아들 선지중예 동자는 카필라수투 성에서 '공교工巧에 통하다.'라는 해탈을 얻어 42자 문에 통달한다.

■ 제46. 현승賢勝: 보도롯타마, Bhadrottama : 우바이

보도롯타마賢勝/賢勝/最勝賢는 마가다 국의 바루타나카婆咀那/婆咀那/婆怛那 성에서 '무의소無依所의 윤만다라'이라는 법문을 깨달아 무애삼매無礙三昧를 체득한다.

■ 제47. 견고해탈堅固解脫: 무쿠타사라, Muktasara : 금 세공사

견고해탈堅固解脫은 옥전 성沃田城에서 '무애정념無礙憶念의 장엄'이라는 보살의 해탈을 깨달아 시방 여래의 발밑에서 탐구한다.

■ 제48. 묘월妙月: 스찬드라, Sucandra : 장자

묘월妙月 장자는 '더러움이 없는 지의 광명淨智光明/淨智光明/無垢智光明'이라는 보살의 해탈을 체득한다.

■ 제49. 무승군無勝軍: 아지타세나, Ajitasena : 장자

무승군無勝軍 장자는 로루카出生/出生/廣大聲 성에서 '무진의 상相'이라는 보살의 해탈을 얻어 부처님에게 볼 수 있는 무진장無盡藏을 체득한다.

■ 제50. 시바라그라Sivaragra : 브라만

시바라그라尸毘最勝/最寂靜/最寂靜는 다르마法/法/達磨 마을에서 진실어眞實語에 의한 결단을 내려 모든 소원을 성취한다.

■ 제51. 덕생德生: 스리삼바바, Srisambhava : 동자

- **제52. 유덕有德: 스리마티, Srimati : 동녀**

덕생 동자德生童子와 유덕 동녀有德童女는 묘의화문 성妙意華門城에서 '환幻'이라는 보살의 해탈을 얻어 일체 세계를 환상처럼 만든다.

- **제53. 미륵보살彌勒菩薩: 마이트레야Maitreya : 보살**

미륵보살은 일생보처一生補處 보살의 '삼세의 모든 사물의 지智가 들어 있는 정념의 장엄장莊嚴藏'이라는 해탈의 깨달음을 얻어 선재동자의 청을 받아 고향의 마라다摩離/摩羅提/摩羅提 국에서 사무도캇차海潤/海岸/海岸 국 대장엄원림大莊嚴園林의 비로자나장엄장毘盧遮那莊嚴藏이라는 대 누각에서 있는 그대로 모든 본래의 모습을 보여준다.

- **제54. 문수사리보살文殊師利菩薩: 만주스리 : 보살**

문수사리보살은 수마나카普門/蘇摩那/普門國蘇摩那 성에 있는 선재동자의 머리에 손을 얹어 '보현행의 윤만다라'에 오입시킨다.

- **제55. 보현보살普賢菩薩: 사만타 바도라, Samantabhadra : 보살**

보현보살은 비로자나여래의 대보연화장 사자좌에서 선재동자에게 여러 신변을 보여주어 신변에 오입시켜 보현행의 서원普賢行願讚을 설한다.

보로부두르의 제2회랑 주벽 부조는 경전『간다보하』에 등장하는 성자를 처음부터 끝까지 순서대로 정확하게 묘사하지 않고 있다. 이야기가 도중에 끊어지거나, 같은 내용의 이야기가 되풀이되거나 한다. 왜, 이렇게 조각되었는지 알 수 없다.

선재동자는 어떤 사람이었을까? 동자童子는 보통 어린 남자아이를 뜻하지만, 경전에는 천진무구한 어린이같이 불법을 구하는 젊은이를 가리키는 말로 '천진무구한 청년 구도 승'의 의미이다.『화엄경 입법계품』의 처음 부분인 문수사리보살과 만나

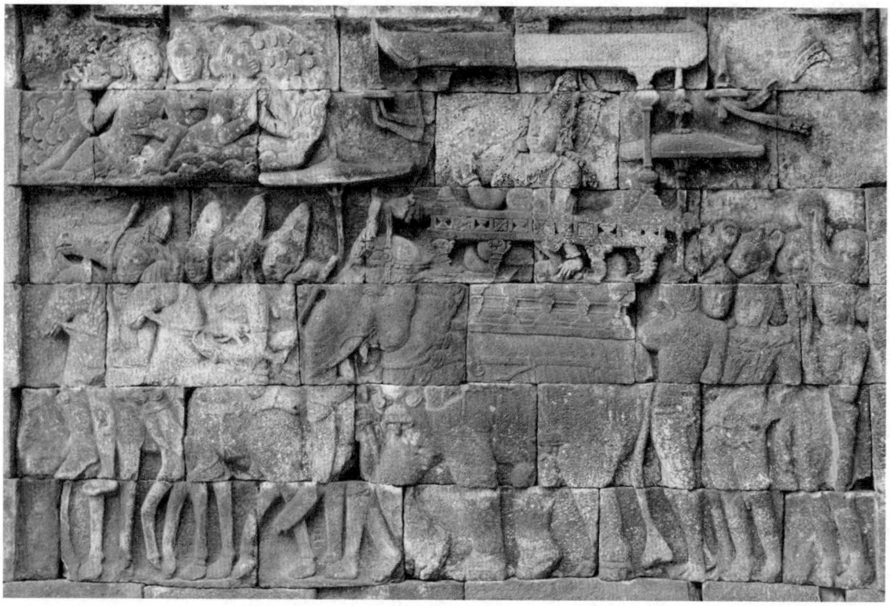

코끼리를 타고 순례하는 선재동자(II. A. 54)

는 과정에 다음과 같이 기록되어 있다.

이 동자가 수태했을 때 동자의 집에 있었던 7개의 보물 곳간으로부터 7개의 보물 누각이 나타났다. 그리고 동자가 태어나자 방에 500개나 되는 보물이 들어간 보물 그릇이 늘어서는 기적이 일어난다. 동자의 아버지 '복성'福城 장자는 점술사인 브라만에게 동자를 보여주자, 브라만은 동자의 모습을 보고 '고마운 인물의 탄생'이라 칭하며 '선재'Sudhana라고 이름을 지었다.

이 『화엄경 입법계품』은 선재동자가 어떻게 보살행을 완성되어야 할지를 배우기 위해서 선지식을 찾아가 가르침을 받는 내용이다. 최초로 순례를 권한 문수보살을 53번째에 다시 방문하고, 미륵보살, 보현보살을 방문하므로 선재동자가 방문한 장소와 선지식은 모두 55곳의 55명이 된다. 그런데 문수보살은 2번이나 찾아가고, 51번째의 덕생 동자와 52번째의 유덕 동녀와는 같은 장소에서 같은 가르침을 받는다. 선재동자가 방문한 장소와 선지식의 숫자는 예부터 여러 설이 있지만, 본서에서는 53곳의 54명으로 한다.

순례지에서 만난 성자들은 보살 5명, 비구 5명, 비구니 1명, 우바이여성의 신도 4명, 무역상이나 장자가 10명, 천인 1명, 여신(야천) 10명, 브라만 2명, 선인 1명, 왕 2명, 출가 외도불교 이외의 수도승 1명, 동자 4명, 동녀 3명, 뱃사공 1명, 성인 1명, 성녀 1명이다. 이들은 신과 같은 존재에서 보통 남녀까지 포함하고 있다. 선재동자는 인도에 사는 보통 사람에서 천계에 사는 신까지 방문한다.

선재동자의 오랜 구도의 순례 길은 『화엄경 입법계품』에서는 인도 남쪽으로 향하는 것을 알 수 있다. 여기저기 보이는 지명을 보면 선재동자는 처음에 남인도를 주로 순례했던 것 같다. 그러나 순례의 후반에는 인도 중부를 순례하고 있다. 관세음보살을 만난 이후에는 인도 중부에서 천계에 이르고 있다.

02

제2회랑 주벽 부조와 『화엄경 입법계품』

제2회랑 주벽 부조가 『화엄경 입법계품』을 출전으로 하는 선재동자의 순례기로 제3 · 제4회랑 주벽 부조도 같은 내용이라는 해석은 크롬Krom이 1920년에 네덜란드어로 처음 발표했다. 크롬의 저서에는 전 부조의 선명한 사진과 상세한 도안 해설이 있다. 그의 연구는 1927년 영어로 번역되어, 보로부두르 부조 비정에 많은 영향을 끼쳤다. 그 후 보스F. D. K. Bosch가 크롬의 비정比定 연구를 바탕으로 1930년 제3·제4회랑의 부조 주제에 대한 해명을 시도한다. 1960년 히카타干潟가 제2회랑난순을 제외에서 제4회랑까지의 부조와 『화엄경 입법계품』의 산스크리트어 원전과 한역본을 대조하여 상세한 일람표를 발표했다. 1967년 폰테인Fontein이 크롬과 보스의 비정을 계승하여 히카타 설을 참조하여 새로운 비정을 제시했다. 보로부두르 선재동자 순례도의 비정은 크롬, 보스, 폰테인, 히카타의 세부 부조 비정에는 각각 다른 점도 있지만, 이하 소개하는 부분은 대략 일치한다.

제2회랑 주벽 부조 II. A. 1~15는 화면 중앙에서 결가부좌한 석가를 중심으로 좌우에 보살 혹은 중생을 배치하고 있는데, 이는 『화엄경 입법계품』의 서문에 해당한다. 그 후에 계속하는 부조 II. A. 16은 중앙의 누각 안에 문수사리보살이 앉아 있고 그 누각 오른쪽에 선재동자가 양산을 받쳐 들고 서 있다. 문수사리보살이 선재동자에게 선지식 방문을 권하는 장면이다.

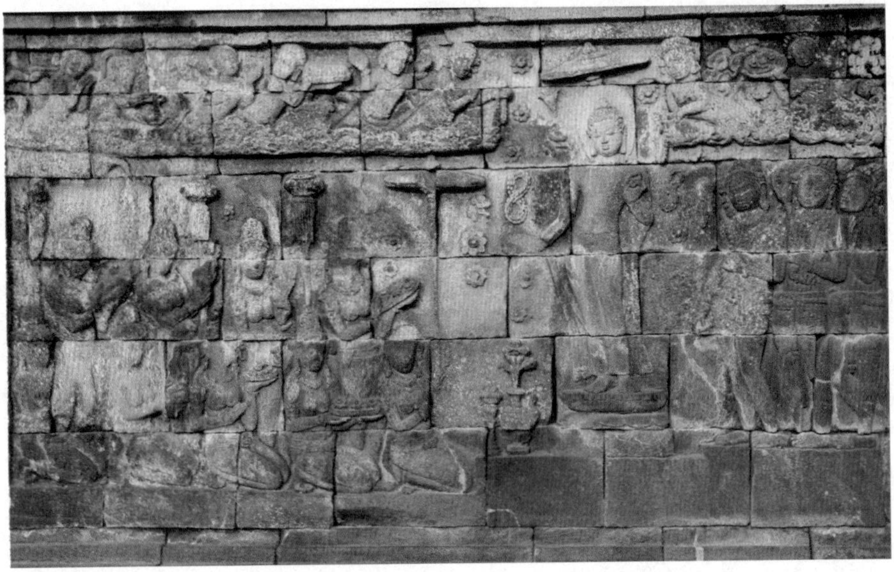

석가 입상(II. A. 76)

부조 II. A. 17~72는 두 번째 선지식 덕운 비구에서 덕생 동자와 유덕 동녀까지로 해석하는 것은 히카타와 폰테인Fonteino이 일치한다. 하지만 제2회랑 부조가 『화엄경 입법계품』의 기록을 순서에 따라서 부조로 새겨놓았다면, 그다음의 부조 II. A. 73은 미륵보살을 방문하는 장면이어야만 한다. 그런데 부조 II. A. 73은 구름을 타고 날아가는 천인이 새겨져 있고 부조 II. A. 74~76에는 석가가 새겨져 있어 미륵보살의 모습은 찾아볼 수 없다. 부조 II. A. 74~76은 『화엄경 입법계품』의 서문이 다시 반복하여 새겨져 있다. 부조 II. A. 78도 선재동자가 석가와 만나는 장면이다. 이러한 부조는 현재 전해지는 경전에서는 찾아볼 수 없는 내용이다.

부조 II. A. 47은 관세음보살을 방문하는 장면이다. 부조 II. A. 100~102에는 보계寶髻 앞에 화불이 새겨진 관세음보살이 3면 연속해서 등장한다. 이들 부조는 4비四臂와 6비六臂의 차이는 있지만, 화불과 왼손에 연꽃을 들고 있는 것을 보면 관세음보살이 틀림없다. 더욱이 대좌 밑에 소난디를 새긴 시바마하데바 신으로 보이는 4비상도 부조 II. A. 48과 부조 II. A. 104의 두 장면에 등장한다.

이로 보아 부조 II. A. 74~76은『화엄경 입법계품』서문에 대응하고 부조 II. A. 77 이후는 미륵보살 직전까지의 선지식을 다시 반복하여 새겨놓고 있다. 그러나 두 번째 부조에서는 생략한 선지식도 적지 않다. 이 때문에 제2회랑 주벽 부조 비정이 매우 곤란하여 폰테인과 히카타, 이토는 서로 다른 가설을 제시하고 있다. 단 부조 II. A. 125에 남녀 2명의 선지식이 함께 새겨져 있는 것으로 보아 덕생 동자와 유덕 동녀로 비정한 점은 이론의 여지가 없다. 그 후에 계속하는 제2회랑 주벽의 부조 II. A. 126~128은 선재동자가 미륵보살의 대 누각에 도착한 장면이다.

『화엄경 입법계품』에는 선재동자가 54명의 선지식을 찾아가는 것으로 되어 있는데 왜 보로부두르의 부조에는 미륵보살까지의 선지식을 2번씩 방문하는 부조를 새겨 놓은 것일까? 이와 관련해서 산스크리트어 원전에 선재동자가 110명의 선지식을 방문한 후에 미륵보살에게 당도했다거나, 110도성都城을 방문한 후에 문수보살을 방문했다는 기록이 있다. 이 110성城, 110선지식善知識의 문제는 이미 당唐대의 법장이 모든 선지식이 1인 2역을 맡아 55명의 배수인 110명으로 해석하고 있다. 이러한 화엄교학華嚴敎學의 해석에서 보로부두르 부조가 선지식을 2번씩 방문한 것은 '110'이라는 숫자를 맞추기 위한 것으로 생각한다.

선재동자가 다양한 선지식을 찾아가는데 선지식이 실내 혹은 실외에 있더라도 화면 중심에 배치하고 있다. 선재동자는 선지식을 향해서 오른쪽의 1단 낮은 장소에 앉아있거나 서 있다. 그리고 시종들보다 다소 크게 묘사되어 있기 때문에 선재동자를 식별하기 그다지 어렵지 않다. 또 선지식의 방문 장면 이외에도 도보, 가마, 마차, 코끼리를 타고 순례하는 선재동자의 일행을 새긴 부조가 있다.

제2회랑 주벽 부조폭 165~168cm, 높이 113cm는『화엄경 입법계품』에 근거하여 선재동자가 미륵보살의 미륵궁 앞에 도착한 장면으로 끝난다. 지금까지 많은 연구자가 보로부두르 부조와 경전의 출전을 규명하려고 노력했지만, 여전히 주제를 알 수 없는 화면도 적지 않았다. 처음부터 문자와 부조는 완전히 다른 표현 수단이므로 『화엄경 입법계품』의 경전에만 입각해서 부조를 해석하는 것은 한계가 있다.

이러한 경전과 부조의 차이는 조각가감독자에 의한 장면 선택과 생략, 조형 표현의 한계, 불교 경전의 이해 부족과 교리에 의한 제약, 설화의 본 줄거리와 관계없는 조역이나 배경 표현으로 생긴 문제이다. 경전 순서 그대로 한 화면에 한 선지식을 새겨놓았다면 부조 비정은 아무런 문제가 되지 않는다. 하지만 보로부두르 제2회랑 주벽의 선재동자 순례기는 중간에 선지식을 생략하거나 같은 선지식을 반복하여 새겨놓았기 때문에 남녀의 구별 이외는 외견으로 선지식을 식별할 수 없다. 더욱이 선재동자 순례기와는 전혀 상관없는 부조가 있다.

예를 들면 부조 II. A. 113은 오른쪽 끝에 선정인의 석가로 보이는 인물이 결가부좌하고 있다. 이 부조를 묘덕원만림 야천 혹은 항마성도도降魔成道圖라고 하지만 구체적으로 왜 새겨진 것인지 알 수 없다. 이렇게 감독자가 어느 장면을 취사선택한 것에 따라서 부조의 도상은 크게 달라진다.

조형 표현의 한계는 추상적인 기록을 구체적인 조각으로 표현해야 하는 문제가 있다.' 대승 경전의 가옥과 인물상은 매우 호화스러운 모양을 과장해서 묘사하고 있기 때문에 보로부두르의 조각가는 그것을 사실적으로 조형화할 수 없었을 것이다. 경전에 등장하는 인물은 모두 화려한 장식과 훌륭한 옷차림이 고귀한 모습으로 묘사하고 있다. 이러한 다양한 인물상을 각각 특징적으로 한눈에 알아볼 수 있도록 조각하기는 쉽지 않았을 것이다.

경전에는 법보주라 장자의 저택은 '무수한 마니摩尼 보석으로 화려하게 꾸며져 있고 주위를 많은 보석 장식의 나무가 둘러싸고 있다.'고 기록되어 있다. 10층 건물의 각층에 많은 사람이 모여 있는 모습이 자세하게 적혀 있다. 그러나 부조에는 대저택과 많은 보석으로 꾸며져 있는 나무를 새기고 있지만, 경전과 똑같은 내용의

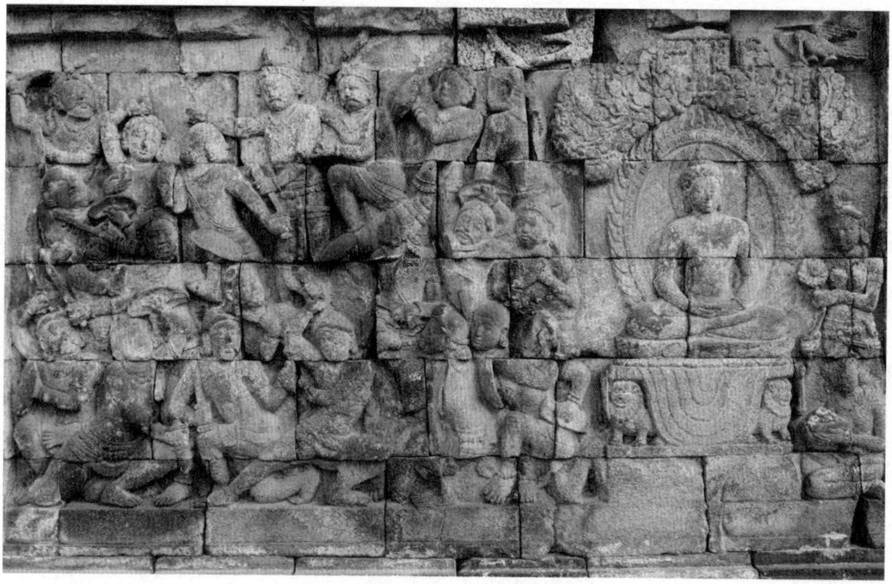

항마성도도(II. A. 113)

부조가 아니다.

문수사리보살은 왼손에 경전과 파랑연꽃 줄기를 들고 있는 모습으로 표현하고 있다. 그런데 문수사리보살의 상용相容에 관해서 경전에는 아무런 기록이 없으므로 조각가는 문수사리보살의 전통적인 도상에 따라서 표현할 수밖에 없었다. 제2회랑 주벽 4화면에 등장하는 관세음보살도 전통적인 도상을 따라서 부조하고 있다. 단 같은 보살인데도 2비二臂, 4비四臂, 6비六臂와 비臂: 팔수를 달리하는 것으로 변화를 꾀했다. 또 '포타라카산補怛洛迦山=보타낙가산 정상의 서쪽 동굴에 관세음보살이 계시다.'라는 경전 내용의 기록과 일치하는 부조는 동굴 내에 있는 관세음보살은 부조 II. A. 100만으로 다른 3화면에서는 누각 안에 앉아 있다. 3명의 동자 가운데 자재 우바이만 머리 뒤에 초승달 모양의 장식을 하고 있는데II. A. 27, 이는 중부 자바의 다른 석상에 자주 보이는 도상을 채용했다.

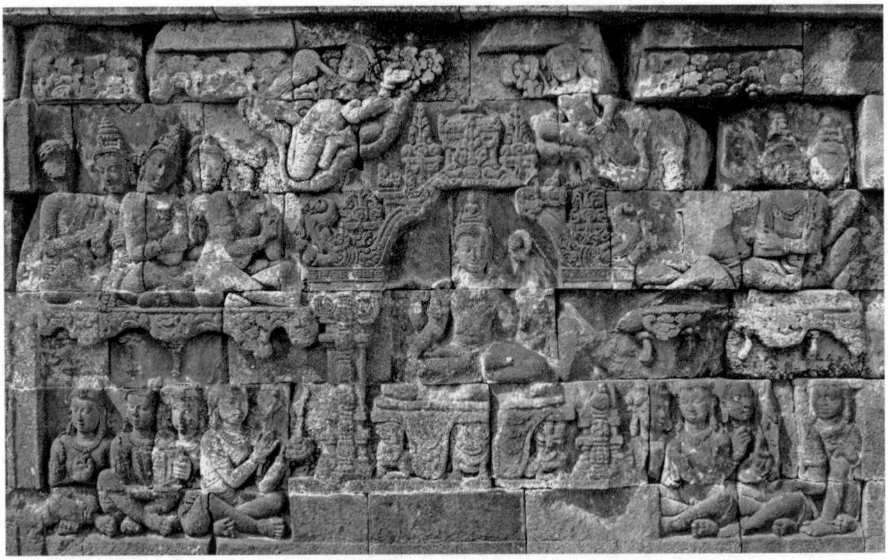

4비(四臂)의 관세음보살(II. A. 101)

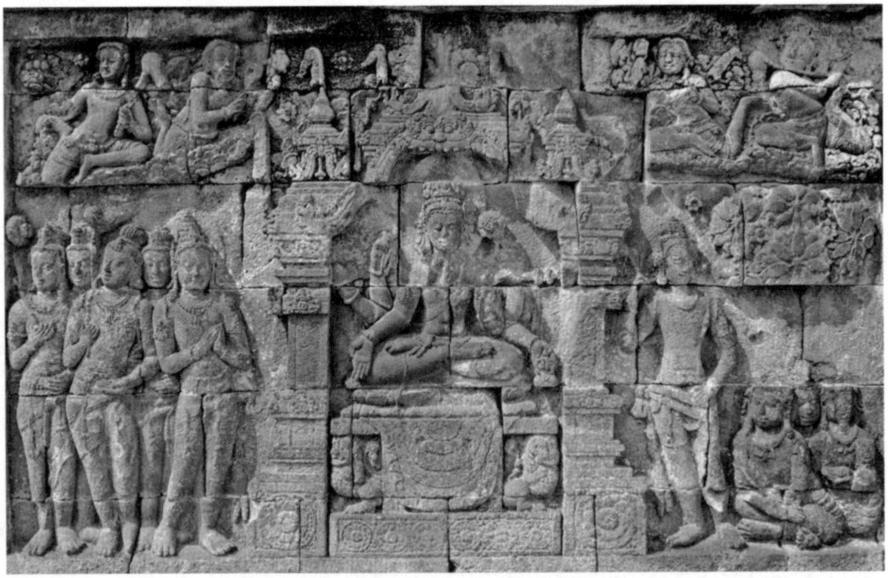

6비(六臂)의 관세음보살(II. A. 102)

관세음보살의 비臂수에 세 종류가 있는 것은 조각의 변화를 꾀했다고 할 수 있다. 우리나라에서는 일반적으로 관음보살로 널리 알려졌는데, 천변만화의 모습을 세 종류의 비수로 표현하고 있다. 보로부두르 조각가는 같은 내용의 장면을 오히려 일치시키려는 의도가 없었다고 하는 것이 타당하다. 예를 들면 자재바이라 뱃사공을 첫 번째 방문하는 장면은 큰 배를 표현하고 있지만, 두 번째는 배와 바다도 보이지 않는다. 첫 번째에는 '도성 큰 문 앞의 항구에 뱃사공이 있다.'라는 경전 기록 내용을 충실히 따랐지만, 두 번째 방문에는 배와 바다의 묘사가 없다. 조각가가 같은 내용을 똑같이 표현하려고 할 생각이 없었던 모양이다. 또 첫 번째는 자재 뱃사공과 선재동자에 두광이 있지만, 두 번째 장면에는 두광이 없다. 선지식과 선재동자의 두광이 없는 예가 여기저기 보인다. 제1회랑 주벽 상단 부조의 석가에 두광이 없는 예도 있다.

03

제2회랑 주벽 부조[II. A. 1~128]

비로자나불의 세계

제2회랑 주벽 부조는 석가와 제 보살의 부조[II. A. 1~13]로 시작하는데 여러 보살이 비로자나불毘盧遮那佛을 찬양하고 있다. 『화엄경 입법계품』의 경전에는 '석가의 백호에서 광명의 빛이 시방 일체의 세상을 뒤덮는다.'고 한다. 제2회랑 주벽 최초의 15면[II. A. 1~15] 대부분은 화면 중앙의 연화좌 위에 결가부좌한 석가를 중심으로 해서 그 하단 좌우로 보살 혹은 중생, 상단에 천인들을 배치하고 있어 이들 부조는 『화엄경 입법계품』의 서문에 해당한다.

문수사리보살

문수보살은 선재동자에 다음과 같이 설하고 있다. "동자여, 너는 좋은 스승을 찾아서 깨우침을 구하는 마음을 일으켰다. 이 마음이야말로 보살이 하는 수행의 근본이다. 동자여, 앞으로 좋은 스승을 찾아가라. 항상 좋은 스승과 가까이 지내라. 좋은 스승을 존경해라. 좋은 스승을 공양해라. 너는 일심으로 보리심을 향하여 어떻게 보살행을 완성할 것인가 가르침을 받아라."라고 설한다. 문수사리보살은 남쪽 가락 국可樂國 화합 산和合山에 사는 공덕운 비구를 새로운 스승으로 소개한다.

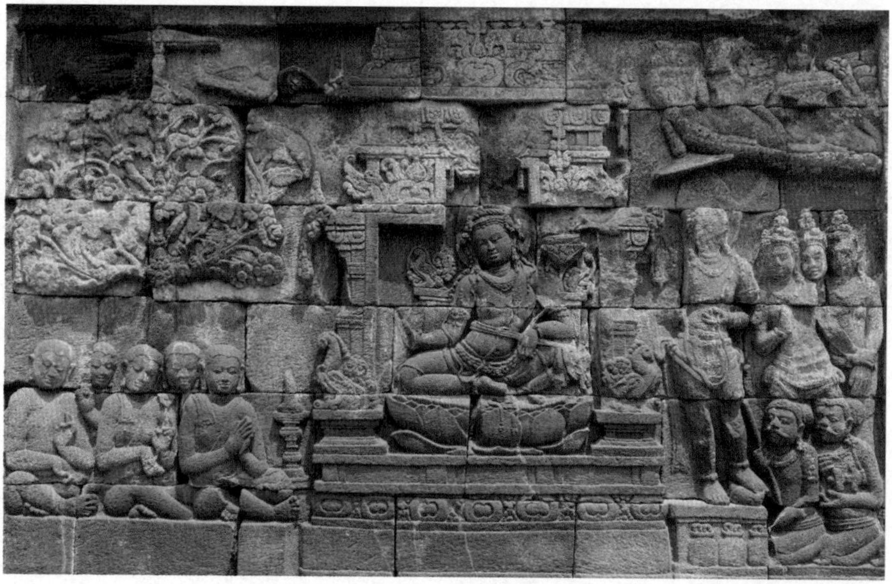

선재동자에게 순례를 권하는 문수사리보살(II. A. 16)

부조 II. A. 16의 중앙에 앉아 있는 것이 문수사리보살이다. 이 부조의 비정에는 이견이 없다. 왼손에 연꽃을 들고 그 연꽃 위에는 경전이 놓여 있다. 오른쪽 양산 밑에 서 있는 것이 주인공 선재동자이다. 선재동자의 얼굴 부분이 손상됐지만, 통통한 문수보살의 조각은 걸작이다.

오랫동안 인도네시아를 조사했던 네덜란드인 고고학자 베르넷트 켐페르스는 선재동자가 문수사리보살과 해후하는 장면을 괴테의 희곡『파우스트』에 필적한다고 평했다.

공덕운 비구

선재동자가 문수사리보살의 가르침에 따라 보살행을 배우기 위해서 찾아간 2번째 선지식이 공덕운 비구이다. 화면 중앙 왼쪽 사당 안에서 선정인을 하고 앉아 있는 인물이 공덕운 비구이다. 화면 오른쪽에 양산을 받고 서 있는 인물이 선재동자이다.

"대사여, 나는 보리심을 일으켰습니다. 하지만 어떻게 깨달음에 이를까 모르겠습니다. 대사여, 부디 자비를 베풀어 깨달음의 길, 보살행에 대해서 가르쳐주세요?" 라고 청한다.

"동자여, 너는 깨달음의 마음을 일으켜서發心 깨달음에 이르러야 할 수행에 대해서 질문했다. 그러나 이것은 정말 어려운 문제이다. 동자여, 나는 깨달음의 힘으로 청아한 신안信眼과 넓게 비추어 보는 지혜의 빛을 얻었다. 모든 세계를 바라보면, 어떠한 장애와 경계도 없다. 그 아무런 장애도 없는 세계 안에 무수한 부처가 모든 가르침을 설하고, 사람을 인도하는 모양을 배견할 수 있다. 나는 이 삼매三昧를 아는 것뿐이다."라고 설하고 선재동자에 새로운 스승을 소개한다. 부조 II. A. 17이 선재동자가 공덕운 비구와 해후하는 장면이다.

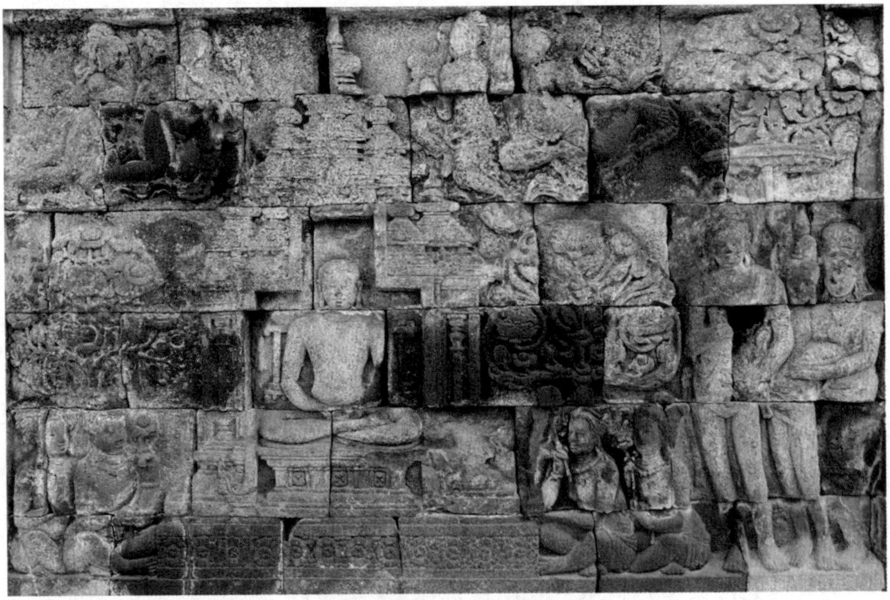

공덕운 비구와 해후하는 선재동자(II. A. 17)

해운 비구

중앙 사당 안에 해운 비구가 결가부좌하고 있다. 가슴 앞에서 오른손은 전방을 향하여 설법하고 있다. 그 오른쪽에서 팔짱을 끼고 앉아서 가르침을 듣는 인물이 선재동자이다. 선재동자의 고귀함을 나타내기 위해서 머리 위에 양산이 새겨져 있다. 화면 상단에 천인들의 부조가 있고 왼쪽 하단의 천계수 아래에서 중인들이 해운 비구의 가르침을 듣고 있다.

"대사여, 나는 이미 깨달음의 마음을 일으키고 모든 지혜의 대해를 건너고자 합니다. 그러나 아직 건널 수 없습니다. 보살은 어떻게 생사의 성태어나서 죽을 때까지을 떠나, 불자의 집에 출생하여 큰 뜻을 품고 사람을 구제할 수 있을까요?"라고 묻는다.

해운 비구는 "동자여, 깊은 선근선업을 심지 않으면 깨달음의 마음은 일어나지 않는다. 좋은 스승을 모셔서 스승을 존경 · 공양하라. 명을 아깝게 여기지 않고 생

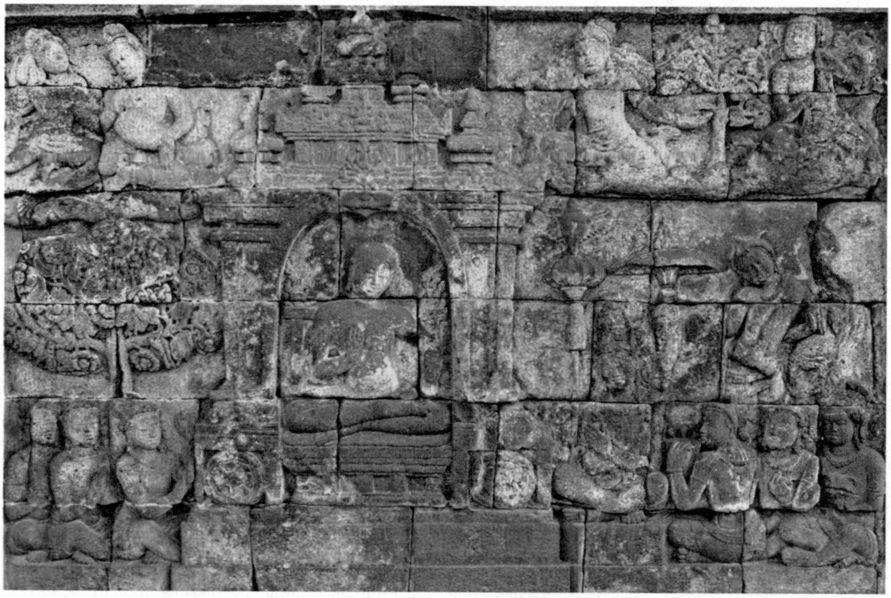

해운 비구와 해후하는 선재동자(II. A. 18)

사의 문을 벗어나 부처의 경계를 원하는 사람만이 깨달음의 마음을 일으킬 수 있다."라고 답한다.

해운 비구는 "동자여, 어느 날 나는 이 세상에 바다보다 더 넓고 깊은 귀중한 가르침이 있는 것을 발견했다. 그러자 해저에서 연꽃이 해면에 나타났고 그 연꽃이 바다 위에 활짝 피었다. 연꽃 주변에는 수백만의 천인, 용, 바다 신, 아수라 등이 보석과 향수를 내리게 했다. 이 연꽃 위에 한 명의 부처님이 앉아 가르침을 설하고 계셨다. 부처님은 원광으로 쌓여 자재인 힘을 가지고 다양한 빛으로 변화했다. 그때 부처님은 조용히 오른손을 뻗어서 나의 머리를 어루만져 주셨다. 그리고 나에게 '선안善眼의 가르침'을 주셨다. 이 가르침이야말로 부처의 세계이며 보살행이었다."라고 설하며, 선재동자에게 새로운 스승을 소개한다. 부조 II. A. 18이 선재동자가 해운 비구와 해후하는 장면이다.

선주 비구

호화스럽게 장식한 큰 천계수聖樹가 화면 중앙에 있고, 그 밑에서 유희좌遊戲坐하는 인물이 선주 비구이다. 비구 앞에서 선재동자가 무릎을 꿇고 합장하고 있다.

"대사여, 어떻게 하면 보살행을 이루고, 석가의 깨달음을 얻을 수 있습니까?"라고 묻는다.

"동자여, 나는 완전한 가르침을 실행하고 있다. 그로 말미암아 명백한 지혜의 광명을 얻었다. 그 지혜의 빛으로 모든 사람의 마음을 볼 수 있다. 또 세상을 보는 것에 조금의 불편도 없다. 이 완전한 지혜에 의해서 나는 신통력을 얻어 자유자재로 공중을 날 수 있다. 거기에서 일념 하는 사이에 시방十方의 불국토까지 갈 수 있다. 불국토에서 부처들이 설하는 가르침을 잘 기억하고, 또한 이해할 수 있다."라고 설하고, 선재동자에 새로운 스승을 소개한다. 부조 II. A. 19가 선재동자와 선주 비구가 해후하는 장면이다.

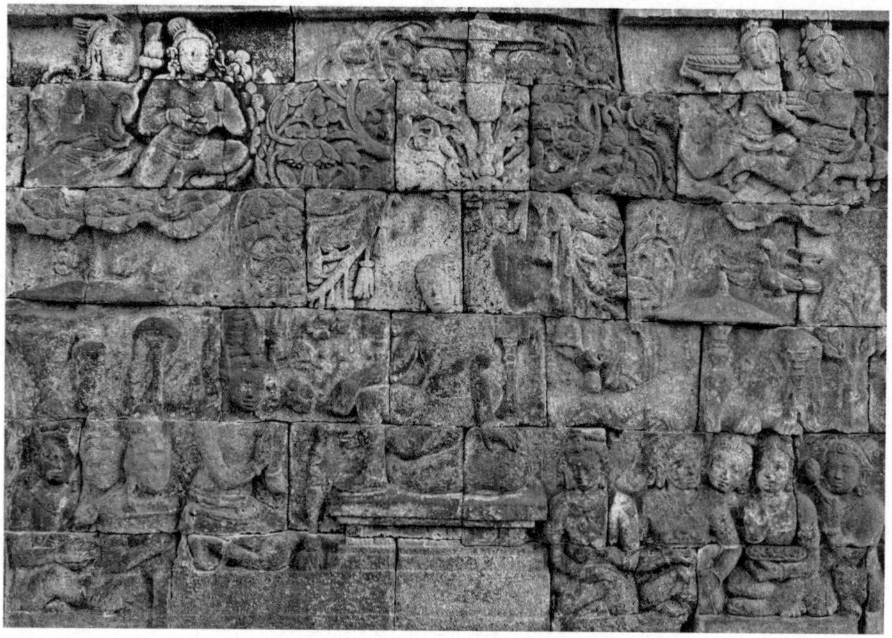

선주 비구와 해후하는 선재동자(II. A. 19)

미가 대사

화면 왼쪽의 큰 보리수 아래에 앉아 있는 인물이 미가 대사이고 그 오른쪽의 다소 낮은 곳에 연꽃을 들고 앉아 있는 남자가 선재동자이다. 자재 국의 주약 성에서 선재동자는 미가 대사를 만난다.

"대사여, 나는 이미 깨달음의 마음을 일으켰습니다만, 어떻게 하면 생사의 문에서 이 깨달음을 얻고자 하는 마음을 잃어버리지 않을 수 있을까요?"라고 묻는다.

"동자여, 깨달음의 마음을 일으킨 사람은 모든 부처님을 바라본다. 또 모든 불국토를 정화한다. 모든 사람을 구제하고 항상 부처님들에 의해서 지켜진다. 그리고 언제나 천인이 공양하여, 청정과 지혜의 빛을 얻어 보살의 길을 비추게 된다. 동자여, 보살은 사람들의 부모가 되고, 사람들의 고뇌를 들여다보고, 대지와 같이 선업

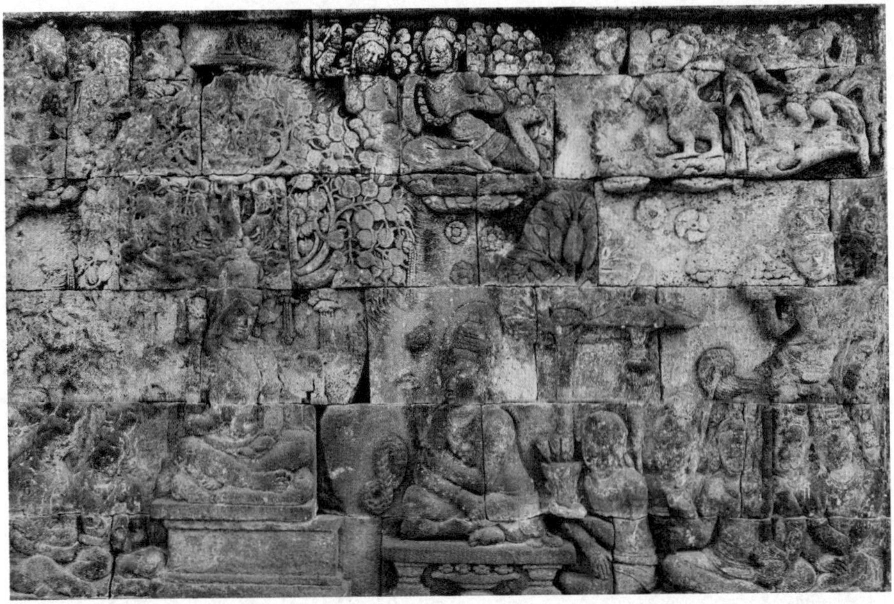

미가 대사와 해후하는 선재동자(II. A. 20)

을 키운다. 대해와 같이 공덕의 보물을 축적하고 태양과 같이 어리석은 어둠을 밝혀준다. 달과 같이 모두를 청량하게 하며, 장군과 같이 악마를 항복시킨다. 동자여, 나는 보살의 소신불허所信不虛의 가르침을 실행하고 있다. 이 가르침을 성취해 3,000 대천세계 모든 동물의 말을 알고 있다. 그러나 내가 알고 있는 것은 단지 이것뿐이다."라고 설한다. 부조 II. A. 20이 미가 대사와 해후하는 선재동자이다. 공덕운 비구, 해운 비구, 선주 비구는 삭발을 하고 있지만 미가 대사는 보관을 쓰고 있다.

해탈 장자

중앙의 사당 안에 선정인을 하고 앉아 있는 것이 해탈 장자이다. 이 사당 오른쪽 앞에 서 있는 남자가 선재동자이다. 4명 가운데 선재동자만 두광이 묘사되어 있다. 선재동자는 12년의 긴 여행 끝에 주림 국住林國에 도착하여 무역상인 해탈 장자를 만나는 장면이다. "대성大聖이여, 나는 이미 깨달음을 얻는 마음을 일으키고, 부처님의 지혜를 얻자고 원합니다. 대성이여, 보살행에 대해서 가르쳐주십시오."라고 청한다.

"동자여, 나는 시방의 셀 수 없는 부처님 모습을 볼 수 있다. 그러나 부처님이 여기에 오지 않고, 내가 부처님 있는 곳에 가지도 않는다. 모든 것은 완전한 힘을 가지고 그대로 융통한다. 이렇게 보살은 자신의 마음에서 부처님의 가르침을 얻고, 또 보살행을 할 수 있다. 모든 나라를 정화하여 모든 사람을 이끌 수 있다. 그러므로 동자여, 지혜의 빛으로 자신의 마음을 비추어보고 부처님과 같은 광대한 마음, 자재한 마음을 일으키면 좋다."라고 설한다.

해당 비구

화면 왼쪽의 큰 보리수 아래에 해당 비구가 앉아 있고 그 오른쪽 아래에 연꽃이 든 꽃병을 받쳐들고 앉아 있는 청년이 선재동자이다. 해당 비구는 머리를 삭발하고 우견편단右肩偏袒의 가사를 걸치고 있다.

선재동자는 염부제 나라에 찾아가 해당 비구를 만나는데 그때 마침 해당 비구는 삼매에 들어가 있었다. 해당 비구의 삼매가 끝날 때까지 수 개월간 선재동자는 그 자리에서 기다린다. 해당 비구가 삼매에서 깨어나자 선재동자가 "대성이여, 무엇을 위한 명상입니까?"라고 묻는다.

"동자여, 나는 지혜를 배워서 삼매를 얻었다. 이 삼매를 얻음과 동시에 다른 끝없는 삼매 세계에 도달할 수 있다. 이 삼매에 들어가면, 일체 세계를 관찰하는 것, 공중을 비행하는 것, 세상을 장엄하는 것은 아무 일도 아니다. 모든 부처님의 가르침을 설하는 것도 자유자재이다. 모든 부처님을 볼 수 있고, 모든 사람을 구제할 수도 있다."고 설하고 선재동자에게 새로운 스승을 소개한다.

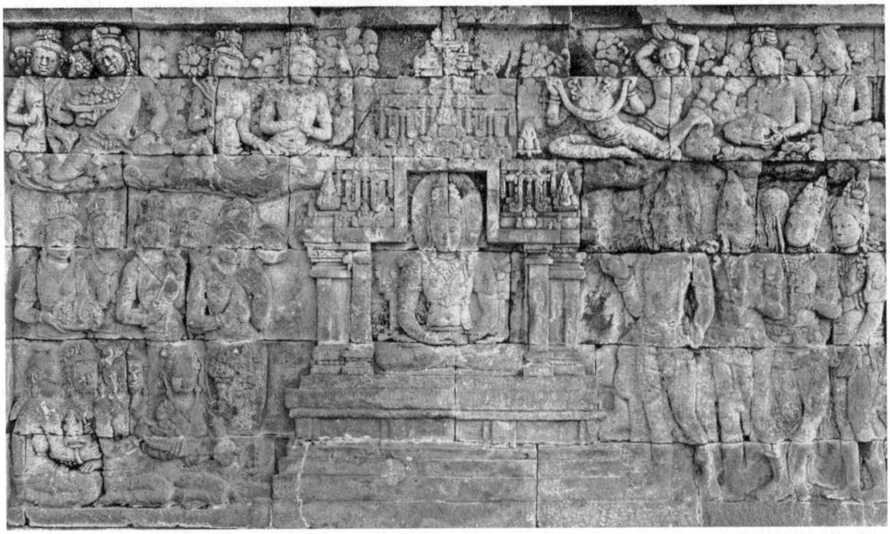

해탈 장자와 해후하는 선재동자(II. A. 21)

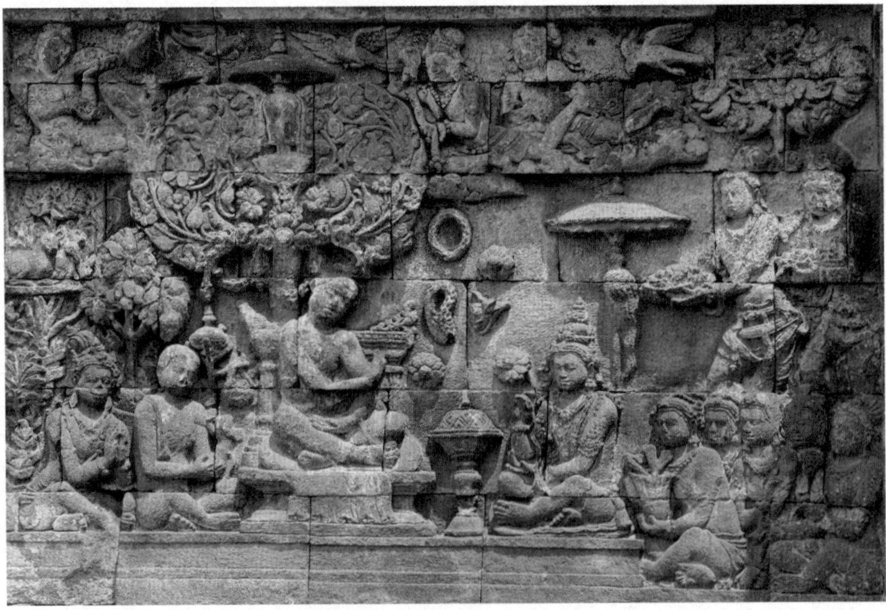

해당 비구와 해후하는 선재동자(II. A. 22)

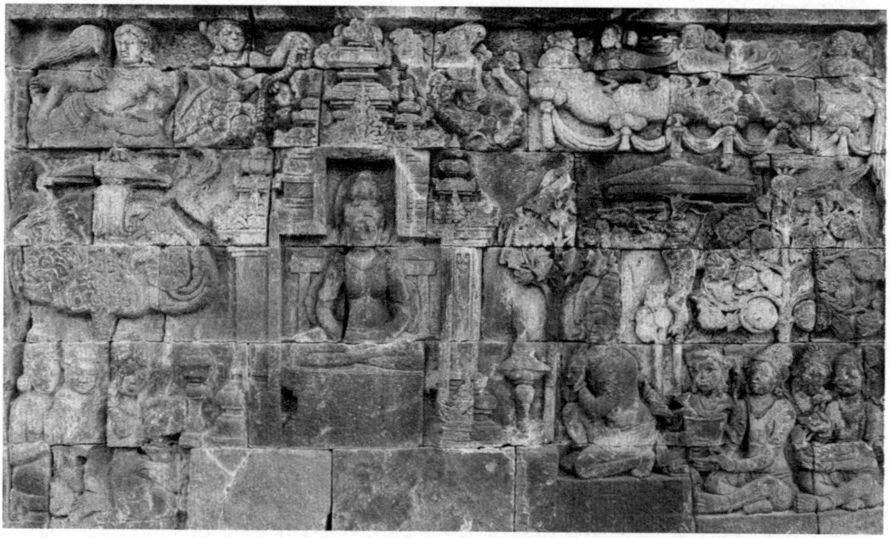

휴사 우바이에게 가르침을 청하는 선재동자(II. A. 23)

휴사 우바이

선재동자는 보장엄 숲에 도착하여 휴사 우바이를 찾아간다. 선재동자는 무릎을 꿇고 두 손을 합장하여 "저는 이전부터 깨달음의 길을 찾는 마음을 일으켰습니다만, 어떻게 그 길이 얻어지는지 가르쳐주십시오."라고 청한다.

"동자여, 나는 단지 하나의 가르침을 얻었을 뿐입니다. 그것은 나를 보는 사람은 가르침의 길을 추구하는 마음을 버리지 않습니다. 시방의 부처님들이 언제나 이곳에 와서 나에게 가르침을 설하고 있습니다. 이 보장엄림에 사는 사람은 모두 부처님의 가르침을 추구하는 마음을 버리지 않습니다."라고 설한다.

선재동자가 "당신의 길을 찾는 마음은 언제 끝이 납니까?"라고 묻는다. 그러자 휴사는 "동자여, 나는 일부 사람만을 구제하기 위해서 길을 찾는 게 아닙니다. 모든 나라를 정화하여 모든 사람을 구제했을 때가 처음으로 나의 길을 추구하는 마음이 완료합니다. 동자여, 이 남쪽 해조 국海潮國에 비목다라라는 선인이 있습니다. 그분을 찾아서 깨달음의 길에 대해서 여쭤보세요."라고 선재동자에게 새로운 스승을 소개한다.

부조 II. A. 75도 선재동자가 휴사 우바이와 해후하는 장면이다. 부조 II. A. 77 이후는 미륵보살 직전까지의 선지식을 다시 새겨놓고 있다. 그러나 2번째의 부조에는 생략한 선지식도 적지 않기 때문에 그 비정은 상당히 곤란하다. 히카타 박사는 부조 II. A. 75~81을 이사나 우바이휴사 우바이로 해석하고 있다.

비목다라 선인

선재동자는 해조 국에 당도하여 숲 속에서 비목다라 선인을 만난다. 나무껍질 옷tapa을 입고 풀 위에 앉아서 고행하는 선인을 만나 선재동자가 "대성이여, 저는 이미 깨달음을 찾는 마음을 일으켰습니다만, 아직 깨달음의 길에 달하지 못하고 있습니다."라고 가르침을 청한다.

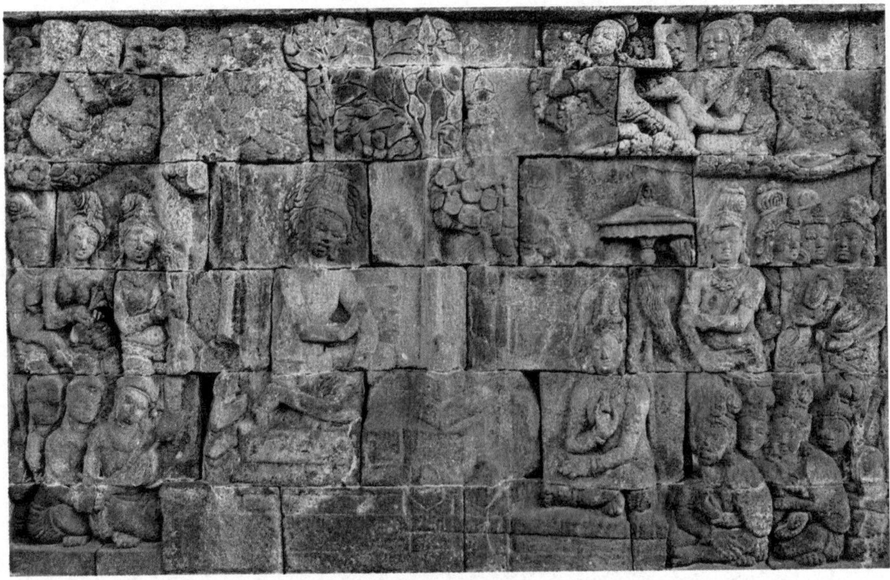

비목다라와 해후하는 선재동자(II. A. 24)

비목다라 선인은 "동자여, 나는 어떤 완전한 지혜를 얻었다."라며 천천히 오른손을 내밀어 선재동자의 머리를 어루만졌다. 그러자 이상하게도 선재동자는 자기 자신이 시방세계의 무수한 부처님이 있는 곳에 있지 않은가? 이에 놀란 동자가 부처님들과 밝은 광명을 보게 된다. 이것이야말로 비목다라 선인의 손에 의해서 일어난 기적이었다. 선재동자는 그때 깊은 삼매에 들어가 있었다. 잠시 후 비목다라 선인이 손을 선재동자의 머리에서 내려놓자 동자는 삼매에서 깨어난다.

비목다라 선인은 "동자여, 나는 단지 삼매를 알고 있을 뿐이다. 더욱 깊은 깨달음의 길에 대해서 나는 알지 못한다. 남쪽의 진구 국進求國에 방편명이라는 브라만이 살고 있다. 너는 그분에게 가서 깨달음의 길에 대해서 물어보라."라고 한다. 폰테인은 부조 II. A. 94를 선재동자와 비목다라가 해후하는 장면으로 비정하고 있다.

방편명 브라만

진구 국에 도착한 선재동자는 고행 중인 방편명을 만난다. 이 브라만은 그때 험준한 산 정상에서 산골짜기 아래의 불구덩이로 몸을 던지려고 하고 있었다. 선재동자는 방편명의 발밑에 엎드려 절을 하며 깨달음의 길에 대해서 가르침을 청한다.

"동자여, 이 험준한 산 위에서 아래의 산골짜기 불구덩이를 향해서 너의 몸을 던지면 보살행은 완성된다."라고 전한다. 이 말을 들은 동자는 방편명의 가르침에 불신을 품었다. 방편명이 자신을 죽음으로 몰아넣으려고 하는 악마라고 생각했다. 그러자 허공에서 천계의 범천이 나타나 "동자여, 이 방편명이라는 브라만은 결코 악마가 아닌 위대한 성자이다. 지혜의 광명을 갖추고 정진의 마음을 가지고, 그리고 인간의 애욕을 없애고, 사견을 지우자고 노력하고 계시는 분이다."라고 알려준다.

범천의 계시를 들은 선재동자는 방편명의 말에 따라 산꼭대기 위에서 산골짜기 아래의 불구덩이로 뛰어내렸다. 그러자 이상하게도 몸을 던져서 골짜기 밑바닥으로 떨어지는 동안에 선재동자는 삼매의 경지에 들어간다. 그때 선재동자는 "실로 이상

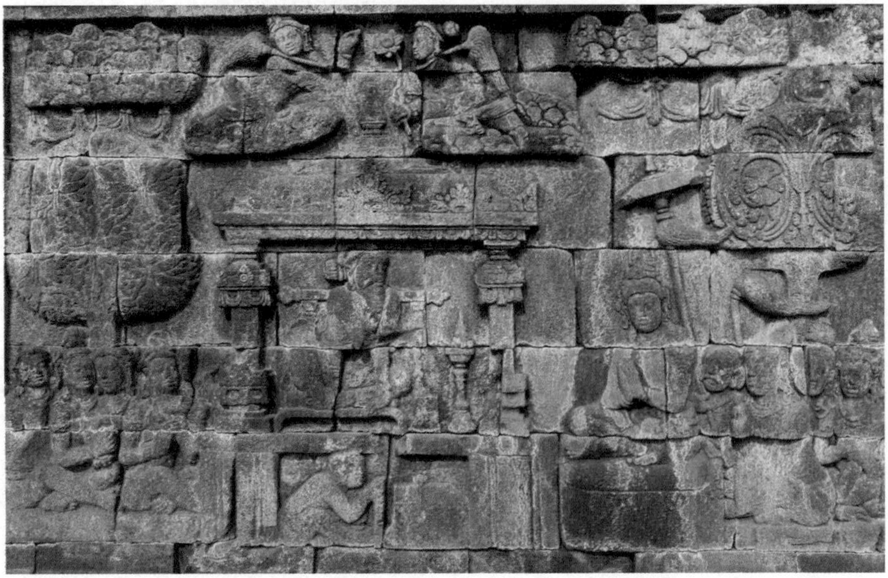

방편명 브라만과 해후하는 선재동자(II. A. 70)

합니다. 죽을 각오로 뛰어내려 보니, 눈에 비친 산도 산골짜기도 편안한 기분이 좋은 경지입니다."라고 방편명에게 자신의 체험을 전한다. 방편명은 선재동자의 말을 듣고 새로운 선지식을 소개한다. 히카타와 이토는 방편명 브라만의 부조를 비정하지 않았다. 필자는 부조 II. A. 70을 선재동자가 방편명 브라만과 해후하는 장면으로 비정한다.

미다라니 왕녀

선재동자는 사자분신 성에 이르러 사자당 왕궁에 사는 미다라니彌多羅尼 왕녀를 만난다. 선재동자가 성문에 도착하자, 많은 사람이 미다라니 왕녀에게 가르침을 듣고자 성 안으로 들어가고 있었다. 화면 중앙 사당 안에서 정면을 향하여 앉아 있는 것이 미다라니 왕녀이고 그 왼쪽 앞에 서 있는 청년이 선재동자이다. 이윽고 선재동

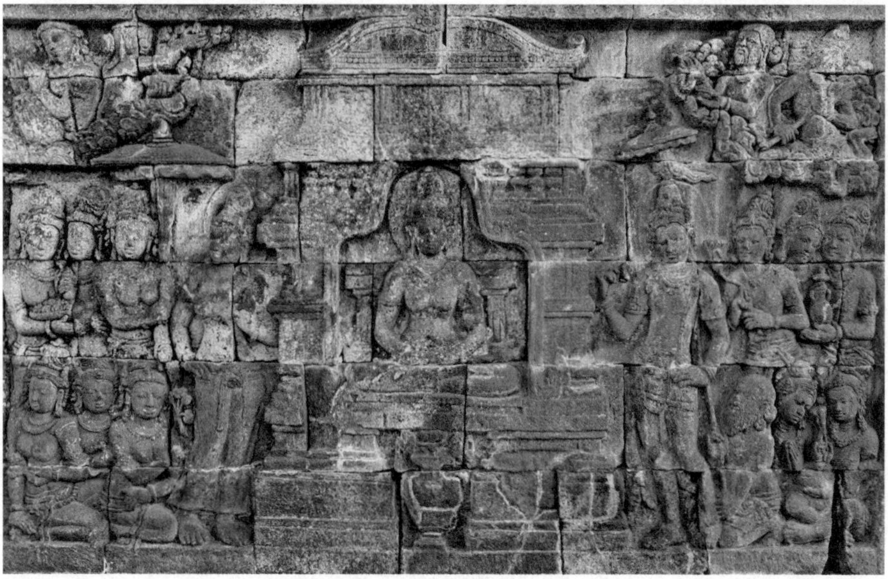

미다라니 왕녀와 해후하는 선재동자(II. A. 25)

자가 미다라니 왕녀를 만나 가르침을 청한다.

왕녀는 "동자여, 이 방의 장엄을 보세요."라고 청한다. 선재동자는 눈을 크게 뜨고 방 안을 둘러보았다. 그러자 하나하나의 유리 기둥, 하나하나의 금강 벽, 그리고 하나하나의 옥거울에 마치 깨끗한 물이 달빛을 비추는 것 같이 법계의 모든 부처님의 수행과 설법 광경이 생생하게 비쳤다.

선재동자는 그것을 보고 "이것은 도대체 무엇을 하는 광경입니까?"라고 묻는다. 미다라니 왕녀는 "이것은 지혜에 의해 일어나는 보장엄법普莊嚴法이라 합니다. 나는 지금까지 많은 부처님을 만나 이 귀중한 가르침을 배웠습니다. 동자여, 나는 이 가르침에서 깨달음에 들어가 정확하게 사유하고, 평등한 마음을 일으켜 수없는 주문을 얻었습니다."라고 설한다. 부조 II. A. 25와 II. A. 82가 미다라니 왕녀와 해후하는 선재동자이다.

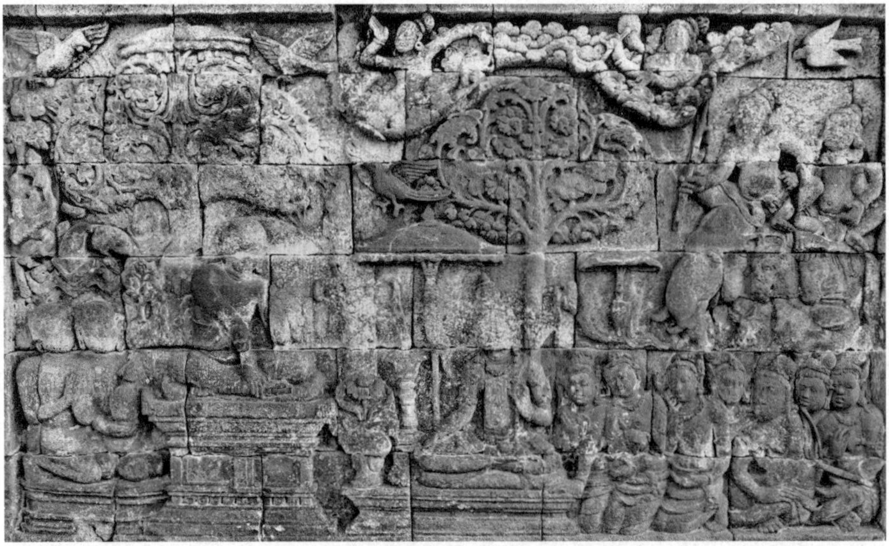

선현 비구와 해후하는 선재동자(II. A. 26)

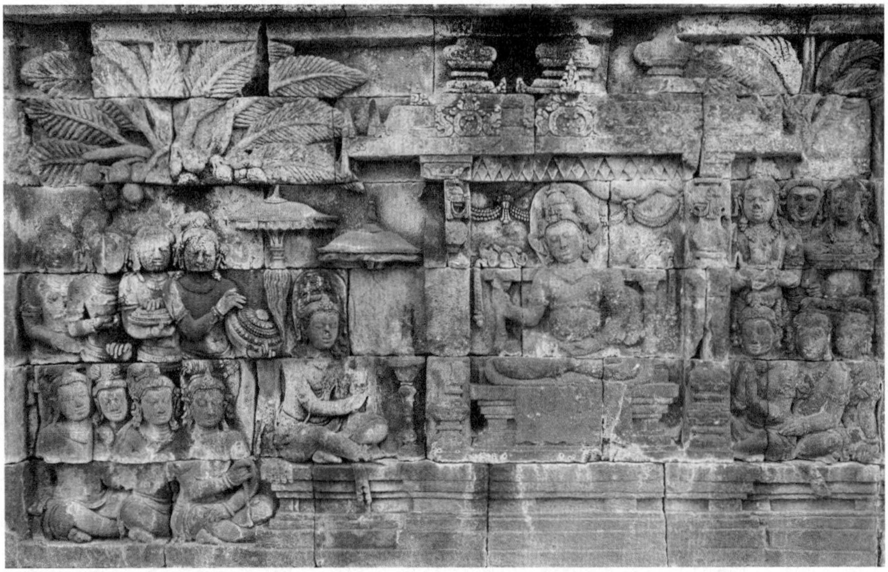

석천주 동자와 해후하는 선재동자(II. A. 27)

선현 비구

구도 국에 들어간 선재동자는 숲 속을 걷고 있는 자금색 피부를 한 선현 비구를 만나 가르침을 청한다. 화면 왼쪽 나무 밑의 대좌 위에 앉아 있는 것이 선현 비구이고 중앙 나무 밑에 마주 앉아 있는 인물이 선재동자이다.

"동자여, 나는 젊어서 출가하여 아직도 미숙하지만, 지금까지 많은 부처님이 계신 곳에서 깨달음의 길을 수행하여 큰 뜻과 함께 보살행을 익혔다. 그 결과 완전한 지혜를 얻어 지금 이렇게 숲 속을 돌아다니고 있어도 마음속에서 시방의 부처님을 볼 수 있다."라고 설한다. 부조 II. A. 26이 선현 비구와 해후하는 선재동자이다. 선재동자가 선현 비구와 해후하는 장면은 1면만 새겨져 있다.

석천주 동자

석천주 동자는 수나 국輸那國의 성문 밖 강가에서 많은 동자와 함께 놀고 있었다. 선재동자는 석천주 동자에게 가르침을 청한다.

"동자여, 나는 예전에 문수보살에게서 관상을 보는 법, 산술의 계산법, 손금 보는 법을 배웠습니다. 이로 말미암아 능숙하게 점치는 지혜를 얻었습니다. 병에 걸린 사람, 독물을 마신 사람, 악령에게 홀린 사람을 고칠 수 있습니다. 또 성, 마을, 궁전, 정원을 만드는데 방향과 택지의 좋고 나쁨, 농업과 상거래의 좋고 나쁨, 사람 얼굴을 보고 그 사람의 장래에 대해서 알 수 있습니다. 이렇게 나는 다양한 지혜를 갖게 되었습니다. 남해의 해주 성에 자재自在 우바이가 살고 있습니다. 그분을 찾아가 더욱 깊은 깨달음에 대해서 물어보세요."라고 설한다. 부조 II. A. 27이 선재동자와 석천주 동자가 해후하는 장면이다. 히카타와 이토는 선재동자와 석천주 동자가 해후하는 장면을 비정하지 않았다.

자재 우바이

선재동자는 해주 성 궁전의 자재 우바이를 찾아가 가르침을 청한다. "동자여, 이 앞에 놓여 있는 하나의 작은 그릇을 보세요. 나는 이 그릇에 보기 좋게 음식을 담아 100명, 1,000명, 아니 더 많은 사람에게 음식을 보시할 수 있습니다. 또한, 음식뿐만 아니라 의복이나 장신구 등 원하는 것이라면 무엇이든 줄 수 있습니다."라고 하며 옆에 있는 시녀를 가리키며 다음과 같이 말한다.

"동자여, 이 시녀를 보세요. 이 시녀는 나와 같은 보시행을 하고 있습니다. 보시의 마음을 일으켜서 사람을 구제하고 있습니다. 이 시녀는 이 작은 그릇을 가져가서 이 그릇에서 나오는 음식을 모든 비구에게 주어 공양합니다. 또한, 세상의 모든 아귀에게도 보시합니다. 그러나 이 그릇 안의 음식은 주어도 주어도 결코 줄어들거나 없어지지 않습니다. 동자여, 나는 단지 이 마르지 않는 공덕의 곳간과 같은 하나의 작은 그릇을 가지고 있을 뿐입니다."라고 설한다. 부조 II. A. 83도 선재동자가 자재 우바이와 해후하는 장면이다.

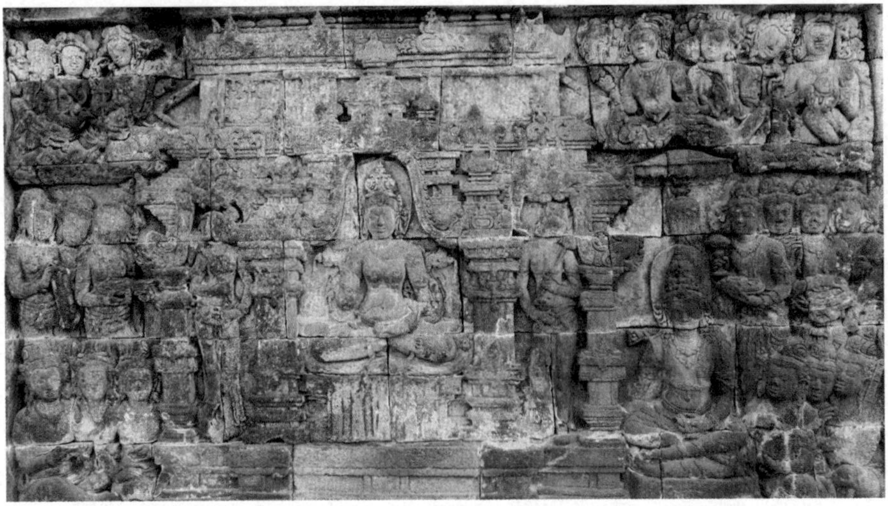

자재 우바이와 해후하는 선재동자(II. A. 28)

감로정 장자

선재동자는 대홍 성에 사는 감로정 장자를 만나 가르침을 청한다. "대성이여, 나는 모든 사람을 구하려고 깨달음의 길을 찾는 마음을 일으켰습니다. 모든 사람의 고뇌를 없애고 안락하게 해주고 싶습니다. 사람이 애욕을 버리고 사람에게 지혜를 주고 싶습니다. 생사의 광야를 넘어, 해탈의 성에 들어가고자 기원하고 있습니다. 어떻게 하면, 그 깨달음의 길에 달할 수 있는지 보살행을 가르쳐 주십시오."라고 청한다.

그러자 감로정 장자는 "동자여, 나는 공덕의 보물이 나오는 곳간을 가지고 있습니다. 그 곳간에서 공덕의 보물을 꺼내서 사람이 원하는 대로 주고 있습니다. 그 곳간에서 나오는 차, 코끼리, 의복, 음식, 향화, 등잔, 약은 물론 바른 가르침도 보시하여, 모든 사람을 풍요하게 하고 있습니다."라고 설한다. 그리고 감로정 장자는 곳간에서 여러 가지 물건을 꺼내서 장자의 집에 찾아온 많은 사람에게 준다. 감로정 장자가 하는 보시 광경은 실로 불가사의했다. 감로정 장자는 선재동자에게 새로운 스승을 소개한다. 부조 II. A. 29가 선재동자가 감로정 장자와 해후하는 장면이다.

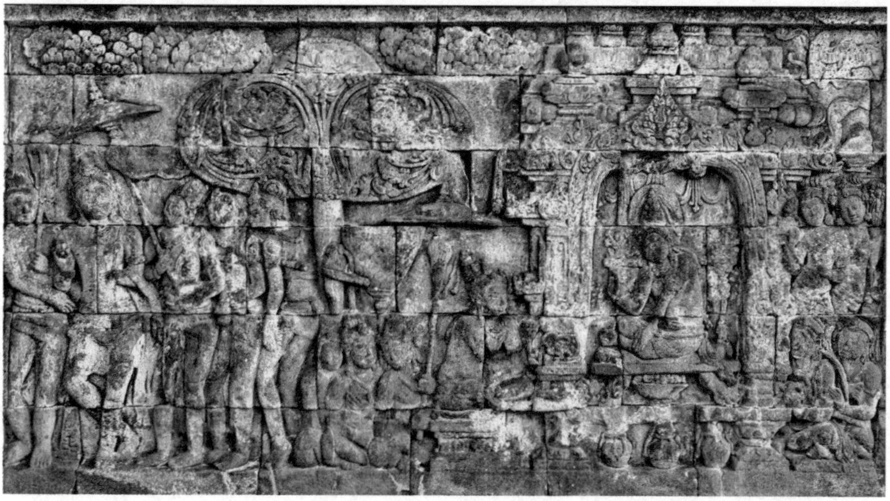

감로정 장자와 해후하는 선재동자(II. A. 29)

법보주라 장자

화면 왼쪽 사당 안에 무역상인 법보주라 장자가 앉아 있다. 사당 오른쪽에 큰 화병이 놓여있고 이 화병을 사이에 두고 오른쪽에 선재동자가 앉아 있다. 선재동자는 양손을 합장하여 법보주라 장자에게 가르침을 청한다. 『화엄경 입법계품』에는 선재동자가 사자중각 성에 이르러 성내의 노상에서 법보주라 장자를 만난다. 법보주라는 친절하게 선재동자의 손을 잡고 자기 집으로 데리고 간다. 법보주라의 집에 당도하자 선재동자가 "대성이여, 나는 깨달음을 찾는 마음을 일으켰습니다. 그러나 아직 깨달음에 달하는 길을 찾지 못했습니다. 저에게 보살행에 대해서 가르쳐주십시오."라고 청한다.

그러자 법보주라는 "동자여, 우선 내 집을 보아라."라고 청한다. 법보주라의 집은 실로 호화스럽기 짝이 없는 것으로 선재동자는 크게 놀란다. 집 안은 기둥을 나전 장식하였고 보석을 장식한 휘장이 내려져 있으며, 빨간 진주로 만든 옥좌가 있었

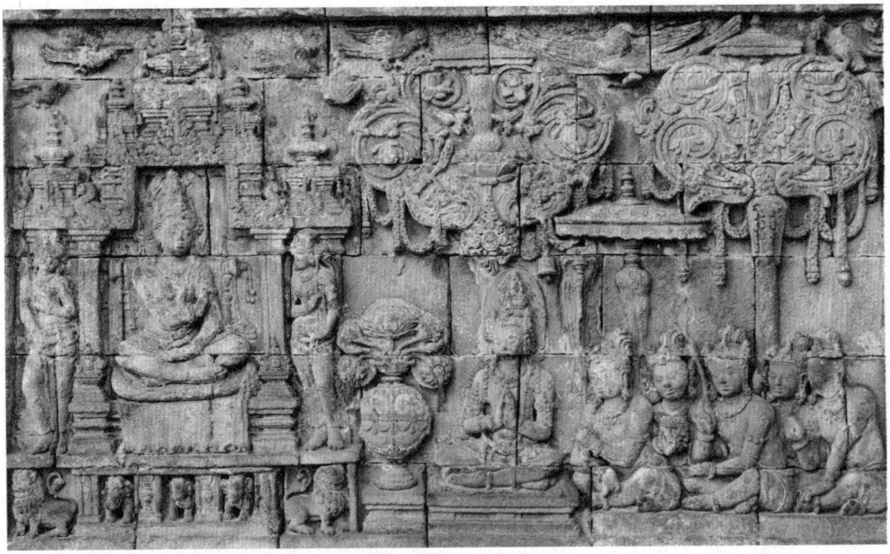

법보주라 장자와 해후하는 선재동자(II. A. 30)

다. 게다가 집은 10층 건물이었다II. A. 31 법보주라 장자의 집. 이 호화스러운 집을 보고 선재동자는 법보주라에게 "대성이여, 저는 지금까지 이렇게 훌륭하고 호화스러운 집을 본 적이 없습니다. 대성은 옛날 전세에 어떤 선업을 쌓아서 지금 이러한 훌륭한 집에서 살 수 있는 과보를 얻었습니까?"라고 질문한다.

그러자 법보주라는 "동자여, 나는 전세에 무량 광명불이 이 세상에 계셨을 때 그 부처님을 만났습니다. 그때, 향기나는 꽃을 드리고 또 음악을 연주해드렸습니다. 이 공양의 공덕에 의해서 나는 평생 궁핍에서 벗어나 언제나 부처님을 만나서 가르침을 받을 수 있도록 빌고 있습니다. 이러한 과보果報에 의해서 지금 호화스러운 집에 살게 되었습니다."라고 설한다. 부조 II. A. 31을 보문 성에 도착한 선재동자로 보는 견해가 있다.

보안묘향 장자

보문 성에 사는 보안묘향은 향료상의 장자로 선재동자가 보살행의 가르침을 청한다. "동자여, 나는 모든 사람의 병을 고칠 수 있습니다. 감기나 열병 등 각양각색의 병, 악령에게 홀린 사람, 독에 중독된 사람, 주술에 걸린 사람이 나를 찾아오면 당장 병을 고칠 수 있습니다. 그리고 병이 나으면 언제나 향수 물에 목욕을 시킵니다. 더욱이 병들었던 사람에게 의복과 장신구도 주고, 맛있는 식사도 공양하고, 부처님의 여러 가지 가르침을 전해주고 있습니다. 애욕이 많은 사람에게는 부정관不淨觀을 가르쳐주고 원한이 많은 사람에게는 자비관慈悲觀을 가르칩니다. 이렇게 사람을 충분히 공양 보시하여 집에 돌아가게 합니다."

또 보안묘향 장자는 향료의 효용에 대해서 말하고 있다. "동자여, 나는 알다시피 향료상입니다. 그래서 향료를 사용하는 방법을 알고 있을 뿐입니다. 각자에게 맞는 향기를 피우면 나를 찾아온 모든 사람을 구제할 수 있습니다. 향기는 모든 불국토를 장엄하고 모든 부처님을 공양하고자 하는 마음을 담아서 피웁니다. 동자여, 이러한 마음으로 향기를 피우면, 그 연기가 시방의 부처님 불국토에 가득 차서 법계

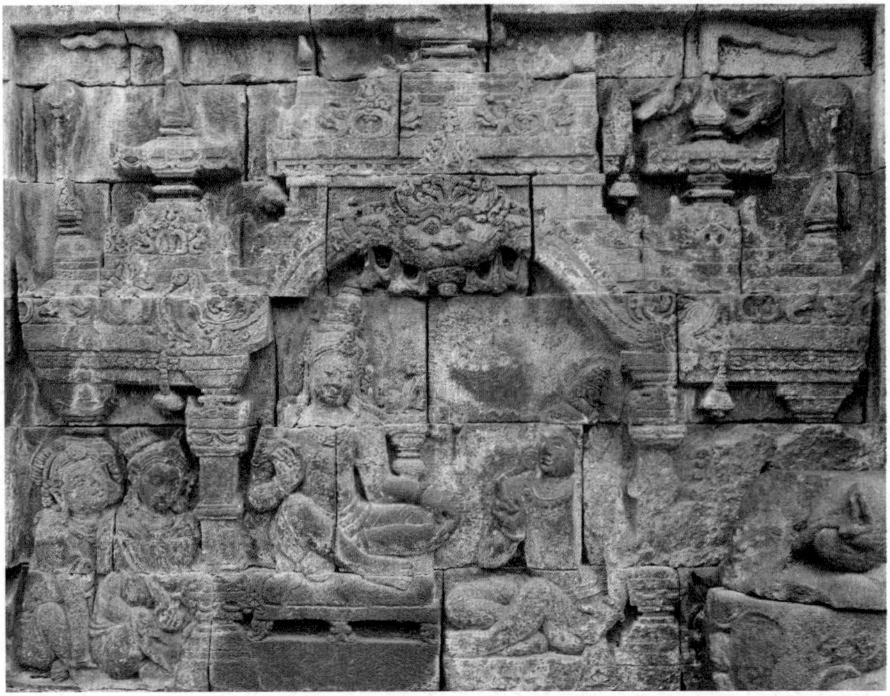

보안묘향 장자에게 가르침을 청하는 선재동자(II. A. 33)

를 장엄하게 됩니다."라고 설한다. 히카타는 부조 II. A. 34도 선재동자가 보안묘향 장자와 해후하는 장면으로 비정하고 있다.

만족 왕

화면 왼쪽 큰 궁전 안에 만족 왕과 선재동자가 있다. 만족 왕은 대좌 위에 앉아 있고, 선재동자는 그 아래의 바닥에 앉아 있다. 오른쪽 화면에 야자나무 밑에 위풍당당한 형상의 옥졸이 칼을 들고 서 있다. 머리를 단발한 무서운 야차처럼 생겼다. 이 옥졸 밑에서 2명의 옥졸이 곤봉을 들고 오른쪽 끝에 앉아 있는 2명의 죄인을 노려보고 있다. 1명의 죄인이 손으로 눈물을 닦고 있다. 이 부조는 만족 왕이 형장에

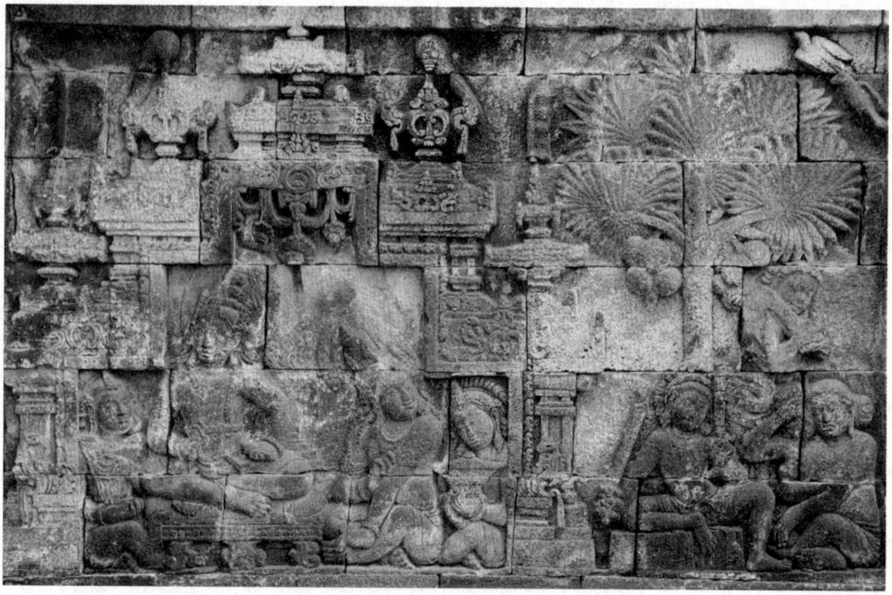

만족 왕과 해후하는 선재동자(II. A. 35)

서 죄인을 심판하는 장면이다. 만족 왕은 판결을 내려 어떤 죄인은 수족이 절단되거나, 귀나 코가 베어지거나, 양쪽 눈을 도려내어 지거나, 목이 잘리는 등의 형벌을 받고 있는 광경을 선재동자에게 보여준다.

이 비참한 형벌을 본 선재동자는 사람을 구하고 깨달음을 추구하는 만족 왕이 이렇게 잔혹하게 형벌을 명하는 모습을 보고 크게 실망한다. 그러자 허공에서 "동자여, 왜 그대는 왕을 의심하는 것인가? 보안묘향 장자가 너를 위해서 소개해주신 훌륭한 스승님이다."라고 천계의 제석천이 계시를 준다. 선재동자는 마음을 바꿔서 만족 왕 앞에 나아가 가르침을 청한다.

"동자여, 나의 이 궁전을 보라. 칠보로 만들어진 벽은 길고 주옥으로 꾸며진 누각은 높다. 궁전에는 선녀 같은 500명의 시녀가 산다. 동자여, 이것은 내가 얻은 인과응보이니라. 전세에서 한 선업의 결과가 여기에 나타나 있다. 그러고 나서 내가 형장에서 행했던 행동이 선인가 악인가 한 번 더 생각해보거라. 동자여, 나는 요화妖化의 법에 이르고 있다. 악인, 죄인은 그냥 내버려두어서는 결코 그 악업을 고칠 수 없다. 그래서 나는 환술을 부려서 환상의 악인을 만들어낸다. 그렇게 해서 만든 악인, 죄인에게 엄한 형벌을 가하여 2번 다시 악행을 저지르지 않게 하여 선인이 되도록 가르치고 있다. 동자여, 나는 개미 한 마리도 죽이지 않는 사람이다. 어떻게 내가 사람에게 해를 입힐 수 있겠는가? 사람은 여러 가지 선업을 쌓으면 많은 복덕이 돌아온다."라고 설한다.

대광 왕

화면 가득히 큰 궁전이 새겨져 있다. 그 궁전 안에 대광 왕과 선재동자가 마주하여 앉아 있다. 선재동자가 선광성에 찾아가서 대광 왕에게 가르침을 청하는 장면이다. "동자여, 나는 헤아릴 수 없는 부처님에게 큰 자비행慈悲行을 배워서 지금 그것

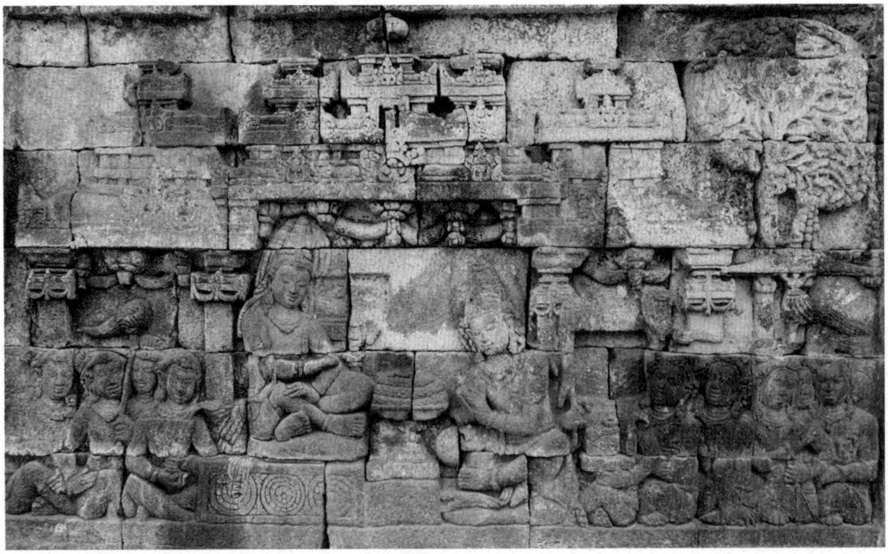

대광 왕과 해후하는 선재동자(II. A. 37)

을 실천하고 있다. 나는 이 자비행에 따라서 나라를 다스려서 사람을 가르치고 깨끗한 마음을 일으켜서 해 밝은 나라를 만들고 있다. 또 나는 가난한 사람을 위해서 항상 곳간을 열어놓고 무엇이든 가져가게 하여 결코 나쁜 짓을 하지 않도록 하고 있다. 동자여, 이 선광 성의 사람은 마음이 높고 낮음에 따라서 선광 성을 가지각색으로 보고 있다. 어떤 사람은 더럽다고 보고, 어떤 사람은 청아하다고 본다. 어떤 사람은 성을 나무나 돌이라고 보고, 어떤 사람은 구슬이라고 본다. 이것은 과거의 전세에 많은 선근선업을 쌓아 마음이 청아한 사람만이 이 성이 다양한 보물로 꾸며진 풍요한 성인 것을 알 수 있다. 선광 성에 사는 많은 사람은 옛날에 악행을 저질렀기 때문에 이 성을 청정하게 볼 수 없다. 그러나 나는 이들을 불쌍히 여겨 자비로운 마음이 있다. 내가 삼매에 들어가면 사람들의 마음을 맑게 할 수 있어 이 세상의 더러움이 사라진다. 동자여, 나는 단지 자비행과 삼매를 실천하고 있을 뿐이다." 라고 설한다. 히카타는 부조 II. A. 36과 부조 II. A. 84를 선재동자와 대광 왕이 해후하는 장면으로 비정하고 있다.

부동 우바이

화면 가득히 안주 성 안의 건물이 새겨져 있고 그 안에 부동 우바이와 선재동자가 마주앉아 선재동자가 진지하게 가르침을 청하는 장면이다.

"동자여, 나는 옛날 부처님이 이 세상에 계셨을 때 전광왕電光王의 왕녀였습니다. 어느 날 밤 모든 사람이 잠이 든 후, 나는 혼자 누각 위로 올라가서 밤하늘에 반짝이는 별을 쳐다보고 있었는데 그때 돌연히 부처님이 나타나셨습니다. 놀랍게도 부처님의 몸에서 빛이 나며 미향이 풍겼습니다. 그 향기를 맡고 나는 몸과 마음이 기쁨에 넘쳐 한마음으로 합장하여 부처님을 우러러보았습니다. 그리고 어떻게 '내가 이렇게 부처님을 볼 수 있었던 것일까?'라고 이상하게 생각했습니다. 그때 부처님은 나에게 모든 번뇌를 버리고 생사를 떠나서 석가의 가르침을 따르라고 설했습니다.

그 이후 나는 부처님과 같은 몸을 얻고자 원하여 욕을 일으키지 않고, 화내지 않고, 사물에 집착하지 않도록 했습니다. 그래서 결국 꿈속에서 부처님의 모습을 보게 되었습니다. 그리고 많은 기적을 일으킬 수 있게 되었습니다. 동자여, 그 기적을 보고 싶습니까?"라고 물었다.

부동 우바이는 선재동자 앞에서 삼매에 들어가 선재동자에게 무수한 부처님의 모습을 보여준다. 선재동자는 많은 부처님의 모습을 보고 대단히 감격한다. 삼매에서 깨어난 부동 우바이는 남쪽 불가구 국不可構國 지족 성知足城에 사는 출가 외도인 순수일체중생을 새로운 스승으로 소개한다. 부조 II. A. 38과 II. A. 85가 선재동자가 부동 우바이와 해후하는 장면이다.

순수일체중생 외도

화면의 왼쪽에 앉아 있는 인물이 순수일체중생이다. 불교 승이 아니라 이교도의 수도승으로 턱수염을 길게 길러 브라만과 같은 풍모를 하고 있다(부조 II. A. 39, 본서에서는 부조 II. A. 87을 게재했다). 오른쪽에 앉아 있는 청년이 선재동자로 지족 성에서 순수일체중생을 만나 가르침을 청하는 장면이다. "동자여, 나는 어떤 곳이든 갈 수 있고, 또 어떤 것이라도 볼 수 있는 신통력이 있습니다. 이 신통력을 가지고 평등한 지혜의 빛을 비추어 6도인간이 사후 선악의 업에 따라서 가는 6개의 세계의 세계에서 유전하는 사람을 구제하고 있습니다. 나는 이 지족 성에 사는 사람을 위해서 사람의 마음 그릇에 따라서 가르치고 있습니다. 나는 시방 각국의 사람을 다양한 방편을 사용하여 여러 모습으로 변신해서 복음을 들려주고 가르침에 인도하고 있습니다."라고 설하며 남쪽의 감로 국에 사는 장자 청연화향青蓮華香을 새로운 스승으로 소개한다. 부조 II. A. 39도 선재동자가 순수일체중생 외도와 해후하는 장면이다.

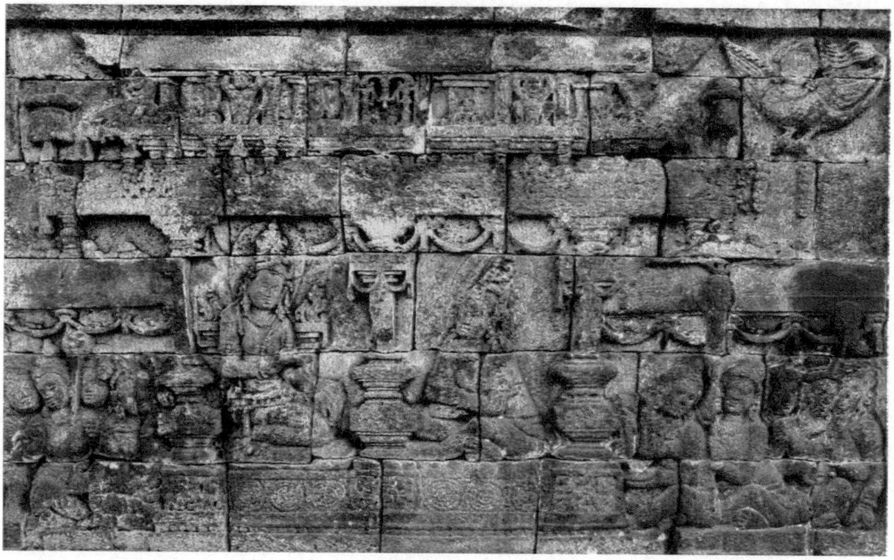

부동 우바이와 해후하는 선재동자(II. A. 38)

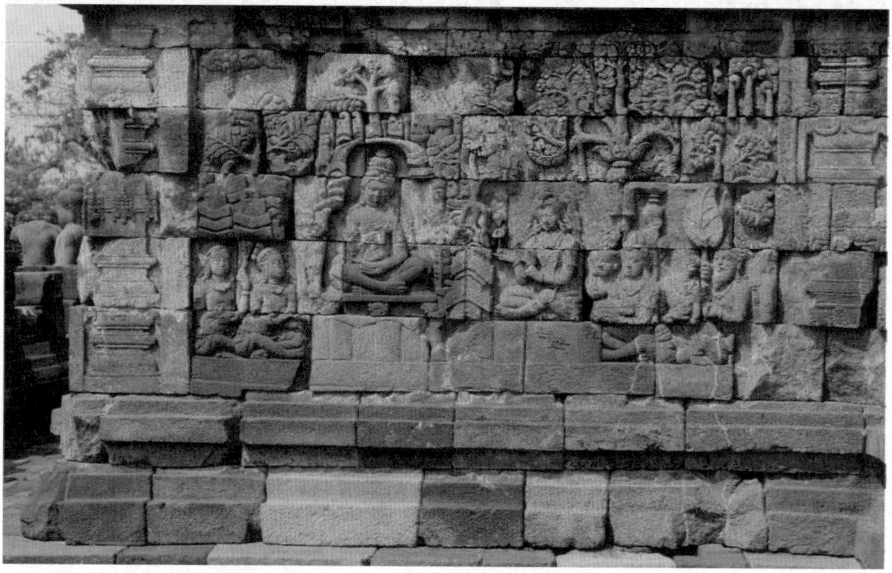

순수일체중생(편행) 외도와 해후하는 선재동자(II. A. 86)

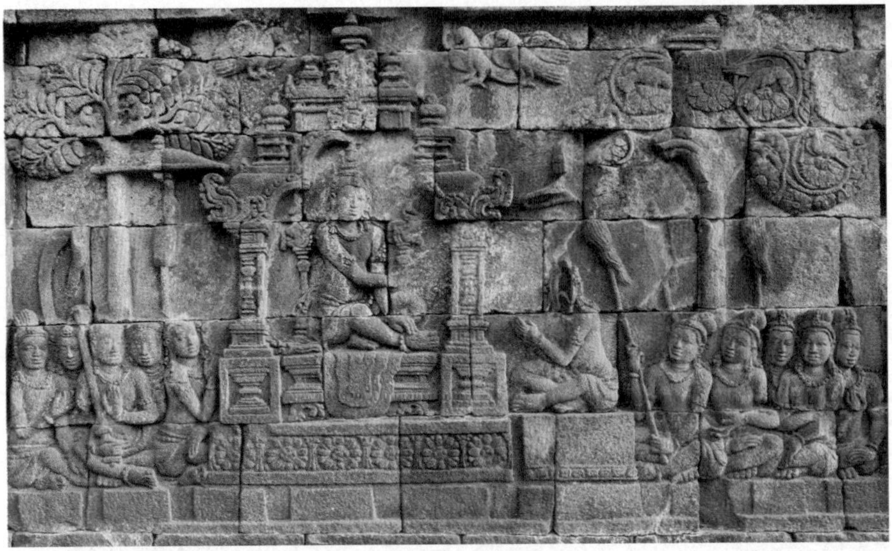

청연화향과 해후하는 선재동자(II. A. 87)

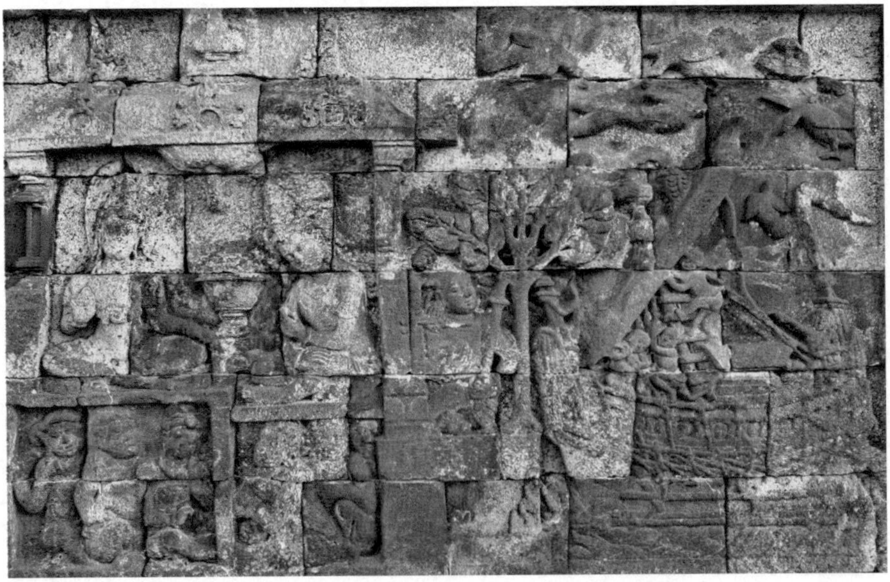

자재 뱃사공과 해후하는 선재동자(II. A. 41)

청연화향 장자

화면 중앙에 큰 향로가 놓여 있다. 청연화향 장자는 향료상의 큰 부자이다. 그 향로를 중심으로 왼쪽에 청연화향 장자가 앉아 있고 그 오른쪽에 선재동자가 앉아 있다. 감로 국에 찾아간 선재동자가 청연화향 장자를 만나 가르침을 청하는 장면이다. 선재동자는 "대성이여, 나는 이미 깨달음을 요구하는 마음을 일으켜서 모든 보살행을 수행하며 시방세계를 순례하고 있습니다. 그러나 아직도 보살행에 달하지 못했습니다."라고 가르침을 청한다.

"동자여, 나는 모든 향기에 대해서 알고 있다. 병을 고치는 향, 걱정을 없애주는 향, 즐거움을 낳는 향, 번뇌를 생기게 하는 향, 번뇌를 없애는 향, 나쁜 짓을 못하게 하는 향, 교만과 방일을 버리는 향, 제불을 염하는 향, 정법을 따르게 하는 향 등 나는 단지 모든 향기에 대해서 알고 있는 것뿐입니다."라며 향을 조화하는 법을 설한다. 청연화향 장자는 남쪽의 누각 성에 사는 자재自在선사를 새로운 스승으로 소개해준다. 부조 II. A. 40도 청연화향과 해후하는 선재동자이다.

자재 뱃사공

화면 왼쪽에 집이 있고, 그 안에 뱃사공 자재와 선재동자가 마주하고 앉아 있다. 오른쪽에 있는 것이 선재동자이고 왼쪽이 뱃사공 자재이다. 자재는 뱃사공이기 때문에 화면 오른쪽에 배가 크게 묘사되어 있다. 선재동자는 누각 성 가까이 있는 항구에서 많은 선원을 거느리는 뱃사공 자재를 만나 가르침을 청한다.

"동자여, 나는 이 바닷가의 성에 살면서 대비大悲행을 하고 있습니다. 가난한 사람을 위해서 보시를 합니다. 사람들에게 가르침을 설하여 지혜를 기르게 하며, 깨달음의 바다에 들어가게 합니다. 나는 큰 바다 안에 있는 모든 보물이 있는 곳을 알고 있습니다. 용궁이 있는 곳도 알고 있습니다. 배를 타고 항해하는데 항로의 안전을 확보하여, 여러 위험에서 벗어나는 방법을 알고 있습니다. 그리고 상인을 무사하게 목적지까지 인도합니다. 동자여, 나는 많은 상인에게 자비심의 행을 하고 있을 뿐입니다."라고 설한다. 자재는 남쪽의 가락 성可樂城에 사는 장자 무상승無上勝을 새로운 스승으로 소개한다.

부조 II. A. 88도 자재와 만나는 선재동자이다. 자재 뱃사공을 방문하는 첫 번째 장면에는 훌륭한 배가 부조되어 있지만부조 II. A. 41, 두 번째에는 배와 바다가 새겨져 있지 않다. 첫 번째는 '도성의 큰 문 앞 바닷가에 뱃사공이 있다.'라는 경전의 기록 내용을 충실히 따르고 있다. 두 번째 자재 뱃사공을 방문하는 장면은 배와 바다를 생략하고 있다. 여하튼 같은 뱃사공 자재와의 만남을 다르게 표현하고 있다.

무상승 장자

선재동자는 가락 성에 도착하여 큰 무역상 무상승 장자를 방문하여 가르침을 청한다. "동자여, 나는 모든 곳에 자유롭게 날아갈 수 있는 신통력이 있습니다. 천

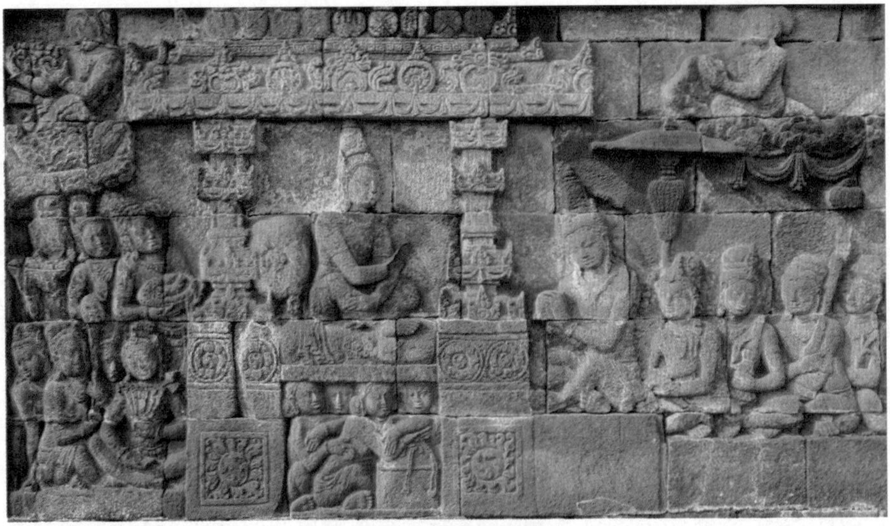

무상승 장자와 만나는 선재동자(II. A. 89)

계의 궁전, 인간계의 여러 성, 아수라계의 성, 용왕이 사는 용궁 성龍宮城, 지옥계에도 날아갈 수 있습니다. 나는 여기저기를 날아다니며 불법을 설하고 있습니다. 나는 단지 여기저기 자유롭게 갈 수 있는 신통력을 가졌을 뿐입니다."라고 설한다. 히카타는 II. A. 42(?)를 무승군 장자와 만나는 선재동자로 해석하고 있다.

사자분신 비구니

난인 성에 도착한 선재동자는 사자분신 비구니를 찾아가 가르침을 청한다. 사자분신 비구니는 "동자여, 나는 모든 지혜의 근저를 극에 달하고 있습니다. 이 깨달음을 얻으면 지혜의 빛에 의해서 한마음으로 전세, 현세, 미래의 3세를 비출 수 있습니다. 만약 사람이 나를 찾아와 가르침을 청한다면, 나는 지혜를 얻는 길을 설하고자 합니다. 그러나 사람에 대하여 사람이라는 감정을 일으키지 않습니다. 모든 말을 알고 있어도 말에 집착하지 않습니다. 또 모든 부처를 보아도 눈에 보이는 그 상에 집착하지 않고, 깊이 법신부처의 진신을 깨닫기 때문입니다. 한마음이 모든 우주

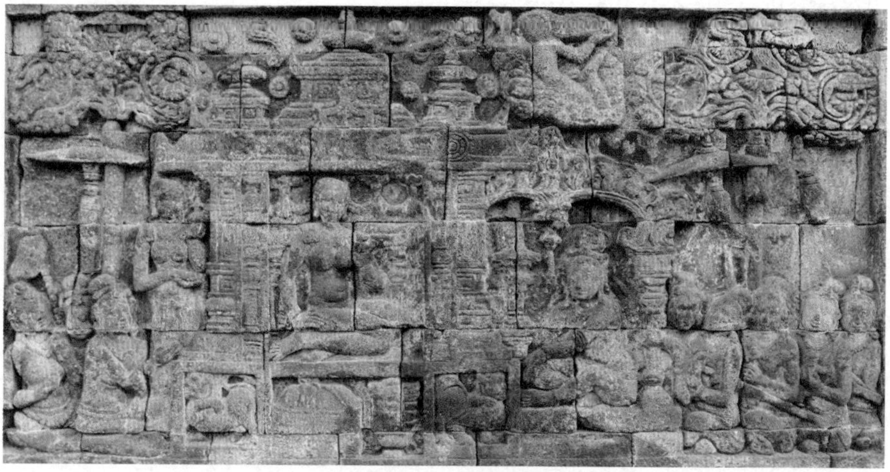

사자분신 비구니와 해후하는 선재동자(II. A. 90)

에 달하지만, 우주에 구애받지 않습니다. 같이 모든 법은 환상 같은 것이라고 깨닫기 때문입니다."라고 설한다. 사자분신 비구니는 남쪽의 험난 국險難國 보장엄 성寶藏嚴城에 사는 아름다운 아가씨 바수밀다婆須密多를 새로운 스승으로 소개한다. 부조 II. A. 43도 선재동자가 사자분신 비구니와 해후하는 장면이다.

바수밀다

선재동자는 긴 순례의 여행을 계속하여 험난 국의 보장엄 성에 도착했다. 바수밀다는 대단한 미모의 유녀였다. 순례 중인 젊은 비구승이 절세미인의 유녀를 찾아가 가르침을 청하는 이야기는 모순되는 내용이지만 여색을 경계하라는 역설적인 가르침이다. 아름다운 바수밀다를 찾아간 선재동자가 가르침을 청한다.

"동자여, 나는 욕을 벗어나 정淨의 경계에 도달했습니다. 천인이 나를 보면 선녀가 되고, 또 나찰이 나를 보면 나는 나찰의 여자가 됩니다. 정욕에 쌓여 있는 사람이 나에게 오면 나는 잘 가르쳐서 깨닫게 합니다. 나와 말을 주고받으면, 그 사람은 내가 발하는 절묘한 소리를 알 수 있습니다. 나의 손을 잡으면 불국토에서 유행할 수 있습니다. 나와 잠자리를 같이하면 해탈의 빛에 접촉하고 또 나의 눈을 지그시 응시하면 마음의 조용함을 얻습니다. 나를 잘 보면 모든 부처의 빛이 비치고 나를 안으면 모든 사람을 구하는 힘을 얻고 또 입맞춤하면 여러 공덕의 곳간을 얻을 겁니다. 이렇게 나를 찾아오는 사람들에게 욕심을 없애고 청정한 마음으로 만들어드립니다."라고 설한다.

바수밀다는 전세에서 상주여래를 만나서 이 부처님에게 보관을 드린 선업을 했었다. 바수밀다는 "동자여, 이 성을 나가 남쪽에 가면 수파파라 성首婆波羅城 안에 안주安住 장자가 칸다나Kandana의 불탑을 공양하고 계십니다. 그분을 방문하여 더욱 깊은 보살행에 대해서 여쭤보세요."라고 하며 새로운 스승을 소개한다히카타, II. A. 44?, II. A. 91~97.

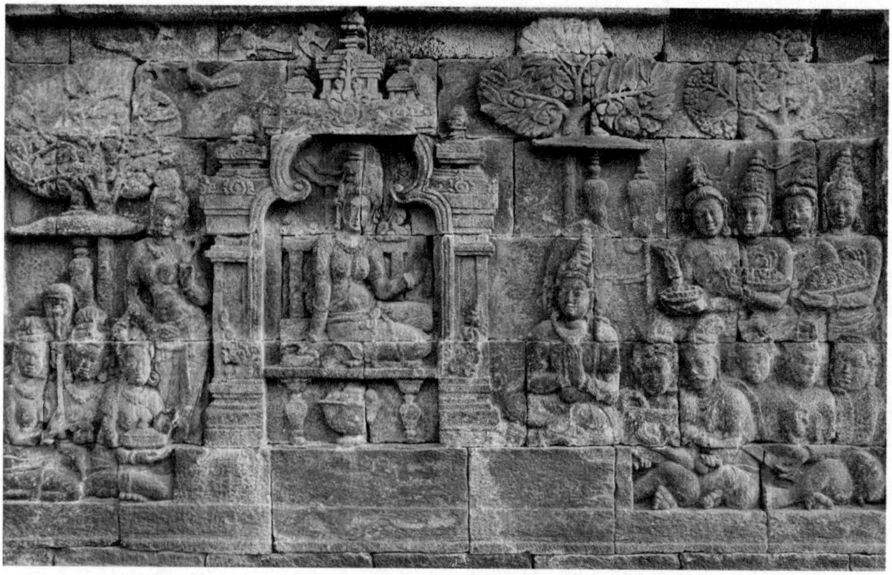

바수밀다와 해후하는 선재동자(II. A. 91)

안주 장자

선재동자는 수파파라 성에 도착하여 안주 장자를 찾아간다. 칸다나의 불탑 앞에 있던 안주 장자를 만나 선재동자는 가르침을 청한다. "동자여, 나는 모든 부처가 열반에 들었다고는 생각하지 않습니다. 나는 칸다나의 불탑 문을 열면 불성佛性이 마르지 않는다는 삼매에 달하여 마음속에서 끝없는 묘법을 얻었습니다. 삼매에 들어가면 과거 불에 해당하는 석가불, 구나함불拘那含佛, 시기불尸棄佛, 비파시불毗婆尸佛 등 무수한 부처님을 볼 수 있습니다. 동자여, 나는 단지 이 삼매를 얻는 길을 알고 있는 것뿐입니다."라고 설하고, 남쪽 바닷가의 광명 산보타가락 산에 있는 관세음보살을 찾아가 가르침을 받으라고 권한다. 히카타는 부조 II. A. 45와 부조 II. A. 98을 안주 장자와 해후하는 선재동자로 해석하고 있다.

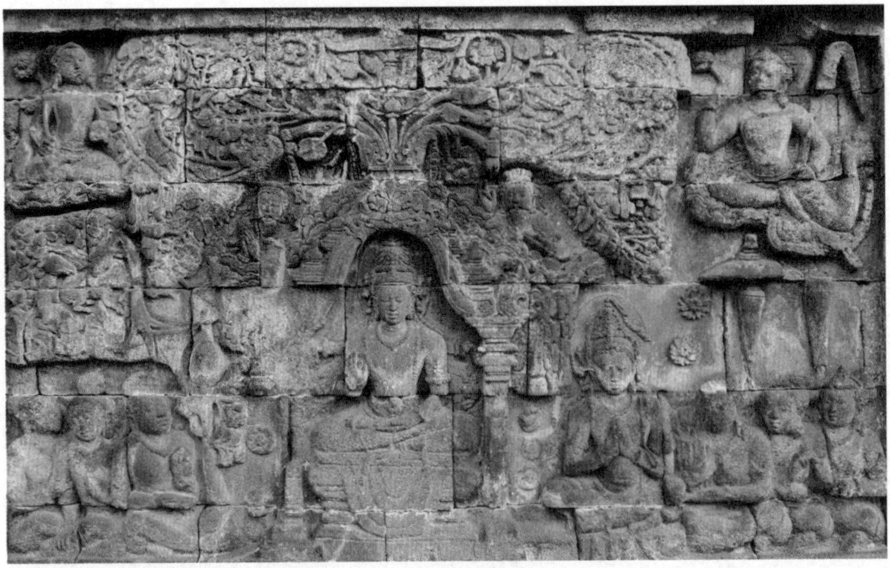

안주 장자와 해후하는 선재동자(II. A. 99)

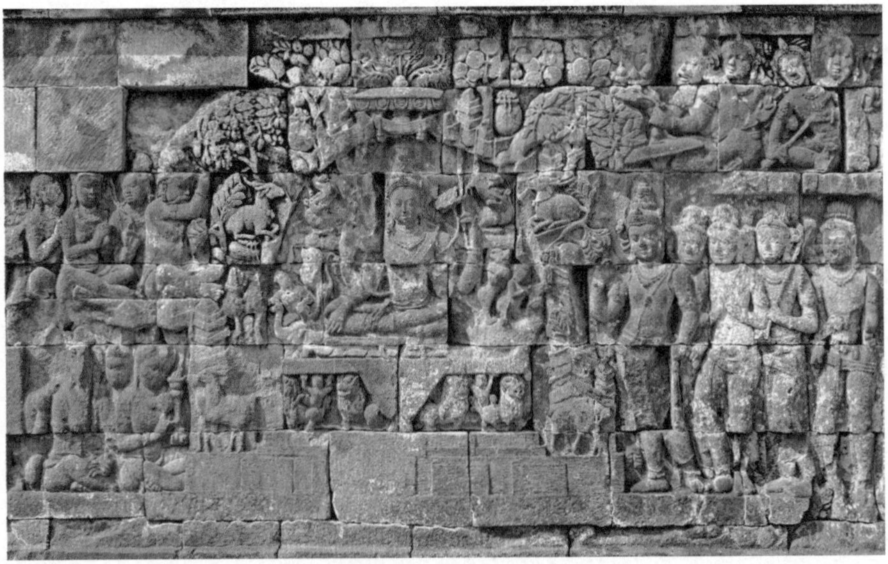

관세음보살과 해후하는 선재동자(II. A. 100)

관세음보살

부조의 중심에 석굴이 있다. 그 안에 4개 팔을 가지고 금강보좌 위에 결가부좌하는 관세음보살이 있다. 이 관세음보살을 향해서 양산을 받치고 오른쪽에 서 있는 인물이 선재동자이다. 『화엄경 입법계품』의 기록 내용을 충실히 따라서 도상으로 표현했다. 동굴 밖에는 많은 나무와 동물들이 새겨져 있고 그 밖의 인물들도 관세음보살을 향하여 공경하는 모습으로 묘사되어 있다. 선재동자는 관세음보살을 찾아서 남해에 있는 광명 산에 도착한다. 광명 산 깊은 산꼭대기의 석굴 안에서 수행하는 관세음보살을 찾아낸다. 관세음보살을 만난 선재동자는 대단히 기뻐하며 보살행에 대해서 가르침을 청한다.

"동자여, 나는 대비광大悲光의 행을 성취하여 모든 사람을 구제하고 있다. 또 나를 늘 믿고 나의 이름인 관세음보살을 염하는 사람을 모든 공포에서 구제해준다. 동자여, 시방세계의 많은 선지식을 찾아뵙고 그 높은 가르침을 섬기며 부처님의 범문을 열심히 듣고, 진심으로 부지런히 보살행을 닦아라."라고 설한다. 그때 정취 보살이 동쪽에서 빛을 내며 나타나자 관세음보살은 선재동자에게 정취 보살한테 보살행의 가르침을 받으라고 권한다. 부조 II. A. 100~102는 보계寶髻 앞에 화불이 새겨진 보살이 3면 연속해서 등장한다. 4비四臂와 6비六臂의 차이는 있지만 화불이 있고 왼손에 연꽃을 들고 있는 것을 보면 관세음보살이 틀림없다. 부조 II. A. 47도 선재동자가 관세음보살과 해후하는 장면이다.

정취 보살

화면 중앙에 앉아 있는 인물이 정취 보살이다. 그 오른쪽에서 합장하고 앉아 있는 청년이 선재동자이다. 선재동자는 정취 보살에게 예를 표하고 가르침을 청한다. "동자여, 나는 어떤 곳이든 당장에 날아갈 수 있다. 그리고 사람을 구제하는 방법을 알고 있다. 나는 전세에서 묘덕불妙德佛과의 귀중한 만남을 통해서 얻은 선업에

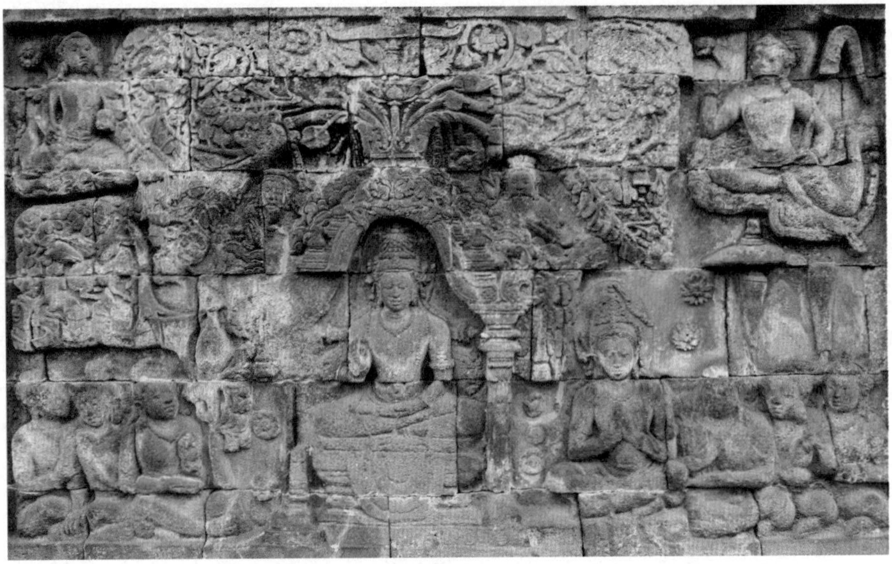

정취 보살과 해후하는 장면(II. A. 103)

의해서 신통력을 가지고 있을 뿐이다."라며 남쪽의 파라파제 성婆羅波堤城에 사는 대천천이라는 천인을 새로운 스승으로 소개한다. 첫 번째 순례도에는 선재동자가 정취 보살과 해후하는 장면이 새겨 있지 않다.

대천천

대천천Mahadeva은 힌두교 시바신의 별명이다. 그 때문에 화면 중앙에 앉아 있는 대천신은 시바신을 묘사하고 있다. 시바신은 성스러운 황소 위에 타고 있는 모습으로 표현되고 있는데, 대천의 대좌 밑에는 그 난디황소가 새겨져 있다(II. A. 48). 대천천은 4개의 팔을 가지고, 뒤쪽의 두 팔에 소라와 염주를 가지고 있다. 선재동자는 파라파제 성에 이르러 대천천을 찾아가 보살행의 가르침을 청한다.

"동자여, 보살行者은 세상에서 쉽게 만날 수 없고, 따라서 보살에게서 가르침도

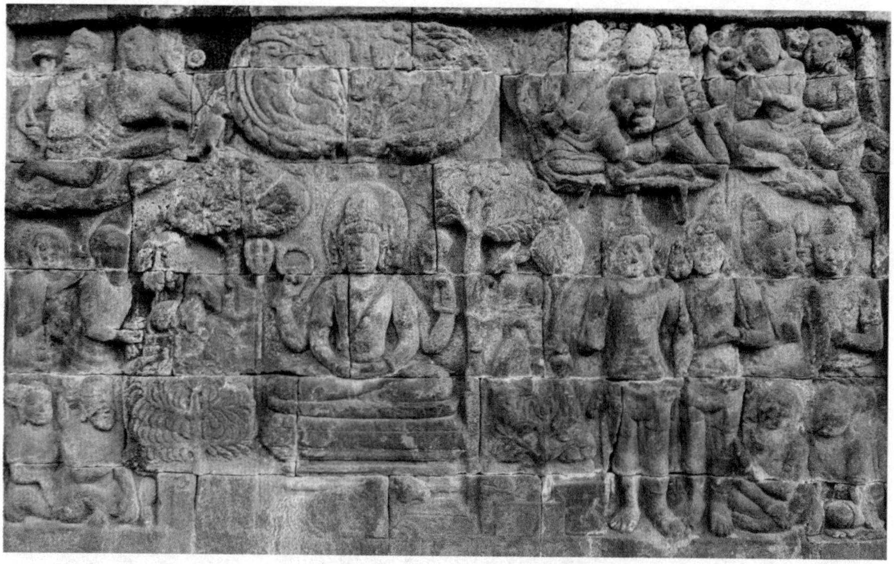

대천천과 해후하는 선재동자(II. A. 104)

듣기 어렵다. 보살은 세상의 불가사의한 사람 중에서 꽃에 해당한다. 언제나 자비스러운 말로 바른 법을 설한다. 그리고 사람의 더러움을 맑게 하고, 고민을 없애서 선업을 쌓게 하고 지혜를 준다."라고 말하며, 기적을 일으켜 많은 금은보화를 선재동자 앞에 나타나게 한다. "동자여, 이 많은 재보를 가지고 부처님을 공양하고, 사람에게 보시하여 보시행을 배워라. 이 재보를 너뿐만 아니라 모든 사람에게 보시해라. 이렇게 하여 나는 사람에게 가난함을 없애서 부처님께 가까이 가는 길을 갈 수 있도록 한다. 그뿐만 아니라 욕심이 많은 사람, 화를 내는 사람, 게으른 사람, 다툼을 좋아하는 사람에게 자비의 길을 가르친다. 악업을 행하는 사람의 마음을 고쳐먹게 한다. 이렇게 여러 방편을 사용하여 모든 사람을 선업의 길에 인도하고 있다."라고 설한다. 부조 II. A. 48은 대좌 밑에 혹 달린 소시바신이 타고 다니는 난디가 새겨진 것으로 보아 선재동자가 대천천마하 데바과 만나는 장면이다.

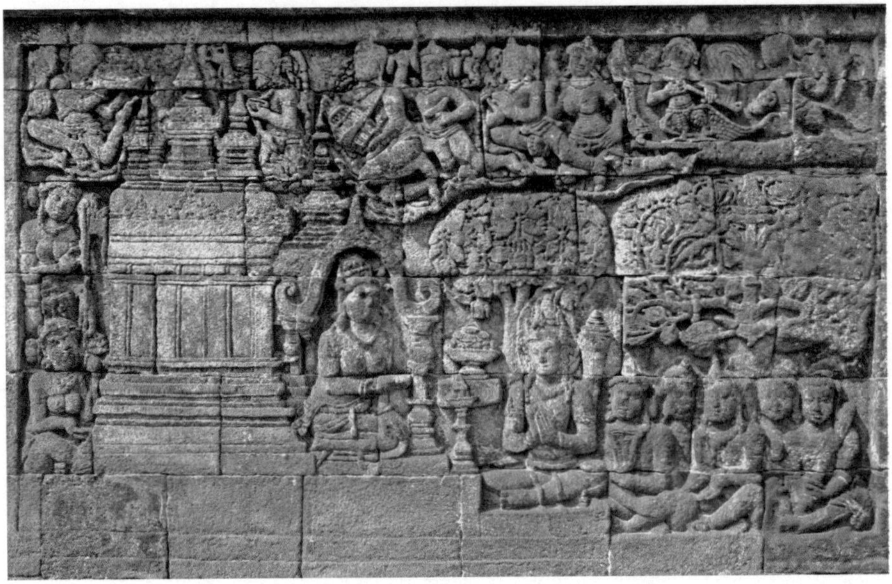

안주 도장 지신과 해후하는 선재동자(II. A. 105)

안주 도장 지신

선재동자는 남인도를 중심으로 순례했는데 대천신 이후는 완전히 방향을 바꾸어 중천축인도으로 구도 여정을 잡는다. 그것도 마단 제국현재의 마가타 지방을 방문했던 것으로 보아 순례지를 남인도에서 중인도로 바뀐 것을 알 수 있다. 선재동자는 보살도장에서 안주 도장 지신을 만나 보살행의 가르침을 청한다. "동자여, 너 자신이 예전에 이 땅에서 심은 선근善根의 과보를 보고 싶습니까?"라고 묻는다. 선재동자가 "예"라고 대답하자, 불가사의하게 안주 도장 지신은 지면에서 보물 곳간을 출현시켜 끝없는 지혜장법문智慧藏法門을 설한다. 부조 II. A. 49도 안주 도장 지신과 해후하는 선재동자이다. 이토는 부조 II. A. 105를 선재동자가 바사바타 야천과 해후하는 장면으로 비정하고 있다.

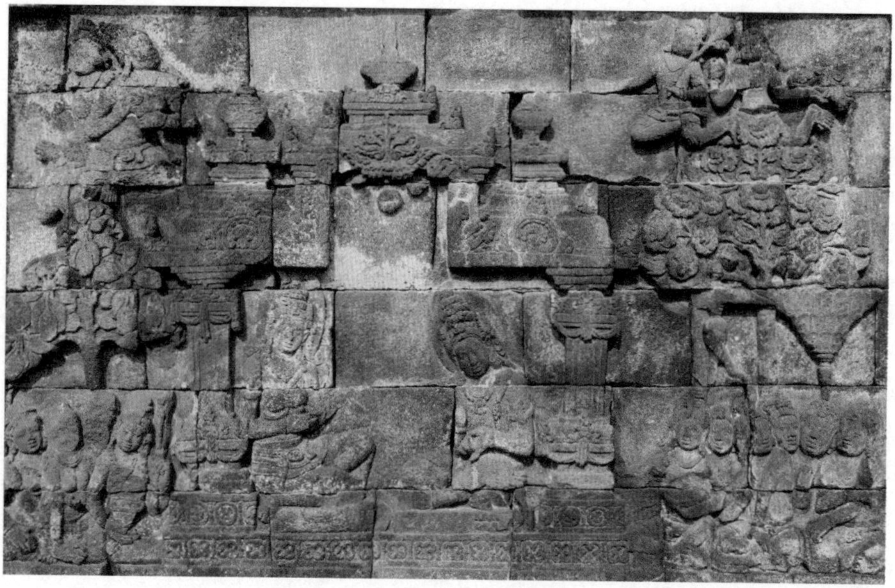

바사바타 야천과 해후하는 선재동자(II. A. 50)

바사바타 야천

화면 왼쪽에 자바 고대 유적의 전형적인 찬디 건축인 사당이 있다. 그 입구에 앉아 있는 인물이 바사바타 야천이고 그 앞에 합장하고 앉아 있는 것이 선재동자이다. 카필라 성에 간 선재동자는 바사바타 야천을 찾아가 보살행에 대해서 가르침을 청한다. "동자여, 좋은 스승을 모시고 그 가르침을 따르세요. 나는 가난한 사람, 병으로 고생하는 사람, 늙어서 의지할 곳이 없는 사람을 보면 여러 가지 방편을 사용하여 구제합니다. 그리고 사람을 위해서 번뇌를 없애주고 생로병사의 괴로움을 없어지게 해 고통과 무상을 초월한 부처님의 세계에 들어가게 하고자 기원하고 있습니다."라고 설법한다. 바사바타 야천은 마단제 국摩端堤國에 사는 심심묘덕이구광명甚深妙德離垢光明 야천을 선재동자의 새로운 스승으로 소개한다.

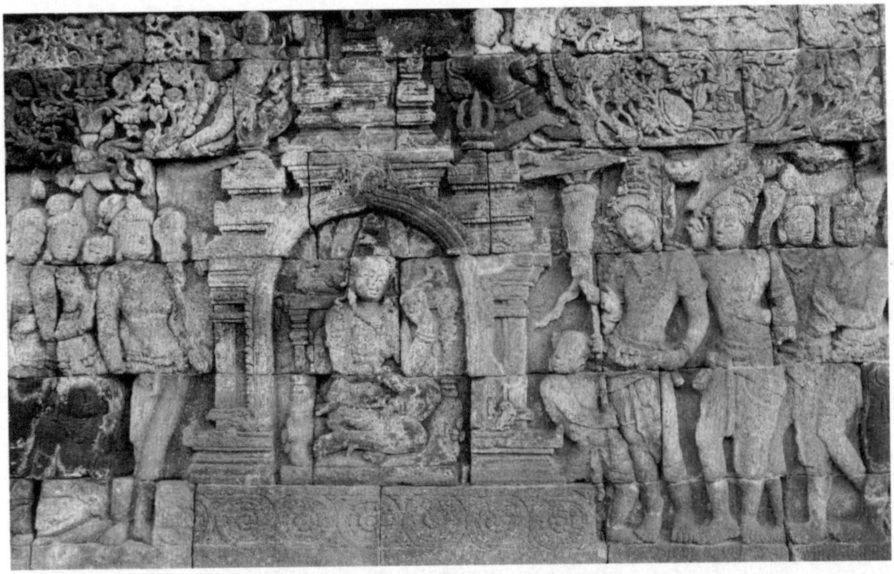

심심묘덕이후광명 야천과 해후하는 선재동자(II. A. 106)

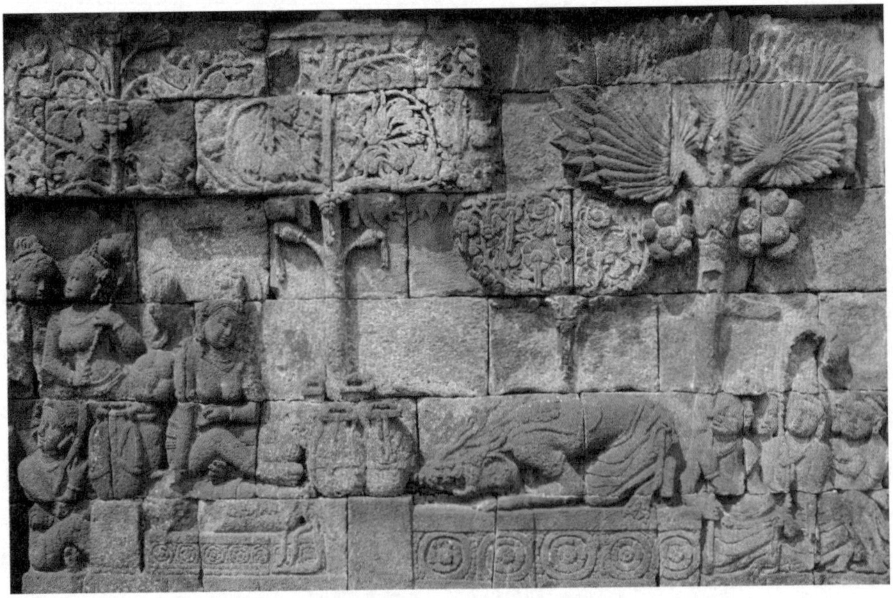

심심묘덕이후광명 야천에게 절을 하는 선재동자(II. A. 51)

심심묘덕이후광명 야천

화면 왼쪽 사당 안에 심심묘덕이후광명 여신이 앉아 있다. 그 오른쪽에 양산을 받치고 서 있는 것이 선재동자이다. 선재동자는 심심묘덕이후광명 야천을 찾아가 보살행에 대해서 가르침을 청한다. "동자여, 깨달음을 얻고자 한다면 깨끗한 마음을 가지고 부처님을 향하세요. 깨끗한 눈을 뜨고 부처님의 모습을 보세요. 그 끝없는 빛을 우러러보는 것입니다. 그리고 그 묘법을 듣고 불가사의한 자재自在의 신력을 보세요. 그에 의하여 보살행은 얻어질 것입니다."라고 설한다. 보리도장菩提道場의 희목관찰중생喜目觀察衆生 야천을 선재동자의 새로운 스승으로 소개한다. 부조 II. A. 51의 선재동자가 심심묘덕이후광명 야천을 찾아가 공손히 절을 하는 장면은 인상 깊다.

희목관찰중생 야천

선재동자는 희목관찰중생 야천을 만난다. 이 여신의 모공에서 이상한 구름이 흘러나왔다. 그 밖에도 이상한 현상이 일어났다. 선재동자는 야천에게 "성자여, 깨달음을 구하는 마음을 언제 일으켰고 또 깨달음을 얻은지 얼마나 됩니까?"라고 물었다. 그러자 여신은 "먼 옛날 전세에 향수香水라는 수도가 있었습니다. 나는 그곳의 왕비였는데 어느 날 밤 이상한 꿈을 꾸었습니다. 공덕해불功德海佛이 나타나 부처님의 털구멍에서 여러 화신을 구름 같이 만들어내어 설법하는 꿈을 꾸었습니다. 그 설법을 듣고 기뻐하다가 눈을 떴습니다. 눈을 떠보니 청정한 빛이 방 안에 가득 차 있었습니다. 그 빛의 근원을 살피자, 보리수 밑에 앉아 계신 부처님이 내시는 빛이었습니다. 부처님 몸의 털구멍에서 빛이 나고 있었습니다. 나는 대단히 행복하게 느껴 왕을 깨워서 부처님께 다가갔습니다. 나와 왕은 공손하게 많은 보물을 부처님께 바치고 공양했습니다. 그때 부처님은 우리를 위해서 『공덕보운경』功德普雲經이라는 경전을 설하셨습니다. 그때 나는 내세에 아무쪼록 여신으로 다시 태어나서 게으른 사람을 인도하고 싶다는 마음을 빌었습니다. 이것이 깨달음의 길을 구하는 마음을 일으

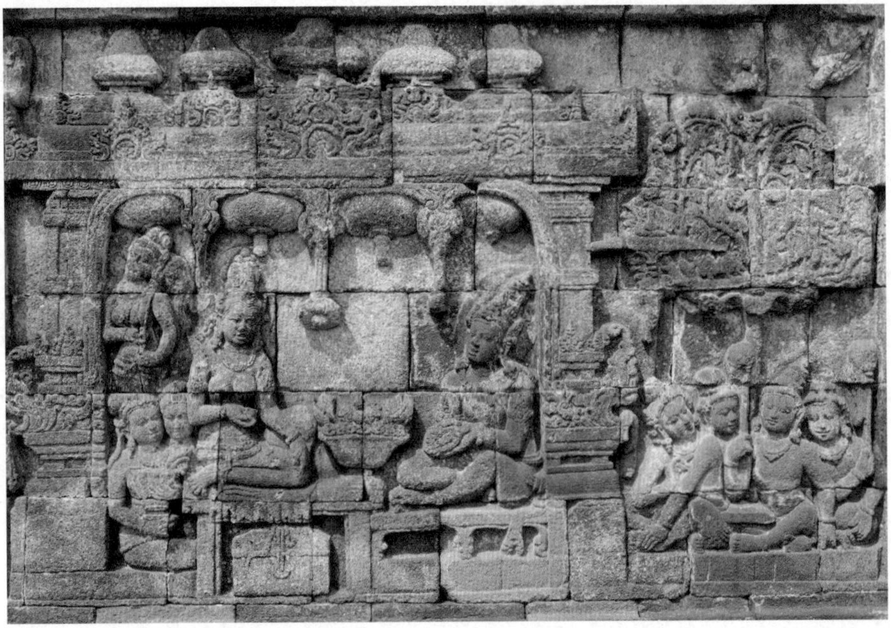

희목관찰중생 야천과 해후하는 선재동자(II. A. 52)

킨 계기였습니다. 그 후 많은 부처님을 오랫동안 공양했습니다. 그리고 결국, 깨달음을 얻을 수 있었습니다."라고 설한다. 부조 II. A. 108도 희목관찰중생 야천과 해후하는 선재동자이다. 이토는 부조 II. A. 108을 묘덕구호중생 야천과 선재동자가 해후하는 장면으로 비정하고 있다. 본서는 히카타 설을 따른다.

묘덕구호중생 야천

화면 중앙의 사당 안에 앉아 있는 여성이 묘덕구호중생 야천이다. 그 오른쪽에 양산을 받고 서 있는 남자가 선재동자이다. 선재동자가 야천을 찾아가자 야천은 미간의 백호白毫에서 빛을 발해 그 빛은 모든 세계를 비추고 선재동자의 머리에도 비추었다. 이 빛에 의해 선재동자는 더러움을 씻어버리고 명상하여 삼매에 들어간다. 그

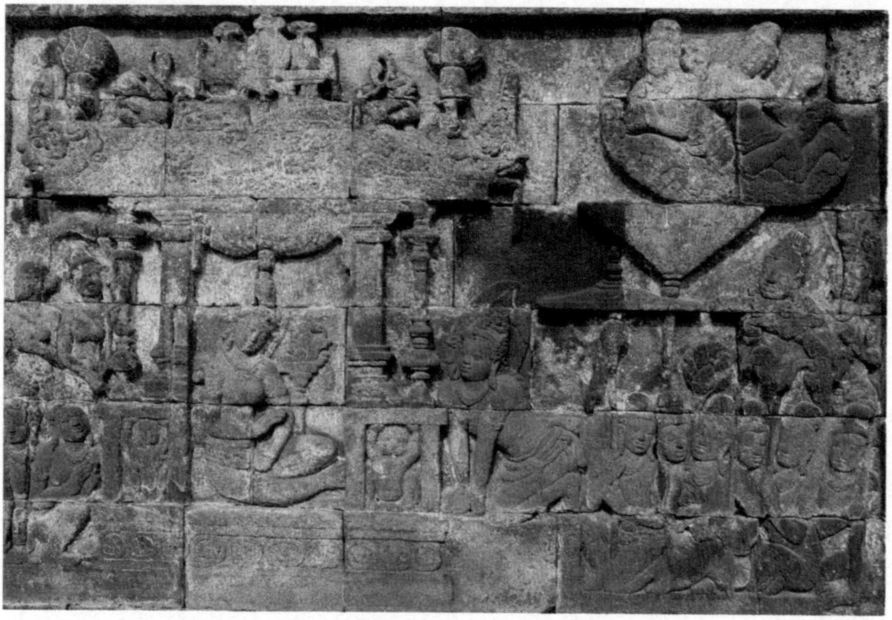

묘덕구호중생 야천과 해후하는 선재동자(II. A. 53)

삼매 중에 전 세계의 시작과 끝의 모양, 전 생물의 유전 모양을 본다. 그리고 자세히 보니 여신이 나타나 법을 설하고 사람을 구하고 있었다. 선재동자는 삼매에서 깨어나 이 여신이 불가사의한 깨달음의 세계를 보고 크게 감격하여 기뻐했다. 선재동자는 "여신이여, 이 불가사의한 깨달음은 무엇이고, 또 이 깨달음을 얻으려면 어떤 보살행을 해야 합니까?"라고 묻는다.

야천은 자신의 전세 이야기를 들려준다. 전세의 옛날에 화등당 국華燈幢國에 명정보장묘덕 왕明淨寶藏妙德王과 그 딸인 묘덕안妙德眼이 살고 있었다. 이 나라의 성 안 북쪽에 보리수와 연못이 있었다. 그 연못의 한복판에 연꽃이 피자 그 꽃 위에서 묘덕당불妙德幢佛이라는 부처님이 깨우침을 얻었다. 나라 사람이 묘덕당불을 찾아와 공양하자 묘덕당불은 찾아오는 모든 사람을 위해서 설법하였다. 묘덕당불의 출현을 왕은 경사스러운 일이라 생각하여 사랑하는 딸 묘덕안을 데리고 부처님을 찾아간다. 묘덕당불을 만난 묘덕안은 대단히 기뻐하여 몸에 달고 있었던 장신구를 공손히 부처님께 바쳤다. 그러자 이상하게도 그 아름다운 장신구는 천 개의 보석으로 변한다. 이때 묘덕당불이 설법하자 그 가르침을 들은 묘덕안은 깨달음을 찾는 마음이 생겼다. 그리하여 묘덕안은 후세에 묘덕구호중생 여신으로 태어나 중생을 구제한다는 이야기였다. 이렇게 자신의 전세 이야기를 한 야천은 정숙음靜寂音 여신을 선재동자에게 소개한다. 부조 II. A. 109도 선재동자가 묘덕구호중생 야천과 해후하는 장면이다.

정숙음 야천

화면 중앙 사당 안에 정숙음 야천이 앉아 있다. 그 오른쪽에 선재동자가 합장하고 마주 앉아 있다. 선재동자는 정숙음 야천을 만나 보살행에 대해서 가르침을 청한다. "동자여, 나는 10가지 묘법을 깨달았습니다. 우선 보시를 한 모든 사람을 기쁘게 했습니다. 계를 지키고 공덕을 쌓았습니다. 인욕을 다스리고 법의 진실을 깨달았습니다. 정진하여 모든 지혜를 찾아서 물러나지 않았습니다. 선정인을 하고 번뇌를 없앴습니다. 반야般若를 배워 모든 법을 분별했습니다. 방편을 가지고 사람을 가르쳐 이끌었습니다. 사원을 세우고 보살행에 부지런히 힘썼습니다. 다양한 신통력을 수행하여 하늘을 날아 각국을 순례하였습니다. 마르지 않는 지혜를 습득하여 전세, 현세, 내세와의 3세에 관한 법을 깨달았습니다. 이상 10가지의 묘법을 수행하여 깨달음을 얻은 것입니다."라고 설하고, 묘덕수호제성妙德守護諸城 야천을 새로운 스승으로 소개한다. 부조 II. A. 55도 정숙음 야천과 해후하는 선재동자이다.

묘덕수호제성 야천

선재동자가 보살행의 가르침을 얻기 위하여 찾아간 37번째 선지식이 묘덕수호제성 야천으로 화면 중앙의 건물 안에 여신과 선재동자가 마주 앉아 있다. 묘덕수호

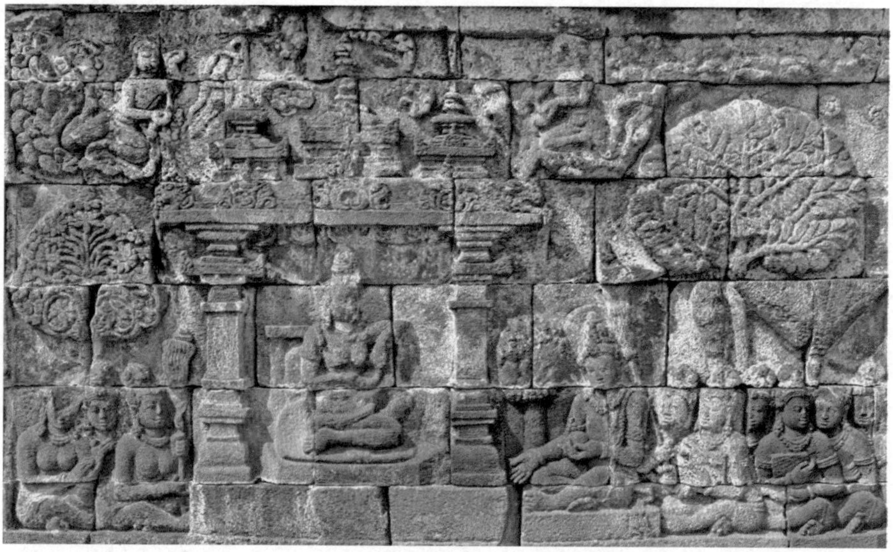

정숙음 야천과 해후하는 선재동자(II. A. 110)

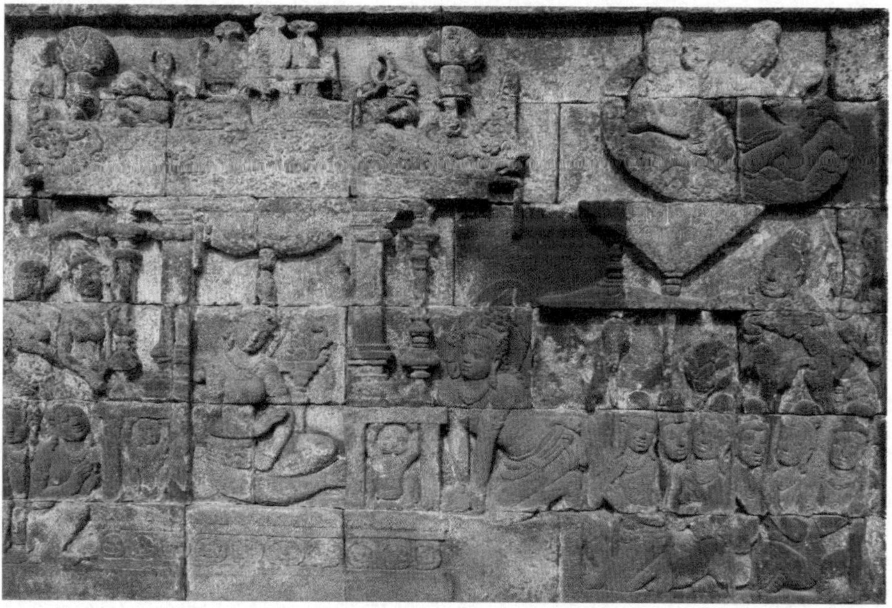

묘덕수호제성 여신과 해후하는 선재동자(II. A. 56)

제성 야천을 방문한 선재동자는 보살행에 대해서 가르침을 청한다. "동자여, 나는 깊은 공덕을 갖춘 자재음성自在音聲이라는 주문을 암송하고 있습니다. 그러므로 나는 여래의 모든 법의 곳간에 들어가, 여래의 대단한 자비에 살면서 많은 사람에게 깨달음의 마음을 일으키고 있습니다. 동자여, 나는 1만이나 되는 다라니주문를 가지고 생각한 대로 모든 법을 설하여 사람을 가르침에 인도합니다."라고 설하고, 선재동자에게 새로운 스승인 개수주화開數數華 야천을 소개한다. 부조 II. A. 111에도 묘덕수호제성 야천과 해후하는 선재동자가 새겨져 있다.

개수주화 야천

화면 중앙 사당 안에 개수주화 야천이 앉아 있다. 그 오른쪽에서 선재동자가 보살행에 대해서 가르침을 청한다.

"동자여, 나는 해가 져서, 사람이 집으로 가는 길을 서두를 때 길을 잃는 사람에게는 빛을 주어 무사히 집에 돌아가게 합니다. 산이나 바다나 들판에서 길을 잃은 사람들에게 빛을 발해서 길을 찾아줍니다. 또 애욕에 빠진 사람에게는 생사의 괴로움을 알려주고, 욕심이 많은 사람에게는 보시의 덕을 가르칩니다. 또 계를 범하는 사람에게는 그 죄를 씻는 계淨戒를 주고 분노의 마음이 많은 자에게는 자비심을 권합니다. 게다가 게으름뱅이에게는 정진의 행을 가르치고, 마음이 흐트러지는 사람에게는 삼매를 가르칩니다. 또 푸념이 많은 사람에게는 지혜를 배우게 하고, 작은 가르침에 빠지는 사람에게는 대승을 설합니다. 그리고 이 세상에 얽매인 사람에게는 '무착 법문無着法門을 가르치고, 다양한 번뇌에 괴로워하는 사람에게는 힘을 주어서 깨달음에 들어가게 합니다. 이상, 나는 끝없는 기쁨에 찬 빛의 깨달음을 성취하고 있습니다."라고 설하며 선재동자에게 원용광명수호중생 야천願勇光明守護衆生夜天이라는 새로운 스승을 소개한다. 부조 II. A. 112도 개수주화 야천과 해후하는 선재동자이다.

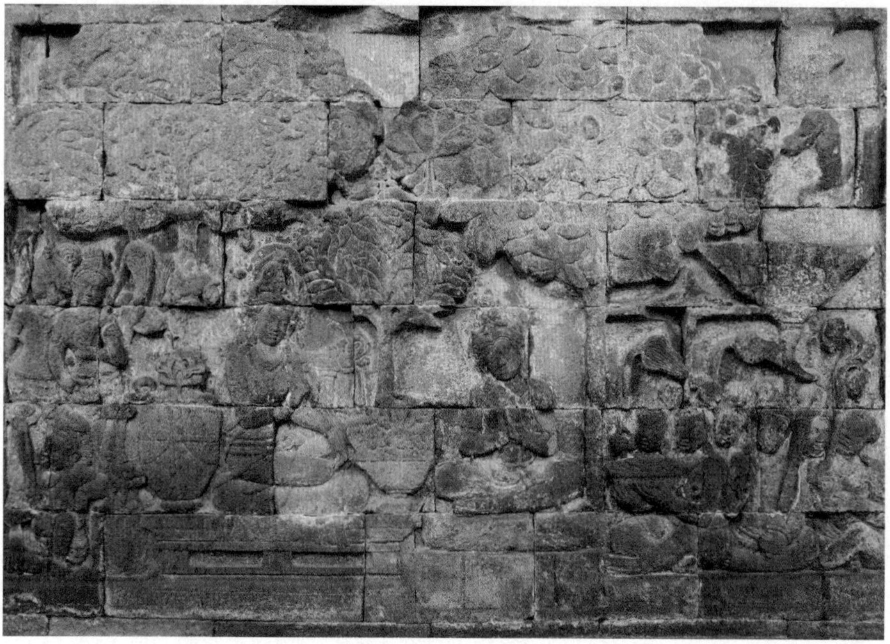

개수주화 야천과 해후하는 선재동자(II. A. 57)

원용광명수호중생 야천

화면 중앙에 묘사된 비교적 단순한 형태의 사당 안에 앉아 있는 인물이 원용광명수호중생 야천이다(II. A. 59).

선재동자가 보살행의 가르침을 청하자 "동자여, 나의 깨우침은 사람의 기량에 따라서 가르치고, 그 선업을 육성하는 깨우침입니다. 나의 깨우침은 모든 사물의 평등을 깨우쳐서 모든 사물의 진실 근원을 알아 이 세상의 집착을 벗어났습니다. 또 모든 사물은 하나가 아니고, 다르지도 않다는 것을 알고, 몸을 나타내어 시방의 사람을 교화합니다. 동자여, 보살의 지혜는 모든 벽을 넘어서 넓게 교화해야 할 것을 비추고 있습니다. 보살은 이 세상의 진실 법에 달하여 대자비를 가지고 사람을 인도하고 있습니다."라고 설한다.

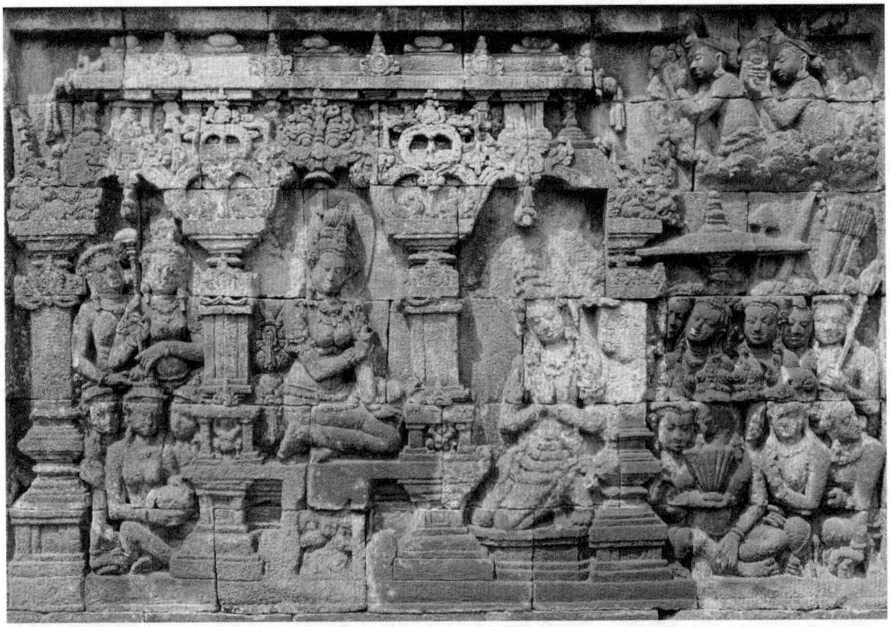

원용광명수호중생 야천과 해후하는 선재동자(II. A. 59)

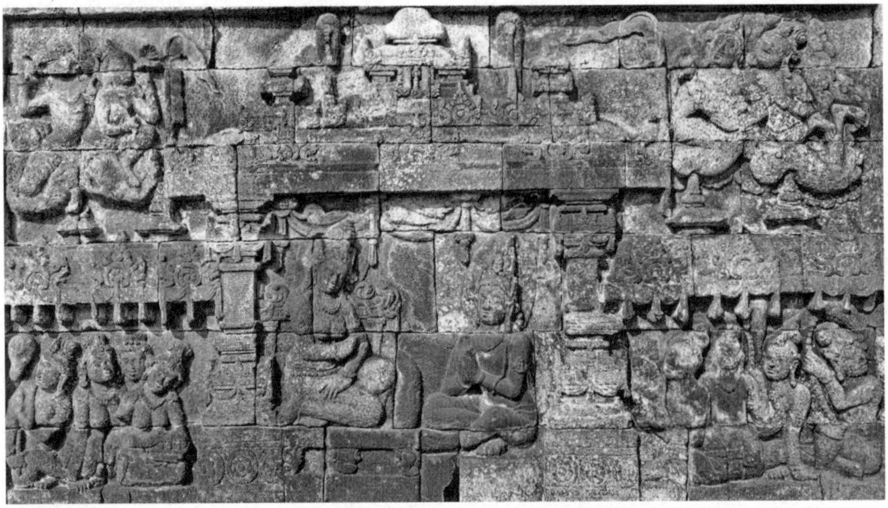

묘덕원만림 신과 해후하는 선재동자(II. A. 60)

묘덕원만림 신

선재동자가 보살행의 가르침을 얻기 위하여 찾아간 선지식이 룸비니에 사는 묘덕원만림 신이다. 이 여신은 석가가 태어난 룸비니 동산을 관장하는 여신이다. 선재동자는 묘덕원만림 신을 만나 "여신이여, 나는 이미 깨달음을 찾는 마음을 일으켰습니다. 하지만 어떻게 보살행을 수행하여 부처의 집에 태어나 세상의 등불이 될 수 있는지를 모릅니다. 저에게 보살행에 대해서 가르침을 주십시오."라고 청한다.

"동자여, 부처의 집에 태어나 법계의 깨달음에 들어가고자 한다면 다음 10가지 법을 수행하세요. 첫째는 깊은 신심을 일으켜서 모든 부처님을 공양하며 기원하세요. 둘째는 자비의 마음을 일으켜서 모든 사람을 구제하고자 기원하세요. 셋째는 자비심을 일으켜서 모든 법을 관찰하세요. 넷째는 청정의 마음을 얻고 모든 지장을 없애서 법의 진실한 상을 깨달으세요. 다섯째는 평등한 빛을 발하여 모든 사람을 인도하세요. 여섯째는 부처님의 집에 태어나세요. 일곱째는 부처님의 광명 있는 힘을 받으세요. 여덟째는 부처님 깨달음의 바다에 들어가세요. 아홉째는 여러 부처님의 나라를 장엄하세요. 열째는 모든 부처님의 권정灌頂을 받으세요. 동자여, 이상 10가지의 법을 수행한 이후에 부처님의 집에 태어나 세상의 등불이 될 수 있습니다." 라고 설한다. 히카타는 부조 II. A. 113(?)과 II. A. 114(?)도 묘덕원만림 신과 해후하는 선재동자로 비정하고 있다.

구이부인

화면 중앙 사당 안에 구이부인과 선재동자가 앉아 있다. 구이부인은 석가가 출가하기 전의 부인이었다. 선재동자는 구이부인을 만나 보살행의 가르침을 청한다. "동자여, 나는 부처님의 힘을 받아서 당신을 위해서 설합니다. 동자여, 좋은 스승을 찾으세요. 그리고 깨달음을 얻고자 하는 대원을 일으켜서 부처님을 공양하세요. 보살을 따르고 부처님을 염호 하여 생사를 넘는다면 '인타라망보지광명보살행'因陀羅網

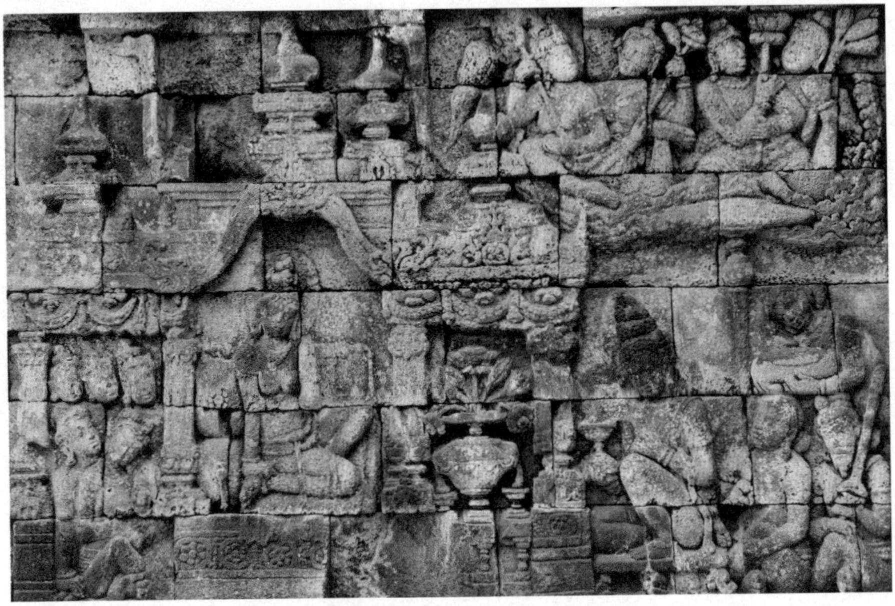
구이부인과 해후하는 선재동자(II. A. 62)

普智光明菩薩行이라고 부르는 수행을 할 수 있습니다. 동자여, 신명을 아끼지 않고 세상의 욕된 즐거움을 찾지 말고 법의 실상을 아세요. 또 보살의 여러 가지 바람을 알고 부처님의 세계에 들어가고자 일심으로 좋은 스승을 찾으세요."라며 선재동자에게 카필라 성에서 사는 마야부인을 만나 가르침을 받도록 권한다.

부조 II. A. 62가 구이부인과 해후하는 선재동자이다. 부조 II. A. 115를 구이부인과 해후하는 선재동자(히카타 설)와 묘덕원만림 신과 해후하는 선재동자(이토 설)로 보는 견해도 있다. 그 밖에도 구이부인과 마야부인의 부조 비정에는 여러 이견이 있다.

마야부인

화면 중앙의 카필라 성 궁전 안에 마야부인이 앉아 있다. 마야부인은 현생에서 석가의 어머니이다. 궁전 오른쪽에 선재동자가 있다. 석가의 어머니인 마야부인은 싯다르타 태자가 태어난 지 7일 만에 돌아가시는데 『화엄경』에서는 선재동자가 보살행의 가르침을 얻기 위하여 방문하는 42번째의 선지식으로 등장한다. 선재동자는 카필라 성에 사는 마야부인을 방문해 가르침을 청한다.

선재동자가 마야부인에게 "대성이여, 문수사리보살은 저에게 보리심菩提心을 일으키게 하여 좋은 스승을 찾아서 그 스승을 공양하라고 가르쳐주셨습니다. 지금, 드디어 대성을 찾아뵈었으니 어떻게 보살행을 수행하여야 할까 가르쳐 주십시오." 라고 청한다. 마야부인은 "선재동자여, 나는 대원大願, 지혜, 환상의 법을 가지고 있습니다. 이러한 법을 갖추었기 때문에 이 카필라 성의 궁전에서 싯다르타 태자를 낳고 자재인 힘을 가질 수 있었습니다. 석가가 천계 도솔천에 계실 때 전신에서 빛을 발하여 온 세상을 비추었습니다. 그 빛이 나의 머리 위에 이르러 나는 석가의 탄생에서 열반까지의 광경을 모두 볼 수 있었습니다. 또 석가가 천계의 도솔천에서 지상으로 강림했을 때 보살은 많은 보살과 8만의 용왕을 인도하여, 나의 태내에 들어갔습니다. 게다가 보살은 나의 태내에서 자유자재롭게 유행했습니다. 게다가 시방의 많은 보살과 천인이 나의 태내에 들어가 이후에 태어나는 석가를 공양하고 법을 들었

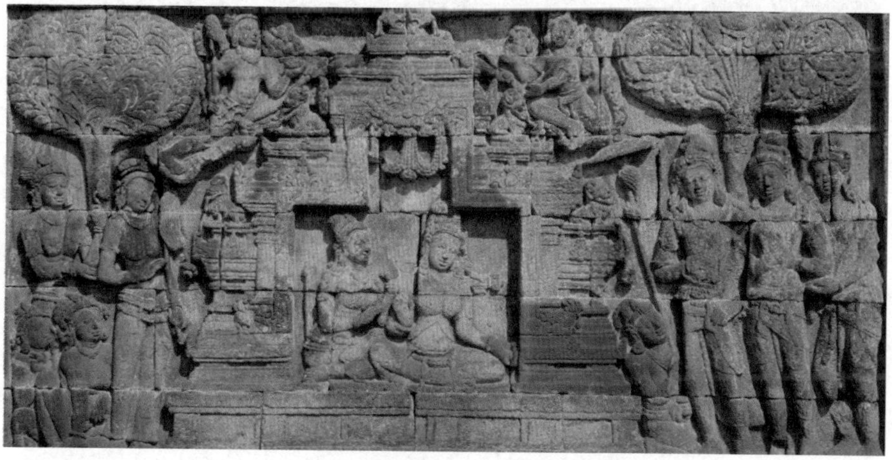

마야부인과 해후하는 선재동자(II. A. 117)

습니다."라고 답한다.

마야부인은 선재동자에게 천상계의 33천에 사는 정념 왕正念王의 딸 천주광天主光을 새로운 스승으로 소개한다. 하가타는 부조 II. A. 63, 64, 116을 마야부인과 해후하는 선재동자로 비정하고 있다.

천주광 동녀

선재동자는 천계에 올라가서 천주광 동녀를 만난다. 순례를 거듭하는 과정에서 선재동자는 이미 인간을 훨씬 뛰어넘은 신적인 존재가 되어 있다. 선재동자는 천주광 동녀를 만나 가르침을 청한다.

"선재동자여, 나는 부처가 갖추는 공덕의 장엄을 기억하는 법을 명백히 깨달았습니다. 멀고 먼 전세에 '청연화겁'靑蓮華劫 시대에 많은 부처님을 공양했습니다. 이 선

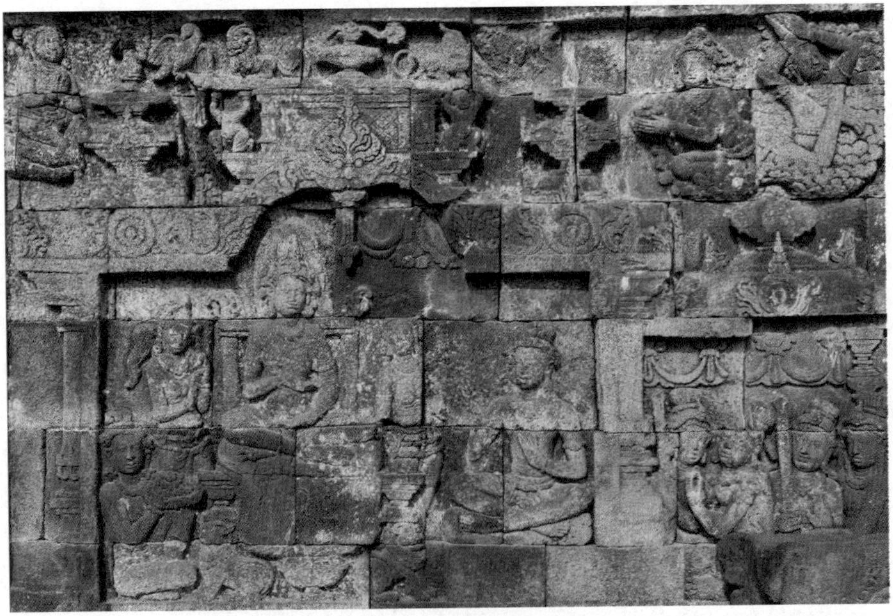

천주광 동녀와 해후하는 선재동자(II. A. 65)

업으로 나는 석가의 입태, 탄생, 소년 시대, 궁중생활, 출가, 보리수 밑에서의 정각, 초전법륜품, 전도 활동, 입적까지 모두 기억하고 있습니다. 나는 단지 부처님의 생애를 떠올릴 수 있는 깨달음을 얻었을 뿐입니다."라고 설하고, 천주광 동녀는 선재동자에게 카필라 성에 사는 편우 동자를 새로운 스승으로 소개한다. 히카타는 부조 II. A. 65와 II. A. 117을 선재동자가 천주광 동녀와 해후하는 장면으로 비정하고 있다.

편우 동자

화면 중앙에 있는 건물 안에 앉아 있는 인물이 편우 동자이다. 그 앞에 합장하고 마주 앉아 있는 청년이 선재동자이다. 천계에서 카필라 성으로 내려온 선재동자는 편우 동자를 방문한다. 선재동자는 편우 동자를 만나 보살행의 가르침을 청하는데, 그러나 편우 동자는 아무것도 설하지 않고, 다른 좋은 스승인 선지중예 동자를 소개한다.

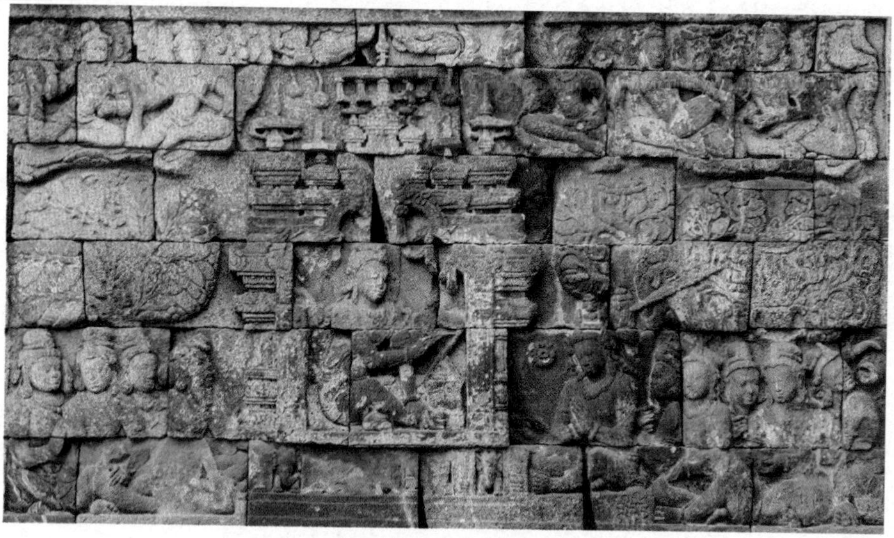

편우 동자와 해후하는 선재동자(II. A. 118)

선지중예 동자

화면 중앙의 카필라 성 건물 안에 선지중예 동자가 있다. 그 오른쪽에서 합장하고 서 있는 인물이 선재동자이다. 선재동자는 선지중예 동자를 만나 보살행에 대해서 가르침을 청한다. 그러자 선지중예 동자는 대답하여 "동자여, 나는 보살의 깨달음을 얻고, 세상의 각양각색인 기예를 익히고 있습니다. 항상 '아'阿 또는 '타'陀 등의 42가지의 근본이 되는 성음聖音을 염하고 있습니다. 그에 의하여 42가지의 근본이 되는 지혜智慧의 문에 들어가 끝없는 지혜를 얻어 여러 가지의 기예에 이를 수 있었습니다. 나는 단지 이 성음에 의해 깨달음을 얻었을 뿐입니다."라고 설한다. 선지중예 동자는 마단제 국의 현승賢勝 우바이여자 신도를 새로운 스승으로 소개한다. 부조 II. A. 119가 선지중예 동자와 해후하는 선재동자이다.

현승 우바이

화면의 다소 왼쪽에 3개의 방이 있는 큰 건물이 있다II. A. 120. 그 한복판의 방에 앉아 있는 여성이 현승 우바이이다. 그리고 오른쪽 방 안에 앉아 있는 청년이 선재동자이다. 선재동자는 마단제 국의 파저나 성에 사는 현승 우바이를 만나 보살행에 대해서 가르침을 청한다.

"동자여, 나는 정신도장 안에 들어가서 끝없는 공덕을 쌓은 보살의 가르침에 깨달음을 얻었습니다. 이 깨달음에 의해서 모든 지성에 의한 눈, 귀, 코, 혀, 몸, 마음을 만들어냅니다. 또 모든 지성, 신통神通, 끝없는 공덕과 세상에 끝없는 빛을 만들어냅니다."라고 설한다. 현승 우바이는 남쪽 옥전 성沃田城에 사는 견고해탈堅固解脫이라고 하는 금 세공사를 새로운 스승으로 소개한다. 부조 II. A. 66과 II. A. 120이 선재동자가 현승 우바이와 만나는 장면이다.

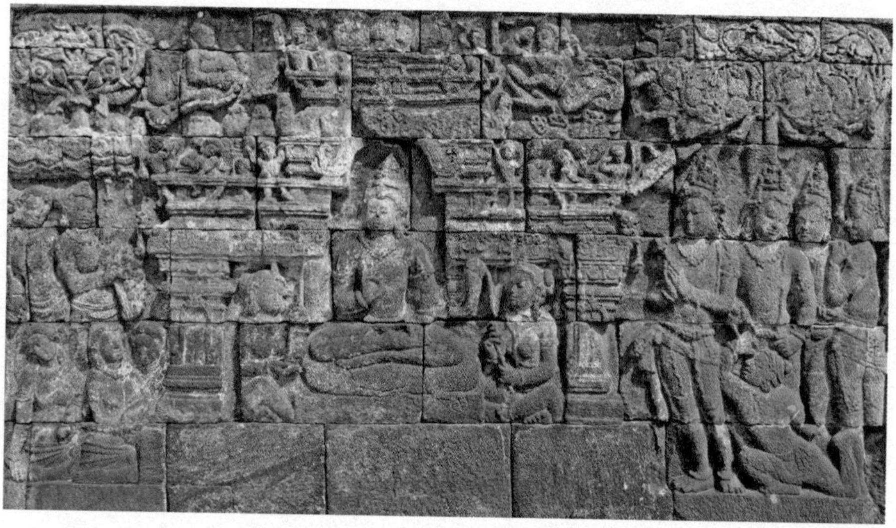

선지중예 동자와 해후하는 선재동자(II. A. 119)

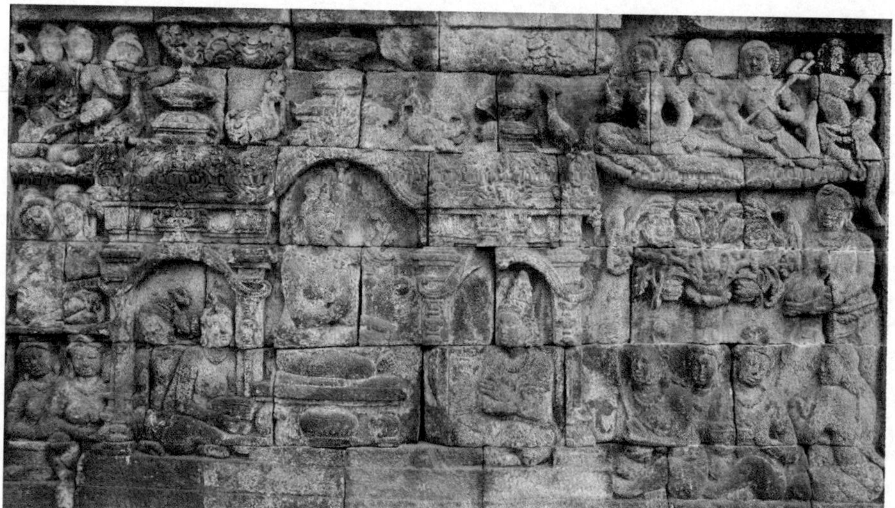

현승 우바이와 해후하는 선재동자(II. A. 120)

견고해탈 장자

화면 중앙 사당 안에서 선정인을 하고 정면을 향해서 앉아 있는 인물이 견고해탈 장자이다. 그 오른쪽 제일 앞에 서 있는 청년이 선재동자이다. 선재동자는 견고해탈을 찾아가 가르침을 청한다.

"동자여, 나는 집착을 버리고 청정한 마음 안에 사는 보살의 깨달음을 얻었습니다. 나는 이 깨달음을 얻은 이래 공덕이 넘쳐흐르고 굳이 시방의 부처님에게 원하는 바가 아무것도 없어졌습니다."라고 설하며, 옥전 성에 사는 묘월妙月 장자를 새로운 스승으로 소개한다. 부조 II. A. 121도 선재동자가 견고해탈과 해후하는 장면이다.

묘월 장자

화면 중앙에 있는 사당 안에 앉아 있는 인물이 묘월 장자이고 그 오른쪽에서 마주 보고 앉아 있는 것이 선재동자이다. 선재동자는 묘월 장자를 방문하여 가르침을 청한다. "동자여, 나는 보살의 깨달음을 얻었고 청정의 지혜와 광명을 얻었습니다. 단지 그것을 깨달았을 뿐입니다."라며, 출생 성出生城에 사는 무승군無勝軍 장자를 새로운 스승으로 소개한다. 부조 II. A. 68(?)도 묘월 장자와 해후하는 선재동자이다.

무승군 장자

화면을 향하여 왼쪽 집 안에 앉아 있는 인물이 무승군 장자이고 그 오른쪽에서 합장하는 청년이 선재동자이다. 출생 성에 이른 선재동자는 곧 무승군 장자를 방문하여 보살행에 대해서 가르침을 청한다. "동자여, 나는 보살의 깨달음을 얻어 끊임없는 공덕의 상을 완수하고 있습니다. 나는 이에 의해서 끝없는 부처님을 보고, 또 무진장의 공덕을 얻고 있습니다. 내가 알고 있는 것은 이것뿐입니다."라고 설하며 시비최승尸毘最勝을 새로운 스승으로 소개한다. 부조 II. A. 69도 무승군 장자와 해후하는 선재동자이다.

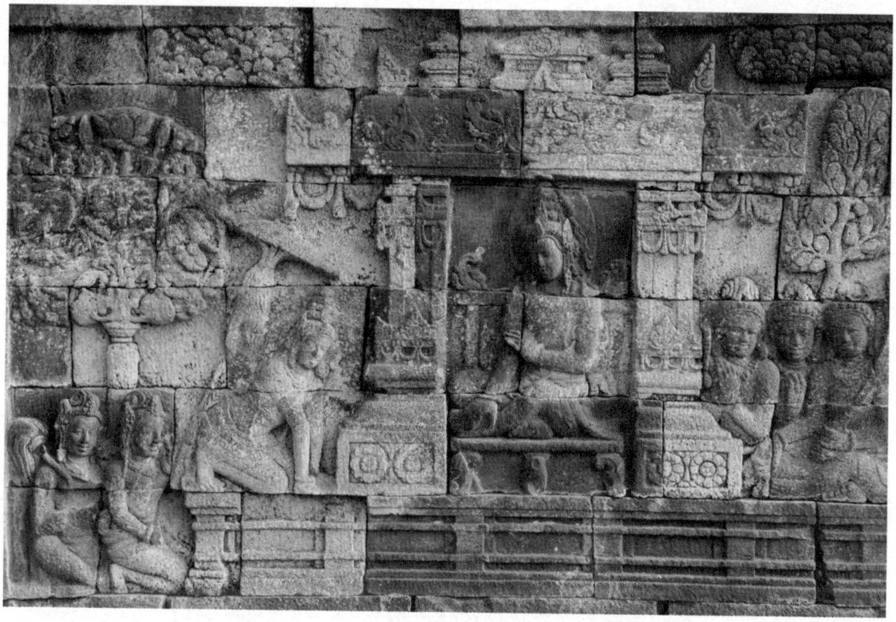

견고해탈 장자와 만나는 선재동자(II. A. 67)

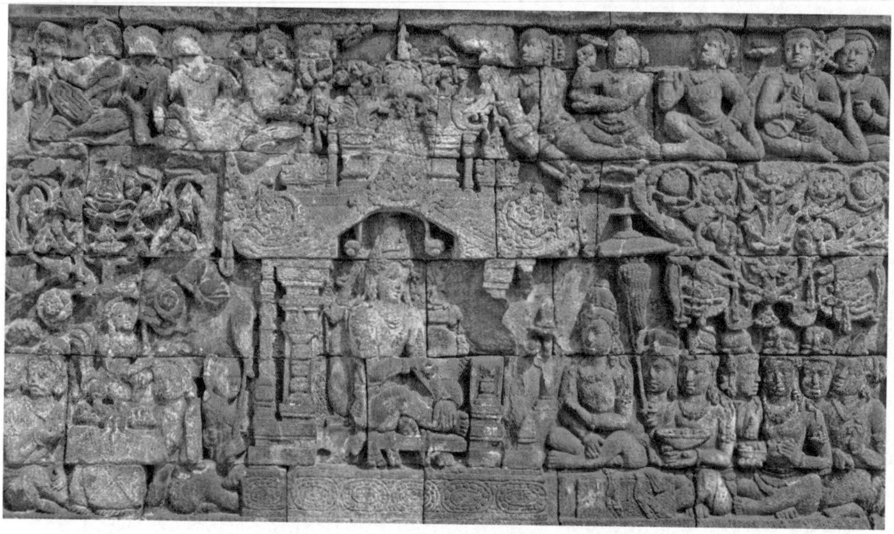

묘월 장자와 해후하는 선재동자(II. A. 122)

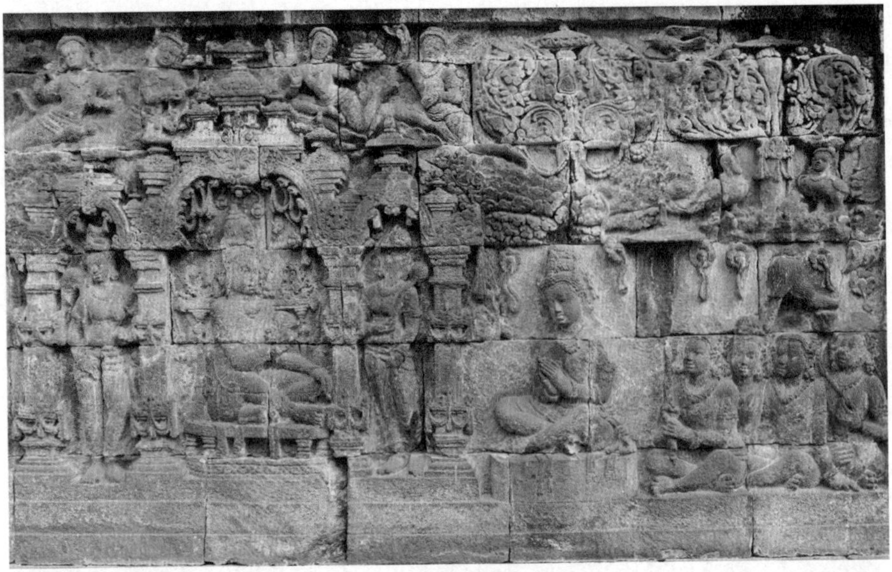

무승군 장자와 해후하는 선재동자(II. A. 123)

브라만 시비최승

화면 왼쪽 작은 사당 안에 턱수염을 기르고 양 무릎을 세워서 앉아 있는 것이 브라만 시비최승이다. 사당 앞에 마주 앉아 있는 청년이 주인공인 선재동자이다. 선재동자는 브라만 시비최승을 찾아가 보살행에 대해서 가르침을 청한다. "동자여, 나는 보살의 깨달음을 얻고 '성원聖願의 말씀'에 따라 살고 있습니다. 3세전세, 현세, 내세의 모든 보살은 이 '성원의 말씀'과 같이 살고 깨달음에 이르기까지 이 신조에 의한 수행을 그만둔 적이 없습니다. 나는 이 '성원의 말씀'에 따라 살고 있기 때문에 자신의 마음속에서 생각한 모든 것은 반드시 실천하여 끝없는 공덕을 만들어가고 있습니다."라고 설하며 묘의화문 성妙意華門城에 사는 덕생德生 동자와 유덕有德 동녀를 새로운 스승으로 소개한다. 부조 II. A. 70도 브라만 시비최승과 해후하는 선재동자이다.

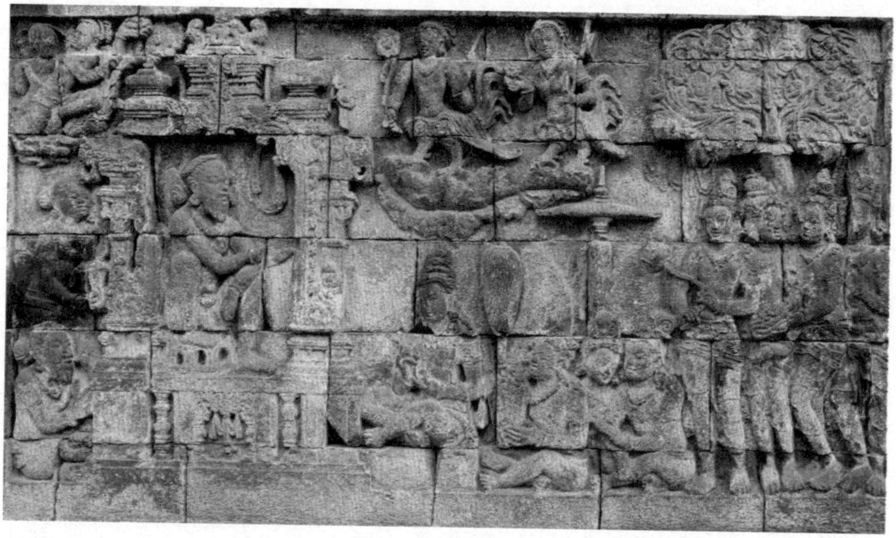

브라만 시비최승과 해후하는 선재동자(II. A. 124)

덕생 동자와 유덕 동녀

패널 왼쪽 2개의 사당 안에 덕생 동자왼쪽와 유덕 동녀오른쪽가 있다II. A. 125. 화면 오른쪽에 6명의 남자가 서 있는데 그 선두에 양산을 받치고 있는 젊은이가 선재동자이다. 선재동자는 덕생 동자와 유덕 동녀를 찾아가 가르침을 청한다.

"동자여, 우리는 보살의 깨달음을 얻어서 환상 안에서 살고 있습니다. 이 깨달음에 들어가면 업과 번뇌 안에 태어난 모든 사람도 애욕에서 벗어나 자유로운 법도의 환상 안에 살 수 있습니다. 전도의 지혜가 낳은 이 세계도 또 허망의 분별이 낳은 생로병사, 근심 고뇌도 모두 환상 안에 있습니다. 그리고 지혜와 성원으로부터 태어난 모든 불제자 성자, 수행자도 모두 환상 안에 살고 있습니다. 동자여, 환상의 경계는 '있는 것'有에 있지 않고, 하늘에 있지 않고, 정말로 이상한 성性을 가지는 것입니다."라고 설하며, 해윤 국海潤國 대장엄원림大藏嚴園林의 미륵궁에 사는 미륵보살彌勒菩薩을 스승으로 소개한다.

부조 II. A. 71은 선재동자가 유덕 동녀와 만나는 장면이고 부조 II. A. 72는 선재동자가 덕생 동자와 만나는 장면이다.

미륵보살

화면에는 선재동자가 미륵보살이 있는 미륵궁을 찾아가는 장면이다. 화면 왼쪽에 전형적인 자바 사원찬디 건축의 미륵궁이 크게 새겨져 있고 선재동자가 미륵궁 안에 들어가려는 광경이다.

선재동자가 "대성이여, 어떻게 하면 보살행을 완성할 수 있을까요? 어떻게 하면 모든 불법을 배워서 모든 사람을 구제할 수 있을까요?"라고 묻는다.

그러자 미륵보살은 "선재동자여, 너는 이 긴 순례를 마치고 많은 성자를 만났다. 너는 성자들의 덕을 알고 그것은 너 자신에게 도움이 되었다. 처음에 문수사리보살을 만나 악업을 벗어나 정법을 지켜서 보살의 덕과 행을 얻을 수 있었다. 너는 오랫동안 대단한 과보果報를 얻는 것이다. 끝없는 겁대단히 오랜 시간에 걸쳐 수행해야 하는 보살행을 너는 지금 얼마 안 되는 일생에 완수했다. 그것은 마음을 고쳐먹고 정진하였기 때문이다. 동자여, 내가 설하여 가르치고자 하는 것은 '보현보살행'普賢菩薩行이다. 너는 지금부터 그 행을 충분히 성취할 수 있다. 이 행을 듣는 사람은 석가의 청정한 해탈을 얻고 대원을 얻을 수 있다."라고 설한다.

미륵보살은 선재동자에게 보리심에 대해서 설한 후 다시 문수보살을 찾아뵙기를 권한다. "선남자여, 너는 다시 한 번 문수사리보살文殊師利菩薩을 찾아뵙고 보현보살행에 대해서 가르침을 청하라. 문수사리가 그대의 선지식이다. 그대가 이렇게 선지식을 만나 보살행을 듣고 해탈문에 들어서며 큰 서원을 이룬 것은 모두 문수사리의 위덕과 신통력 때문이다. 문수사리는 모든 곳에서 구경究竟을 얻게 한다.'"

히카타는 이 부조를 비로자나 대 누각 앞毘盧遮那大樓閣前, Voirocama Mahakutagara dvaramule에 도착한 선재동자라고 해석하고 있다.

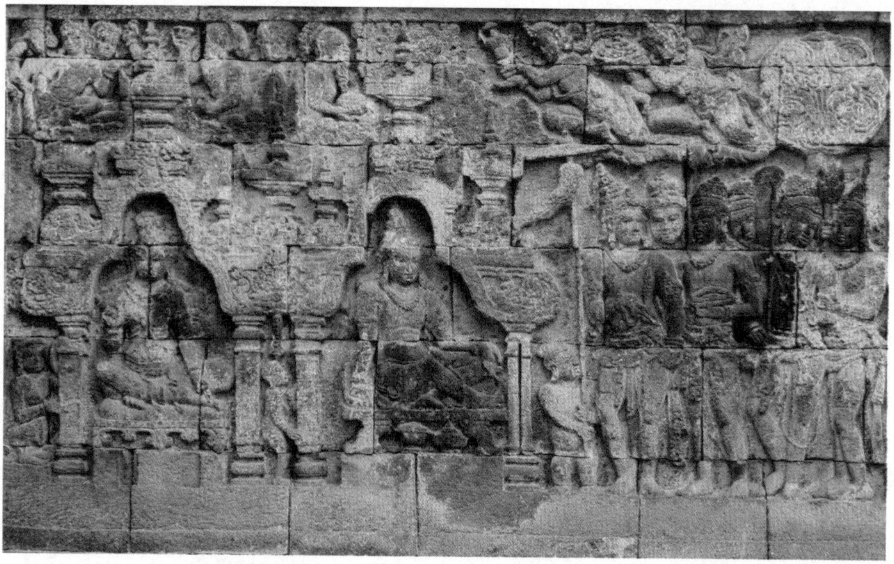

덕생 동자와 유덕 동녀와 해후하는 선재동자(II. A. 125)

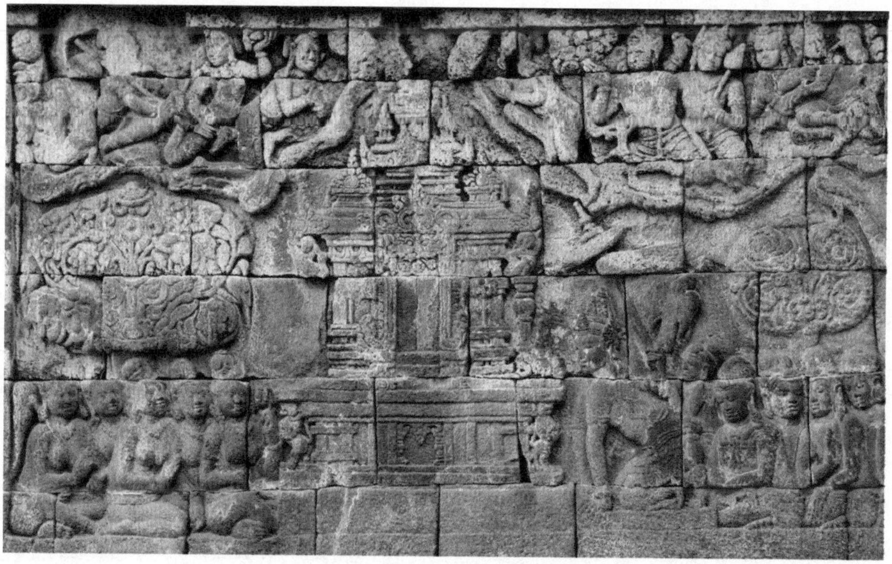

미륵궁에 당도한 선재동자(II. A. 126)

문수사리보살

선재동자는 보문 성普門城에 가서 문수사리보살을 만날 수 있도록 일심으로 기원했다. 선재동자가 일심으로 문수보살을 부르자 문수는 110유순의 거리를 단숨에 지나 보문 성普門城에 이르러 오른손을 내밀어 선재동자의 이마를 쓰다듬는다. '착하고 착하다'라고 말하면서, 문수사리보살은 선재동자에게 한량없는 큰 지혜의 광명을 구족하고 보현도량에 들게 한다.

"동자여, 만약 네가 믿는다고 하는 신근信根을 떠나 정진하지 않고, 한 개의 선근善根이나 조금의 공덕에만 집착하여 보살행을 참으로 행하지 않고, 게다가 좋은 스승에게 가르침을 받지 않고 부처를 지키지 않았다면 이러한 참된 법, 이러한 참된 길에 달할 수는 없었다."라고 가르침을 준다.

이 가르침을 들은 선재동자는 춤추고 싶을 만큼 기쁨에 빠졌다. 드디어 선재동자는 끝없는 지혜의 빛, 끝없는 신통력을 얻어 보현보살행의 길에 들어갈 수 있었다. 주인공인 선재동자는 많은 스승을 찾아가 가르침을 청하여 마지막에 보현보살행을 깨달은 것이다.

보현보살

『화엄경 입법계품』의 마지막 장면의 주역은 보현보살이다. 보현보살행普賢菩薩行의 가르침을 깨달아 선재동자는 마지막으로 보현보살을 찾아간다. 보현보살은 선재동자의 머리를 쓰다듬으며 "동자여, 나는 옛날 깨달음을 찾는 마음보리심을 일으켜서, 많은 겁을 거듭하여 다양한 행을 수행하였다. 그리고 결국, 법력을 얻어 불가사의한 몸이 될 수 있었다. 동자여, 나의 청정한 법신을 보아라. 얼마 안 되는 선근善根을 심은 불제자이나 보살이라고 하는 수행자는 나의 이름조차 들을 수 없다. 어떻게 나를 볼 수 있을까? 나의 이름을 들은 사람은 보리심으로부터 떠나지 않는다. 내가 많은 불국토를 정화했다는 것을 들은 사람은 청정의 세계에 왕생할 수 있다.

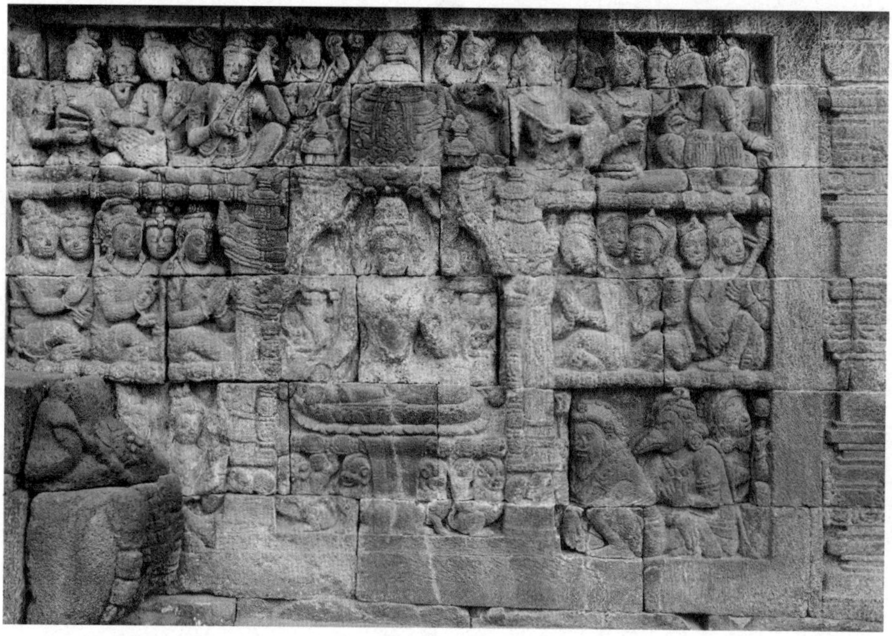

보현보살(II. A. 128)

그리고 나의 몸을 보는 사람은 반드시 나의 청정의 법신 안에서 태어날 수 있다."라고 설한다.

이 가르침을 들은 선재동자는 대해의 바다를 극에 달하여 법계의 깨달음에 들어갔다. 그리고 '모든 부처가 그러하듯이 일신일체一身一切의 세계를 채우고 결국 일체의 사람을 구할 수 있는 몸이 되었다'고 『화엄경 입법계품』은 끝을 맺고 있다.

히카타는 이 부조를 무량천룡無量天龍, Anekadevanaga 장면이라고 해석하고 있다. 중앙의 보현도장 안에 좌선하는 보현보살이 크게 새겨져 있다. 그 좌우에는 3단으로 악기를 연주하는 천인, 합장하여 예배하는 중인, 공경하는 용족, 이방인, 가루다가 새겨져 있다. 부조 II. A. 128은 경전 내용과 다르게 새겨져 있다.

04

제2회랑 난순 부조 II. B. 1~100

제2회랑 난순 부조 수는 100면이다. 평방의 크기는 폭 ①190cm와 ②85cm, 높이 55cm의 두 종류 크기가 있다. 하지만 20면이 파손하여 그중에 10면이 비정되었지만, 남은 부조는 미비정 상태이다. 종래의 연구에서는 제2회랑 난순 부조는 입법품계, 아바다나, 자타카의 내용을 부조한 것으로 추정되지만, 최근에 선재동자의 순

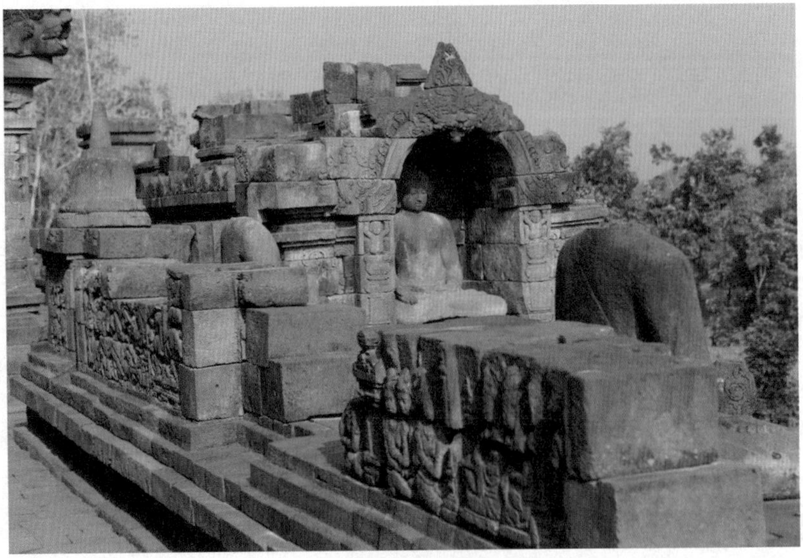

제2회랑 난순

례기가 많이 포함한 것이 밝혀졌다.

미륵보살 궁전에 당도한 선재동자를 보로부두르 제2회랑 주벽에 2번이나 반복하여 새겨놓았음에도 제2회랑 난순에 또다시 새겨놓았다. 3번이나 반복하여 선재동자 순례기를 새겨놓은 이유는 무엇일까? 이러한 문제는 보로부두르 부조의 원본(고대 자바어로 번역한 인도의 불교 경전)이 발견되지 않았기 때문에 명확히 밝힐 수 없다. 인도의 경전이 한역으로 번역되었던 것 같이 고대 자바어로 번역되었다고 생각하는 것이 자연스럽다. 이러한 경전패엽경: 론타르 야자 잎에 새긴 경전은 보로부두르 부조에서도 확인할 수 있다.

하지만 자바에 전해졌던 고대 불교 경전이 발견된 사례가 없다. 제2회랑 난순 부조와 주벽 부조는 불교 경전의 완전한 지식 없이는 만들 수 없다. 따라서 보로부두르 부조를 전거한 불교 경전은 현재 전해지고 있는 인도 혹은 중국의 경전과는 다른 자바어의 경전이었을 가능성도 있다. 히카타 박사가 비정한 제2회랑 난순 부조 목록과 명장면의 일부 부조만을 소개한다.

■ **제2회랑 난순의 부조 목록**히카타 류쇼

- II. B. 1~6 : 파손
- II. B. 7~12 : 미비정未比定
- II. B. 13 a~b : Gandavyuha. (2) Meghasri
- II. B. 14~24 : 미비정
- II. B. 25 : Gandavyuha. (10) 勝熱Jayosmayatana 婆羅門
- II. B. 26 : Gandavyuha. (11) Maitrayan 童女?
- II. B. 27 : Gandavyuha. (13) Indryesvara 童子
- II. B. 28 : 미비정
- II. B. 29 : Gandavyuha. (17) 普眼Samantanetra 長者?

- II. B. 30~40 : 미비정
- II. B. 41 : Gandavyuha. (19) 大光Mahaprabha王
- II. B. 42 : 미비정(상기 부조의 계속?)
- II. B. 43~44 : Gandavyuha. (19) 不動Acala 信女?
- II. B. 45~61 : 미비정
- II. B. 86 : Gandavyuha. (32) 春和Vasanti 夜神
- II. B. 87 : Gandavyuha. (39) 大願精進力光明Sarvajagadraksapranidhana viryaprabh 夜神
- II. B. 88~89, 92~93, 96~98 : 미비정
- II. B. 67, 90, 91, 94, 95, 99, 100: 파손

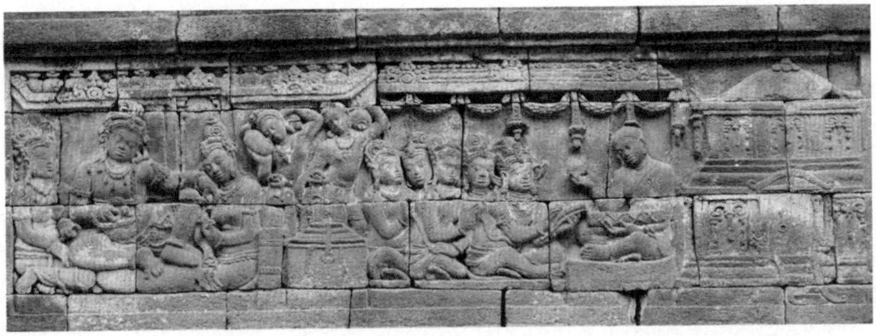

문수사리보살과 해후하는 선재동자(II. B. 8)

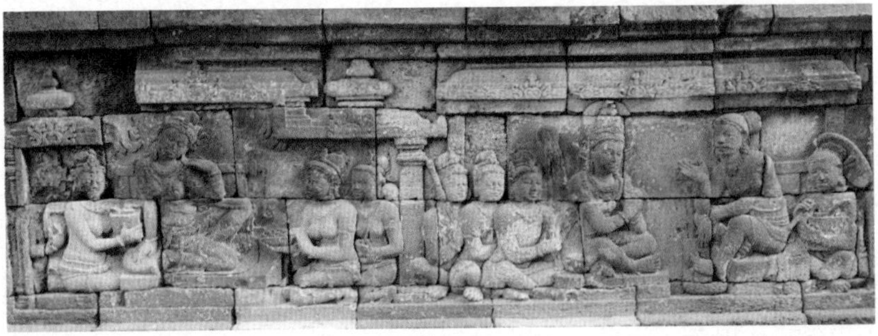

공덕운 비구와 해후하는 선재동자(II. B. 13)

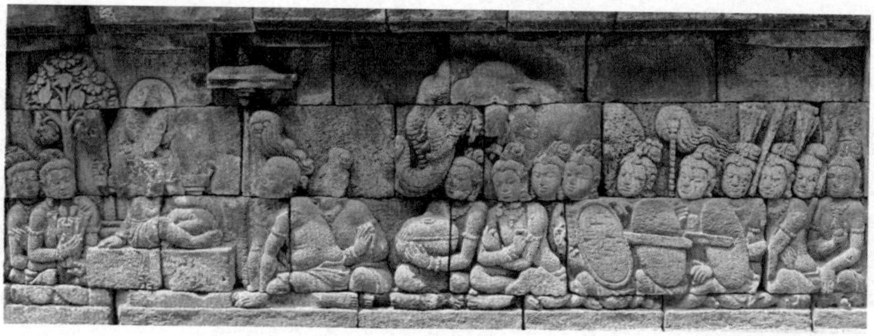

양의(良醫) 미가와 해후하는 선재동자(II. B. 16)

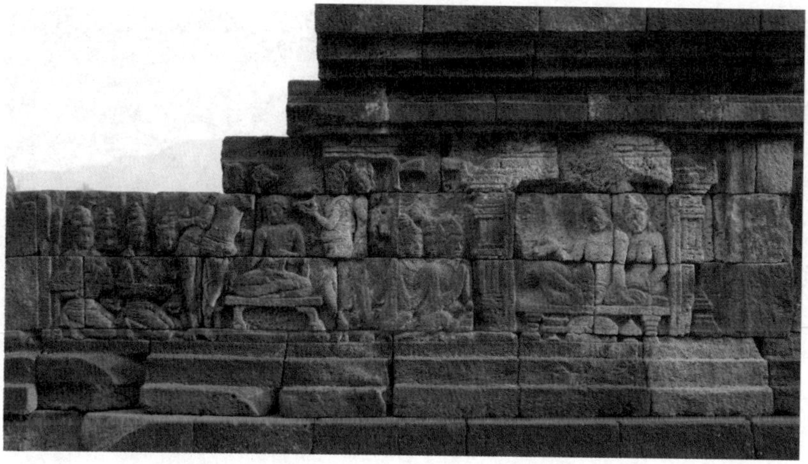

오른쪽 화면이 해당 비구와 해후하는 선재동자(II. B. 18)

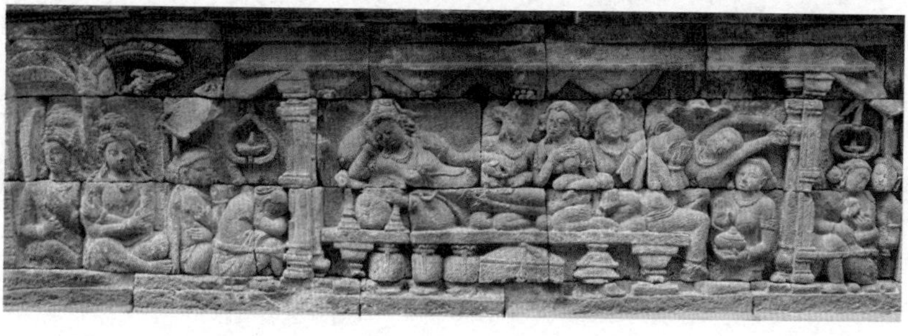

선희광 부인(II. B. 20)

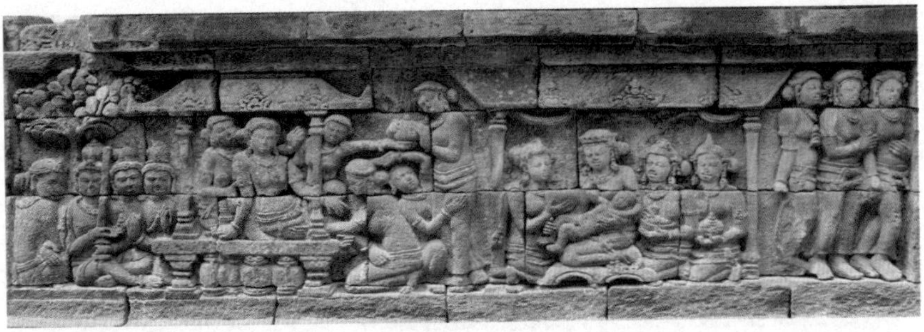

왕자를 낳고 우유죽 공양을 받는 선희광 부인(II. B. 21)

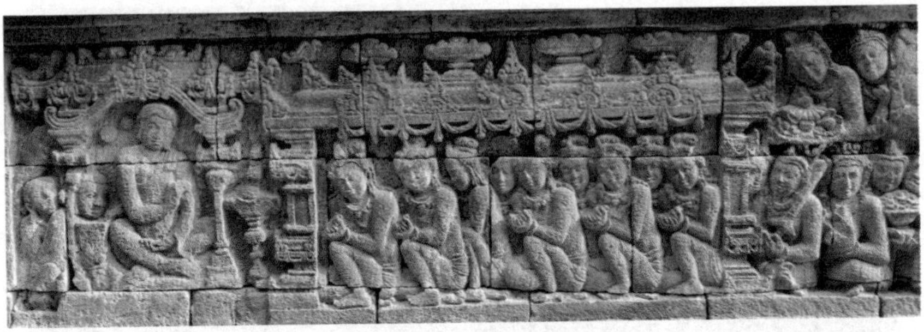

선주 비구와 해후하는 선재동자(II. B. 26, 나미카와의 미다라니 왕녀라는 비정은 명백한 잘못으로 주인공은 여자가 아니라 비구이다.)

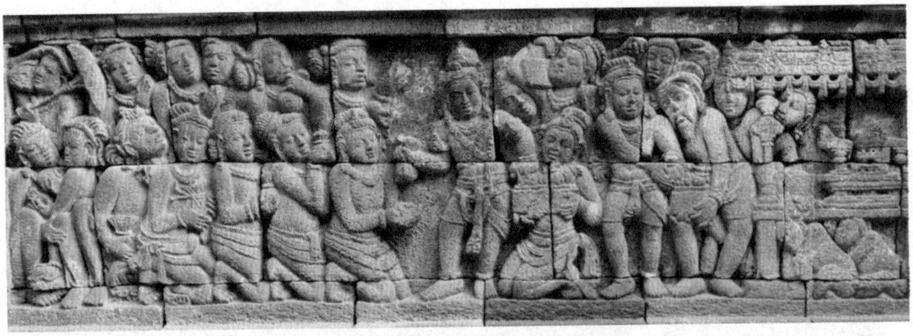

선재동자의 보시(II. B. 27, 나미카와의 석천주 동자와의 해후라는 비정은 잘못으로 동자가 모래 위에서 놀고 있는 것이 아니라 많은 사람에게 보시하는 장면이다.)

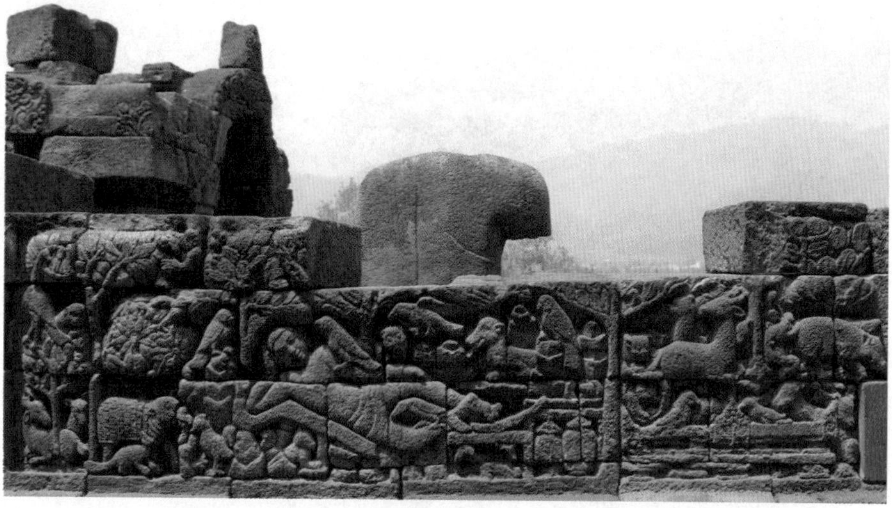

숲에서 많은 동물과 놀고 있는 선현 비구(숲에서 새들과 산다는 경전 기록이 있다, II. B. 29)

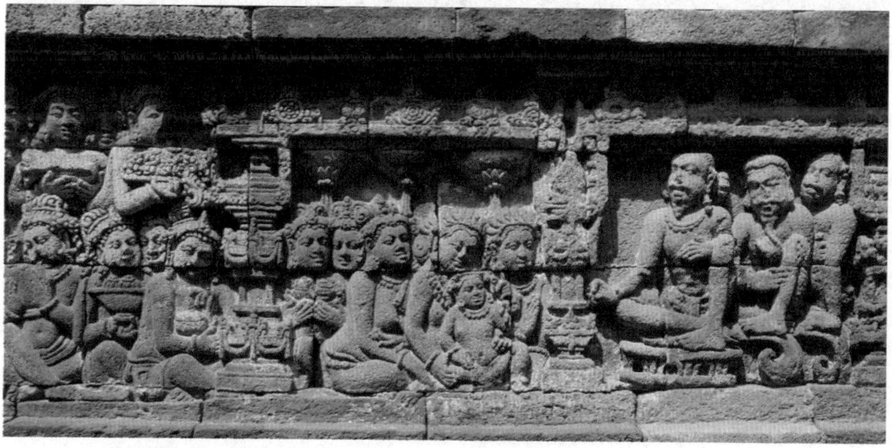

브라만을 모셔놓고 고귀한 여성이 아이를 안고 가르침을 듣고 있다(II. B. 32)

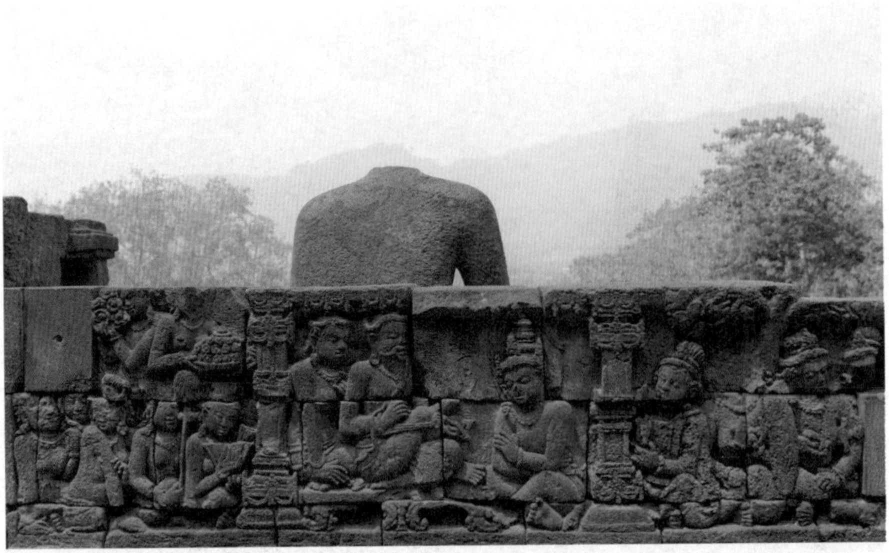

만족 왕과 해후하는 선재동자(II. B. 35)

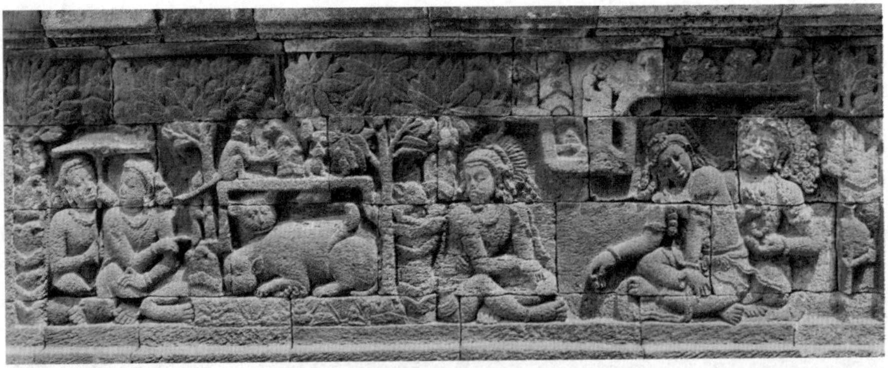

대광 왕과 해후하는 선재동자(II. B. 39)

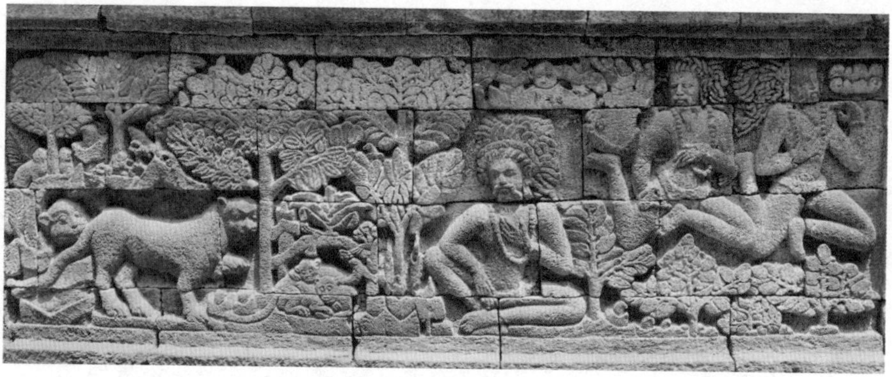

대광 왕의 신변(神變)(II. B. 41)

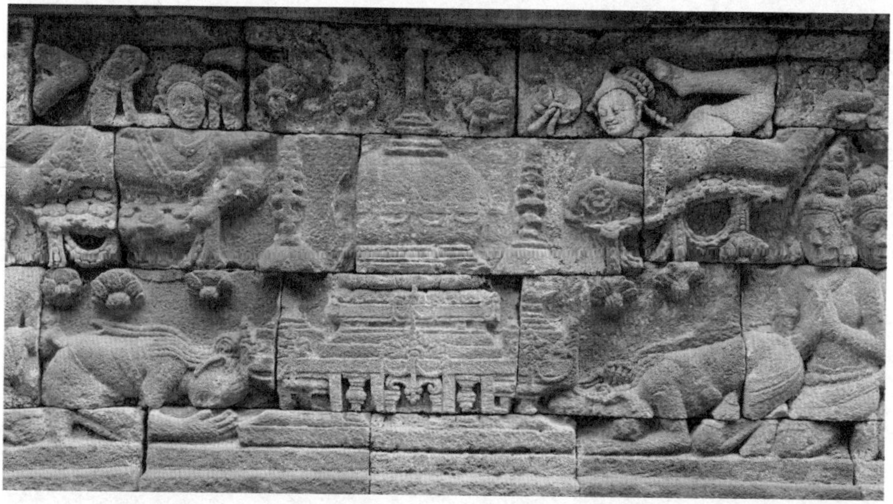

불탑 공양(부동 우바이의 신변, II. B. 43)

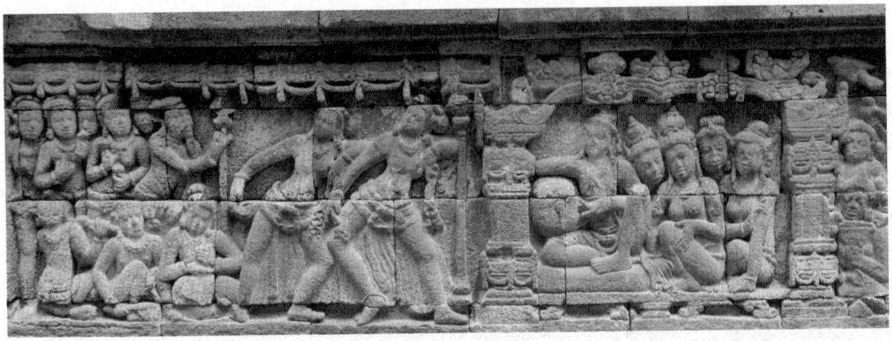

춤추는 무희(석가의 열반을 상징적으로 표현한 것으로 보는 견해도 있다, II. B. 44)

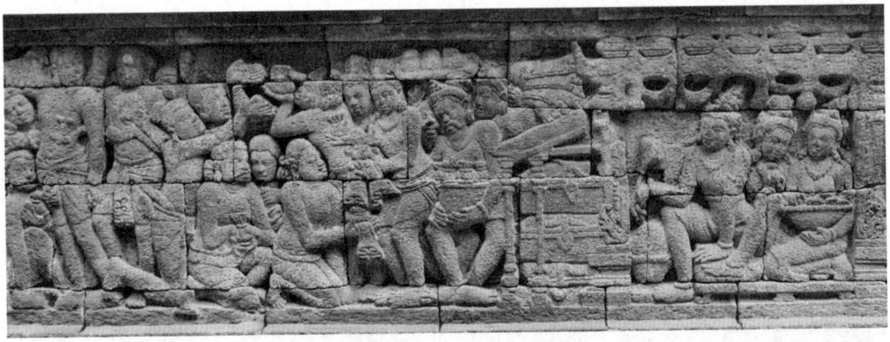

선재동자의 보시(II. B. 45)

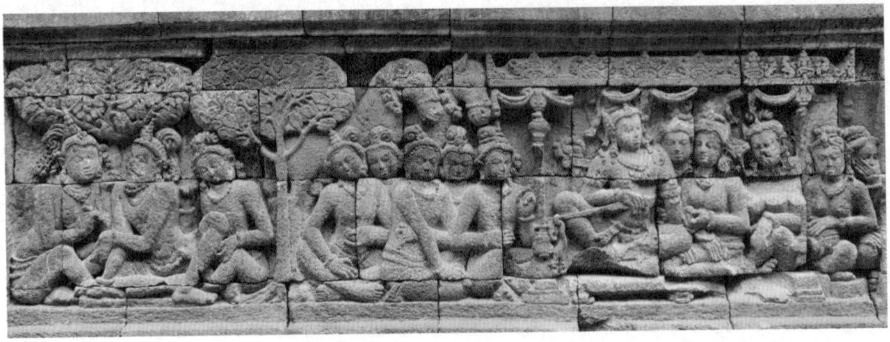

선재동자의 순례기(II. B. 47)

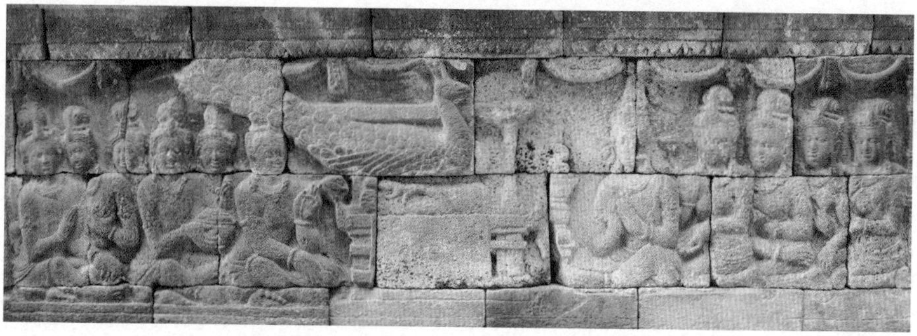

공작 왕 전생담[II. B. 66, 부조 62~66은 공작 왕 본생담(Jataka 491, 제1회랑 난순 하단 부조 113~120면)과 같은 내용이다.]

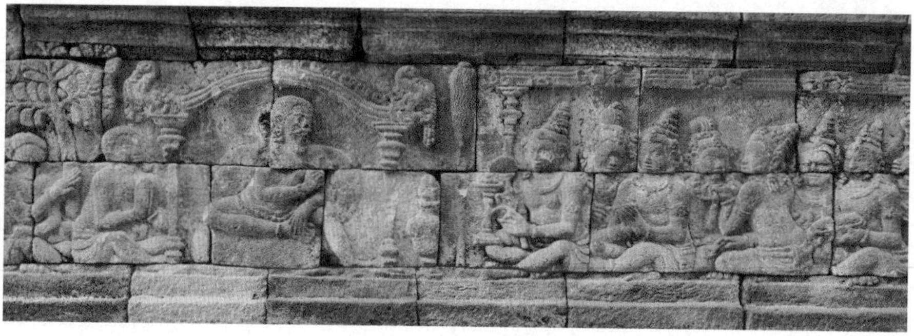

브라만과 해후하는 선재동자(II. B. 68)

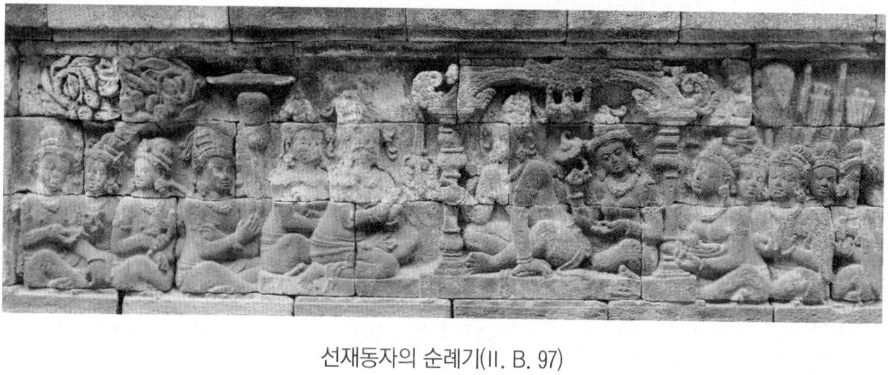

선재동자의 순례기(II. B. 97)

제 Ⅵ 부

제3회랑 주벽 부조와 제3회랑 난순 부조

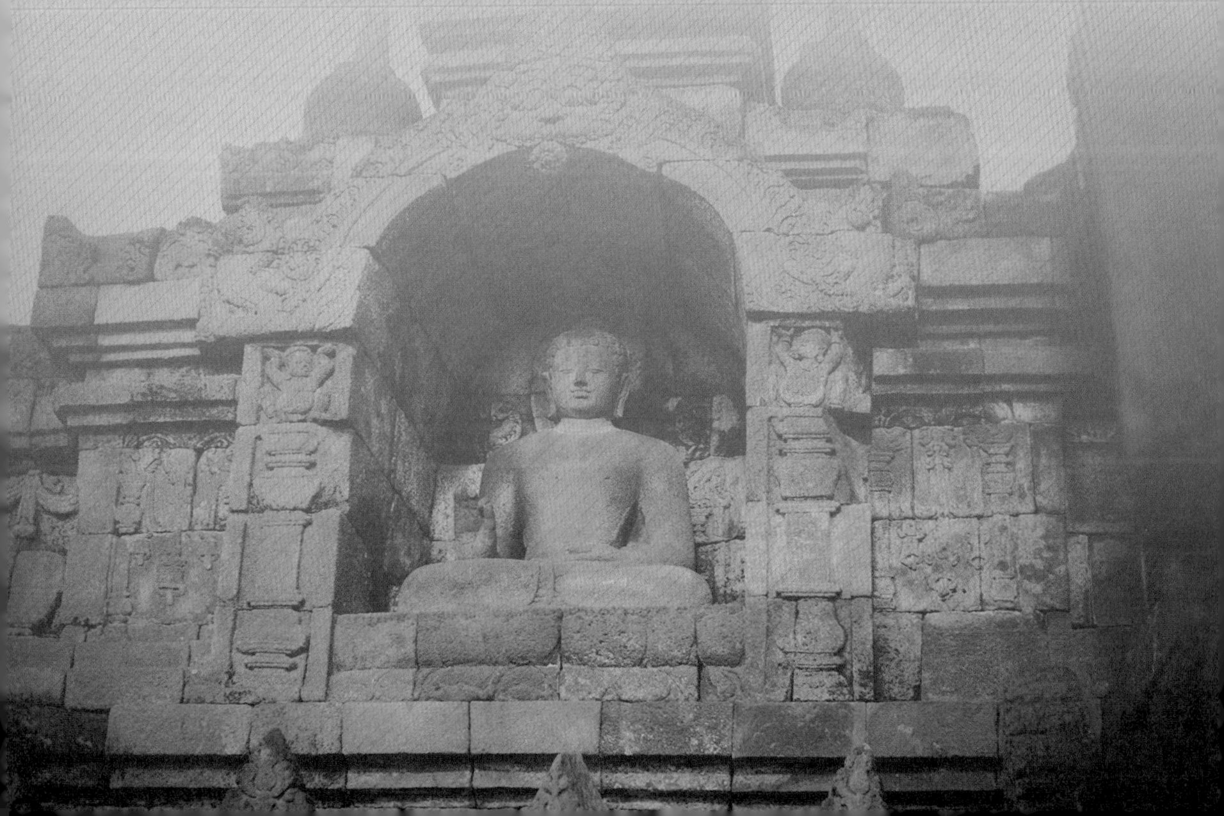

01

제3회랑 주벽 부조 III. A. 1~88

제3회랑의 주벽에도 『화엄경 입법계품』을 주제로 한 선재동자의 구도 순례 이야기가 새겨져 있다. 그러나 경전에 나오는 이야기가 처음부터 끝까지 순서대로 새겨져 있는 것이 아니라 이야기 일부분만이 부조되어 있거나, 내용을 알 수 없는 부조들도 많다. 이러한 상황에도 명확한 출전을 알 수 없는 부조를 예로 들어 해설하는 것은 의미가 없다. 따라서 본서에서는 내용을 어느 정도 명확히 알 수 있는 부조만을 소개하기로 한다.

미륵보살은 머리 장식, 소지품의 용화龍華를 근거로 식별할 수 있다. 문수보살은 머리 뒤의 초승달 장식, 소지품, 연꽃 위의 경전 등을 근거로 식별할 수 있다. 보현보살은 소지품인 '3과'3顆로 알 수 있다. 여래는 머리의 나발螺髮과 수인, 남녀는 가슴 부분, 비구와 비구니는 머리 부분으로 식별이 가능하나 그 밖의 상세한 선지식은 육안으로 비정하기가 쉽지 않다.

제3회랑 이후는 선재동자가 미륵보살을 방문하는 『보현행원찬』에 해당한다. 제2회랑 주벽 128면이 선재동자 순례기 가운데 제51번째 미륵보살의 미륵궁에 도착한 장면까지, 제3회랑의 주벽과 난순, 제4회랑 난순의 계 260면은 미륵보살, 문수사리보살, 보현보살의 방문, 제4회랑 주벽의 72면을 『보현행원찬』으로 해석하는 것은 제설이 일치한다.

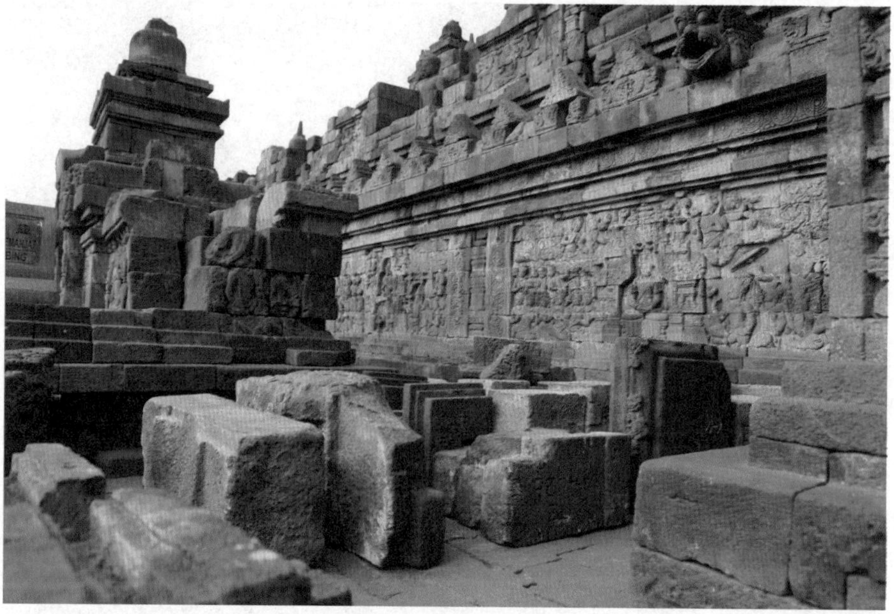

제3회랑의 주벽과 난순(2010년)

그러나『화엄경 입법계품』의 경전 기록 내용을 보면 미륵보살이 대 누각에 도착할 때까지가 압도적으로 많이 서술되어 있다. 게다가 세 보살 방문의 장면에는 각 누각의 장엄 모양이나 보살의 덕을 열거하는 문장이 계속하고『보현행원찬』에서는 62게송에 의해 보현보살의 서원誓願을 기술하고 있다. 그 때문에 추상적인 짧은 문장은 부조 조형 표현에 적합하지 않다. 경전 표현을 부조에 정확히 새겨놓은 작업은 쉽지 않았을 것이다.

제3회랑 부조 Ⅲ. A. 6은 훌륭한 건물 계단에 발을 디뎌 선재동자가 대단히 기뻐하며 미륵보살의 대 누각에 들어가려고 하는 장면이다. 경전 내용과 부조가 완전히 일치하는 중요한 장면이다. 제4회랑 난순 부조 Ⅳ. B. 82는 연꽃 봉우리 줄기를 가진 보현보살이 오른손으로 선재동자의 머리를 쓰다듬고 있는 장면으로 '보현보살

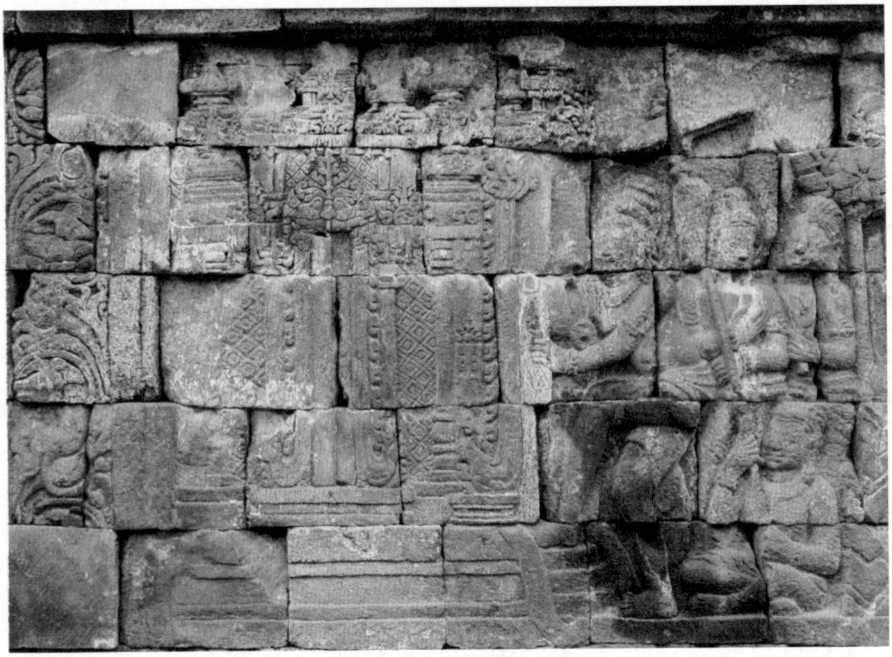

미륵궁에 들어가려고 하는 선재동자(Ⅲ. A. 6)

은 오른손을 뻗쳐(중략), 선재동자의 머리를 쓰다듬었다.'라는 경전 내용과 완전히 일치하는 장면이다.

제3회랑 주벽과 난순에는 각각 88면의 부조가 있다. 이들 부조는 『화엄경 입법계품』의 미륵보살Ⅲ. A. 39, 문수사리보살, 보현보살을 찾아가는 장면이 활동사진과 같이 반복해서 새겨져 있다. 제3회랑 주벽 부조폭 ①290~②330cm, 높이 100cm는 선재동자가 미륵보살의 누각에 들어가는 장면으로 시작한다.

제3회랑 주벽 부조의 주인공은 선재동자이지만, 그와 함께 자주 등장하는 것이 미륵보살이다. 최초의 평방은 실로 호화스러운 대 누각미륵궁이 화면의 중앙을 크게 차지하고 있다. 성전의 오른쪽에 서 있는 것이 주인공 선재동자이다. 선재동자가 놀라서 우러러보는 것 같이 호화스러운 성전누각이 반복해서 새겨져 있다.

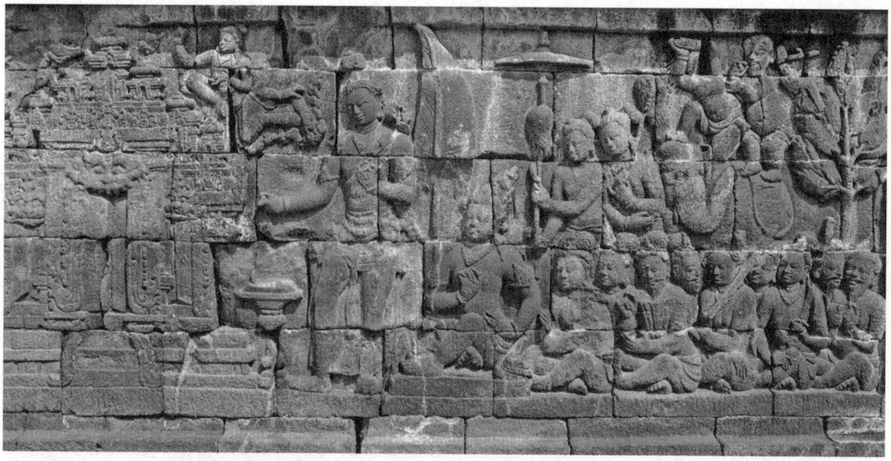

선재동자가 미륵궁을 돌아보는 장면(Ⅲ. A. 5)

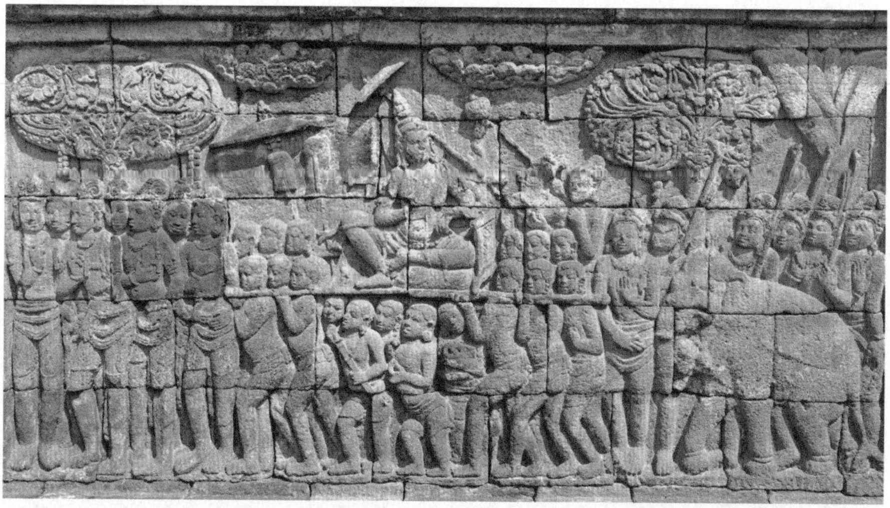

미륵보살의 가르침에 따라 문수사리보살을 찾아가는 선재동자(Ⅲ. A. 10)

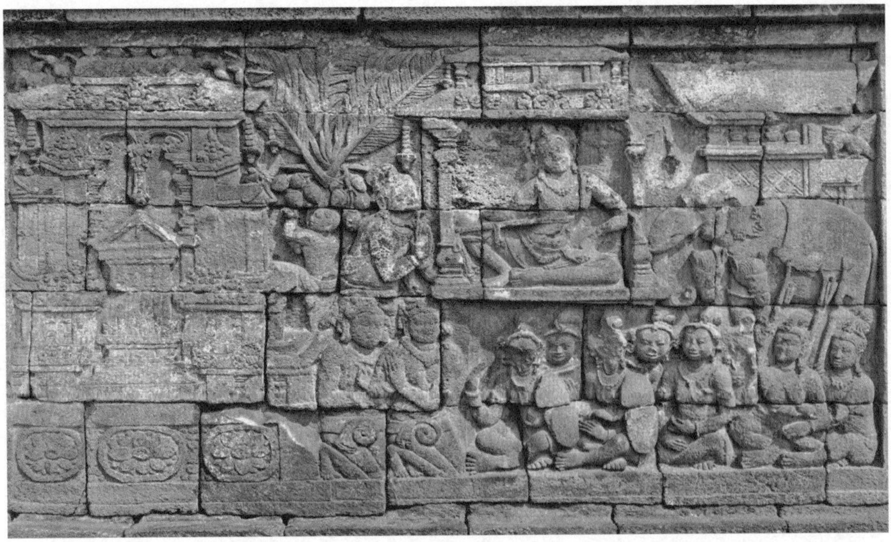

소마나 성을 찾아가서 문수사리보살과 해후하는 선재동자(Ⅲ. A. 11)

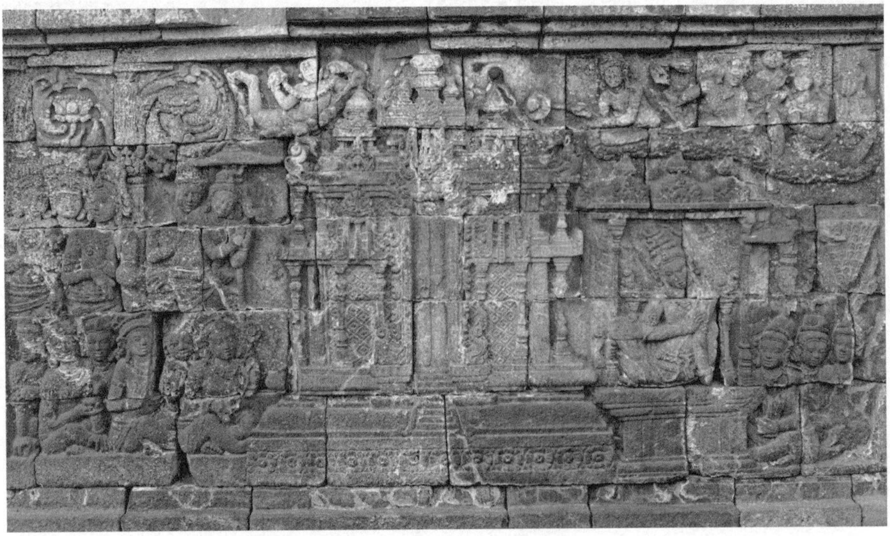

문수사리보살에게 가르침을 받는 선재동자(Ⅲ. A. 13)

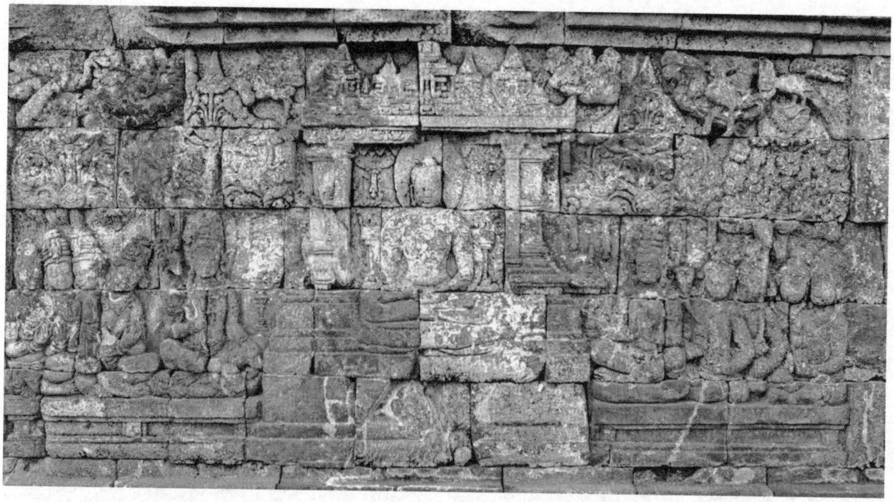

보현보살(왼쪽)과 선재동자(오른쪽)가 비로자나불을 알현하는 장면(Ⅲ. A. 14)

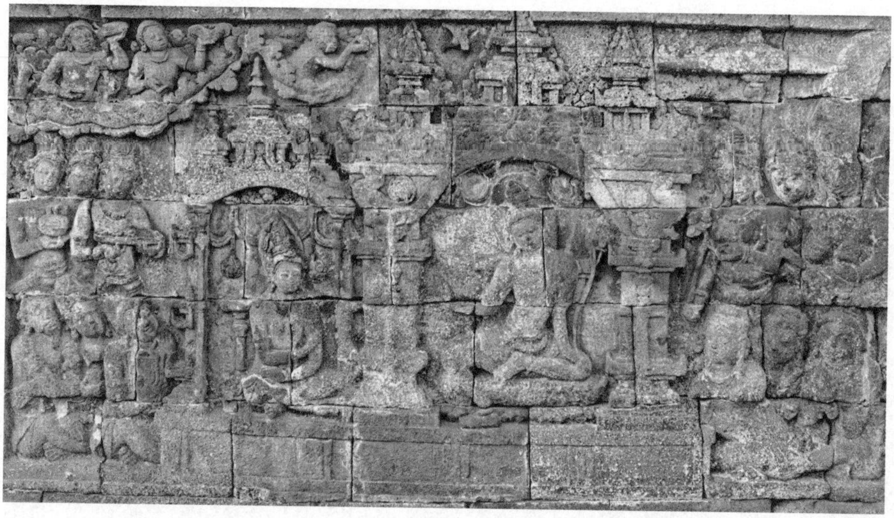

보현보살이 오른손을 내밀어 선재동자의 순례를 칭찬하는 장면(Ⅲ. A. 18)

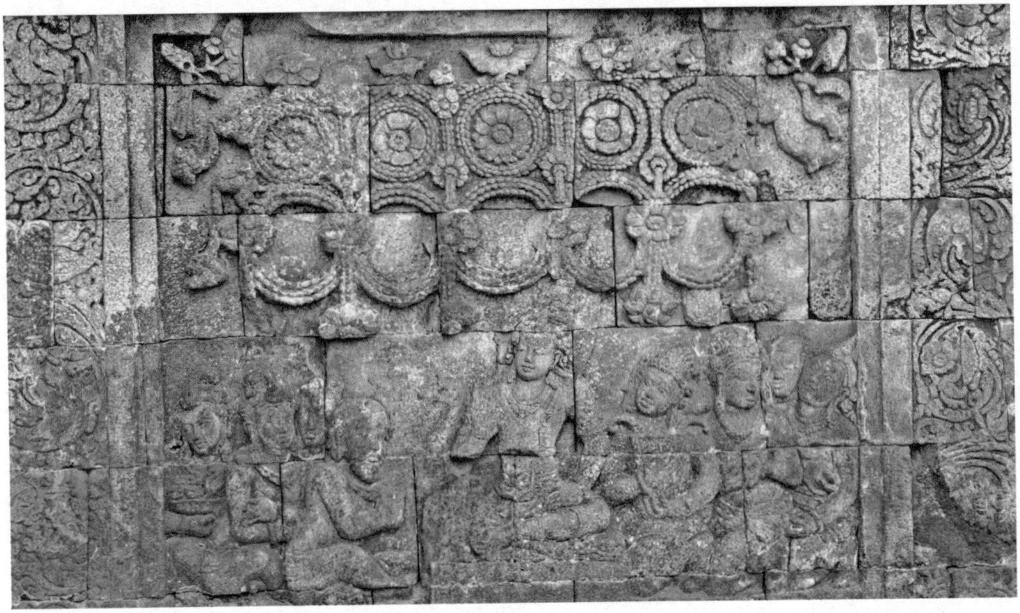

호화스럽게 장엄한 미륵궁(Ⅲ. A. 20)

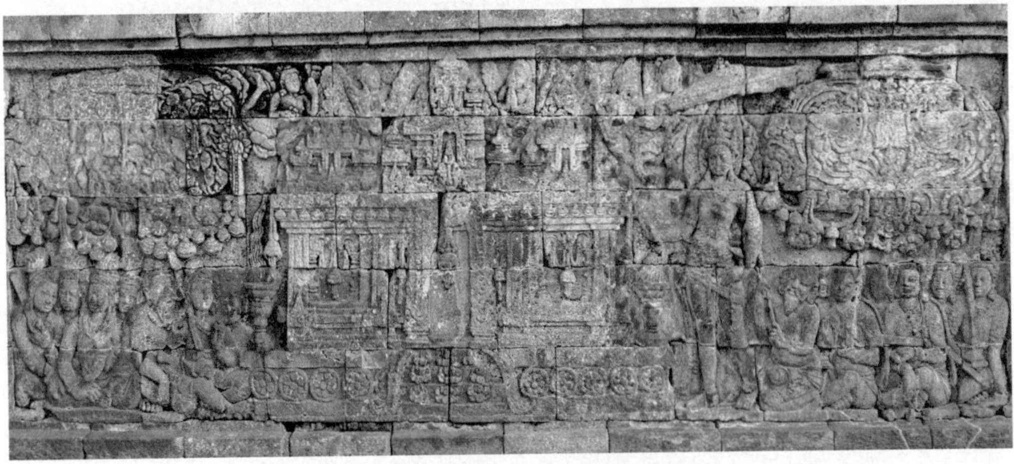

미륵궁에서 제중을 만나는 선재동자(Ⅲ. A. 23)

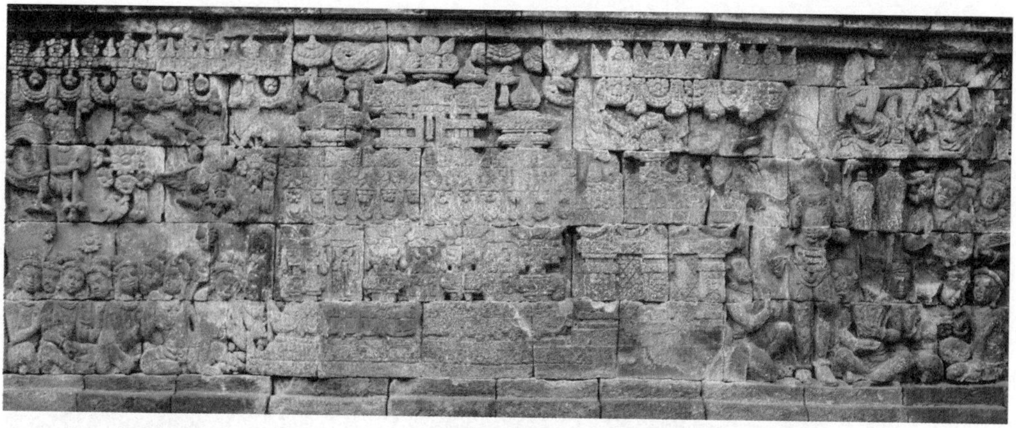

미륵궁의 장엄(Ⅲ. A. 24)

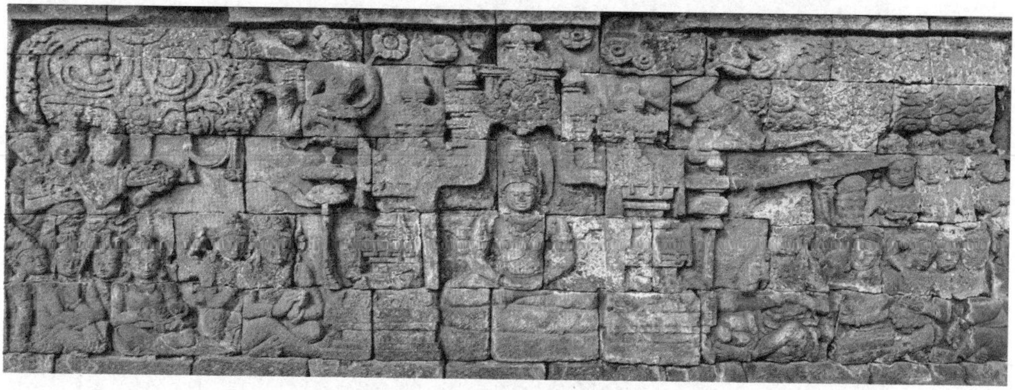

선재동자가 미륵보살을 방문한 장면(Ⅲ. A. 41)

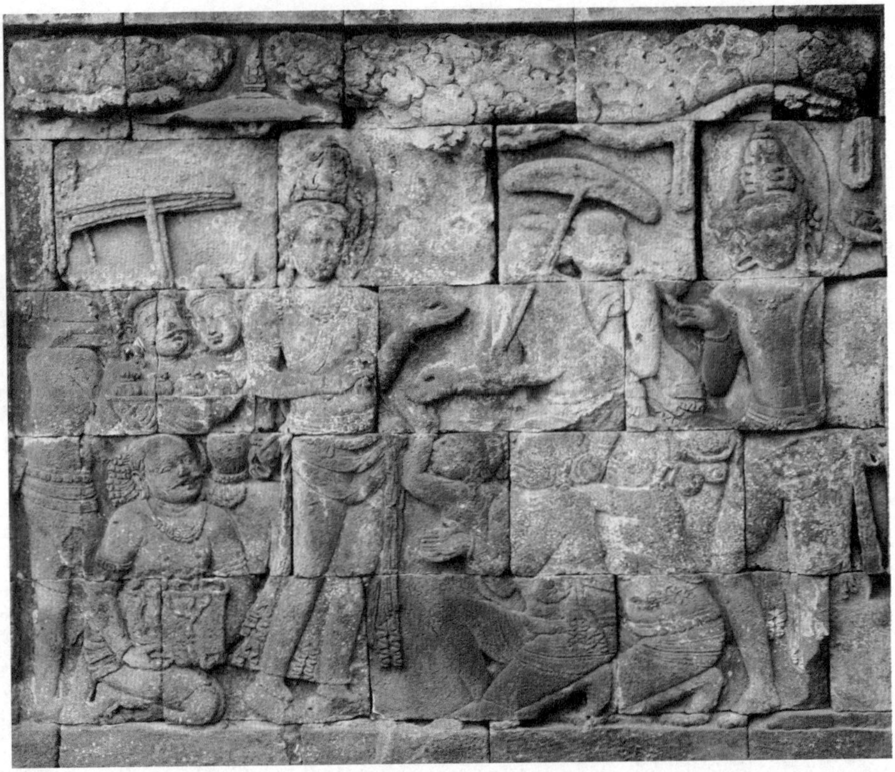

선재동자의 보시(III. A. 44)

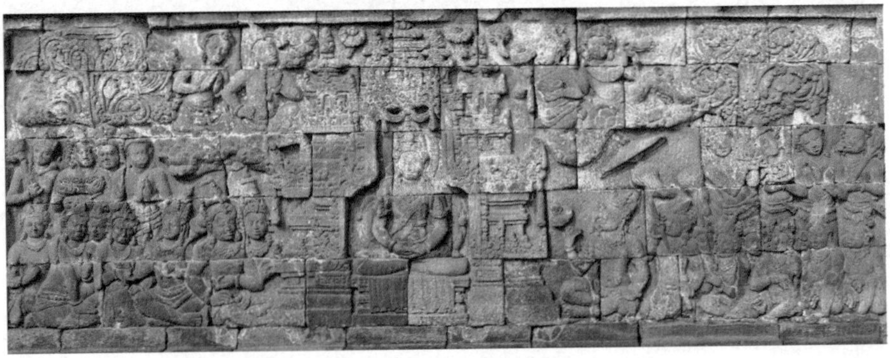

미륵보살에게 가르침을 청하는 선재동자(III. A. 46)

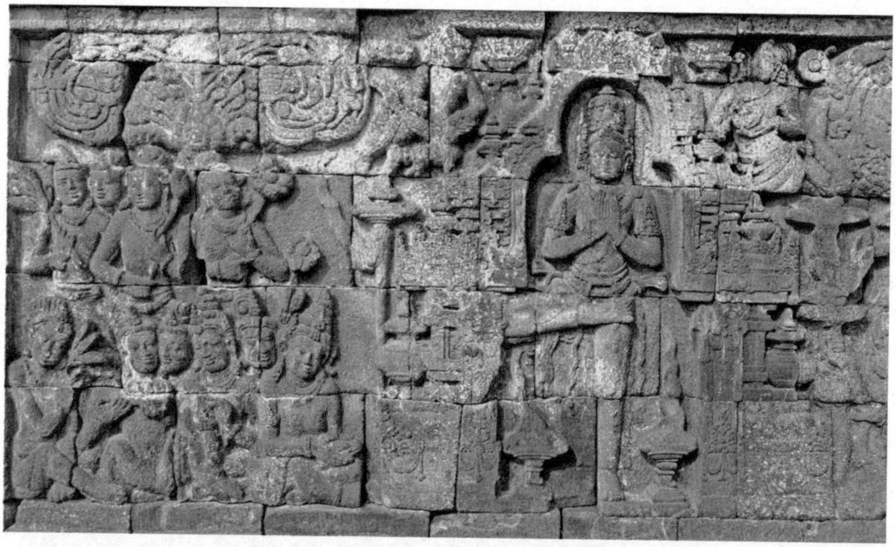

양손으로 합장하는 미륵보살(Ⅲ. A. 47)

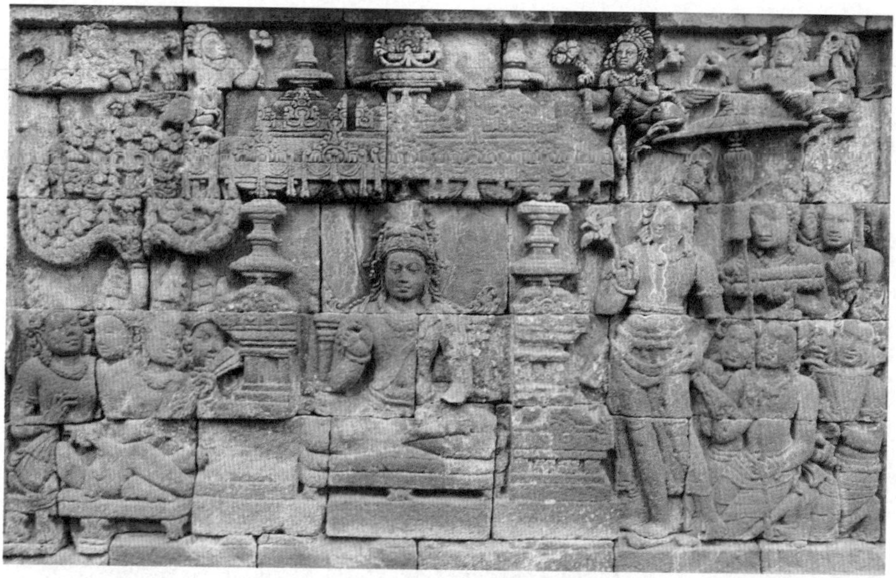

미륵보살 앞에서 경전(왼쪽 인물이 패엽경, 선재동자 뒤에 서 있는 인물이 두루마기)을
들고 있는 불자들(Ⅲ. A. 49)

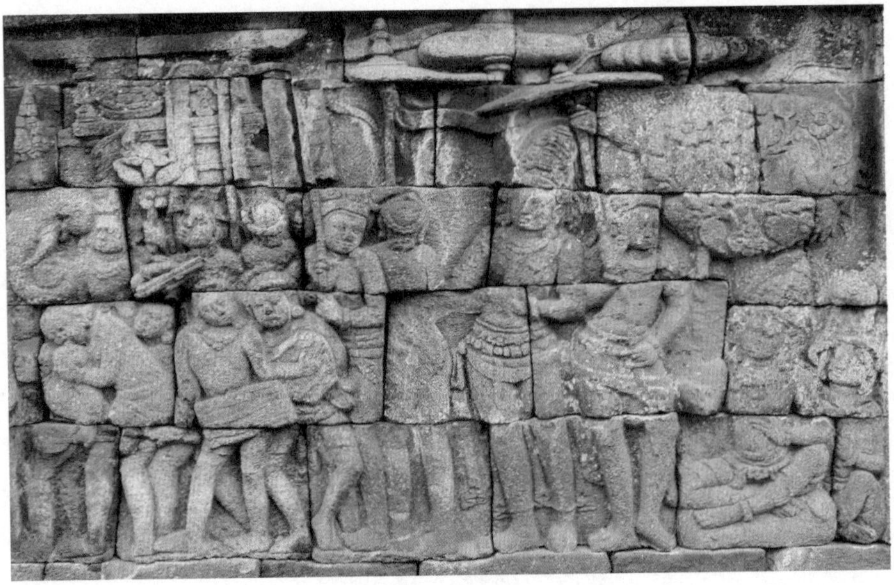

선재동자의 순례 장면(III. A. 50)

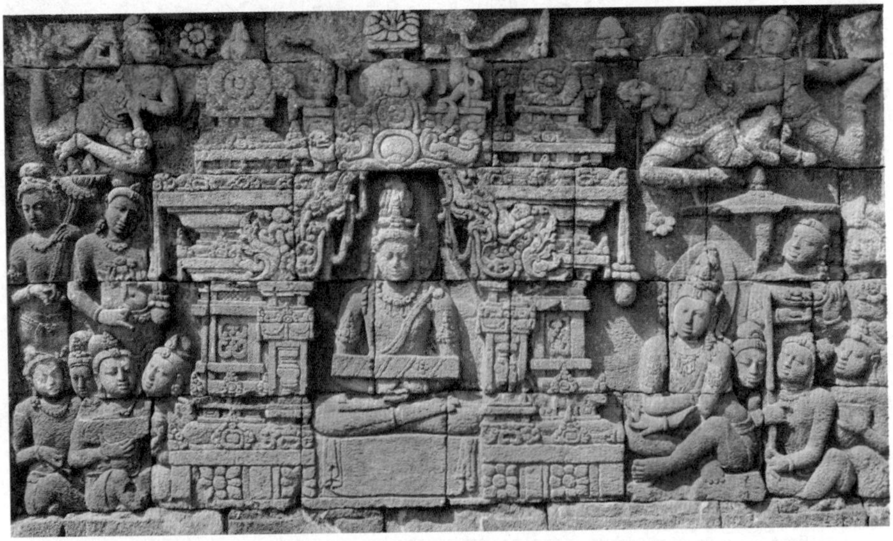

문수보살이 양손에 큰 불교 경전(패엽경)을 가지고 있다.(III. A. 56)

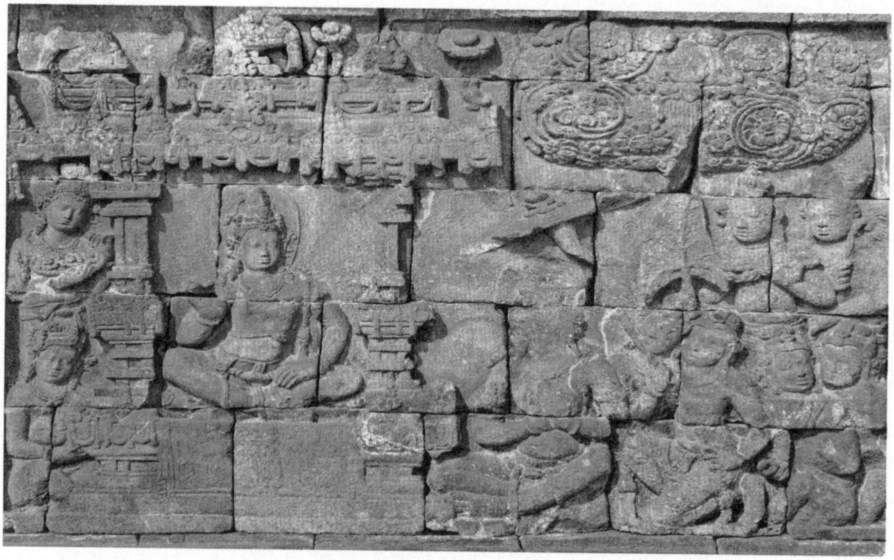

선지식을 만나 가르침을 청하는 선재동자(Ⅲ. A. 60)

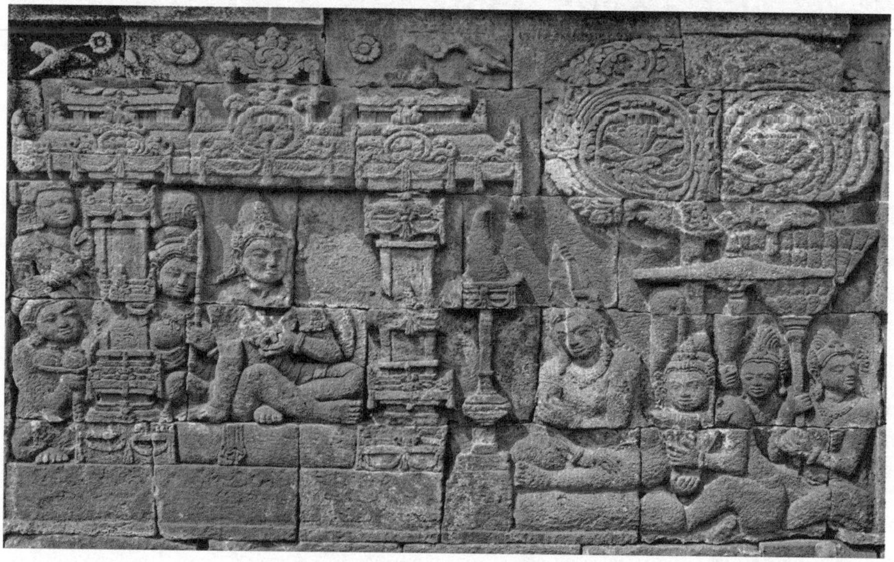

왕과 왕비와 해후하는 선재동자(Ⅲ. A. 61)

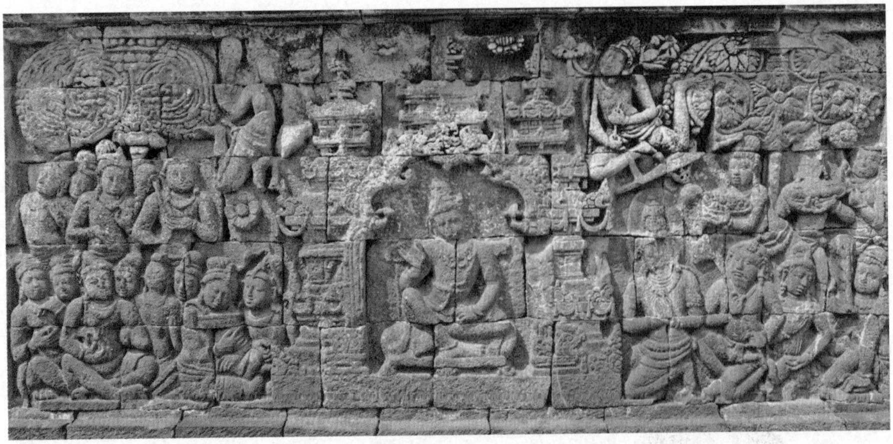

미륵궁에 당도한 선재동자(Ⅲ. A. 63)

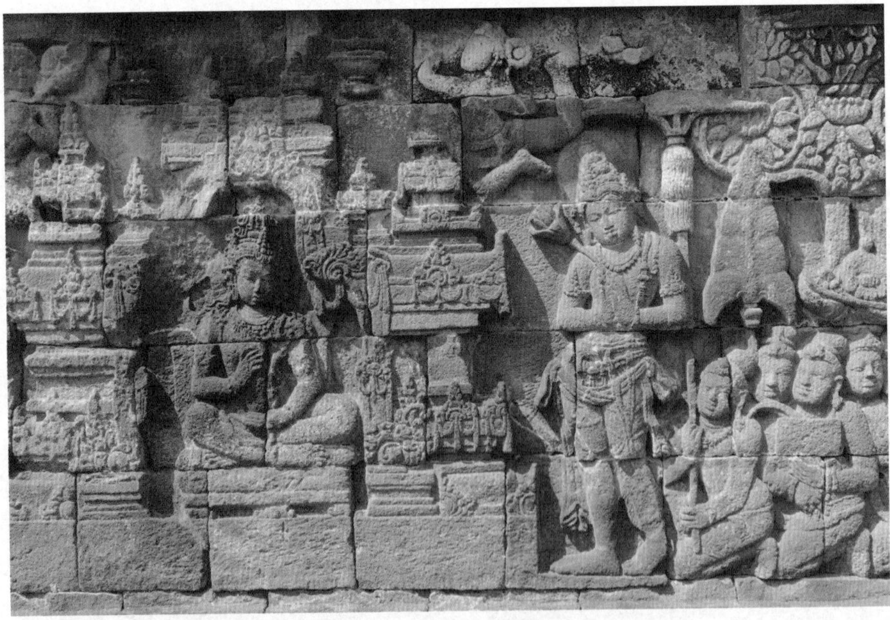

미륵보살과 해후하는 선재동자(부분, Ⅲ. A. 64)

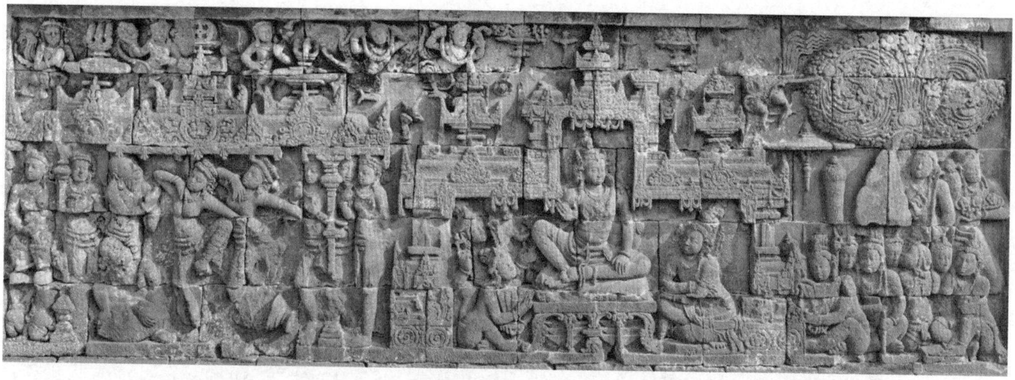

미륵궁전에서 춤추는 무희(Ⅲ. A. 65)

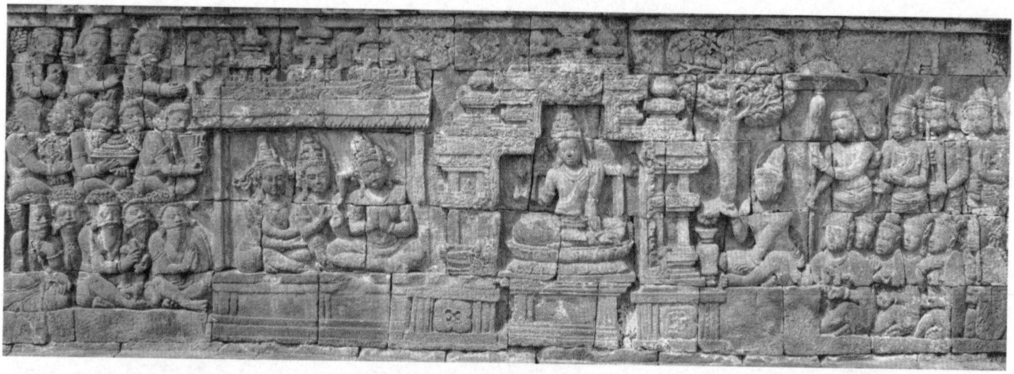

미륵보살과 선재동자(Ⅲ. A. 68)

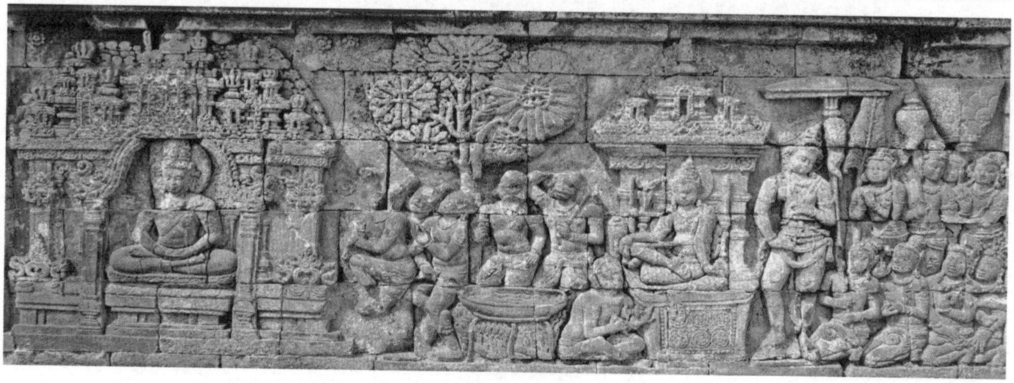

미륵보살(왼쪽)과 지옥을 방문한 선재동자(Ⅲ. A. 69)

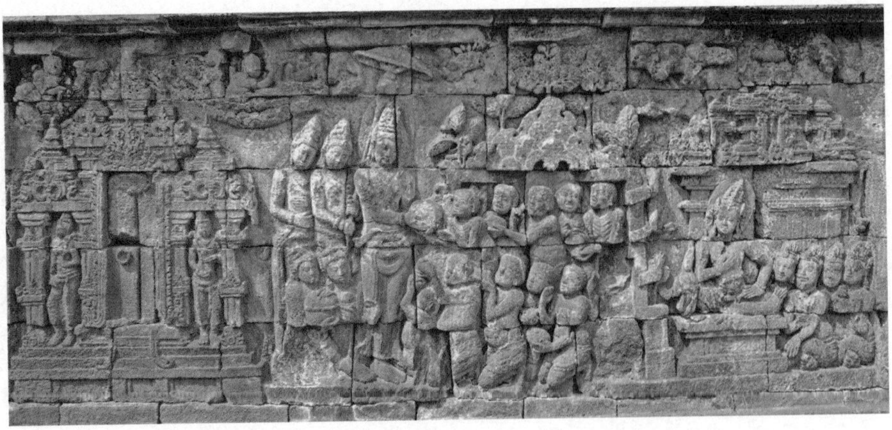

미륵궁전 앞에서 아귀에게 보시하는 선재동자(Ⅲ. A. 70)

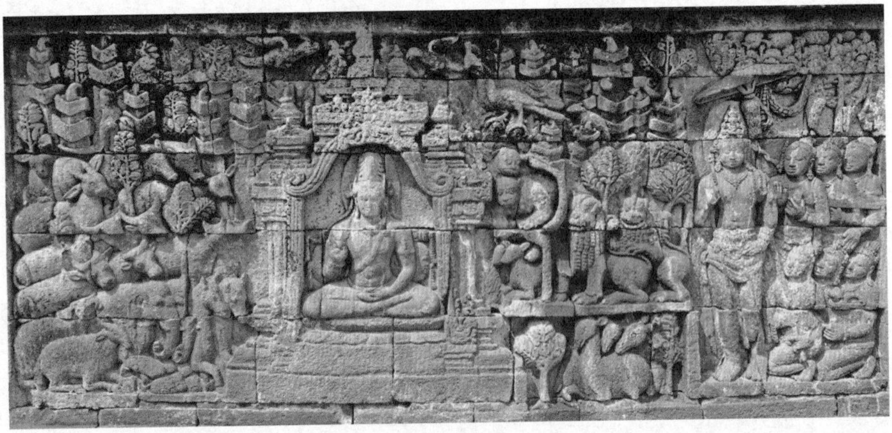

동물들이 미륵보살의 가르침을 들으러 찾아온 광경(Ⅲ. A. 71)

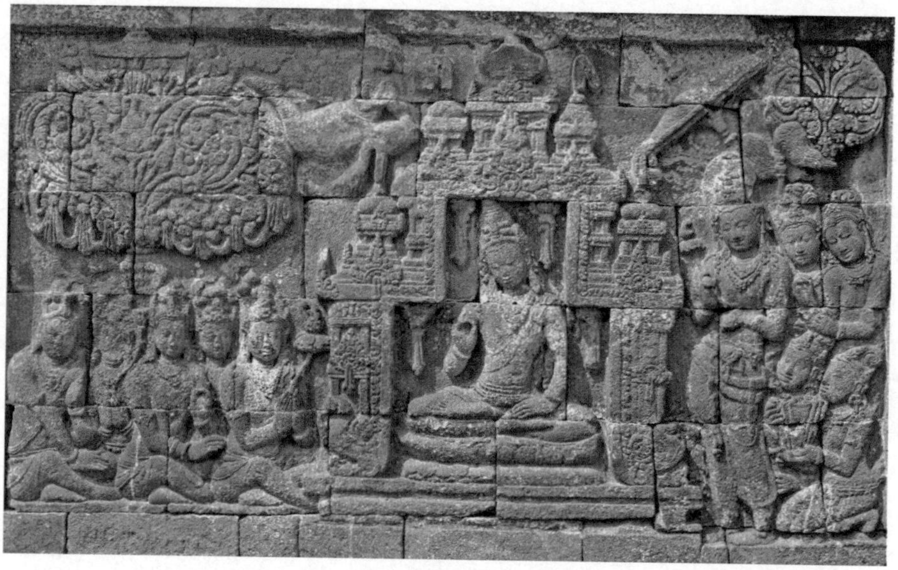

미륵보살이 나가에게 설법하는 장면(III. A. 74)

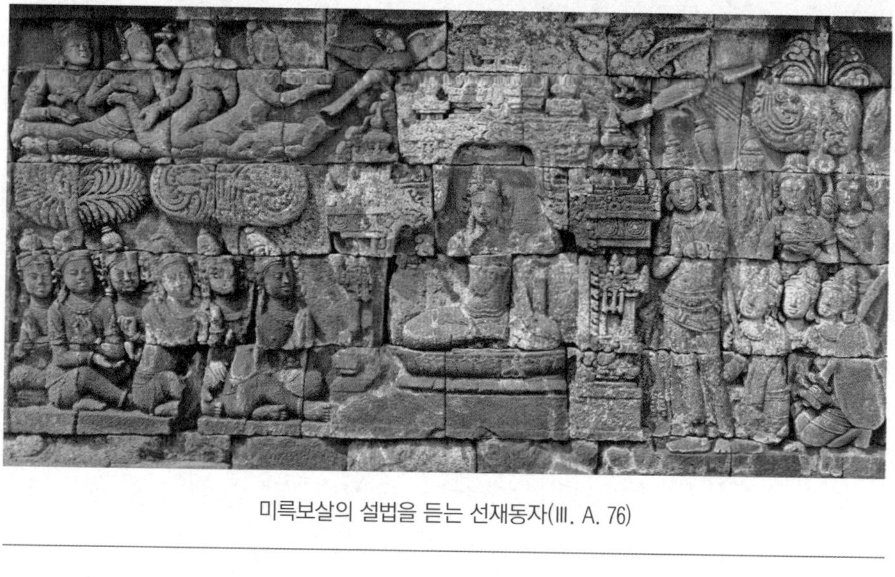

미륵보살의 설법을 듣는 선재동자(III. A. 76)

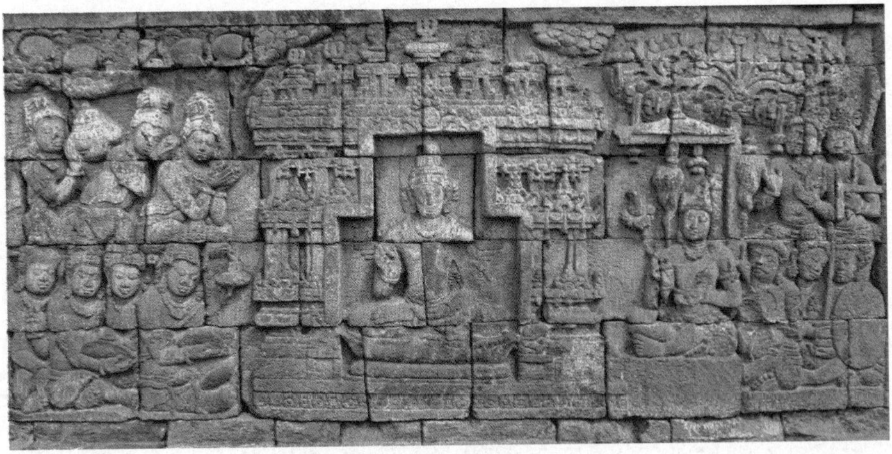

미륵보살을 공양하는 장면(III. A. 84)

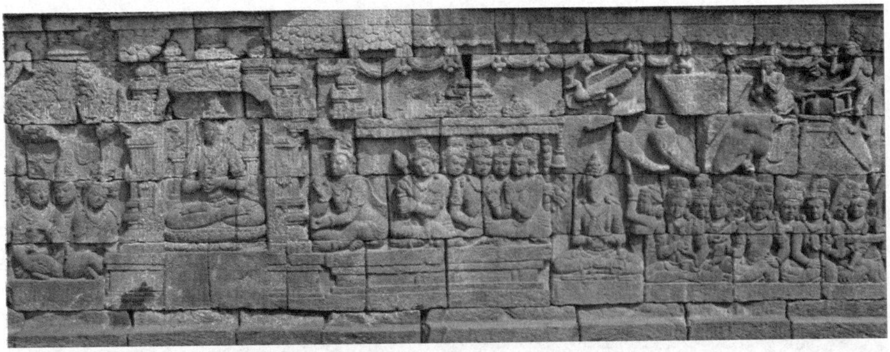

선지식을 찾아가 보살행의 가르침을 청하는 선재동자(III. A. 87)

02

제3회랑 난순 부조 III. B. 1~88

제3회랑의 난순은 결손한 곳이 많아 부조의 비정이 더욱 어렵다. 선재동자가 미륵보살과 해후한 후 미륵보살이 지옥의 고뇌에서 사람을 구제하는 실천행의 길을 가르침 받는 장면이다.

부조 Ⅲ. B. 1~7은 미륵보살과 선재동자를 주제로 하고 있다. 선재동자가 지옥, 아귀, 축생삼악도에 내려가 미륵보살이 중생을 제도하는 광경을 보는 장면으로 해석되고 있다.

부조 Ⅲ. B. 8~13은 미륵보살의 순례를 주제로 하고 있다. 부조 Ⅲ. B. 14는 미륵보살을 따라서 선재동자가 순례하는 장면이다.

부조 Ⅲ. B. 15~26은 미륵보살이 참회하는 중생을 구제하는 내용을 주제로 하고 있다.

부조 Ⅲ. B. 37~80은 미륵보살과 선재동자가 순례하는 장면이다. 선재동자 순례 여정이 제1화부터 같은 장면이 연속으로 새겨져 있다부조 Ⅲ. B. 41~80.

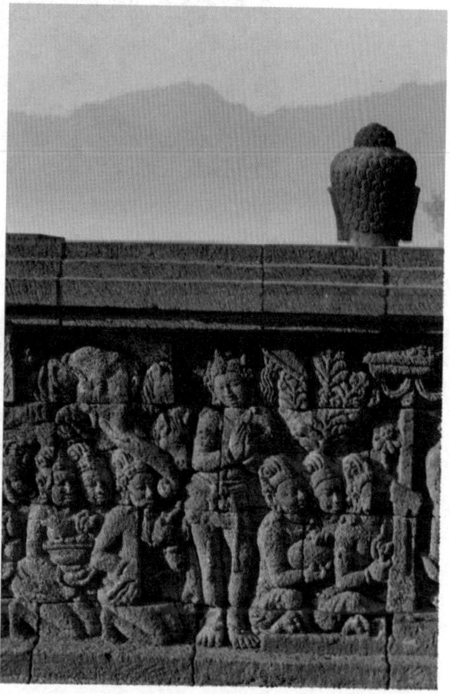

제3회랑 난순 부조

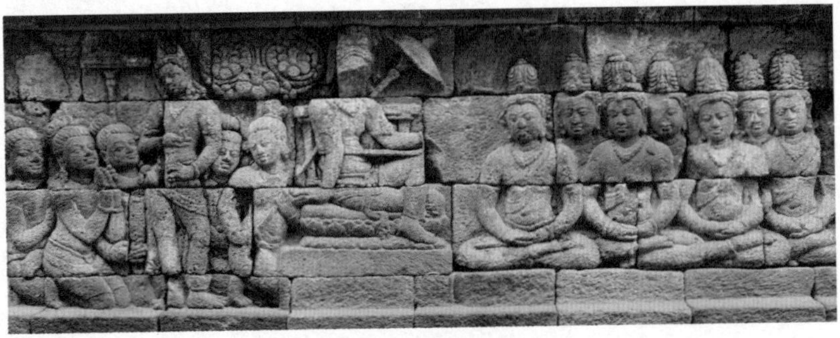

미륵보살의 설법 장면(Ⅲ. B. 4)

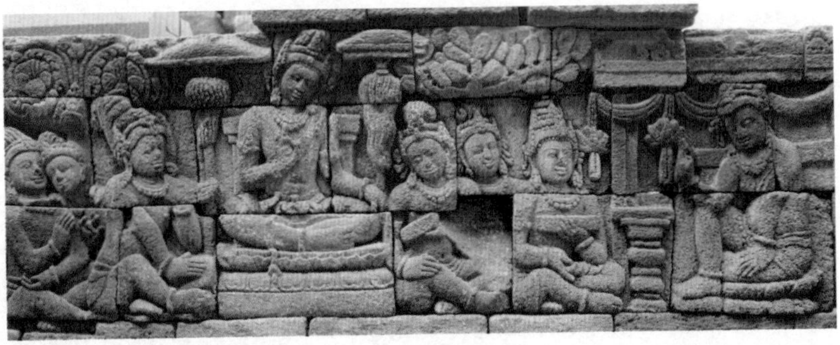

선재동자가 미륵보살과 함께 순례하는 부조이다(Ⅲ. B. 8)

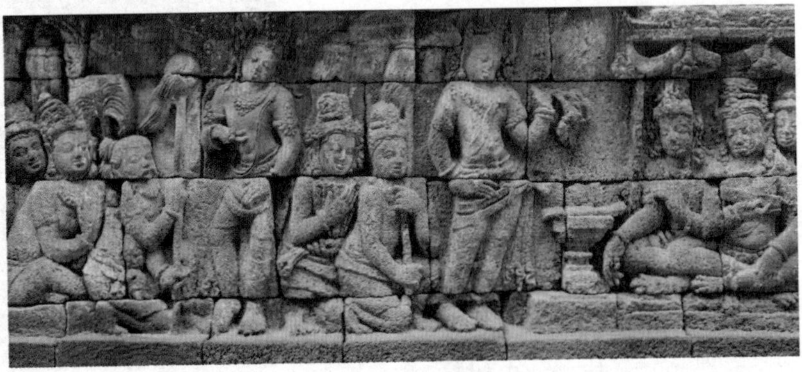

선재동자가 미륵보살과 함께 순례하는 장면(부분, Ⅲ. B. 9)

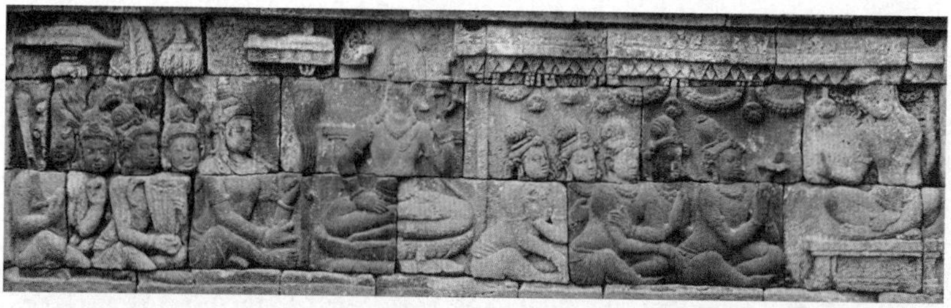

화면 오른쪽이 선재동자이고, 중앙에 미륵보살이 보좌 위에 앉아 있다(Ⅲ. B. 12)

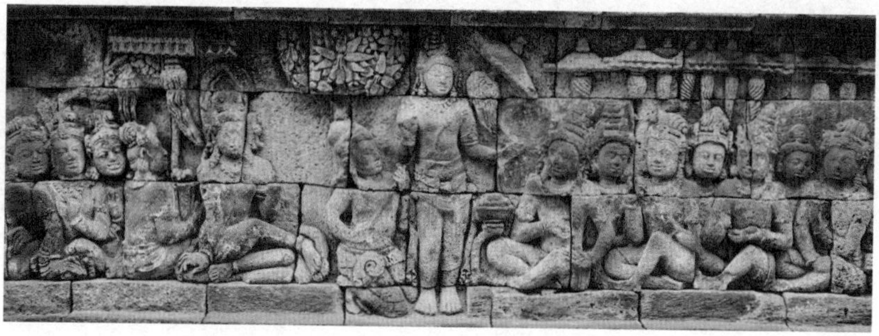

선재동자의 순례(양산을 받고 있는 것이 선재동자, Ⅲ. B. 20)

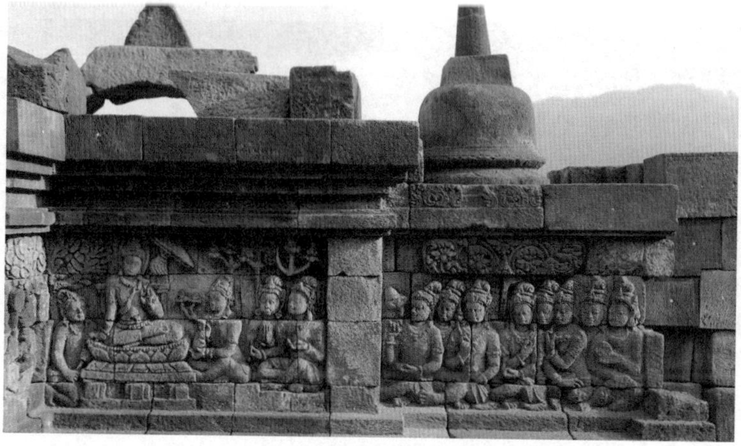

미륵보살이 설법하는 장면(Ⅲ. B. 22. 23)

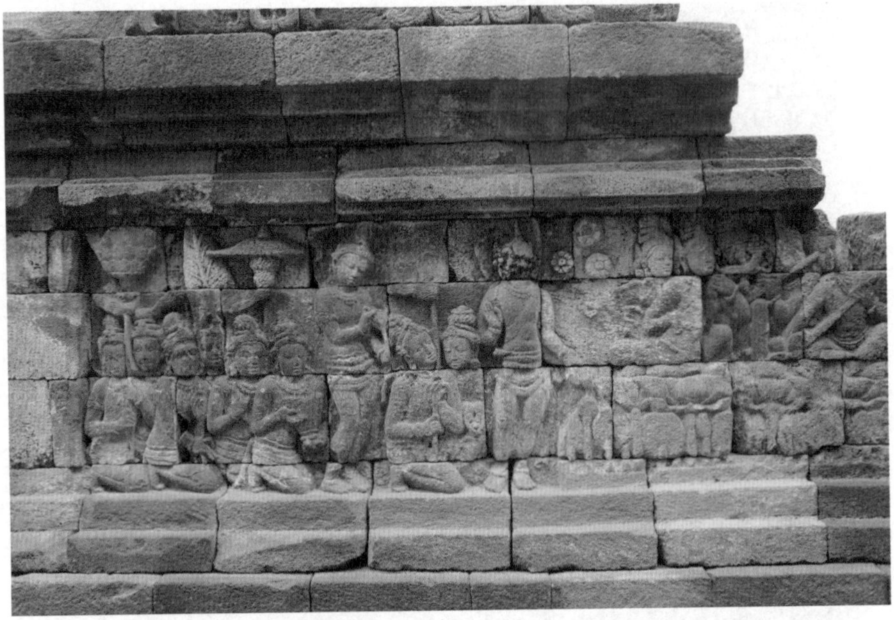

미륵보살과 선재동자(III. B. 39)

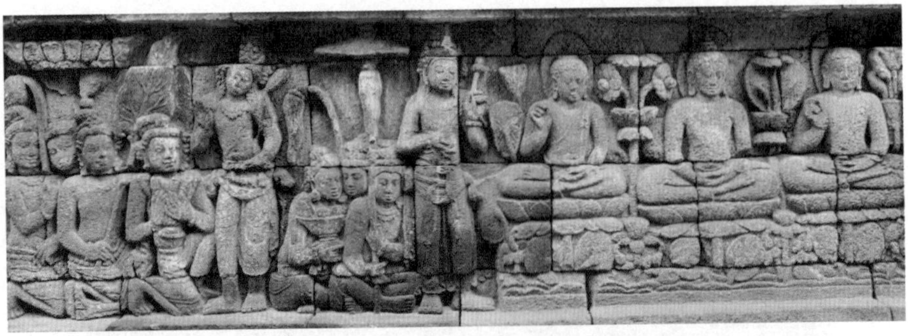

삼세불을 알현하는 미륵보살과 선재동자(III. B. 50)

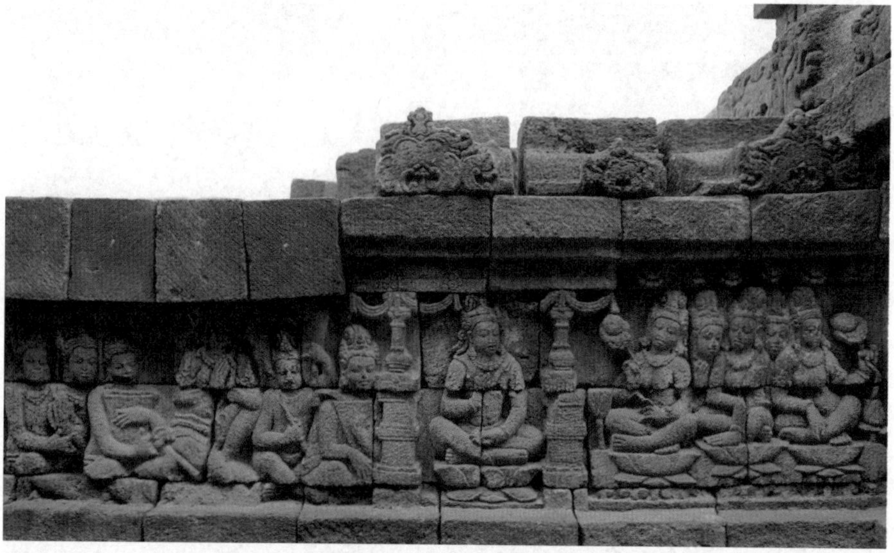

미륵보살의 설법을 듣는 선재동자와 궁녀(Ⅲ. B. 54)

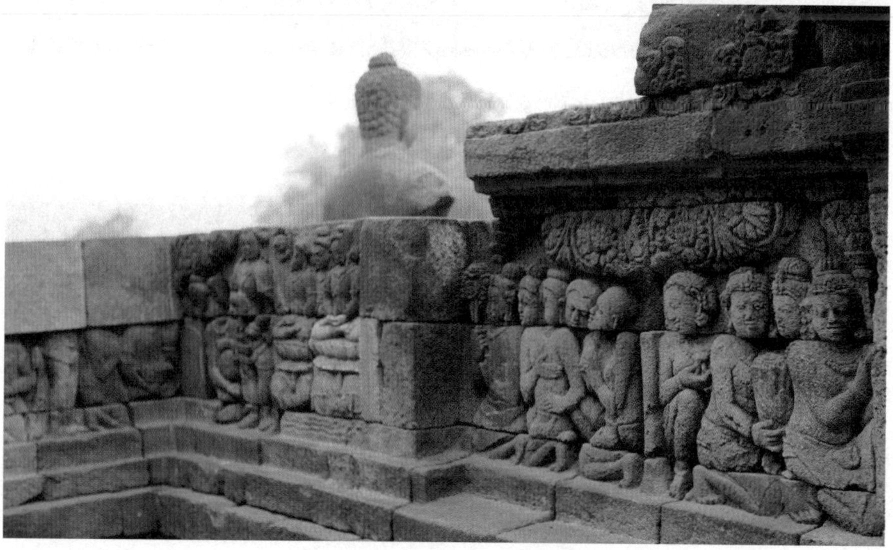

비구와 중생(장식 부조, Ⅲ. B. 59~60)

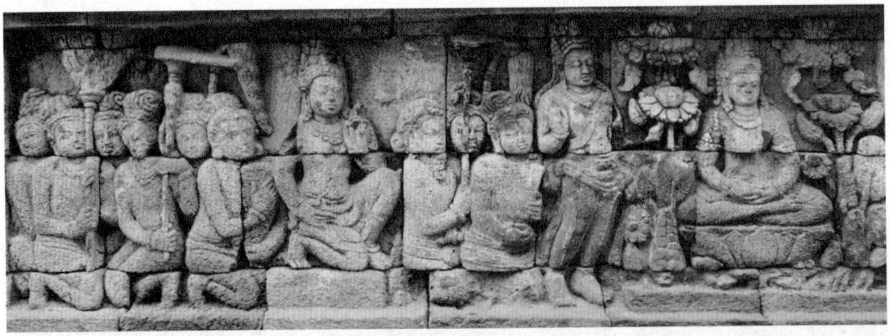

미륵보살과 선재동자(Ⅲ. B. 61)

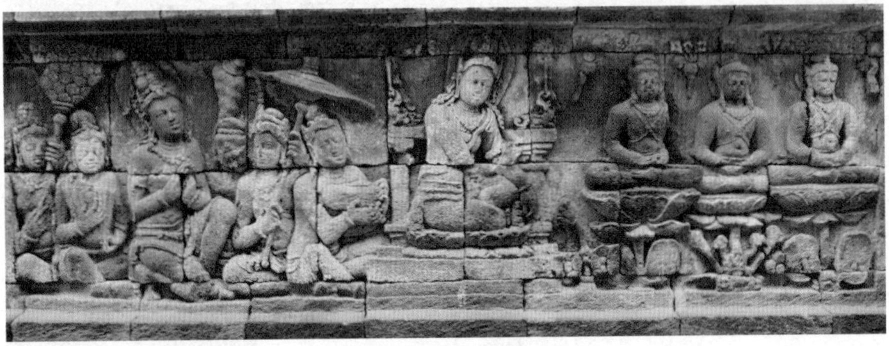

삼세(과거, 현세, 미래)불을 알현하는 미륵보살과 선재동자(Ⅲ. B. 63)

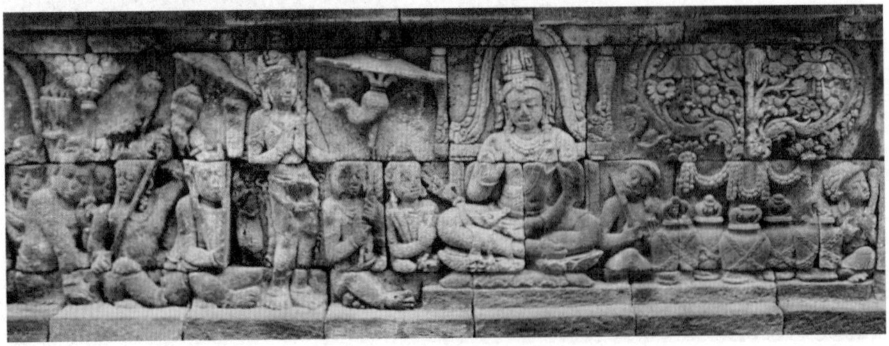

구베라(대복천) 신과 해후하는 선재동자(Ⅲ. B. 64)

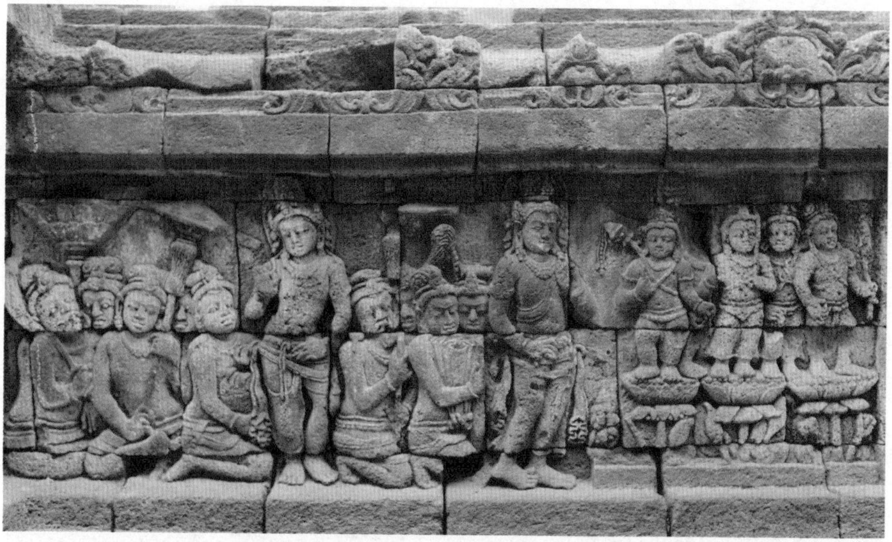

미륵보살과 선재동자의 구법 순례(Ⅲ. B. 65)

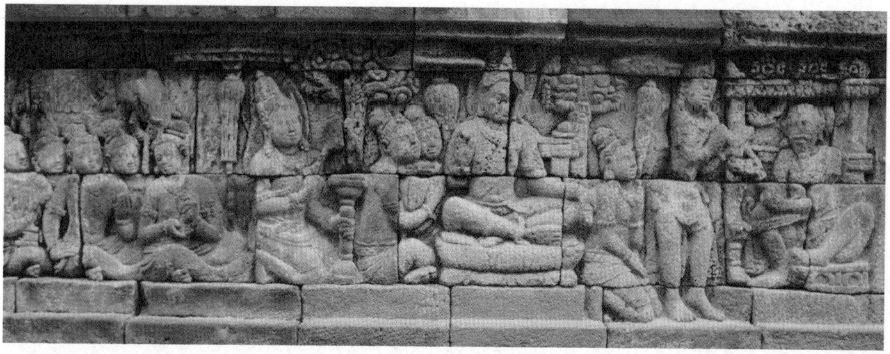

브라만 수행자에게 보시하는 미륵보살과 선재동자(Ⅲ. B. 72)

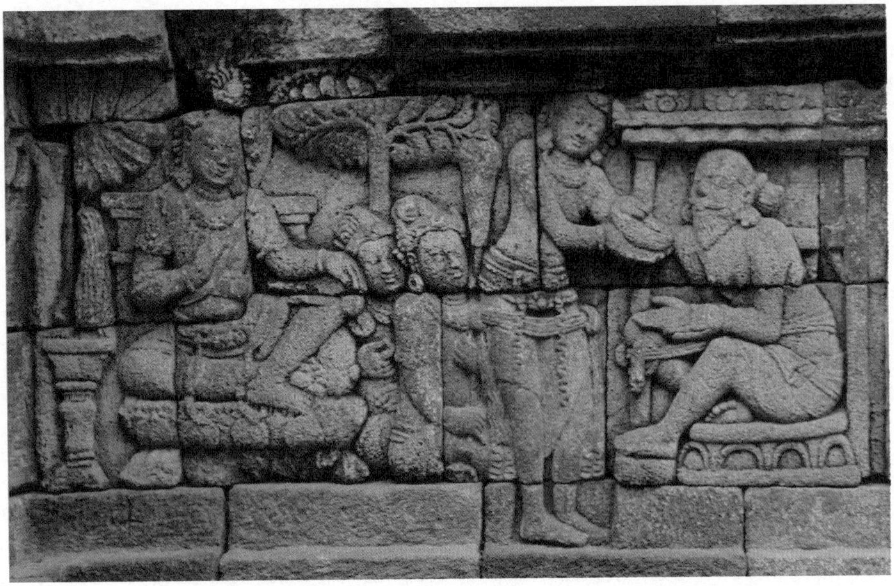

브라만 공양(Ⅲ. B. 82)

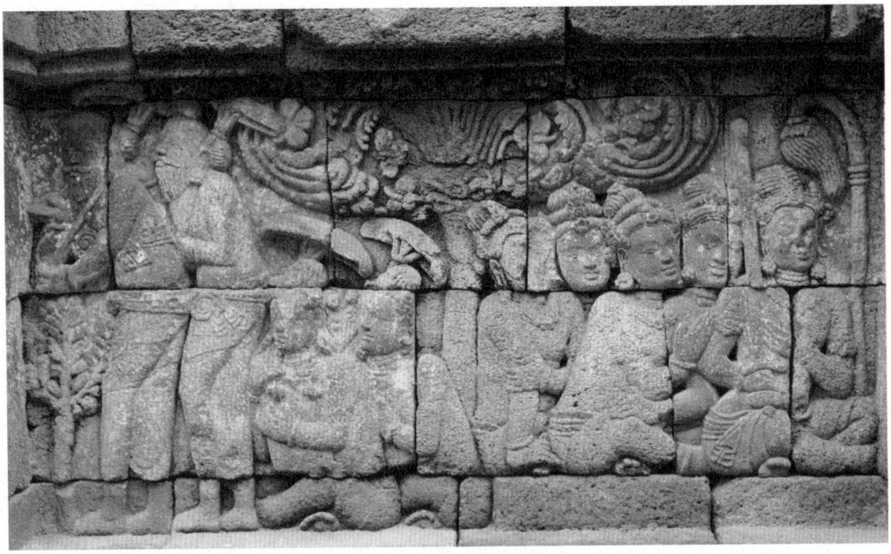

엑스트라 인물 부조(Ⅲ. B. 82~83)

제 Ⅶ 부

제4회랑 주벽 부조와 제4회랑 난순 부조

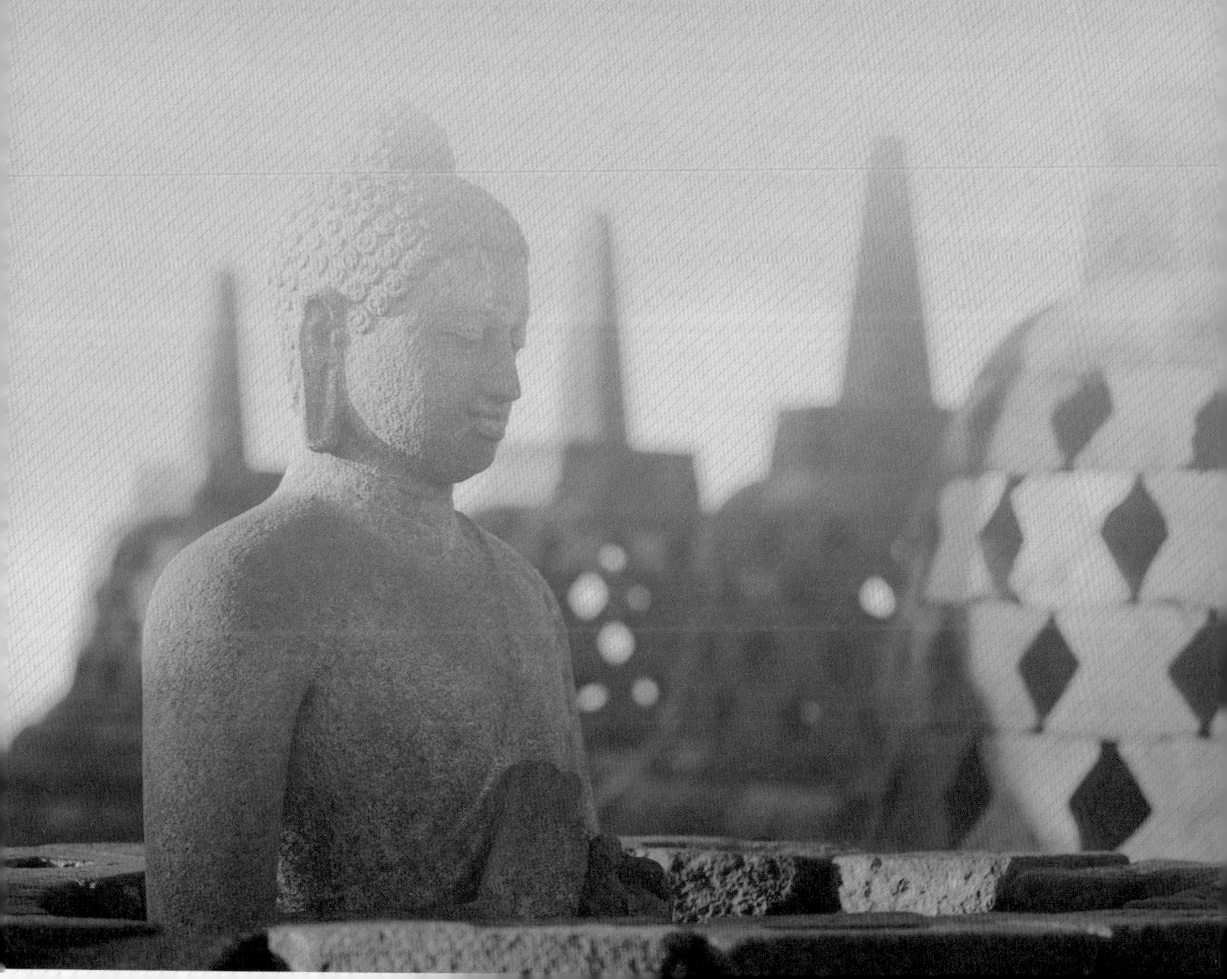

01

『보현행원찬』

제4회랑 주벽은 구기단과 계단식 피라미드의 제일 윗부분에 해당한다. 따라서 구기단과 제1회랑 주벽~제4회랑 주벽 부조 중에서 가장 중요한 부분이 새겨졌다. 제4회랑 주벽 부조는 독일의 보스F.D. Bosch와 히카타干潟 박사가 『보현행원찬』普賢行願讚, Samanta bhadra carya pranidhana을 새겼다는 주장이 정설처럼 여겨져 왔다.

히카타 박사는 제4회랑 주벽 72면을 『보현행원찬』의 산스크리트어 원전의 자구마다 대조시키고 있다. 예를 들면 부조 IV. A. 14는 제46시구의 '허공의 극한이 얼마나 멀리 있는 것일까? 또 남아 있지 않은 (모든) 중생 (수)의 극한이 얼마나 많을까? 업이나 번뇌의 과보가 얼마나 클까? 나의 서원이 거기까지 오기를'이라는 경전 내용을 조형화하기 위해서 보현보살의 모습을 지상, 중공中空, 허공으로 3번 표현했다고 해석하고 있다. 산스크리트어 원전이나 한역 경전을 자세히 읽고 조금이라도 부조와 일치하는 기록을 고심하여 찾은 결과이다.

그러나 제4회랑 주벽은 72면의 부조가 새겨져 있고 『보현행원찬』은 62게송偈頌으로 되어 있다. 경전과 보로부두르 부조를 상세하게 비교해보면 서로 다른 곳이 많다. 『보현행원찬』의 제5게송, 제6게송, 제8게송, 제17게송, 제18게송, 제19게송, 제20게송, 제29게송, 제50게송, 제57게송의 계 10게송만이 보로부두르 제4회랑 주벽 부조와 부합하고 있다.

『보현행원찬』은 『사십화엄』四十華嚴의 말미에 부가된 것으로 보로부두르 주벽 부조 경전의 하나인 『육십화엄』六十華嚴에는 없는 내용이다. 또한, 『보현행원찬』은 『화엄경』華嚴經 『화엄경 입법계품』의 선재동자 순례기와는 내용상 서로 관련이 없다. 제4회랑 주벽 부조에는 중앙 감실에 앉아 있는 여러 보살을 알현하는 선재동자의 모습이 여기저기 보인다. 제4회랑 난순에도 『화엄경 입법계품』에 따라 선재동자가 대승보살도大乘菩薩道의 실천행보현보살의 행덕을 구하는 장면이다.

제4회랑 주벽 전 72면의 부조는 『보현행원찬』의 10게송과 부합하는 부조를 제외하면, 제3회랑 주벽과 같이 『화엄경 입법계품』에 근거하고 있다. 왜냐하면 제4회랑 주벽의 여기저기에 선재동자의 모습이 보이기 때문이다. 그러나 이 주벽에도 『화엄경 입법계품』을 처음부터 끝까지 순서대로 묘사한 것은 아니다. 『화엄경 입법계품』 이야기 일부를 새겨 놓고 있기 때문에 선재동자가 어디서 누구를 만나는 장면인지 알 수 없는 부조가 많다. 또한 『보현행원찬』은 추상적인 문구가 많아서 그것을 부조로 표현하기가 쉽지 않았을 것이다.

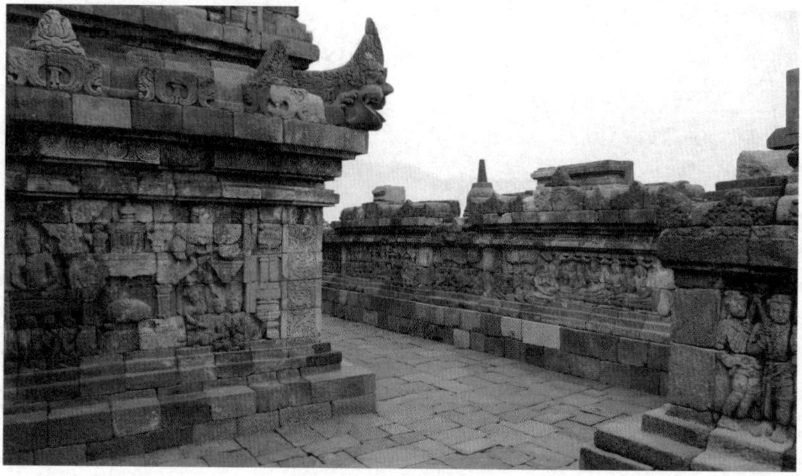

제4회랑의 주벽과 난순

02

제4회랑 주벽 부조IV. A. 1~72

이 제4회랑 주벽의 특징은 많은 불상의 모습이 새겨져 있다는 점이다. 이 불상은 주인공 선재동자 자신이 만난 부처들과 선재동자가 방문한 성자들이 신변을 일으켜 나타낸 부처들이다. 선재동자의 순례에서 다양한 성자에게 '많은 부처님을 만났다.'라고 하는 가르침이 자주 나온다. 예를 들면 제2번째의 공덕운 비구는 '무수한 부처님을 만났다.'는 계시가 있다. 또 해탈 장자도 '시방의 무수한 부처님을 볼 수

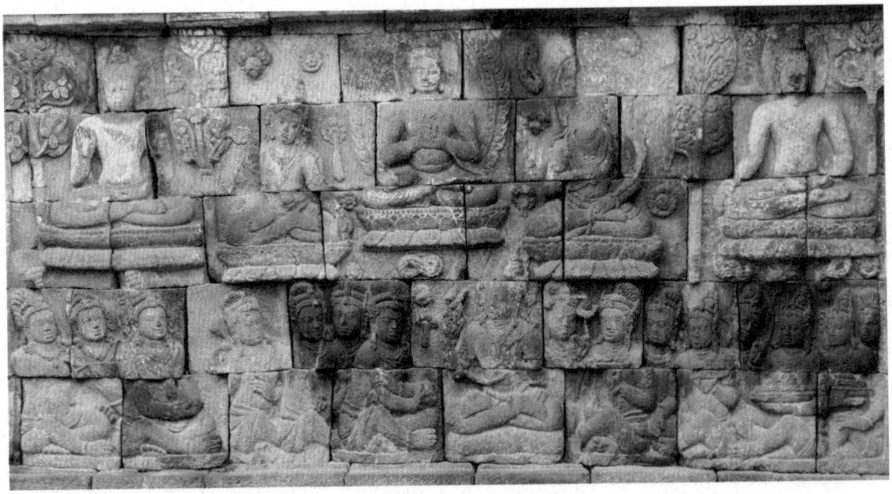

시방세계의 보살이 삼업청정(三業淸淨)하여 번뇌를 멸진하는 장면(IV. A. 6)

있다.'라고 선재동자를 가르치고 있다. 게다가 휴사 우바이도 '시방의 부처' 이야기를 한다.

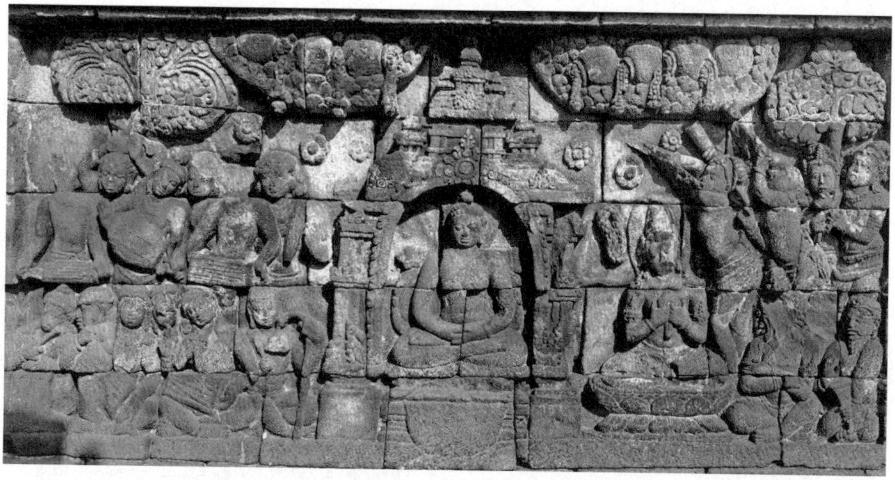

보현보살의 행원을 힘으로 석가에게 음악을 공양하는 장면(Ⅳ. A. 7)

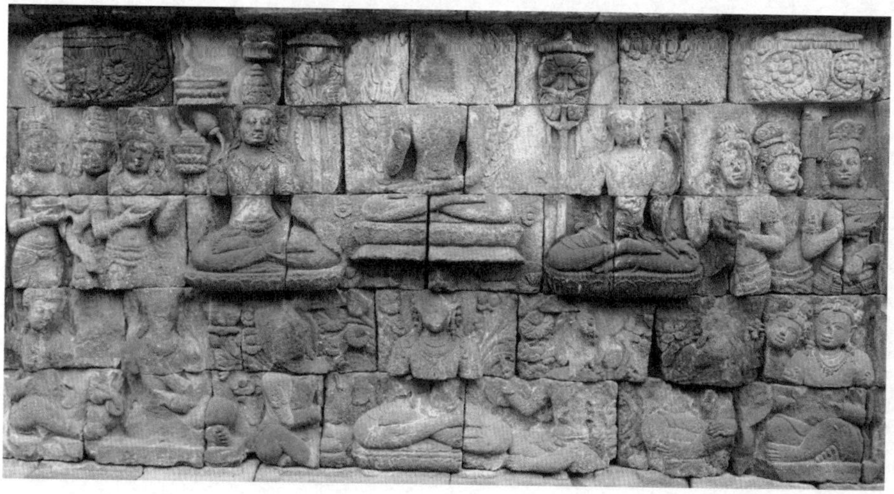

보현보살 머리 위에 석가(중앙), 관음보살(왼쪽), 금강수보살(오른쪽)이 출현하는 장면(Ⅳ. A. 8)

그리고 비목다라 선인은 오른손으로 선재동자의 머리를 쓰다듬자 선재동자는 삼매의 상태에 들어가 '무수한 부처님이 있는 곳'에 있었다고 쓰여 있다. 불탑 안에 석가가 결가부좌하고 선재동자왼쪽와 보현보살오른쪽이 예배하는 장면IV. A. 13도 인상 깊다. 선현善現 비구, 부동 우바이, 안주 장자도 역시 선재동자에게 '무수한 부처님을 보았다'고 가르치고 있다. 결론적으로 말하면 '처처 유불處處有佛'의 세계를 가시적으로 표현한 것이 제4회랑의 주벽 부조라고 생각한다.

이렇게 선재동자는 방문한 선지식에 의해서 많은 부처님의 모습을 볼 수 있었다. 이것은 '삼매'를 통해 볼 수 있는 것으로 선재동자는 기본적으로 '석가의 경계를 기원'하는 사람이었기 때문에 삼매를 통해서 최종적으로 많은 부처님을 만날 수 있었던 것이다.

제4회랑의 주벽에 많은 불상을 반복하여 묘사한 것은 선재동자의 수행보살행 완성을 표현한 것이다. 그 많은 부처님을 보고 불계에 들어가 유행하는 보살행은 신통

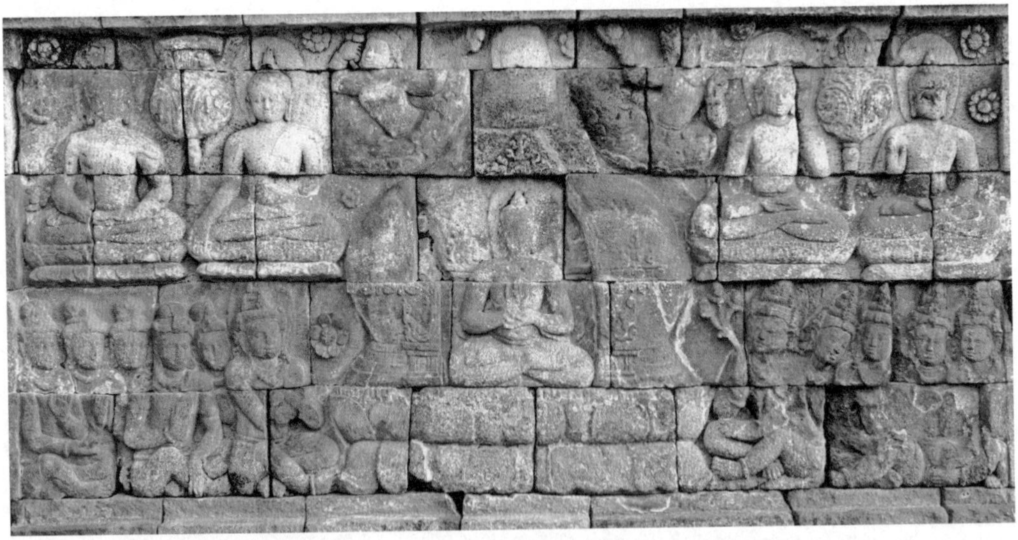

불탑 안에 석가가 결가부좌하고, 선재동자(왼쪽)와 보현보살(오른쪽)이 예배하는 장면(IV. A. 13)

력에 의해 가능해진다. 그 신통력에 의해서 선재동자는 신체를 공중에 부상시켜 공중을 자유자재로 비행할 수 있다.

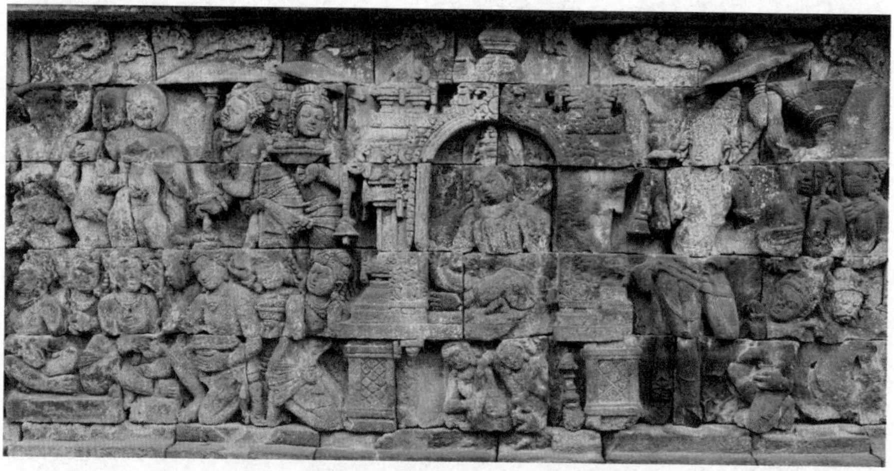

대승보살이 육바라밀 실천의 행도를 성취한 장면(Ⅳ. A. 19)

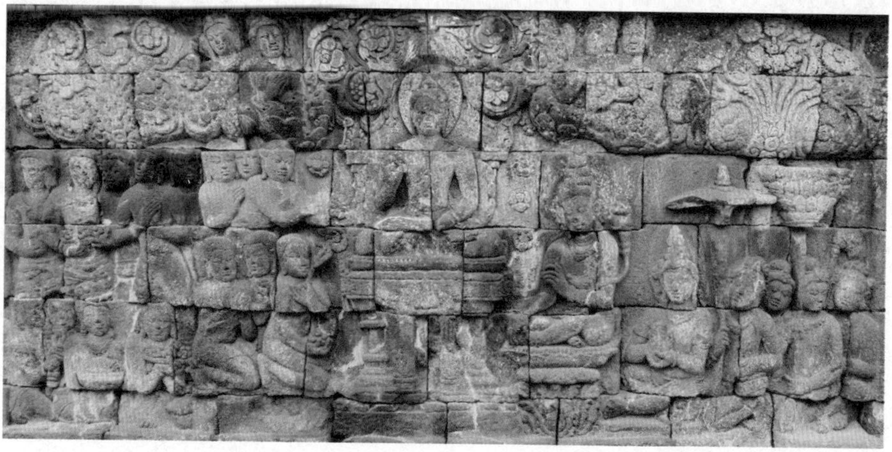

석가 예배 공양(왼쪽: 비구, 중앙: 석가, 오른쪽: 보현보살, 선재동자, Ⅳ. A. 21)

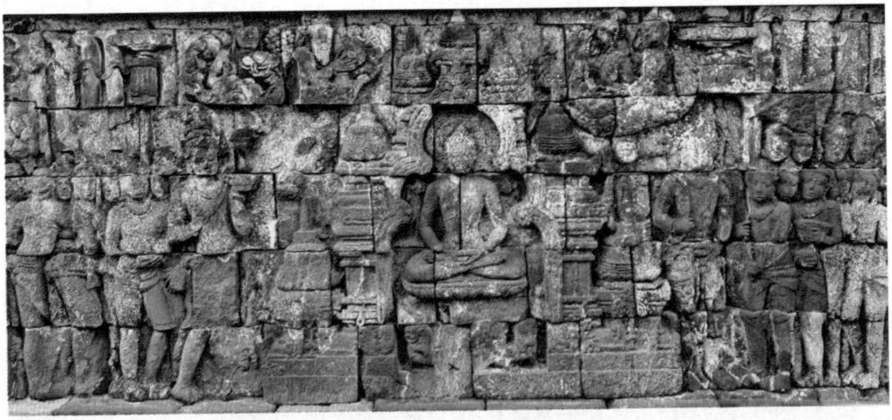

십지행의 하나인 조불 조탑을 찬양하는 장면(Ⅳ. A. 26)

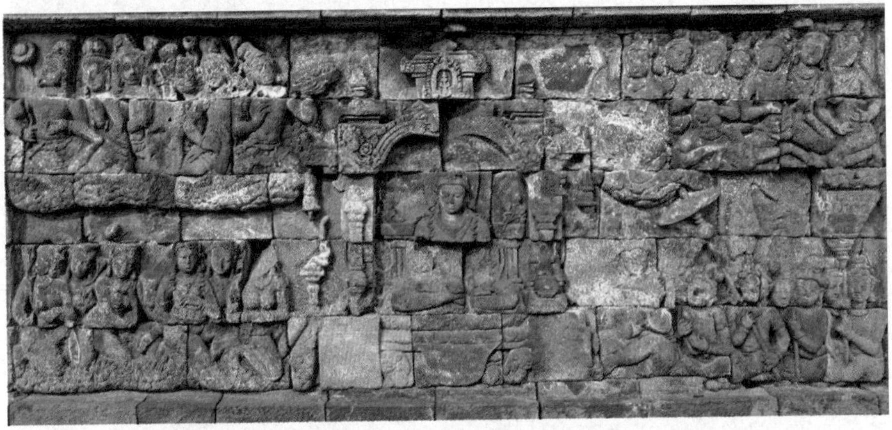

구반다(증장천왕의 부하로 말머리와 사람 몸을 하고 있는 귀신)가
보현보살의 설법을 듣는 장면(Ⅳ. A. 30)

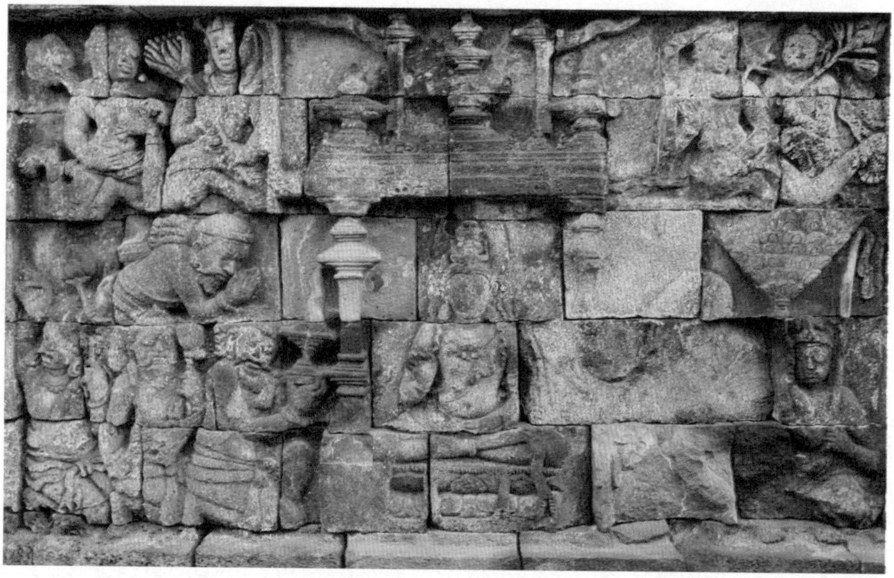

천인(오른쪽 상), 야차(오른쪽 중), 구반다(오른쪽 하), 인간에게 설법하는 장면
(『화엄경 입법계품』 제18게송, Ⅳ. A. 33)

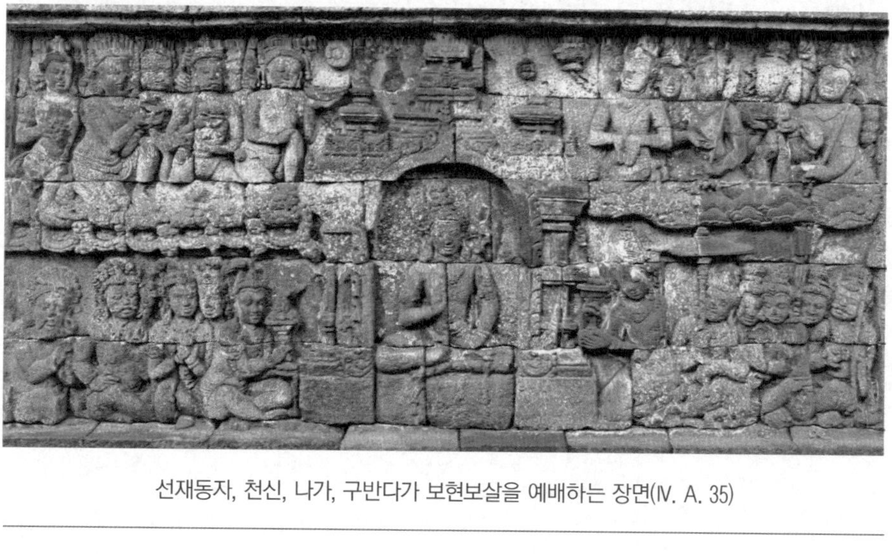

선재동자, 천신, 나가, 구반다가 보현보살을 예배하는 장면(Ⅳ. A. 35)

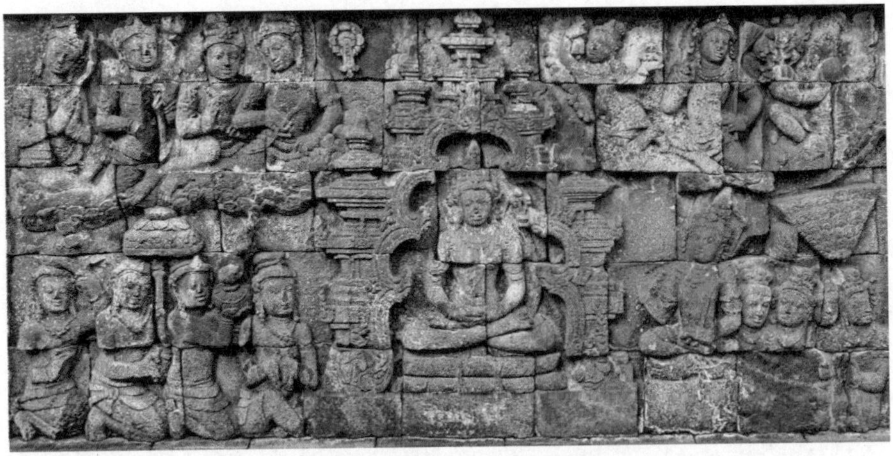

선재동자가 보현보살을 예배하는 장면(Ⅳ. A. 36)

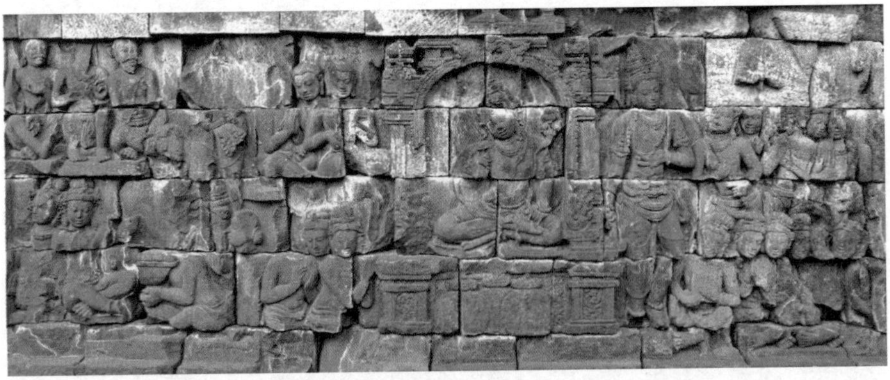

선재동자가 문수보살을 찾아가는 장면(Ⅳ. A. 44)

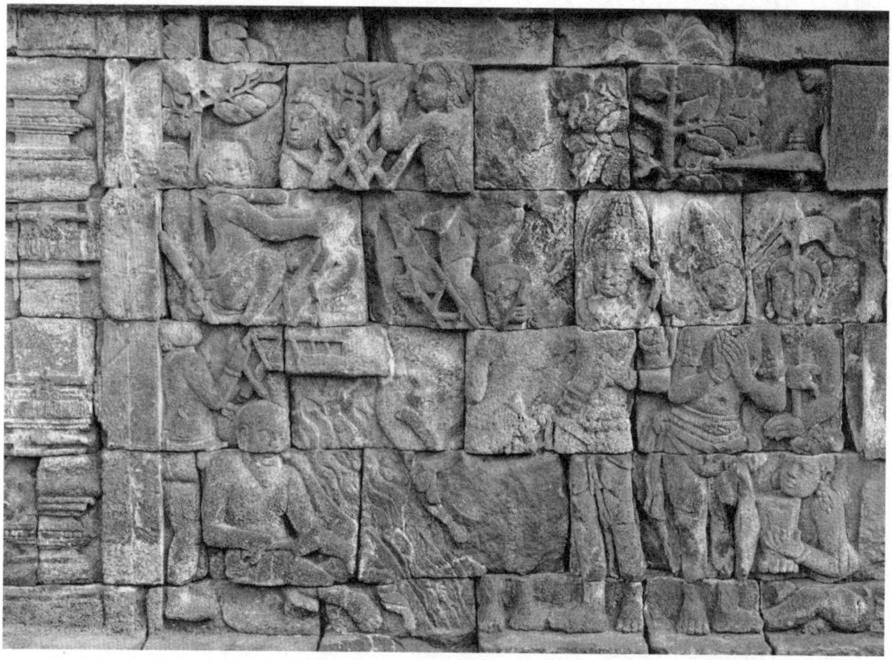

다리를 만들어 강을 건너가는 장면(『화엄경 입법계품』 제29게송, Ⅳ. A. 46)

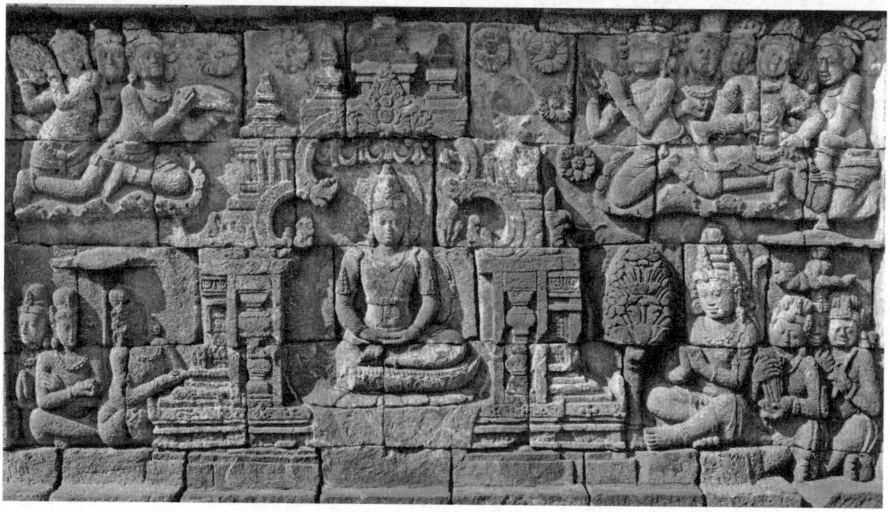

선재동자가 보현보살을 예배하는 장면(Ⅳ. A. 51)

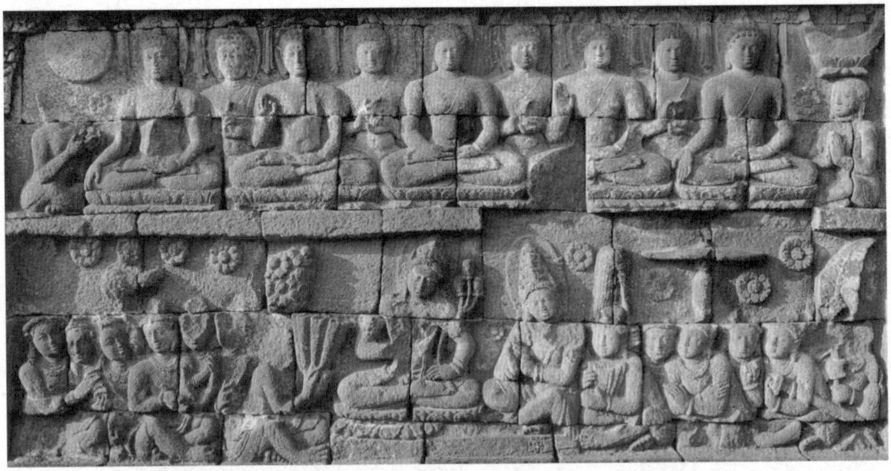

보현보살이 선재동자에게 과거의 불도 수행을 가르치는 장면(Ⅳ. A. 53)

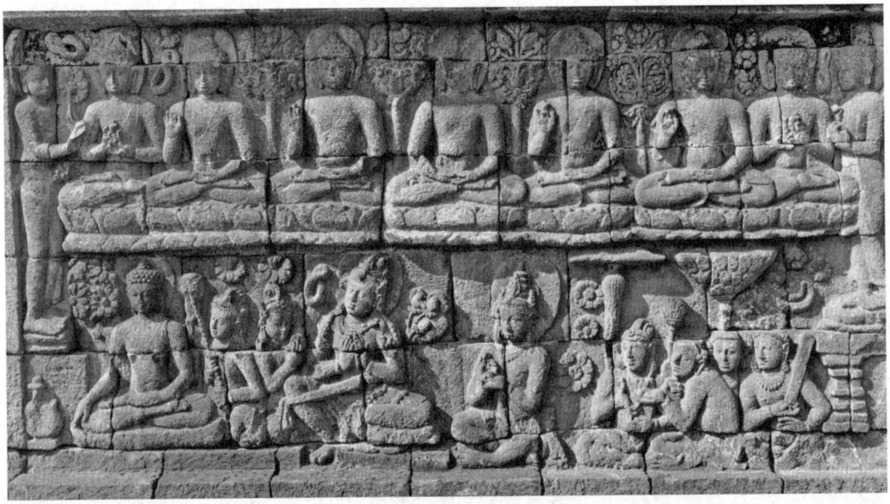

선재동자가 삼매(三昧)를 통해서 많은 부처를 알현하는 장면(Ⅳ. A. 54)

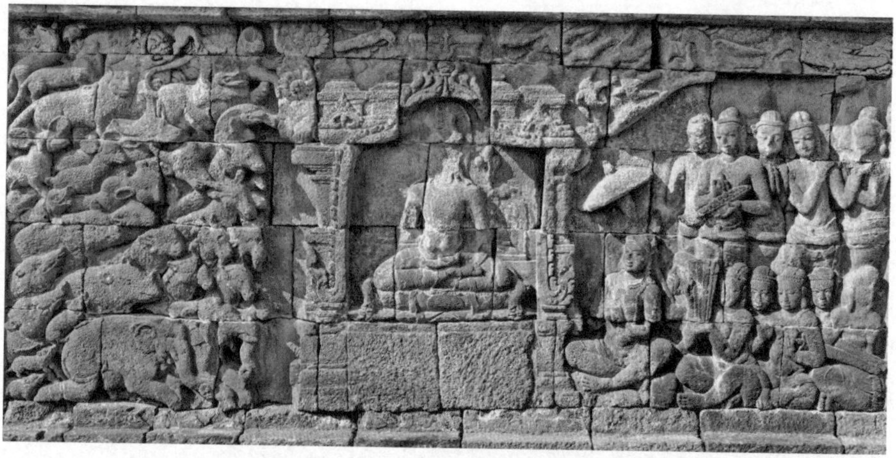

백수가 보현보살의 설법을 듣는 장면(Ⅳ. A. 55)

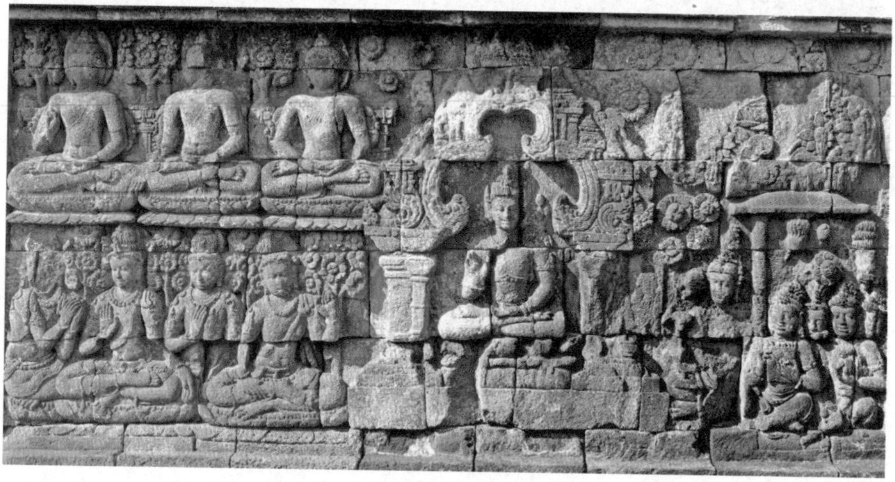

보현보살이 선재동자에게 여래이타(如來利他)의 대행(大行), 대비력(大悲力)의
실천을 가르치는 장면(Ⅳ. A. 56)

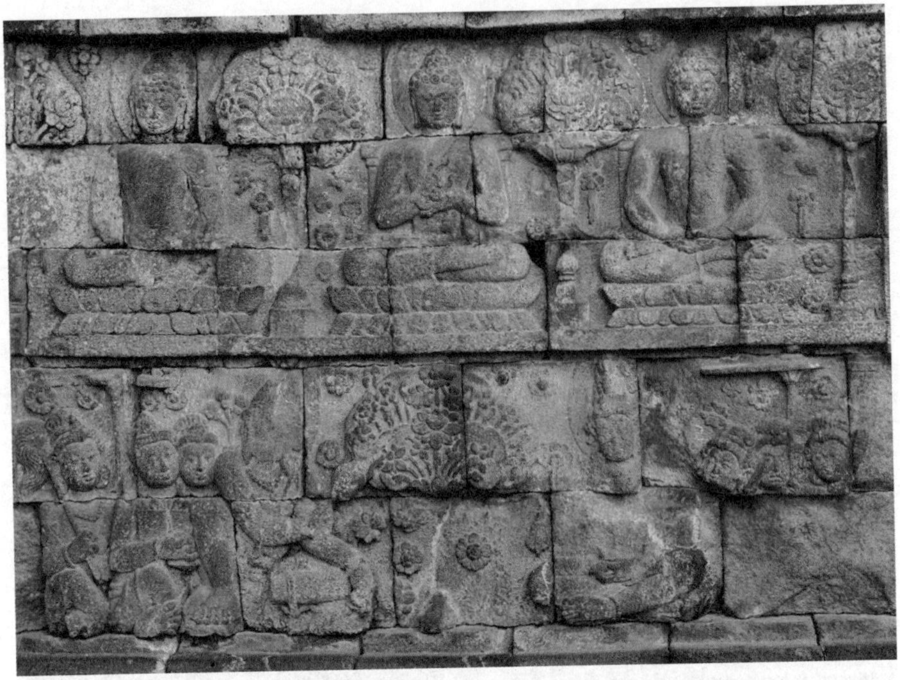

선재동자가 삼매(三昧)를 통해서 삼세불을 알현하는 장면(Ⅳ. A. 59)

부조 Ⅳ. A. 60의 오른쪽은 선재동자가 환상의 미륵궁을 보는 장면이다. 이 평방은 선재동자의 공중 부상을 묘사하고 있다. 같은 화면에 선재동자를 4번이나 묘사하고 있다. 오른쪽이 아직 지면을 걷고 있는 선재동자이다. 그 후 선재동자는 연꽃을 타고 날아서 공중을 비행하는 모습이 왼쪽에 새겨져 있다. 선재동자가 지면에서 떠오르면서 날아가는 과정을 활동 사진처럼 묘사하고 있다. 히카타 박사는 제4회랑 주벽 부조 Ⅳ. A. 60의 주인공을 보현보살로 추정하고 있다.

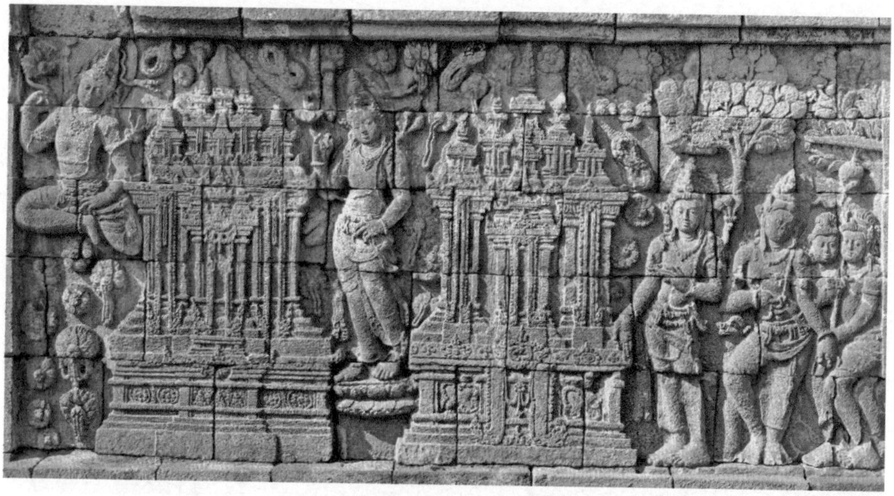

미륵궁에서 선재동자가 하늘을 나는 장면(Ⅳ. A. 60)

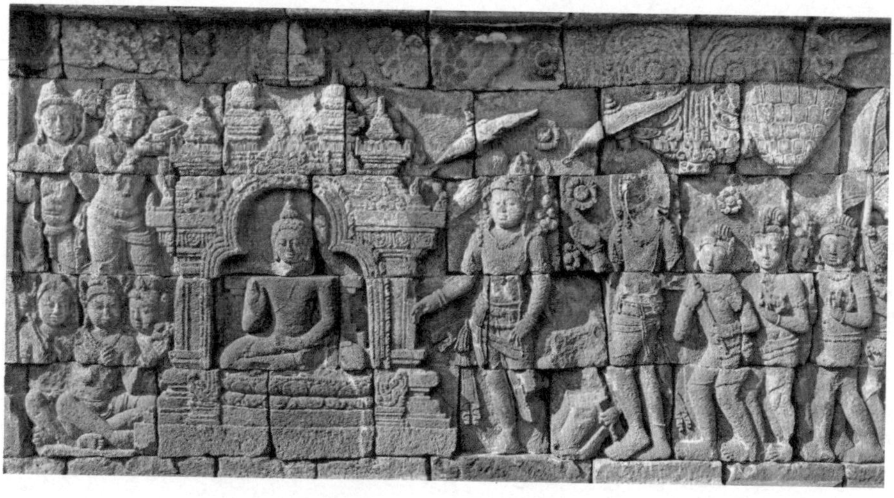

선재동자가 자자존(慈子尊)보살과 해후하는 장면(Ⅳ. A. 62)

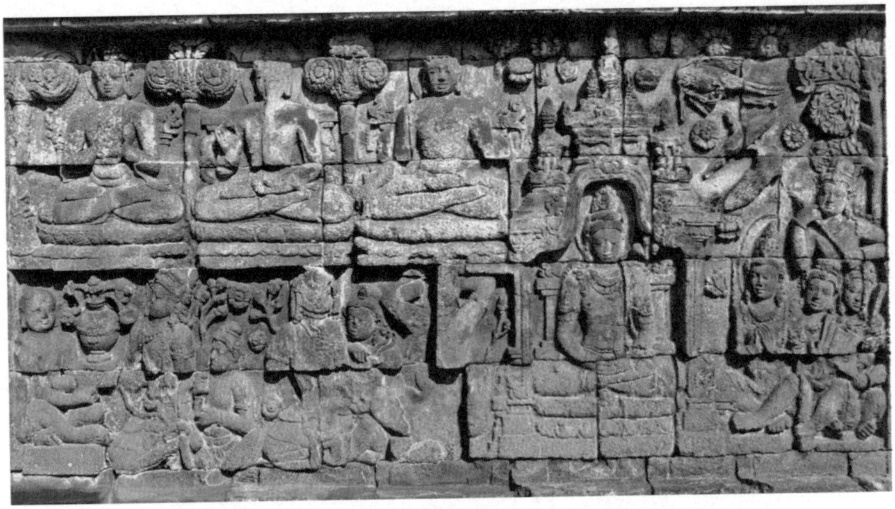

선재동자가 금강수보살과 해후하는 장면(Ⅳ. A. 65)

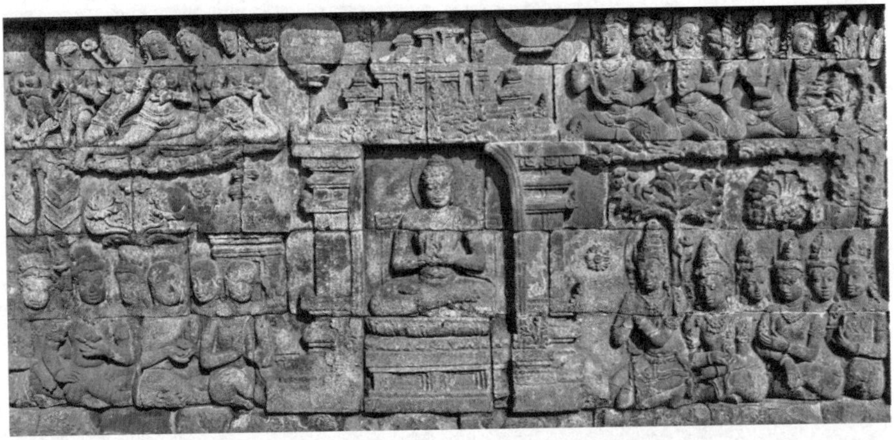

제불이 충만한 무량광 궁의 장면(중앙: 초전법륜의 아미타불, 왼쪽: 보현보살,
오른쪽: 선재동자, Ⅳ. A. 70)

03

제4회랑 난순 부조Ⅳ. B. 1~184

제2회랑에서 제3회랑에 오르면 회랑 양 벽면의 주벽과 난순에 부조가 이어진다. 그러나 제4회랑에 오르면 보로부두르 주벽 부조의 중요 주제인 선재동자 순례기가 주벽에 새겨져야 마땅한데 그와 다르게 난순 벽면에 연속해서 새겨져 있다. 즉 제4회랑 주벽에는 선재동자가 보살행을 깨우쳐서 '처처 유불'의 불국토 이상향理想鄕을 부조로 가시적으로 표현한 것이다. 이러한 주벽의 부조를 강조하기 위해서 제4회랑 난순에 선재동자 순례기가 다시 등장한다. 선재동자가 보살행을 깨달아 보살의 경지에 이르게 된 것은 선지식을 찾아서 가르침을 받았기 때문이다.

제4회랑 난순은 선재동자가 미륵보살과 해후하는 선재동자의 순례기로 시작한다. 제4회랑 부조 Ⅳ. B. 1~47의 선재가 미륵보살과 해후하여 가르침을 받은 장면이다. 제3회랑에서 생략했던 『화엄경 입법계품』의 한 장면 한 장면을 극명하게 새겨놓고 있다.

『화엄경 입법계품』을 주제로 하는 유품은 전술한 것 같이 우리나라, 중국, 일본에 몇 개의 유품이 알려졌는데 이들 도상이 보로부두르 부조에 영향을 주었다고는 생각할 수 없다. 자바는 물론 동남아시아에도 『화엄경 입법계품』의 조형 표현은 보로부두르 이외에 알려지지 않았다. 『화엄경 입법계품』의 회화 유품으로서는 네팔에서 발견된 11~12세기 초기의 삽화 사본이 있다. 그러나 그림이 그려진 장면이 극히

적고, 1번에 등장하는 인물은 3명 이내로 대부분은 선재동자가 선지식을 만나는 장면과 선재동자가 혼자서 여행하는 광경이다. 이 간단한 도안 때문에 경전에 따라서 특정한 선지식을 방문한 장면을 구체적으로 그린 삽화라기보다는 사본寫本을 장엄하기 위한 그림이다. 『화엄경 입법계품』은 네팔에서 가장 숭배된 9개의 경전 중에 두 번째로 중히 여겨지는 경전이지만, 이 삽화 사본 이외에는 유품이 남아 있지 않다.

최근에 북서 인도 다보 승원의 대일당大日堂에서 11세기 벽화가 발견되었다. 선재동자가 선지식을 방문하는 장면이 순서대로 그려져 있지만, 보로부두르와 비교할 수 없을 정도로 화면 수가 적다. 다보 승원의 벽화에 일도다경一圖多景의 표현이 많이 있다. 이 점은 보로부두르 부조 표현 방식과 현저한 상이점이다. 예를 들면 문수보살의 누각에 선재동자가 도착하면 문수보살은 1000유순의 저쪽에서 손을 뻗쳐 선재동자의 머리를 쓰다듬은 정경을 표현하는데, 구름에서 나온 팔을 4번이나 되풀이해서 그리고 있다. 보로부두르에서는 한 부조에 한 장면만 표현하는 것이 기본이다. 물론 한 부조에 두 장면1도 2경 혹은 한 부조에 세 장면1도 3경이 전혀 없는 것은 아니다. 또한, 제4회랑 주벽 Ⅳ. B. 60과 같이 선재동자(보현보살?)를 4번이나 되풀이한 부조는 예외적이다. 따라서 인도의 다보 승원 벽화와 보로부두르 부조의 유사점은 인정할 수 없다.

보로부두르의 『화엄경 입법계품』 부조는 어떠한 설계 아래서 어떻게 배치된 것일까? 보로부두르 부조는 설계자감독자, 조각가가 선례의 도상을 본받아서 제작한 것인지 혹은 어떠한 대본교본에 따라서 새롭게 도상을 고안한 것인지, 둘 중에 하나이다. 그런데 보로부두르의 『화엄경 입법계품』 부조에 선행하는 유품은 지금까지 발견되지 않았다. 네팔의 사본이나 북인도의 다보승원 벽화도 보로부두르의 도상과 관계가 없다. 또 보로부두르의 구기단, 제1~4회랑의 주벽과 난순의 『가루마비항가』Karmavibhanga, 『랄리타비스타라』Lalitavistara, 『자타카』Jataka, 『아바다나』Avadana의 이야기 부조와 직접 관련하는 유품은 알려지지 않았다.

물론 인도에 불전도나 전생담의 부조가 전혀 없는 것은 아니다. 인도 중부 지방에서 기원전 2세기 불전도와 전생담의 부조를 제작하였다. 불전도는 기원 2세기에 마투라 지방과 간다라 지방에서 제작하기 시작한다. 기원전 1세기의 바르후트 탑의 난간과 기원 1세기의 산치 대탑에 불전도와 전생담의 부조가 새겨져 있다. 바르후트 탑의 부조는 평편한 나열식이고, 산치 대탑은 입체적이라는 양식적 차이는 있지만, 불전도와 전생담을 부조로 새겨놓고 있다.

예를 들면 바르후트 탑과 산치 대탑에는 보로부두르와 양식적으로 유사한 불전도의 부조가 새겨져 있다. 바르후트 탑 불전도의 '마야부인의 태몽(석가의 잉태)' 부조, 전생담 '수사슴 루루 이야기' 부조와 '위대한 원숭이 왕 이야기' 부조가 있다. 위대한 원숭이 왕 부조는 산치 대탑에도 새겨져 있다. 물론 보로부두르는 여러 장면을 사용하여 구체적이며 입체적으로 표현하고 있는 점은 다르지만, 보로부두르의 제작자가 인도불교와 불교미술을 잘 알고 있었을 가능성이 크다. 따라서 인도 산치 대탑의 부

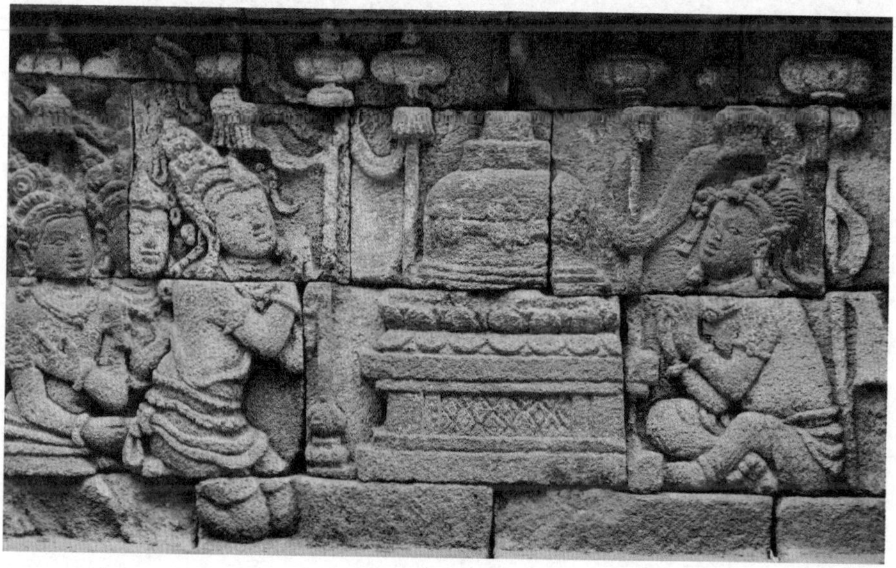

불탑 공양(IV. B. 7)

조와 보로부두르의 불전도와 전생도의 영향 관계는 부정할 수 없다. 특히 전생담 조각은 우리나라와 같이 간다라 지방에서는 전혀 제작하지 않았고 마투라 지방에서만 성행했다. 그 때문에 보로부두르의 전생도의 원류는 마투라 지방이다.

하지만 보로부두르 제2~4회랑 주벽과 난순의 부조는 인도에서 그 유례를 찾아볼 수 없는 부조이다. 따라서 『화엄경 입법계품』의 부조는 인도 혹은 선례의 도상을 참고로 하여 제작했을 가능성은 없다. 7세기 말, 스리위자야 왕국의 불교 연구가 매우 높은 수준에 있었던 것은 의정義淨의 기록에서 잘 알려졌다. 10세기에 동인도의

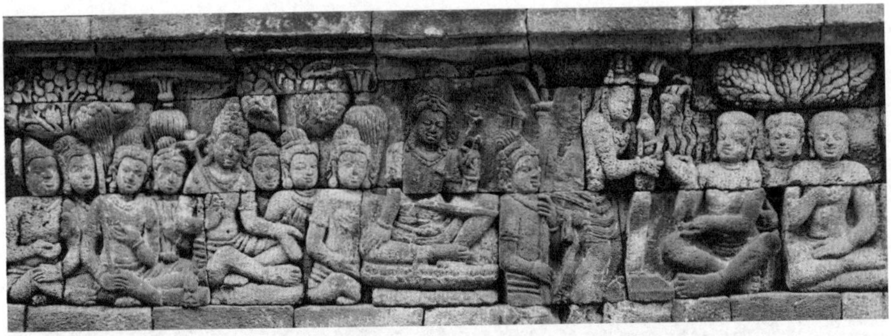

미륵보살의 설법하는 장면(Ⅳ. B. 8)

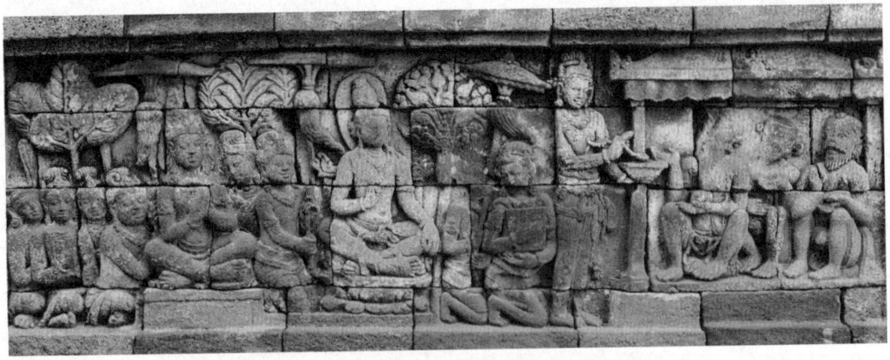

선재동자와 미륵보살이 이교도에게 보시하는 장면(Ⅳ. B. 10)

고승 아티샤가 수마트라에 와서 수행했을 정도이다.

이 시기 불교 신앙의 중심지는 인도가 아니라 인도네시아의 수마트라와 중부 자바였다. 따라서 보로부두르 설계자는 인도인이 아니라 인도네시아 사람이었을 가능성이 크다. 7세기의 스리위자야 왕국은 대승불교 연구의 중심지였고, 이러한 영향은 8세기 중부 자바에 파급하여 자바인이 보로부두르를 계획·설계·완성한다. 필자는 보로부두르 불상·부조의 배치를 포함하는 전체 구성에서 그 도상 제작에 이르기까지 자바인 승려가 지휘했던 것으로 생각한다.

보로부두르의 『화엄경 입법계품』의 부조 도상이 선례를 따르지 않은 것은 명백한 사실이다. 그렇다면 조각가에게 도상을 지시하는 교본시나리오 같은 것이 있었을 가능성이 크다. 그 교본은 부조 도상의 특색을 고려하면, "『화엄경 입법계품』에서 부조할 수 있는 특정 자구를 추출했다기보다는 요점만을 정리하여 조각가에게 알기 쉽게 정리한 것메모와 그림으로 생각한다. 이러한 추정의 근거는 구기단의 카위어로 새겨진 메모이다"고에즈카 다케시.

게다가 그 교본의 작성에 즈음하여 참조한 경전은 현재 전하는 산스크리트어 원전과는 다른 경전이었을 것이라는 고에즈카 다케시의 연구는 앞으로 충분히 검토할 필요가 있다. 보로부두르의 『화엄경 입법계품』 부조를 비정하기 위해서는 우선 산스크리트어 원전이나 한역본을 참조해야 하지만 반드시 산스크리트어 원전 내용을 자구대로 조형했다고 생각할 필요는 없다. 또한, 한역본의 경전은 보로부두르 부조 제작과는 직접 관련이 없다. "보로부두르의 부조는 신자에게 선재동자의 편력을 시각적으로 이해시키기 위해서 제작한 것으로 그 자체가 하나의 경전이었다."라고 고에즈카는 지적하고 있다.

보로부두르의 부조는 누구나 알 수 있는 인과응보를 가르치는 구기단에서 시작하여, 제1회랑에서는 석가의 일대기탄생에서 최초의 설법까지와 자카타, 아바다나 이야기, 그리고 제2~제4회랑에서는 석가의 설법 내용을 대표적인 대승경전 『화엄경 입법계품』과 『보현행원찬』으로 표현하고 있다.

원 운동은 자바 성지순례의 특징이다. 이 보로부두르라고 하는 거대한 건조물은 동쪽에서 시작하여, 북, 서, 남남반구의 시곗바늘 방향으로 해서 일주하는 것 그 자체가 말 그대로 순례이다. 그리고 부조를 찾아서 일주하며 1층 1층 위의 회랑으로

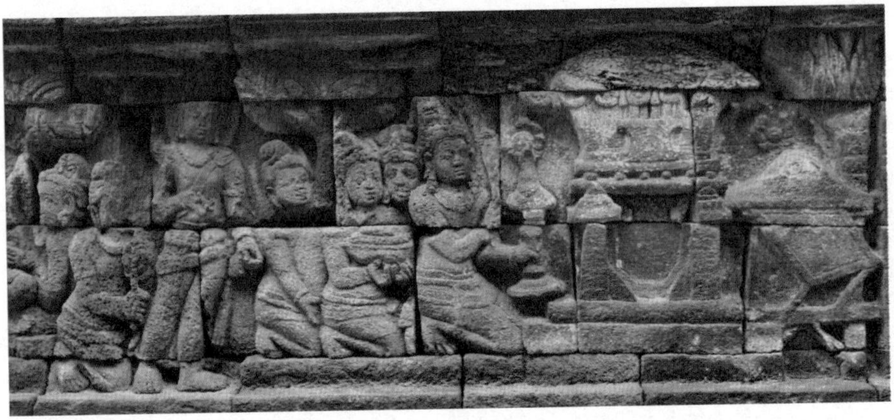

영묘(빈소)를 참배하는 선재동자(Ⅳ. B. 14)

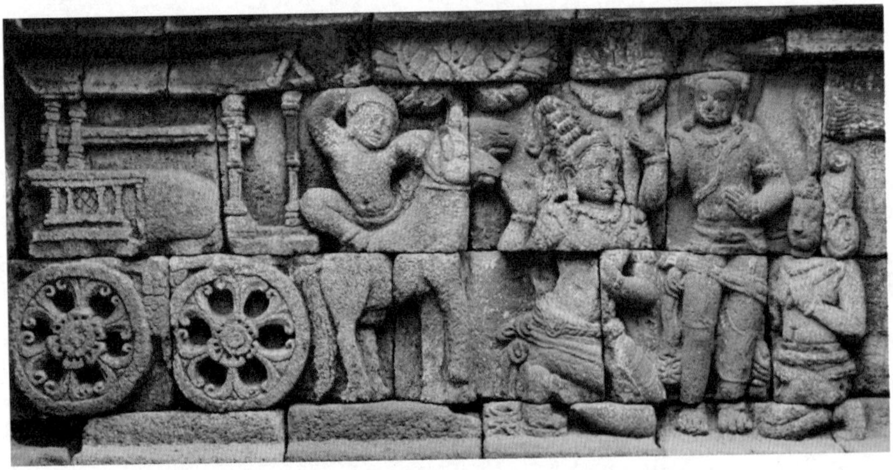

선재동자가 마차를 타고 선지식을 찾아 순례하는 장면(Ⅳ. B. 17)

올라가는 행위는 선재동자가 선지식을 방문해서 조금씩 높은 경지에 이르러 최후에는 깨달음의 세계, 즉 법계에 들어가는 것을 신자에게 구체적으로 체험시킨 것이다. 제4회랑의 부조야말로 보로부두르의 가장 극적인 장면으로 깨달음 세계의 불국토를 구체적으로 가시화한 것이다. 제4회랑에서 부조 이야기는 끝나고 3층의 원단으로 이어진다.

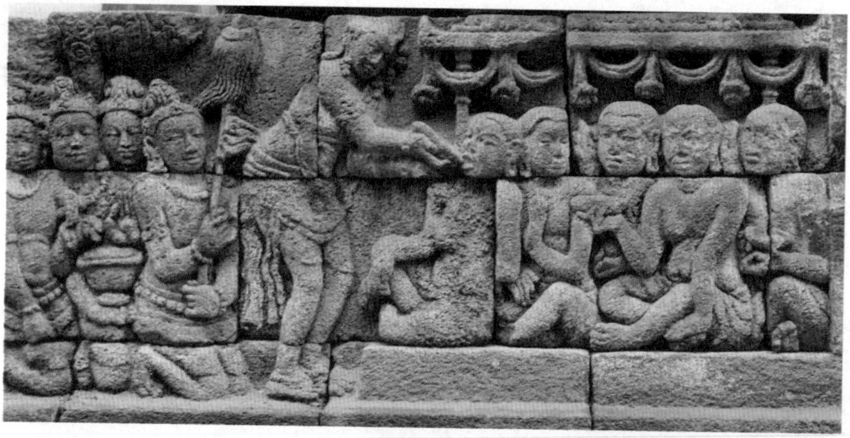

선재동자가 병자에게 약을 보시하는 장면(Ⅳ. B. 19)

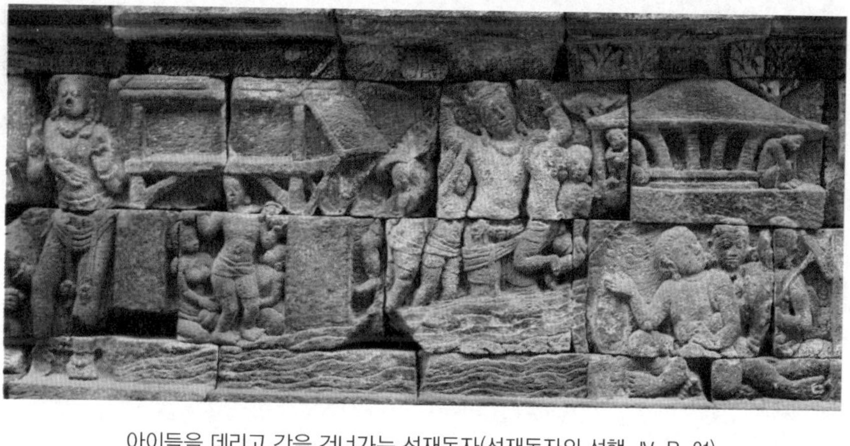

아이들을 데리고 강을 건너가는 선재동자(선재동자의 선행, Ⅳ. B. 21)

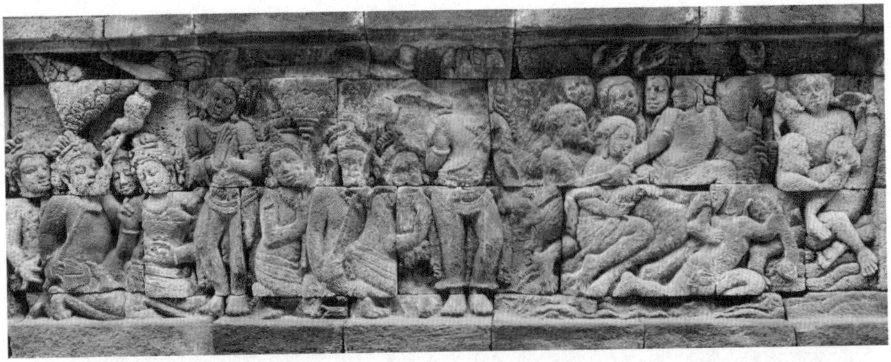

선재동지기 말 주인이 되어서 사람을 구호하는 장면(선재동자의 선행, Ⅳ. B. 22)

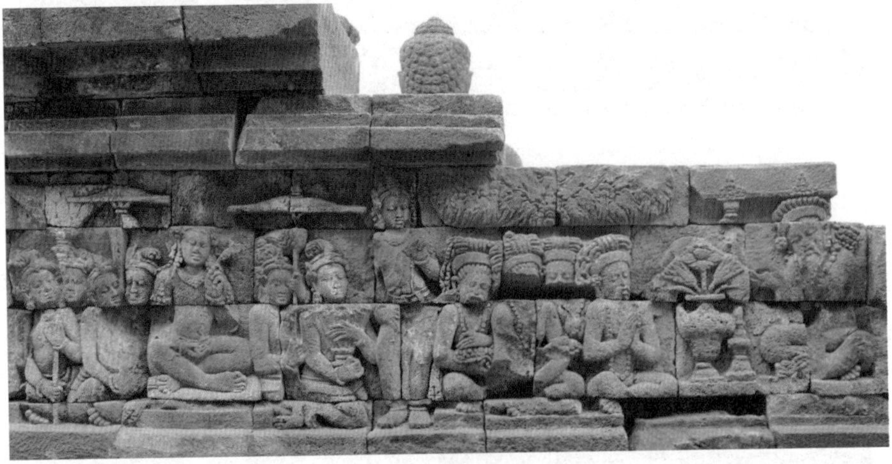

브라만의 법회를 듣는 선재동자와 미륵보살(Ⅳ. B. 24)

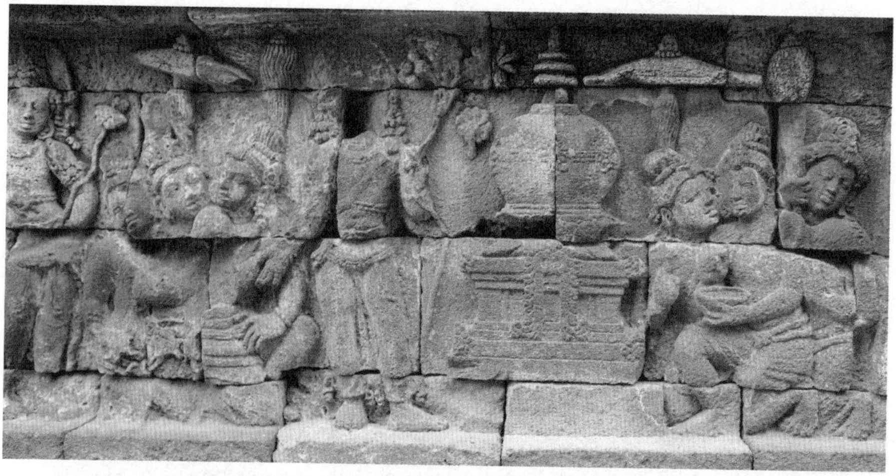

불탑 공양(Ⅳ. B. 33)

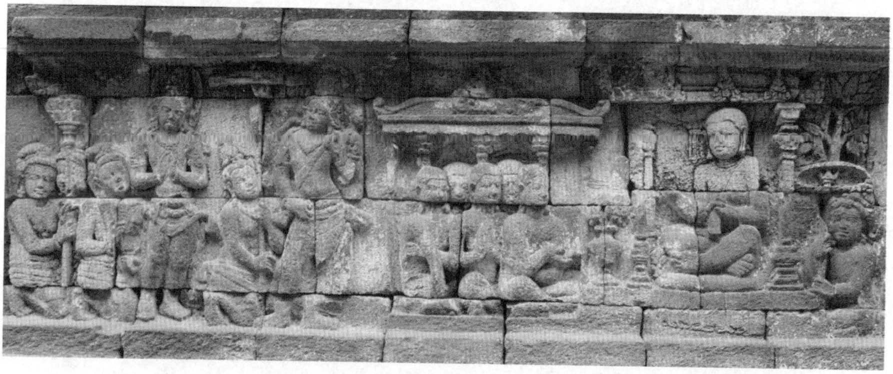

선지식을 찾아 순례하는 미륵보살과 선재동자(Ⅳ. B. 35)

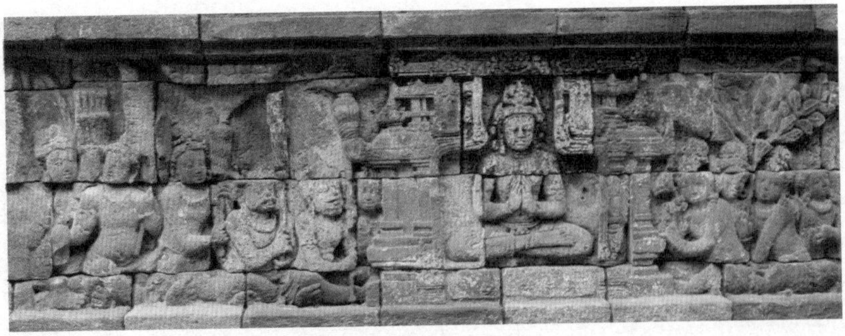

미륵보살의 설법 장면(Ⅳ. B. 39)

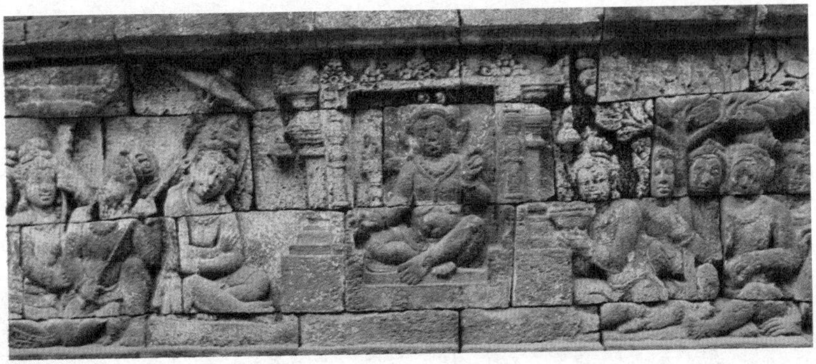

변우동자의 가르침을 받은 선재동자?(Ⅳ. B. 43)

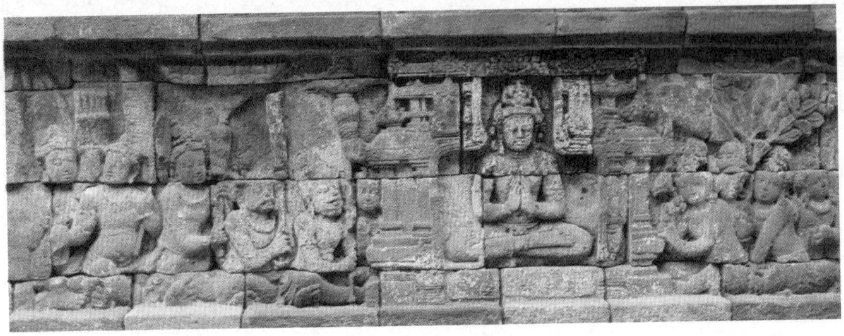

미륵보살의 설법 장면(Ⅳ. B. 44)

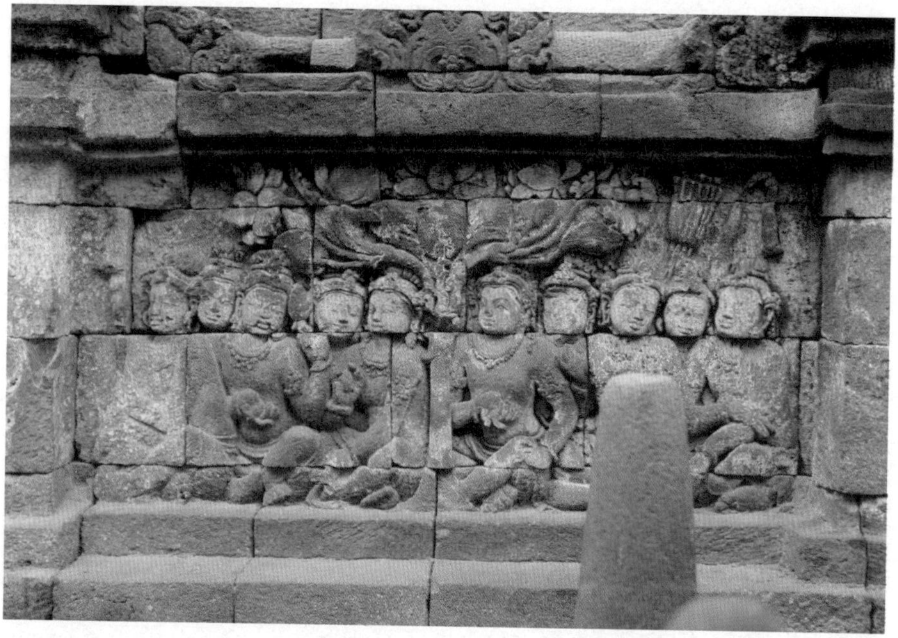

미륵보살의 설법을 듣는 중생(장식 부조, Ⅳ. B. 45~46)

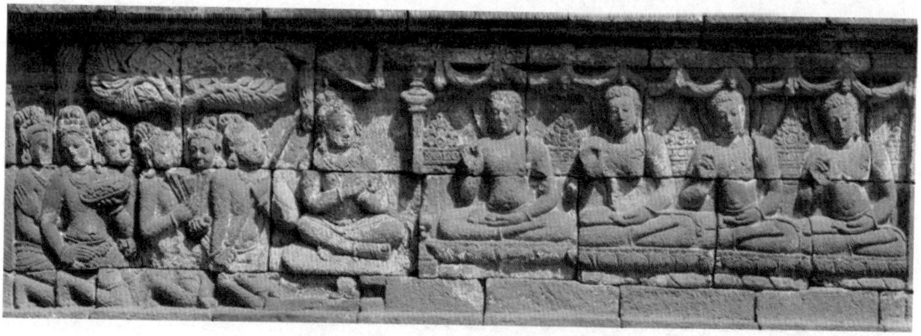

제불을 알현하는 선재동자(Ⅳ. B. 46)

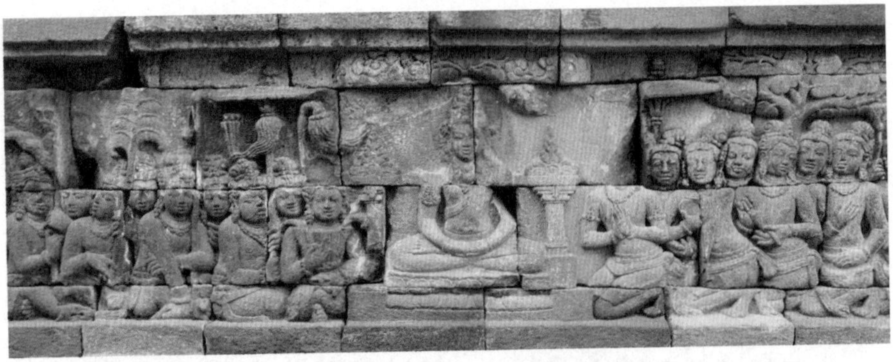

선재동자가 문수사리보살을 만나『화엄경』무진법계연기법에 대하여 가르침을 받는 장면(Ⅳ. B. 52)

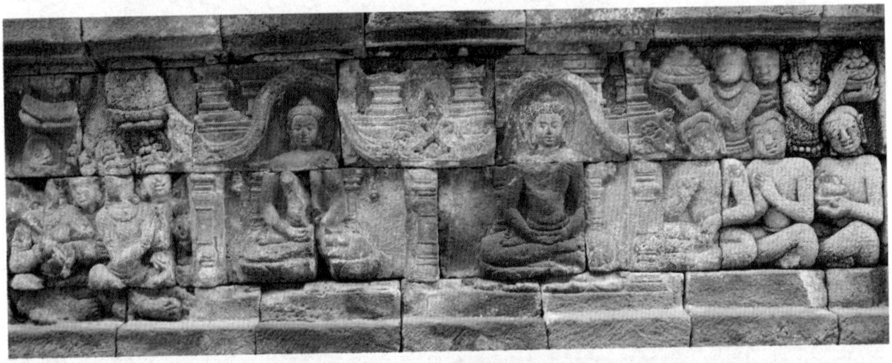

문수사리보살에게 가르침을 받은 선재동자(Ⅳ. B. 62)

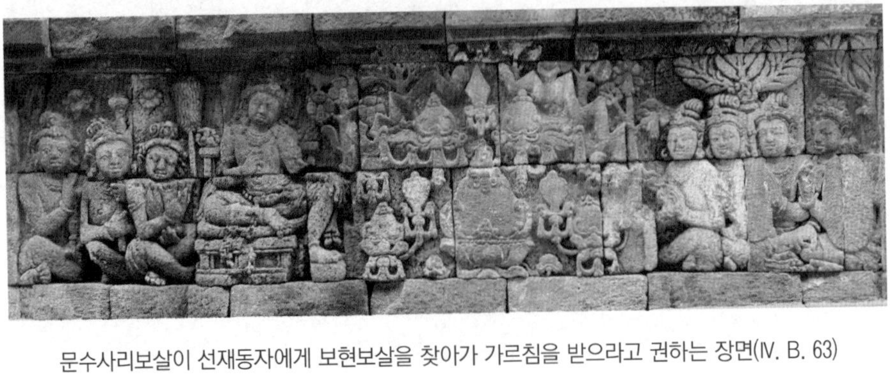

문수사리보살이 선재동자에게 보현보살을 찾아가 가르침을 받으라고 권하는 장면(Ⅳ. B. 63)

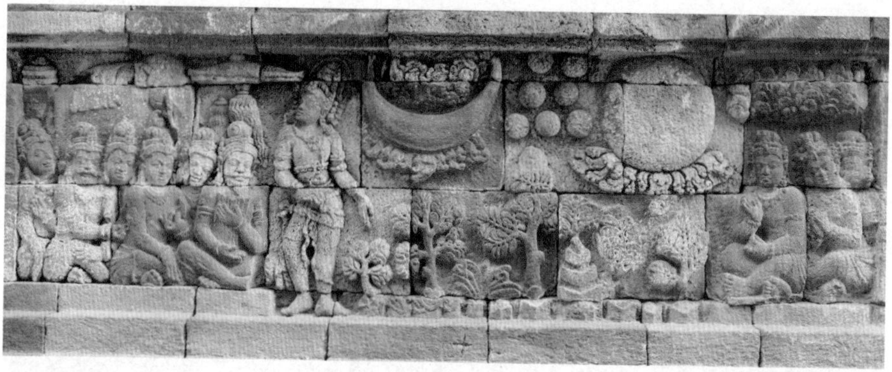

선재동자가 일신, 월신, 제 보살이 지켜보는 가운데 또다시 보현보살을 찾아 순례하는 장면(Ⅳ. B. 66)

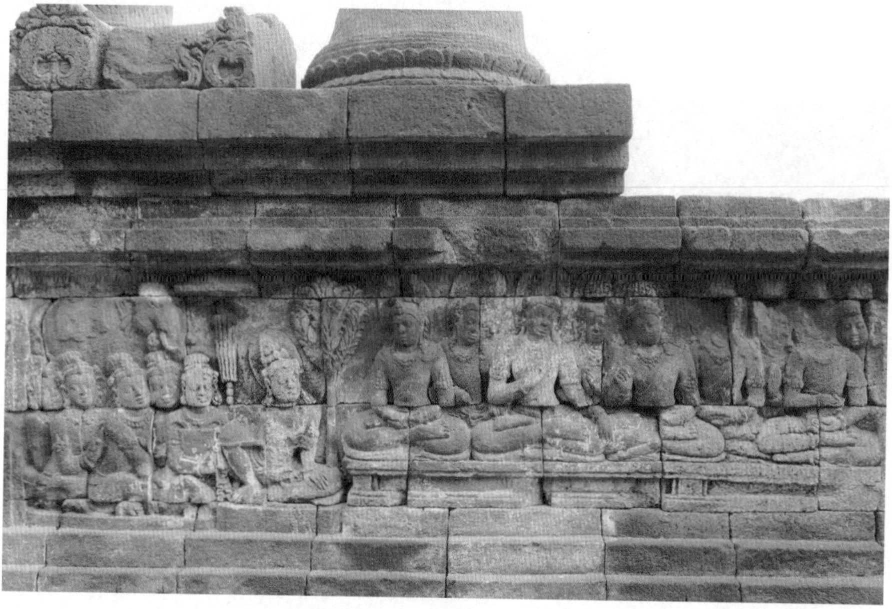

제불을 알현하는 선재동자(Ⅳ. B. 67)

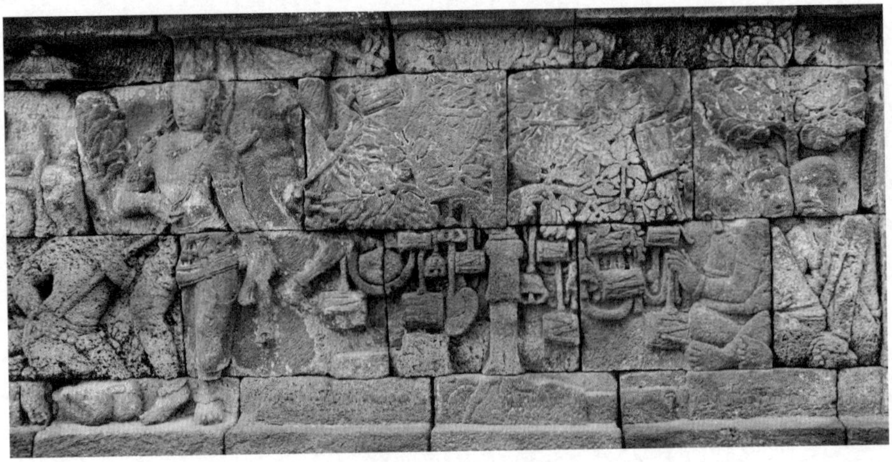

천계수 장식(Ⅳ. B. 75)

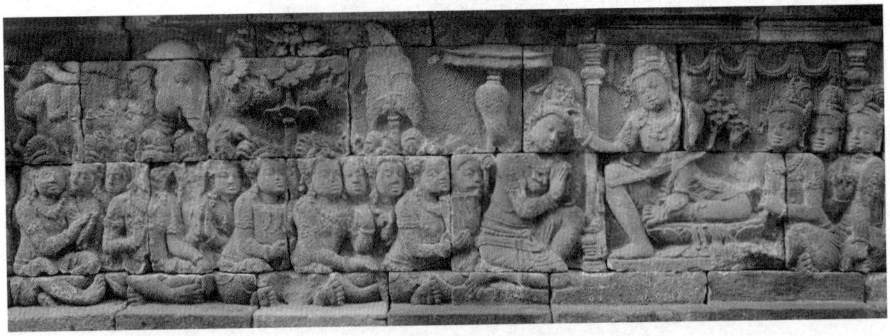

보현보살이 선재동자의 수행과 덕행을 칭찬하여 머리를 쓰다듬어 준다(Ⅳ. B. 82)

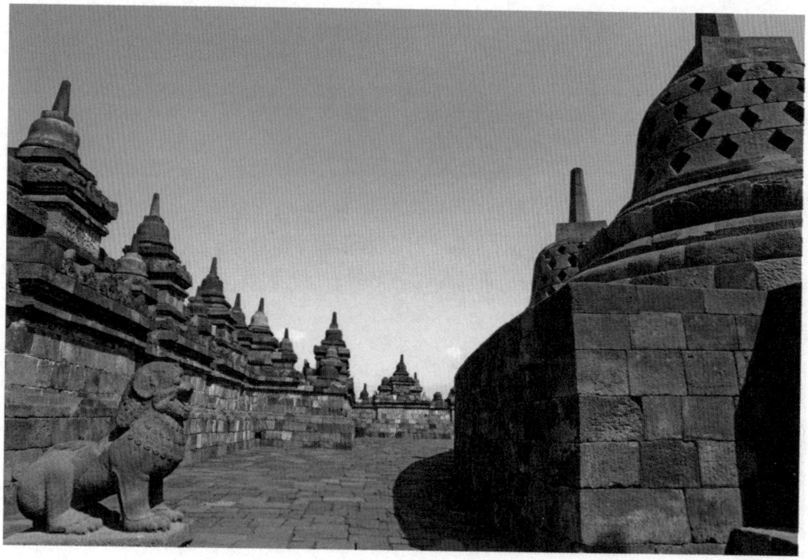

제4회랑의 난순과 원단

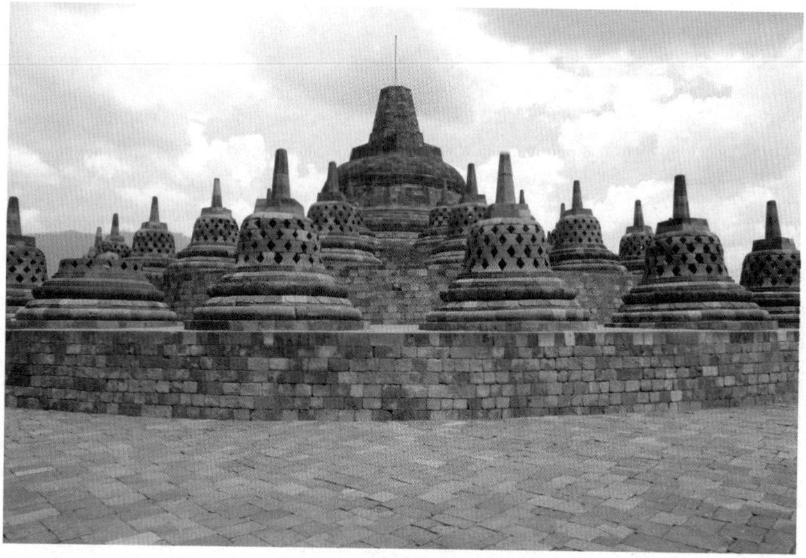

3층 원단

맺음말

불교유적 가운데서 가장 많은 설화를 부조한 보로부두르는 인도네시아의 유네스코 세계문화유산이다. 필자는 보로부두르를 당시 중부 자바를 중심으로 융성했던 사일렌드라 왕가의 '영묘'그에 상당하는 기념물라고 생각한다. 이 성전에 참배하는 사람을 위해서 전 5층의 벽면에 다양한 불교 경전에서 채용한 이야기가 1,460면의 부조로 새

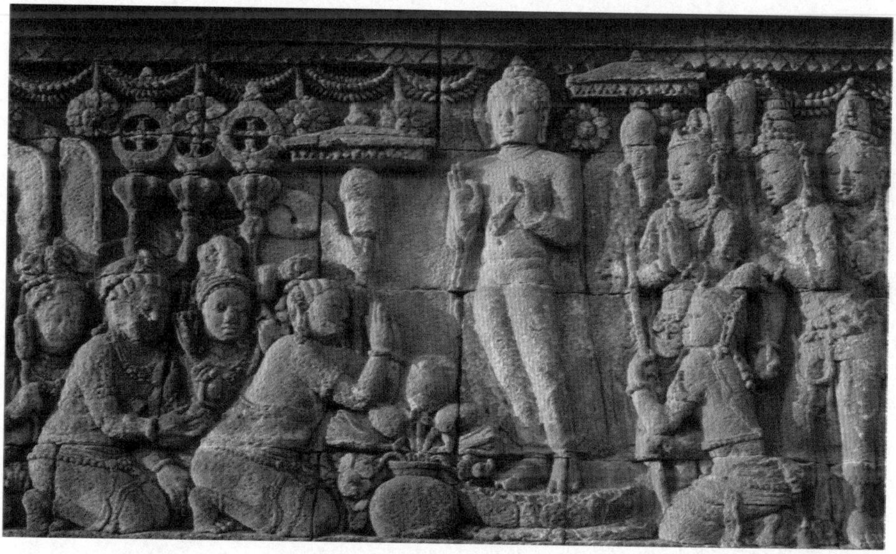

수행 중인 보살을 천인과 용왕이 찬송 예배하는 장면(I. A. a. 91, 부분)

겨져 있다.

창건 당시 보로부두르에는 이들 부조를 해설설법한 승려가 체류하고 있었다는 설이토 쇼지과 제2~제4회랑은 명상하는 데 도움을 주기 위한 부조로 보는 설켐페르스이 있다. 보로부두르의 제작 당시 설계자와 감독자는 불교 경전에 통달하고 있었던 것은 틀림없는 사실이다. 하지만 그로부터 긴 세월이 지나서 이 부조 패널이 어떤 이야기를 새겨놓았는지 알 수 없게 된다. 그래서 20세기 이후에 많은 학자가 이들 부조 해석에 많은 노력을 기울여왔다.

현재도 1,460면 부조 가운데는 어떤 경전에 근거하여, 어떤 이야기를 묘사한 것인지 알 수 없는 장면이 적지 않다. 이러한 부조에는 경전과는 상관없이 당시의 조각가가 단지 넓은 벽면을 전부 메우기 위해서 새긴 부분도 있다. 모호한 보로부두르의 부조 해석을 둘러싸고 '적극인 해석론'과 '신중한 해석론'이 대립하고 있다. 크롬 이후의 '신중론'을 나미카와並河가 비판하여 적극적으로 부조를 해석하고 있다. 하지만 1,460면의 부조를 이 경전 저 경전에 맞춰서 무리하게 해석하는 것은 문제가 있다. 따라서 본서는 지금까지의 연구를 바탕으로 부조 출전이나 그 내용이 어느 정도 명백하게 알려진 부조를 중심으로 소개했다.

이러한 연구의 한계혹은 제약 때문에 제1회랑 난순의 하단 부조, 제3회랑과 제4회랑의 부조는 본서에서 거의 소개하지 못했다. 대학에서 20년 이상 동남아시아의 미술사를 가르치면서 보로부두르의 연구에서 느끼는 복잡한 감정은 '용두사미'龍頭蛇尾와 'Done is better than perfect.'라는 말이다. 제1회랑과 제2회랑의 주벽 부조는 어느 정도 경전 내용을 알 수 있지만, 위에로 올라갈수록 부조 내용이 난해하다.

동남아시아의 오래된 회화 유품은 전혀 남아 있지 않다. 사족이지만 필자가 본서에서 고대 자바에 두루마기 그림과 액자 초상화가 있었다는 것을 밝혔다는 점은 그 나름대로 의의가 있다고 생각한다.

마지막으로 보로부두르는 '무엇 때문에', '왜 만들어졌는지' 필자의 사견을 소개한다.

보로부두르와 같은 형태의 불탑은 인도나 스리랑카에서 전혀 볼 수 없는 구조이다. 유사한 형태의 불탑은 타이, 미얀마, 캄보디아에서 볼 수 있는데, 이들 유적은 보로부두르보다 한참 후대에 만들어진 것이다. 보로부두르가 일반적인 불탑과는 그 형태가 다르다는 점은 지금까지 필자가 각 장에서 명확하게 밝혔다.

또한 보로부두르의 많은 불탑 부조와 자바에 남아 있는 스투파는 인도의 반구형 불탑을 충실히 따르고 있다. 당시 보로부두르의 설계자 · 제작자는 인도의 불탑에 대해서 상세하게 알고 있었고, 보로부두르가 인도의 불탑과는 전혀 형태가 다르다는 점을 충분히 인식하고 있었다. 이점이 바로 보로부두르가 '무엇을 왜 만들었는지'를 밝힐 수 있는 열쇠가 된다.

결론적으로 말하면, 보로부두르는 자바의 선사시대 피라미드 신전에서 유래하는 '영묘'이다. 이러한 계단식 피라미드는 고대 자바에 전해지는 선조숭배의 '분묘형 신전'이었다. 인도네시아 금속기시대의 산악신앙과 조상숭배가 결부한 계단식 피라미드 신전 유적은 수마트라, 자바, 발리에 남아 있다. 보로부두르는 자연의 언덕 위에 인공 산을 만들고, 그 표면에 가공한 석재로 장식한 유적이다. 부조와 불상을 제외하면 단순한 계단식 피라미드의 구조를 하고 있다. 보로부두르는 내부 공간이 없는 것은 외견을 중요시한 설계로 언덕 위에 있는 성산을 연상시킨다. 또한, 사방의 중앙 계단이 만들어진 점은 정상에 올라가 제사를 지내는 제장祭場의 성격을 명확하게 나타낸다.

이러한 보로부두르의 특징은 인도네시아 선사시대의 계단식 피라미드 신전 유적과 완전히 일치한다. 보로부두르와 유사한 형태의 사원은 중부 자바의 찬디 체토, 찬디 수쿠, 동부 자바의 찬디 파나타란, 찬디 자고, 페낭군간 유적 등이 남아 있다(상세한 내용은 필자의 『자바의 사원과 유적-바다의 실크로드에서 융성한 자바 왕조사』 주류성출판사, 2012년을 참조).

그렇다면 보로부두르는 '왜' 케두 분지 안에 세워진 것일까? 중부 자바에서 융성

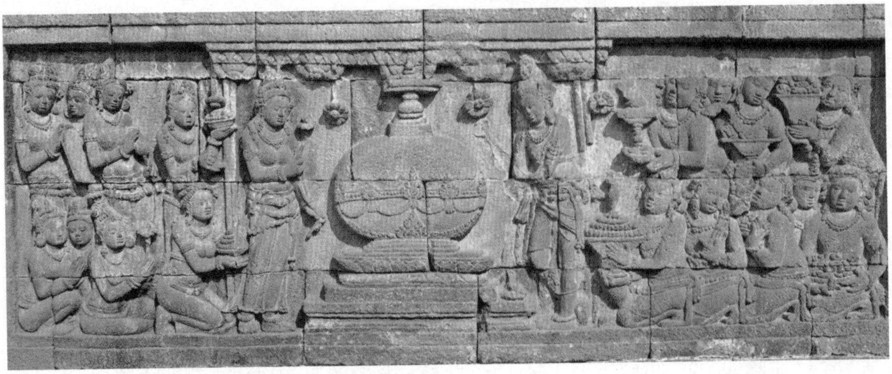

물탑 공양(I. A. b. 120)

했던 사일렌드라 왕조는 처음에는 마타람 왕조의 영향력이 미치지 않는 중부 자바의 프람바난에 정착하며 세력을 키워간다7세기 말~8세기 중반. 찬디 카라산, 찬디 세우, 찬디 사리, 찬디 푸라오산 등 많은 불교사원을 프람바난 평야에 건립한다. 그와 동시에 북상해서 마타람 왕국의 본거지인 케두 분지에 진출하여 힌두교 사원 찬디 바논 가까운 곳에 찬디 파온, 찬디 믄듯을 조영한다. 그 후 사일렌드라 왕국은 농업과 해상무역을 통하여 동남아시아의 대제국이 된다.

사일렌드라 왕조는 그 세력이 더욱 융성함에 따라서 케두 분지 한복판에 보로부두르를 건립한다. 케두 분지의 보로부두르, 찬디 파원, 찬디 믄듯, 찬디 누가웬 등은 사일렌드라 왕조가 마타람 왕조의 본거지 가까운 곳에 세운 불교사원이다. 그렇다면 사일렌드라 왕조가 마타람 왕조의 본거지 가까이에 있는 힌두교 사원 인근에 대규모의 불교사원영묘을 건설한 이유는 무엇이었을까?

결론만 말하면 보로부두르는 사일렌드라 왕국이 케두 분지에 마타람 왕국을 쫓아낸 기념비라고 할 수 있다. 한편, 마타람 왕조는 케두 분지에서 사일렌드라 왕조의 불교 세력에 밀려서 케두 북쪽 지역으로 쫓겨난다. 케두에 남겨진 힌두교 사원인 찬디 바논과 찬디 구능 우키르는 불교가 융성함에 따라 그 후 폐사되어 소멸한

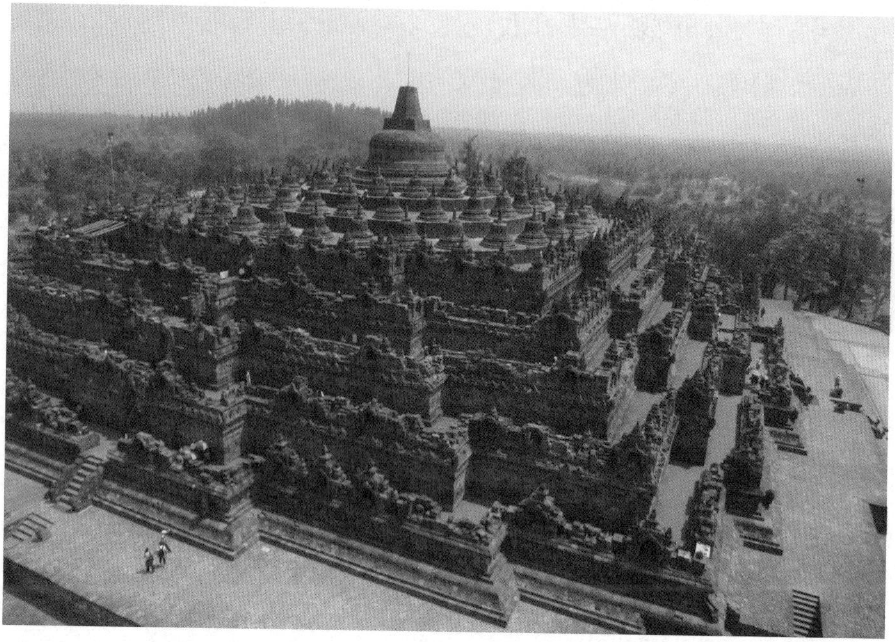

보로부두르

다. 이것이 바로 보로부두르가 케두 분지 안에 세워진 가장 큰 이유이다.

즉, 보로부두르는 사일렌드라 왕조가 마타람 왕조의 본거지에 건설한 과시용의 '기념물이며 영묘'였다고 필자는 생각한다. 그 후 마타람 왕조의 후예인 라카이 피카탄 왕은 사일레드라 왕조의 본거지인 프람바난에 힌두교 사원인 찬디 로로 종그랑을 세워서 선조의 복수를 한다. 불교 왕국 사일렌드라 왕조와 힌두교 왕국 마타람 왕조의 '공존설'은 환상에 지나지 않는다. 이 두 왕국의 관계는 신라에 합방 당한 가야와 신라의 관계였다고 생각하면 알기 쉽다. 단 마타람 왕조는 권력을 다시 찾아 사일렌드라 왕국을 멸망시킨다는 점이 가야사와는 다르다.

또한, 일반적으로 보로부두르를 건립한 사일렌드라 왕국은 수전 농업을 경제적 기반으로 했다고 생각해왔다. 하지만 인도네시아 고대 왕조는 인도와 중국과의 해상 무역을 통하여 막대한 부를 얻었던 점을 간과해서는 안 된다. 이점이 바로 보로부두르의 제2회랑, 제3회랑, 제4회랑에 새겨진 '선재동자 순례기' 부조의 수수께끼를 풀 수 있는 열쇠이다. 선재동자의 순례기와 더불어 상인들의 해외 교역과 관련하는 전생담 부조와 항해 장면 등은 사일렌드라 왕조가 보로부두르 부조를 통하여 해외와의 교역을 장려하는 숨겨진 의도가 있다.

수마트라에서 7세기에 스리위자야 왕국이 대두한 후, 수도였던 팔렘방은 불교 연구의 중심지가 되어 인도와 중국 승려가 빈번하게 왕래했다. 스리위자야 왕국은 중국과 인도 간의 해상 무역을 통하여 융성한다. 당시 말라카 해협은 해적과 산호초 때문에 선박이 항해하는데 매우 위험한 해역이었다. 따라서 인도와 중국의 선박은 말라카 해협을 통과하기 전에 우선 자바 섬의 북쪽 항구에 정박하고 난 후에 수

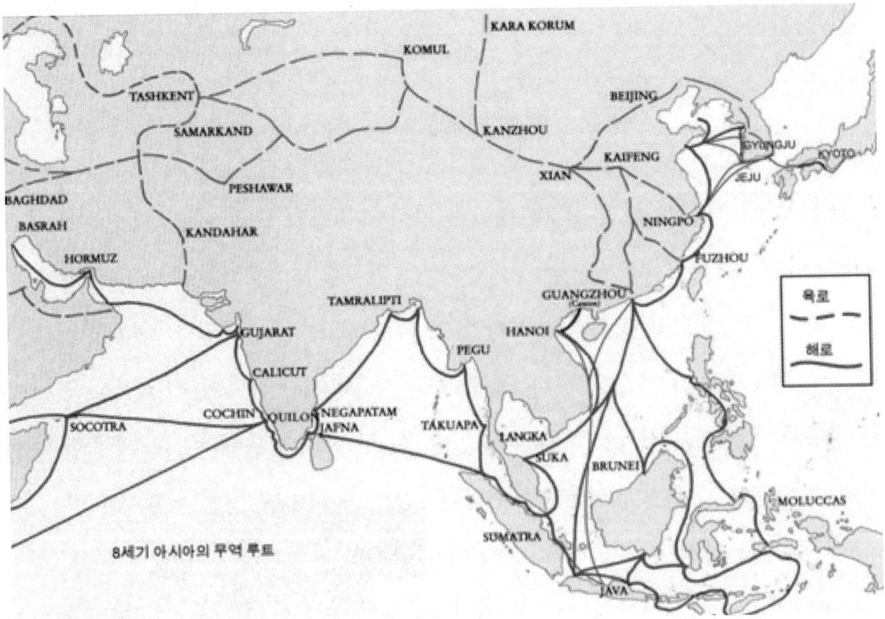

8세기 아시아 무역 루트

마트라 섬으로 항해하지 않으면 안 되었다.

역사적으로 자바 섬 북쪽 해안은 선사시대부터 많은 사람이 살았다. 5세기 서부 자바를 지배했던 다루마누가라 왕국은 자바 섬 북쪽 해안 지방을 거점으로 해서 탄생했다. 자카르타, 보고르에서 발견된 비문도 산스크리트어와 팔라바 문자로 쓰여 있어 인도와 일찍부터 교류하고 있었던 것을 알 수 있다.

7세기 이후가 되면서 스리위자야 왕국은 동남아시아 전역을 지배한다. 이 스리위자야 왕국은 8세기 초부터 중국에 사절을 보내기 시작한다. 742년 이후에는 스리위자야 사절에 관한 기록이 중국 사서에서 발견되지 않는다. 이 시기가 중부 자바에서 사일렌드라 왕국이 대두한 시기와 부합한다.

사일렌드라 왕국이 중국에 사절을 파견하는 시기에는 스리위자야 왕국 사절단의 기록은 중국에서 찾아볼 수 없다. 스리위자야가 동남아시아 일대의 해상 무역권을 상실한 것을 나타내고, 이러한 기록은 당시의 인도네시아 고대 왕국이 경제적으로 인도와 중국과의 무역에 크게 의존하고 있었던 것을 가리킨다.

사일렌드라 왕조의 보로부두르 건립은 단순히 수전 농업만을 경제적 기반으로 했던 것이 아니라, 중부 자바 북쪽 해안의 무역 수익도 큰 몫을 했다. 지금까지 중부 자바의 사원은 수전 농업을 경제적 배경으로 하여 만들어진 것으로 인식했지만, 자바의 북부 해안을 통한 해상 무역에 의한 부의 축적이 없었다면 보로부두르의 창건은 이루어지지 않았을 것이다.

'스리위자야 왕국은 해양국'이고 '사일렌드라 왕국은 농업국'이라는 단순한 분류법은 인정할 수 없다. 사일렌드라 왕국은 농업뿐만 아니라 해양 무역을 통해서 많은 부를 축적했다. 사일렌드라 왕국의 활발한 해상 무역 활동은 중부 자바에서 발견된 고古 말레이어의 비문이 말해주고 있다. 당시의 주요 항구로 주목되는 곳은 중부 자바의 뻐카르롱안Pekarongan이다.

인도네시아에서는 지금도 사용하는 아우트리거outrigger 카누라는 배가 있다.

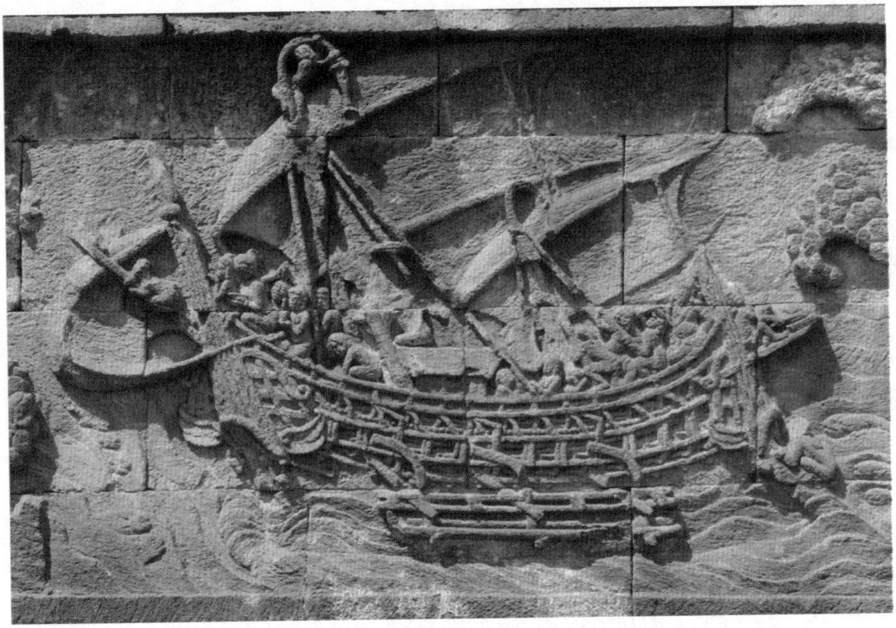

대형 범선(I. A. b. 86)

카누 옆에 배가 뒤집어지지 않도록 가로대를 달고 있는 것이 특징이다. 또 카누 가로대를 양측에 단 더블 아우트리거 카누도 있어 이것은 원양항해에 사용하고 있다. 보통의 카누는 돛만을 추진력으로 하지만 원양을 건너기 위해서는 키와 돛이 함께 사용된다. 8세기 보로부두르에 새겨져 있는 대형 범선(부조 I. A. b. 86)이 있다. 이러한 대형 범선은 수십 명을 태우고 쿠로시오의 바다를 항해한다면 우리나라는 그리 멀지 않다.

태평양에는 약 1만의 섬이 점재하고 있고 이들 섬에는 기원전부터 인간이 살고 있었다. 섬과 섬으로 이동하는 것은 원양 항해에 필요한 천문지식, 해류, 배, 항해술이 지금의 우리가 상상하는 것보다 훨씬 뛰어난 것이었다. 폴리네시안들은 1000km의 해로를 10일에 갈 수 있는 천문항법의 경험적 지식을 가지고 있었다. 즉 미리 정해진 몇 개의 별자리, 북극성이나 남십자성과 다른 별과의 위치 관계, 이러한 관측을 참고로 하여 자신이 있는 배의 위치와 진행 방향을 확인한다. 그 이외에도 철새, 구름모양으로 육지를 찾아냈다. 야자나무가 있으면 식수 걱정은 안 해도 되고 식량은 물고기를 낚으면 당분간은 연명할 수 있다.

우리나라와 인도네시아는 폴리네시아에서 하와이 섬보다 거리가 가깝고 쿠로시오라는 바닷길이 있다. 쿠로시오 해류는 필리핀 부근에서 대만의 동쪽으로 흘러 서북을 향하여 북상해서 규슈의 남단에서 둘로 갈라지고 본류는 그대로 일본 열도의 남쪽을 동진하고 다른 지류는 제주도에서 2개로 갈라져 북상한다. 수마트라 섬과 자바 섬은 인도의 불교가 중국으로 전파하는 길목에 있고 우리나라와 중국의 구법승이 거쳐가야만 했던 곳이다. 동남아시아는 우리가 생각하는 것보다 역사적으로나 문화적으로 우리와 훨씬 가까웠다고 필자는 생각한다.

마지막으로 필자가 강조하고 싶은 것은 동남아시아 문화의 독자성이다. 동남아시아 문화의 대부분이 인도문화의 영향을 받은 것은 부정할 수 없는 사실이다. 특히 종교 미술은 그 경향이 현저하다. "고대 자바뿐만 아니라 동남아시아의 지배자들은 왕권의 정통화 · 신성화와 그 유지를 위하여 인도문화라는 장치를 적극적으로 국가 편성 원리로 받아들여 왕권의 초월적인 권력데바라자Devaraja 신앙, 왕 = 신을 주위에 과시하는데, 이것을 '인도화'라고 한다.

그러나 동남아시아 미술은 인도 미술의 일부도 아니고 아류도 아닌 독자성을 가지고 있다. 우리는 '인도화'라는 미명의 동남아시아 식민지 사관에서 하루 빨리 탈피해야 한다. 예를 들면 보로부두르 유적은 인도에서는 볼 수 없고 보로부두르의 조상彫像도 인도 조각의 관능성이 배제된 동남아시아의 온화하며 청초한 '청출어람'의 전형이다. 따라서 우리는 인도나 중국과는 다른 동남아시아 문화의 독자성을 명확하게 인식해야 하며 동남아시아의 사원과 조상이 단순한 인도의 영향에 의해서 성립되지 않았다는 명확한 증거를 보로부두르에서 쉽게 발견할 수 있다.

참고문헌

가종수, 「동남아시아의 사원과 조상」『계간 한국의 고고학』 제18호, 주류성출판사, 2011.

______, 「보로부두르의 부조-수다나 왕자와 마노하라 공주의 사랑 이야기」『계간 한국의 고고학』 제19호, 주류성출판사, 2012.

강우방, 『한국 불교 조각의 흐름』, 대원사, 1995.

박형국 외, 『동양미술사』 하권, 미진사, 2007.

방지환, 『보로부두르 불교사원(1); 방광대장엄경Lalitavistara』, 2006.

배부성, 『선재동자의 구도행각』, 불교정신눈화원, 2006.

서규석, 『불멸의 이야기 보로부두르』, 리북, 2008.

성찬스님, 『돌에서 피어나는 향기』, 능인정사, 2010.

양승윤, 『인도네시아사개정판』 한국외국어대학교출판부, 2010.

유근자, 「보로부두르 대탑의 불전 도상」『수완나부미』 제2권 제1호, 2010.

이성민, 「보로부두르 사원의 구조적 특성 및 보조」『한국구조물학회지』 7(3), 2003.

조흥국, 『한국과 동남아시아의 교류사』, 소나무, 2009.

干潟龍祥, 「バラブドゥール回廊浮彫と華嚴経入法界品」『印度學佛教學會年報』 VIII—1. 1960.

________, 『ジャータカ概觀』 鈴木學術財團, 1961.

________, 「中部ジャワの密教—ボロブドゥール大塔の意味するもの」『密教大系2中國密教』 法藏館, 1994.

佐和隆研編著, 『インドネシアの遺蹟と美術』, 日本放送出版協會, 1973.

千原大五朗, 『インドネシア社寺建築史』, 日本放送出版協會, 1975.

________, 『東南アジアのヒンドゥー・佛教建築』, 鹿島出版會, 1993.

肥塚 隆, 「ボロブドゥールの説話圖とテクスト浮彫の検討」『民族藝術』 vol. 3, 1987.

肥塚 隆編 『,世界美術大全集』 第12巻東南アジア, 小学館, 2001.

田枝幹宏·伊東照司編著, 『ボロブドール』, 山川出版社, 1998.

田枝幹宏·伊東照司編著, 『ボロブドール遺跡めぐり』, 新潮社, 1997.

ジョウージ·ミッチェル著 神谷武夫訳, 『ヒンドゥー教建築』, 鹿島出版會, 1993.

ボロブドゥール國際シンポジウム實行委員會 (編), 『ボロブドゥールの宗教美術とその保存』, 共同通信社, 1981.

並河 亮,『ボロブドール一華嚴の世界』, 講談社, 1981.
山岡泰造·肥塚隆·曽布川寛 (編),『東洋の美術』〈芸術學フォーラム4〉, 勤草書房, 2006.
宇治谷祐顕,『佛教遺跡ボロブドゥール』, アジア文化センター, 1981.
宇治谷祐顕 (編),『甦るボロブドゥール』, アジア文化センター, 1987.
岩宮武二·千原大五郎,『岩宮武二写真集ボロブドゥール』, 岩波書店, 1990.
梶山雄一 (監修),『さとりへの遍歴華嚴經入法界品』2巻, 中央公論社, 1994.
平川彰·梶山雄一·高崎直道 (編),『華嚴思想』〈講座·大乘佛教3〉, 春秋社, 1973.
石井和子,「ボロブドゥールと『初會金剛頂経』一シャイレーンドラ朝密教需要の一考察」『東南アジア歴史と文化』21 東南アジア史學會, 1992.
布野修司,「佛教建築の世界史」『アジア都市建築史』, 昭和堂, 2003.
Krom 1927 : N. J. Krom, Borobudur, Archaeological Description, 2 vol The Hague: Martinus Nijoff.
Krom, N.J., 1927, Barabudur. Achaeological Description. The Hague, Martinus Nijhoff (京都 : 臨川書店複製, 1993) .
Krom, N.J.& Erp, Th. van 1927-31. Archaeological Description of Barabudur, M.Nijhoff, The Hague (reprint 1993 by Rinsen Book Pub, Kyoto).
John Miksic, 1999, "Ancient History", Archipelago Press.
John Michael, 2010, "Brobudur, Maestic Mysterious Magnificient", PT. TAMAN WISATA CANDI.
Paul Michael Taylor and Lorraine V.Aragon, 1992, Beyond of Jawa, The National Museum of natural history, Smithsonian Insition, Washinton, D.C.
Soejono R.P., 1977, Sejarah Nasional Indonesia Jil.I Zaman Prasejarah di Indonesia. Jakarta, Balai Pustaka Sarkofagus Bali dan Nekropolis Gilimanuk, Seri Oenerbitan Bergamber1, Pusat Penelitian Purbakala dan Peninggalan Nasional.
Bhv.:N. Dutt (ed), Gilgit Mannscrippts, Vol.III(mulasarvastivada-Vinayavatsu), part 1 (Bhaisajyavastu), Srinagar, 1947.
Da.:E.B. Cowell and R.A.Neil (eds), Divyavadana, Cambridge, 1886 (reprinted ed, Amsterdam, 1970).

Casparis, J.G.de., 1950, Prasasti Indonesia I, Inscripties uit de Sailendra-tijd, A.C. Nix, Bandung.

Diskul, M.C.Subhadradis ed., 1980. The Art of Srivijaya, Oxford University Press UNESSCO.

Dumarcay, J., 1977, Histoire architecturale du Borobudur, Publications de l'Ecole Francaise d'Extreme-Orient, Memoires Archeologiques XII.

Jacq-Hergoualc'h, M., 1992, La civiliasaton de ports-entrepots du Sud Kedah (Malaysia) Ve XIVe siecle. Paris.

Halwany Michlob., 1993, Lebak Sibedug dan Arca Domas di Banten Selatan, Suaka Peninggalan Sejarah dan Purbakala Prop. Jawa Barat, DKI Jakarta dan Lampung, Serang.

Haris Sukendar, 1979, Laporan Penelitian Kepurbakalaan Daerah Lampung, Berita Penelitian Arkeologi no.20, Pusat Penelitian Purbakala dan Peninggalan Nasional.

1985. Peninggalan Tradisi Megalitik di Daerah Cianjur, Jawa Barat, Pusat Penelitian Arkeologi Nasional, Jakarta.

2002. Pugungraharjo Masa Lalu (Tinjauan Arkeologi Selayang Pandang), Jakarta.

Hasan M. Ambary., 1984, Penelitian Arkeologi yang Baru di.

Fontein, Jam., 1967, The Pilgrimage of Sudhana, The Hague and Paris.

Foucher, A., 1917, Buddhist Art in Java, in his The Beginnings of Buddhist Art (translated by L.A. and F.W. Thomas), London.

Jaini, Padmanabh S., 1966, The Story of Sudhana and Manohara: an Analysis of the Texts and the Borobudur, BSOAS, 29.

Levi. S., 1931, The Karmavibhanga Illustrated in the Sculptures of the Buried Basement of the Barabudur, in Annual Bibliography of Indian archaeology for the year, Leiden.